Christoph Gottlieb von Murr

Beiträge zur Geschichte des 30jährigen Krieges

insonderheit des Zustandes der Reichsstadt Nürnberg während desselben nebst

Urkunden und Erläuterungen zur Geschichte des kaiserlichen Generalissimus

Albrecht Wallensteins, Herzog zu Friedland

Christoph Gottlieb von Murr

Beiträge zur Geschichte des 30jährigen Krieges
insonderheit des Zustandes der Reichsstadt Nürnberg während desselben nebst Urkunden und Erläuterungen zur Geschichte des kaiserlichen Generalissimus Albrecht Wallensteins, Herzog zu Friedland

ISBN/EAN: 9783743692183

Hergestellt in Europa, USA, Kanada, Australien, Japan

Cover: Foto ©ninafisch / pixelio.de

Weitere Bücher finden Sie auf **www.hansebooks.com**

Beyträge
zur
Geschichte
des dreyßigjährigen Krieges,
insonderheit
des Zustandes der Reichsstadt Nürnberg,
während desselben.

Nebst
Urkunden und vielen Erläuterungen
zur Geschichte
des berühmten kaiserlichen Generalissimus
Albrecht Wallensteins,
Herzogs zu Friedland.

Herausgegeben
von
Christoph Gottlieb von Murr.

Mit einer Kupfertafel.

Nürnberg,
in der Bauer- und Mannischen Buchhandlung 1790.

Dem
Durchlauchtigsten Fürsten und Herrn,
Herrn
George
Fürsten zu Waldeck,
Kaiserl. Königlichem General-Major
u. a. m.

unterthänigst zugeeignet

von
dem Herausgeber.

Vorbericht.

Die Geschichte des dreyßigjährigen Krieges, des schrecklichsten aller Jahrhunderte, ist noch so wenig erschöpft, und in allen ihren Theilen aufgeklärt, daß man vielmehr ausrufen muß, quantum est, quod nescimus, wenn man in Erwägung zieht, wie viele Urkunden noch in Archiven verborgen liegen, und wie viele wichtige Erläuterungen diese Geschichte seit etlichen Jahren erhalten hat. Vorzüglich dienet hiezu die Particulärgeschichte einzelner Länder und Personen, welche an diesen jammervollen Scenen Antheil genommen haben.

Sollten diese Beyträge dazu dienen, einige Umstände in helleres Licht zu setzen, so halte ich meine hiebey angewandte Mühe für hinlänglich belohnt.

Einer meiner Vorfahren zeichnete damals alles merkwürdige in Nürnberg auf, und theilte es auch einigen seiner Freunde mit. Ich habe hier

Vorbericht.

seine Nachrichten unparteyisch abdrucken lassen, so wie diejenigen, welche den berühmten General Wallenstein betreffen, dessen Geschichte noch sehr viel dunkles hat, zumal was die letztern Jahre seines Lebens betrifft. Sie waren oft ein Gegenstand der größten Geschichtforscher und Helden. Noch zween Tage vor seinem Tode sprach der große König fast drey Stunden lang von Wallensteinen,*) von Gustav Adolph und andern, die an dem schaudervollsten aller Kriege Antheil hatten.

Noch neuerlich hat ein Dichter, Hr. G. A. von Halem, in seinem schönen Schauspiele, Wallensteins Charakter meist richtig getroffen, so daß man seine Schilderung einen Commentar über eine der merkwürdigsten Stellen Pufendorfs **) nennen

---

*) L'après-diner du 14 Août (1786), il parla pendant près de trois heures des exploits de Gustave Adolphe, de Tilly, de Wallenstein, et de tous les principaux acteurs de la terrible guerre de trente ans. *Essai sur la vie et le regne de Frederic II, Roi de Prusse,* par Mr. *l'Abbé Denina,* à Berlin, 1788. gr. 8. pag. 397.

**) *Sam. Pufendorfii* Commentar. de rebus Suec. Lib. VI, §. 13: Fridlandus Caesari semper fidus, cuius fastigium omni-

Vorbericht.

nennen kann, in welcher gezeigt wird, daß Wallensteins Verrath noch sehr problematisch ist.

Den
omnibus viribus attollere nitebatur. Vnde merito dubitaueris, num initio tractatuum serio in istum aliquid molitus fuerit; cum eiusmodi consilium superiore anno in Silesia, ubi castra cum Protestantibus contulerat, facilius quam nunc exsecutioni dari potuisse videatur. Sed dum simulationis mensura exceditur, irreuerentes sermones, ac inficeta agendi ratio Caesari suspicionem excitarant, ab inuidis maleuolisque eo usque irritatam, ut tandem quod ab initio et in speciem illudendis Euangelicis prae se tulerat consilium, post serio, sed sero nimis amplecti cogeretur. Ac non frustra de eiusdem coeptis Oxenstierna iudicauerat; ea effectui dare supra ipsius vires esse; ac maiora eum moliri, quam praestare queat. Nam apud duces, defectione istius erumpente, plus fides Caesari data, quam eiusdem auctoritas valebat; unde plerique ab eo secessionem faciebant; et e clientibus, quibus maxime fisus fuerat, ipsi percussores exsistebant. Fateri tamen post solebat Oxenstierna, se nunquam ad fundum istorum consiliorum penetrare potuisse. Etsi maxime probabile videretur, tertias ipsum partes meditatum, praesertim postquam Gustauo rege mortuo pristini spiritus rediissent. Certe Arnheimium tertias istas partes agitasse, constat, capitalem Suecorum hostem, eundemque astutissimum; quo remoto, cum Fridlando facile conueniri posse credebatur. Idem Fridlandus secreta

cum

Vorbericht.

Den Gönnern und Freunden, die mich mit Nachrichten unterstützten, statte ich hiemit öffentlich Dank ab. Insonderheit bin ich dieses meinem werthen Freunde, Herrn Professor Anton Grassolt, in Eger, zu thun schuldig, weil er sich sehr viel Mühe gab, nach seiner grossen topographischen Kenntniß von Böhmen, meine Neugierde zu befriedigen. Nürnberg, den 8 April, 1790.

cum Gallis commercia aluerat, quibus primum super destinatis suis Feuquierio Dresdae agenti per Kinskium insinuabat; hisce promptam operam ad inuadendum Bohemiae Regnum offerentibus. Quibus ea res adeo arridebat, Oxenstiernae tunc succensentibus in Philipsburgi traditionem consentire abnuenti, ut spe coniunctionis cum Fridlando Suecos contemnere inciperent, foedus cum solis Germanis exclusa Suecia meditati velut tractabilioribus, ac ut circa emolumenta religionis Catholicae iactare se possent, retundendis Austriacorum exprobrationibus, quasi per foedera cum Protestantibus istam destruerent. Vnde et audita Fridlandi mors Richelium grauiter perterruit, inter alia metuentem, ut amicitia cum Suecis valde tunc refrigerata iterum accendi posset.

J. Chr.

I.

Chronologische Nachrichten vom Zustande der Reichsstadt Nürnberg währender Zeit des dreyßigjährigen Krieges.

Damals abgefasset
von
Hanns Hieronymus von Murr.

Anno 1619.

Den 10 Mart. ist Kayser Matthias zu Wien Todes verblichen.

Den 14 Mart. sind unsere Herren Deputirte alhier uf der Evangel. Fränkl. Craißständt angestellten Tag, nach der Neustadt an der Aisch verreist.

Den 5 April ist ein Fränkl. Craißtag von Evangel. und Cathol. Ständen alhier gewest.

Den 28 Maii seind unsere Herren Deputirten alhier uff einen Union-Tag nach Hailbrun verreist.

Den 4 Iunii hat man die 300 geworbene frembde Knecht unter Hauptmann Heel der Union zugehörig, nach Lauff und Hersbruck einquartirt.

Den 5 Iunii hat man der vier hiesigen Hauptleut geworbene Knecht einquartirt, Hauptmann Backhauß und Koler, nach Wörth, und Hauptmann Köler und Dietz in Gostenhoff, deren Fahnen eine 160 biß 180 starck.

Den 16 Juny hat man des frembden Rittmeisters Persebe geworbene 105 Pferdt uf den Jutenbühl gemustert, und Anthony Schmidtmairn alhier zu ihrem Cornet erwehlt, das Cornet*) ist rot damaßcat gewesen, darin ein geharnischter Arm mit einem blosen schwerdt in der Handt mit der ueberschrifft Pro Aris et Focis, und hat man die hiesigen Monatreutter, so 36 Pferdt gewesen, mit unter gestoßen.

Den 9 July hat man die Salmischen Reuter der Union gehörig alß 100 Kürasier und 40 Archibusier, unter Capitain Stoffel und Leutenant Papp, Niederlendisches Volck

*) Die Standart.

Volck vf dem Judenbühl gemuſtert, haben ein weiß Cornet, darin Quintus Curtius, mit der überſchrifft Pro Patria, ſeynd alhier in Guarniſon gelegen.

Den 13 Ditto iſt ein Fränckiſcher Craißtag alhier von den Evangel. Ständen gehalten worden.

Den 14 Ditto iſt ein Engliſcher geſandter anhero kommen.

Den 25 July iſt der Churfürſt Friederich von Haidelberg, ſampt ſeinem Herrn Bruder, Marggraf von Anſpach vnd Fürſt Chriſtian von Anhalt, ſampt Graff Friederich von Solms alhier geweſt.

Den 3 Auguſty, ſeynd die Solmiſchen hieſigen Niederländiſchen Reuter, ſo den 30 July verſchickt worden, vnd die 500 Küraſier Kayſerl. Volck zuruck treiben helfen, wiederkommen vnd haben ziemlich Beuth mitgebracht.

Den 12 Auguſty hat man 300 hieſiger Mußcatirer nach Rotenburg verſchickt, weil ſich die 500 Küriſier wieder haben ſehen laſſen, ſeyndt den 19 Ditto wieder kommen.

Den 18 Auguſty iſt König Ferdinandus zu Vngern vnd Behaim zum Römiſchen König, vnd angehenden Röm. Kayſer zu Frankfurt erwehlt worden.

Den 21 Auguſty iſt Pfalzgraff Friederich Churfürſt von den Böhmiſchen vnd incorporirten Ländern zum König zu Behaim zu Prag erwehlt worden.

Es hat ſich auch in dieſem Jahr der hefftige Krieg in Behaim, Mähren, Vngern, Schleſien, vnd den Incorporirten Ländern angefangen, hat in allen Landen groſſe Kriegß praeperation verurſacht.

Den 25 Auguſtj haben vnſere Herren Deputirten alhier den Kayſerlichen Ornat nach Frankfurt zu der Crönung geführt.

Den 28 Auguſtj ſeindt alhier 28 Reißwägen mit allerley Munition mit Chur Pfalz wappen, 3 St. geſchüz, ſampt vielen ſchänzgräbern, daran 166 Pferdt geſpant, nach Amberg gefürt worden.

Den 29 Auguſtj hat man die Vnion-caſſa, ſo vf 3 Wägen geladen geweſen, mit 30 hieſigen Pferdten convoyrt nach Amberg gefürt.

Ao. 1619.

Den 30 Augustj ist die Röml. Königl. Crönung zu Frankfurt gewesen.

Sindt unsere Herren Deputirte den 31 Augustj uf den Vnion-Tag nach Rotenburg verreißt.

Den 3 September seindt wiederumb 51 Reißwägen mit Munition vnd 4 Stuck geschüz von hier nach Amberg gefürt worden.

Den 26 September sind die Vnirten Städt zu Winßheim beisam gewesen.

Den 25 October ist der Neu gewehlte Boheml. König Churfürst Friedrich zu Prag gekrönt worden.

Den 28 Ditto ist die Neue Königin Elisabeta gekrönt worden zu Prag.

Den 1 November ist Landgraff Moriz von Hessen uf den angestelten vnd außgeschriebenen Correspondenz- vnd Vnion-Tag sub dato den 2 November alhier ankommen. Ist bey Hanß Imhoff uf St. Egidien Hoff gelegen.

Den 5 November ist Marggraff Joachim Ernst zu Onolzbach, Herzog Johañ Friederich von Wirtenberg, sampt Herzog Julio Friederich, vnd Herzog Magno von Wirtenberg gebrüder, uf den angestelten Correspondenz- vnd Vnion-Tag anhero kommen. Sind bey Caspar Burckhart vnd bey Hanß Christoff Harstörfer am Roßmarkt gelegen.

Den 8 Ditto ist die Proposition im Augustiner Closter alhier geschehen.

Den 8 November ist Herzog Johañ Ernst, Herzog Friederich vnd Herzog Wilhelm von Weinmair gebrüder uf den Correspondenz-Tag anhero komen. Ist bey dem Finolt am Marckt gelegen.

Den 9 November ist der Neue König Friederich I in Behaim, deme 5 Fürsten in Person sampt den zweien Cornet Reutern alhier entgegen geritten, stattlich ankommen, uf den Correspondenz- vnd Vnion-Tag. Auch haben zwen Stadt gewerbene Fahnen bej dem Thor vnd 2 Fahnen bej seinem Logement uf S. Egidien Hoff bej den Im höffischen aufgewartet, vnd zweimahl Salve geschossen.

Den 17 November ist Marggraf Sigmund anhero komen.

Den 20 November ist die Englische Bottschafft anhero kommen. Namens Mylord Hey Graff auß Schottlandt.

Den 21 sind Herzog Augustus, vnd Herzog Johañ Friederich Pfalzgraffen zu Neuburg gebrüder anhero kommen.

Den 23 November ist ein Kayserlicher gesandter Herr Johan Georg, Graff zu Hohenzollern, Reichßhoffrathpraesident, anhero komen.

Ditto ist Marggraff Johañ Friederich von Baden der Jünger alhier angekommen.

Sonsten kamen noch viel Fürstliche, Gräfliche, Städtische Gesandten anher, so diesem Correspondenz- vnd Vnion-Tag beigewohnt haben.

Dieser Correspondenz-Tag hat den 8 November, wie obgemelt, seinen Anfang genommen vnd gewähret biß vf den 6 December vnd sindt Obangezeigte Fürsten vnd Ständt vielmahl Vor- vnd Nachmittag zu Rath gangen.

Auch haben die Vnirten Ihre Sessiones im Augustiner Closter gehabt, vnd die Correspondirenden vf dem Rathhauß; aber wan voller Rath gewesen, sind beide Theil im Augustiner Closter zu Rath gangen.

Den 6 7 vnd 8 December sind alle Fürsten wieder nach Hauß, samt den anwesenden Ständen vnd Abgesandten verreißt.

Ao. 1620.

Den 14 Jenner ist Hauptman Friederich Köler vnd Hauptman Dietz mit ihren zweien geworbenen Fähnlein Knechten samt 4 Stuck Geschüz vnd 18 Munitions- vnd Reißwägen in der Vnirten Quartier vnd Lager nach Oppenhaim verreißt.

Den 15 Jenner sind vnsere Herren Deputirten alhier vf den Fränckl. Städttag nach Rotenburg, von dannen nach Heidelberg vf den Vnion-Tag verreißt.

Den 3 Martj sind vnsere Herren Deputirte alhier vf einen Münz-probation- vnd Sazungs-Tag nach Augspurg verreißt; da dann alles Gelt auf einen gewissen Valor gesetzt,
vnd

Ao. 1620.

vnd alle Groschen verbotten worden, wie davon weitläufftiger in Druck zu finden; hat aber nicht können ins werck gesetzt werden.

Den 13 Martj ist der Rittmeister Persebe samt seinen geworbenen Kürasier-Reutern, so für die Stadt geworben worden, vnd blobe Feldzeichen gefürt, abgedanckt worden, vnd hinweg gereist. Sind vber 60 Pferdt nicht mehr geweßen.

Den 22 Martj sind der Capitain Stoffel vnd Lieutenant Papp Niederländische Archibusier vnd Kürasier-Reuter, so der Vnion gehörig, vnd goldfarbe Feldzeichen geführt, in der Vnirten Quartier vnd Lager geruckt, so über 106 Pferdt nicht mehr geweßen.

Den 7 April sind vnsere Herren Deputirte abermals vf einen Vnion-Tag nach Schwäbisch-Hall verreist.

Den 30 April hat man die vier Stadt- vnd die zween neugeworbene Fahnen, Hauptman Koler vnd Backauß, deren jeder gestärckt worden, bis in 300 starck, alhier gemustert, vnd dem neuen Obristen von Löbelfing vnter sein Commando geben.

Den 4 Maj sind vnsere Herren Deputirte vf den Städttag nach Eßlingen verreißt.

Den 19 May sind vnsere Herren Deputirte abermals vf einen grossen Vnion-Tag nach Hailbrun verreist.

Von dannen ist der Tag nach Vlm gelegt worden, da bann der Vertrag zwischen den Vnirten vnd Hertzog von Baiern, welche mit beiden Lagern bei Vlm gelegen, vfgericht worden, wie in Druck zu sehen.

Es sind auch in diesem Monat Juny viel Kayserl. vnd Bairisch Volck zu Roß vnd Fuß zu vnterschiedlichen mahlen für über passirt.

Im Monat Augusty ist Marchese Spinola auß Spanien Kay. May. Oberster in die Pfaltz geruckt, 25000 Mann starck zu Roß vnd Fuß, hat zu Coblenz über den Rhein eine Schiffbrucken geschlagen, vnd die Pfaltz ohne Widerstand angefangen einzunemen.

Es ist auch in dem Monat Augusto der Churfürst Hanß Georg von Sachsen mit seiner Armada ins Feld geruckt, hat den 30 August Bauzen belegert, vnd den 25 September erobert. Auch Ober- vnd Vnter-Laußiz in Kay. May. Gehorsam gebracht.

Den 8 November ist die blutige Schlacht bej Prag geschehen, da König Friederich die Cron Behaim verlohren, zertrennt vnd mit verlierung seiner besten Bagage die Flucht nehmen müssen. Es hat der Herzog von Bayern mit der Kayserl. Armade das Feld erhalten, vnd Prag wieder erobert.

Den 29 November sind vnsere Herren Deputirten alhier vf einen angestelten Vnion-Tag nach Wormbs verreist, welcher aber nicht fortgangen, wie sie dann nur zu Vlm gewest, vnd den 8 December wieder zuruck kommen.

Ao. 1621.

Den 8 Jenner hat man wegen besorgeter Einfäll der Kriegsgefahr halber nach Lauff 80, nach Herspruck 80, nach Lichtenau 50, nach Altorff 50, nach Velden 30, nach Greffenberg 30, vnd nach Pezenstein 30 geworbene Knecht gelegt, auch den Mußquetierern Neue Schützen-Röcklein geben: Als des Obristen Löbelfings Rotte mit weissen, des Hauptmann Backhauß blobe mit gelben, vnd des Hauptmann Kolers gelbe mit bloben borten gebrembt.

Den 12 Jenner ist Churfürst Friedrich Pfalzgl. bey Rhein, so sich für einen König in Behaim vfgeworffen, sampt Marggraf Hanß Georg von Jägerndorff, Fürst Christian von Anhalt vnd Graff Georg Friedrich von Hohenlohe von Röml. Kay. May. wie im Druck zu finden, in die Acht vnd Ober Acht erklärt worden.

Den 19 Jenner sind vnsere Herren Deputirten alhier vf einen Städttag nach Vlm verreist.

Den 25 Jenner sind vnsere Herren Deputirte alhier vf Einen Correspondenz- vnd Vnion-Tag nach Hailbron verreist.

Im Monat Februar hat sich die Confoederation in Behaim mit den incorporirten Ländern ganz getrennt; auch Mähren und Schlesien haben sich vf erlangten Pardon, in Kayserl. Maystt. Schutz begeben.

Den

Ao. 1621.

Den 17 Martj ist ein Kayserl. Gesandter, Namens Hauptman Schlif, anhero kommen, seine Werbung soll Geld betroffen haben.

Den 19 Martj hat man angefangen, Geschütz vnd Schantzkörbe vf die Pasteyen vnd Maurn beim Laufferthor zu führen.

Den 20 Martj sind Straßburgl. vnd Vlmische Gesandten anhero kommen, sich mit Nürnberg der Vnion halber beratschlagt, weiln der Vnions-Termin, vf Sontag Trinitatis zu Endt lauft, ob sie sich separirn, oder vfs neu confoederirn wollen.

Den 8 April ist ein Vertrag zwischen theils Vnirten Fürsten vnd Ständen vnd dem Spinola zu Maintz vfgericht worden.

Den 21 April sind vnsere Herren Deputirte, weiln den 4 May der Vnion-Volck soll abgedanckt werden, laut des Mayntzischen Vertrags, nach Hailbron zur Abbanckung vnd Auszahlung ihres Kriegsvolcks verreist.

Den 1 Junj sind 2 junge Pfaltzgrafen alhier geweßt.

Den 11 Juny ist die Pragerische Execution gewesen, sind 24 mit dem Schwerd vnd 3 mit dem Strang, von Grafen-Herren-Ritter- vnd Burgerstandt hingerichtet worden, so alle Böhmische Rebellen gewesen, auß Befehl Kay. May. vnd 16 mit Ruthen, Landsverweisung, Gefängnuß, Condemnirung auch Schickung vf die Grentzheuser in Vngern gestrafft worden. Die Execution hat ein Nachrichter mit 4 Schwerdern in 4 1/2 Stund ohne Mangel verricht.

Den 24 July ist ein Fränckischer Craißtag alhier geweßt, wegen des Absagbriefs so der Graff von Manßfelt an Bamberg vnd Wurtzburg geschrieben.

Den 19 September ist 1 Fahnen Fußvolck vnd 40 Pferdt nach Herspruck vnd 1 Fahnen vnd 40 Pferd nach Lauff weiln die Manßfeldische Armada vfgebrochen, wegen besorgender Einfäll gelegt worden.

Den 20 September ist viel Vieh, Haußrath, Weib und Kinder, von Neuenmarck, weiln der Manßfelder albar ankommen, hieher geflehet worden.

Den 21 September ist eine Engl. Bottschafft gekommen von Wien.

Ditto sind vnsere Herren Deputirte zu Hailßbrun gewesen, vnd haben wegen des Manßfeldischen Durchzugs mit dem Fränkischen Craiß deliberirt.

Den 22 September sind noch 2 Burger-Fahnen von 300 stark vnter Hauptmann Welnauer vnd Capitain Lieutenant Kuhn vfgericht worden; sindt also dato 5 geworbene vnd 6 Burgerfahnen in allem alhier.

Den 25 September hat man angefangen Geschüz vf die Pasteyen vnd Mauren zu führen.

Den 27 September hat man die Genannten zusam gefordert vnd ihnen angezeigt, wie der Manßfelder eine Summa Geldes zur Brandschazung von 100,000 Reichsthaler von hiesiger Stadt begere, ihren Rath darin vf Bedenken begert, auch ein Kayserl. Schreiben sampt einem Inhibitorial-Mandat abgelesen.

Den 30 September hat man vf allen Canzeln alhier offentlich abgelesen, wie daß E. E. Rath gewißen Bericht empfangen, daß der Manßfelder mit seiner ganzen Armada von Neuenmarckt vfgebrochen, vnd Quartier begere, auch in wenig Tagen werde vorüber passiren, darumb sich ein jeder Burger mit seiner Oberwehr solle gefast halten, vnd seines Gassenhauptmanns Bescheid erwarten. Auch hat man die Landschaft allenthalben gewarnet, ihr bestes sampt dem Vich herein zu flehen, wie dann ein grosses herein geflehen gewest.

Den 1 October hat man alhier nur 3 Thor geöffnet, das Lauffer- New- vnd Spittler-Thor, auch vnter jedwedem eine Rathsperson vnd zween Genannte bestellt, die Ein- und Ausreissenden zu examinirn, vnd keinen Burger hinaus zu lassen, auch vf alle Thürn 2 Genannten bestellt, so neben den Büchsenmeistern Tag und Nacht wachen müssen.

Den 2 October ist aviso kommen, vnd den Genannten des grössern Raths vf Erforderung angezeigt worden: Wiewol man die Mannsfeldischen, so zu Feucht vnd Rötenbach über nacht Quartir gehalten, mit Brod, Fleisch, Habern, Bier vnd Wein genugsam proviantirt, jedoch haben sie Rötenbach geplündert, auch zu Feucht des gleichen

Ao. 1621.

chen thun wollen. Als es aber für den Grafen kommen, ist er vnter sie gerennt, hat 2 erschoffen vnd einen erstochen, vnd etlich vfhencken laffen. Es ist auch damals bey völligem Rath beschloffen worden, dem Mannsfelder, weiln er den Accord mit Bayrn nicht beßer zu halten, auch bey Kayserl. May. nicht ausgeföhnt, durchaus kein Geld zu geben.

Den 2 ditto ist die Mannsfeldische Armada fürüber paffirt mit 50 Cornet Reutter, 108 Fahnen Fußvolck, 12 Stuck Geschütz vnd 6 Mörfer, auch 500 Bagagewägen samt einem starcken Troß, so in allem bey 20000 Man gewesen, vnd sein Nachtläger zu Fürth genommen; da man ihm dann von hier aus zur Verschonung der Vnterthanen über 100 Wägen Proviant zugeführt, vnd aldieweil den Gostenhof verschanzt.

Den 5 October ist er von Fürt vfgebrochen vnd in die Vnter-Pfalz geruckt. Wie sie mit Rauben vnd Plündern hausgehalten ist vor Augen, dann sie die Judenhäufer sampt ihrer Synagoga ganz gestürmet, auch haben die nächst beyliegenden Dörffer die Plünderung ziemlichermaffen erfahren.

Den 7 October ist die Bayrische Armada so dem Mansfelder nachgeruckt, vnd seine Quartier vnd Weg genommen, auch von hier aus proviantirt worden, so den Accord von ihm zu halten begert, gleich vnd ärger als er, wo sie hinkommen, gehauft, von 17000 zu Fuß, vnd 4500 zu Roß, 6 Stuck Geschütz samt 600 Bagagewägen vnd einem sehr starcken Troß, so daß in allem die ganze Armada vf 24000 starck gezählt worden. Sind fürüber paffirt, vnd zu Fürth einquartirt.

Die Bayrischen so 10 ganzer Tag zu Fürth still gelegen, haben mit Plündern, Austreschung des Getraidts, Niederstechung des Viehs in Marggräffischen vnd Nürnbergischen Dörffern, als fürgebene Freund, so gut Regiment halten, übler, als der Mansfelder, so ein Feind gewesen, gehaußet, daß fast alle Bauern entlauffen müffen, dann sie ihnen den Brandt gedrohet, vnd mit Schlägen übel tractirt, vnangesehen sie mit etlich 100 Wagen mit Brod, Fleisch, Wein vnd Bier sind versehen worden. Es hat zwar Monsieur Tilly ihr General, einige, so zu Eltersdorff etliche Häuser angezündt, vnd Gründtlach ganz ausgeplündert, vfhencken laffen. Sie haben sich täglich in

mehr

mehr Dörffer einquartirt, ja gar ein Winterläger zu schlagen, vnd sonsten viel troziger Reden sich verlauten lassen, auch eine grosse Summa Gelds, in Schein eines Vorlehens, von 1200000 fl. von hiesiger Stadt begehrt, darauf dann, weiln sie nit fort gewolt, den 11 ditto Brandenburgl. vnd Nürnbl. Gesandte nach Neuenmarckt zu Jhro Durchl. in Bayern geschickt worden, zu vernehmen, wessen man sich zu versehen? Denn es sind täglich grosse Klagen vnd Anlauffen der Vnterthanen alhier gewessen.

Den 16 vnd 17 October ist die Bayrische Armada wieder vfgebrochen, Monsieur Tilly mit den zwey Dritteln in die Vnter-Pfalz gerucft, der Obrist Benickhausen mit dem einen Drittel Kriegsvolck nach Neuenmarckt marchirt. Es ist grosse Freud in der Stadt vnd vf dem Land geweßen, daß man einmal der vnnützen Gäste ledig worden, dann sie vns die Proviant sehr verzehrt, vnd grosse Teurung vervrsacht, daß diese Stadt vnd Landschafft wohl so bald diese gewaltige beyde Durchzüg nicht wird überwinden können, wegen des grausamen Schadens vnd Vnkostens, so aufgelauffen.

Den 19 October hat der Richter zu Hilpoltstein, in das Ampt Gräffenberg gehörig, etliche von den zuruckziehenden Bayrischen Reutern, so das Dörflein Bernhoff überfallen, vnd plündern wollten, mit 90 bis 100 Bauern abtreiben wollen, weil die Reuter den Ernst gesehen, haben sie einen Trompeter in ihr Quartir, Lermen zu blasen, geschickt, darauf sie sich rottirt, vnd 38 Baurn erschlagen; von den Reutern ist nur einer geblieben, vnd etliche beschädigt worden.

Den 20 hat man alle Thor wiederum gesperrt vnd ist der Rathsherren vnd Genannten Wacht vor den Thoren vnd auf den Thürnen abgeschafft worden.

Den 2 November ist des Obristen Montigni Regiment von 2000 zu Fuß vnd 300 Pferdt, so jüngst zuruck nach Amberg gezogen, furüber vnd in die Vnter-Pfalz marchirt, ist wiederum von dem Land groß Flehen herein gewest.

Den 7 November sind 300 Crabaten, dem Herzog in Bayrn gehörig, furüber passirt, zu Fürth vber Nacht quartirt, folgends in die Vnter-Pfalz marchirt.

Den 26 November ist ein Fränckl. Craißtag alhier gewest in dem Scheurlischen Hauß, darauf sind 1000 Pferd vnd
3000

Ao. 1622.

3000 zu Fuß für den Fränckischen Craiß zur Defension des Lands wegen der Durchzüg zu gebrauchen, (deren Obrister Marggr. Christian zu Bareut) zu werben beschlossen worden. Des Geldswesen halber ist nichts sonderlichs verricht worden, als daß man Kreuzer, Dreyer, halbe Kreuzer, Dreyheller, vnd Pfenning von ganz Kupffer im Craiß münzen solle.

Dieses Jahr ist eine grosse Theurung gewest, der Aimer Wein hat gegolten 24 bis 30 fl.

Ein Zentner Schmalz	33 fl.
Ein Meß hart Holz 4½ fl. weich Holz	3¼ fl.

Ein Pfund Fleisch 8 bis 9 Kr., das Korn 12 fl. der Habern 12 fl. Ein Zentner Heu 18 Bazen. Die Gersten 18 fl. Der Kern 20 fl. Ein Pfund Jnslit 6 Bazen. Ein Mez Salz 14 Bazen. Ein Pfund Schweinen Fleisch 15 Kr.

Eine Elle Sammet	24 fl.
Eine Elle Atlaß	20 fl.
Eine Elle doppelt Taffet	10 fl.
Ein Lot Seiden	2 fl.

Es hat auch der Thaler 7 fl. der Philipsthaler 8 fl. der Goldgulden 9 fl. vnd der Ducat 13 fl. gegolten, an welchem Geldsteigern, die Durchzüge grosse Vrsach sind. Jn Summa, es ist ein gefährliches, beschwerliches vnd theures Jahr gewesen, vnd siehet keiner Besserung gleich, da alle Sachen an Victualien, Kleidungen, Mobilien, vnd andern täglich auffschlagen: Gott wende es zum besten.

Ao. 1622.

Den 7 Jenner ist Graff Christian von Waldeck hier durch nach Wien zu Kay. May. verreist, sich über Landtgraff Moritz von Hessen, so seine Graffschafft mit Gewalt eingenommen, zu beklagen.

Den 21 Jenner sind vnsere Herren Deputirte alhier nach Salzburg vf Begern der Röm. Kay. May. verreist, dahin dann auch mehr Fürsten vnd Städt sind beschrieben gewest, so vnterschiedliche Reichssachen anbetroffen.

Den 23 Jenner ist das Kayserliche Beylager Ferdinandi Secundi mit Herzogin Leonora von Mantua zu Insbruck gewesen.

Den

Den 21 Februarj ist Fürst Christian der Jüngere von Anhalt, so in der Pragerischen Schlacht vf dem Weissenberg gefangen worden, hierdurch nach Hauß verreist, so Licenz von Ihr Kayl. May. gehabt, vnd Deroselben hochgeneigten Willen zum Frieden im Röm. Reich hiesigem Magistrat angemeldt.

Den 17 Februarj ist Graff Georg Ludwig von Schwarzenberg, Kay. May. Gesandter zu dem König in Engelland vnd der Infantin zu Brüssel, vm den Frieden zu tractirn, hierdurch verreist.

Den 1 Martj ist Don Mathias d'Austria, Kaysers Rudolphi Secundi hochlöblichster Gedächtnuß filioo naturale, alhier gewest, welchem vom hiesigen Magistrat vf vorhergehendes Begern, eine Ritterzehrung von 200 Reichsthalern verehrt worden.

Den 12 Martj ist ein neu Cornett Reuter von 120 Pferdten, vnter dem Rittmeister Johann Farbich, alhier vfgericht worden. Das Cornet ist weiß damaßcat gewesen, darin der Jungfraw-Adler mit der Vberschrifft: In Deo et Fortuna. Ist die Trippel-Hülff, so die Stadt Nürnberg wegen des Fränkischen Craißes vnterhalten muß, Als 2 Fahnen Fußvolck vnd 120 Pferd, in vorfallenden Nothfällen vnd Durchzügen zu gebrauchen.

Den 17 Martj hat E. E. Rath alhier der Stadt Straßburg 200 Mußquetier zugeschickt, weil sie wegen Erzherzogs Leopold vnd des Manßfelders in grosser Gefahr gestanden.

Den 1 April ist des Rittmeister Schmidtmairs Cornet *) von 100 Pferdten vfgericht worden, das Cornet **) ist rot damaßcat gewesen, darin der Reichs-Adler, in der Mitten des Adlers der Stadt Nürnberg Wappen, mit der Ueberschrifft: Pro Patria.

Den 4 April sind vnsere Herren Deputirte alhier vf einen angestellten Städttag wegen der gefährlichen Kriegsläuffte, nach Eßlingen verreist.

Den 13 May sind 3 Newe Compagnien zu Fuß, jedwede von 100 Mußquetierern, vnter den Capitains Pörner, Fürstenhauer vnd Kuhn vfgericht, vnd vf das Ampt Gräfen-

---

*) Escadron.
**) Standarte.

Ao. 1622.

Gräfenberg, Pezenstein, Hohen- vnd Hilpoltstein zur Defension des Lands gelegt worden.

Den 3 Juny sind vnsere Herren Deputirte alhier vf einen Fränkischen Craistag, von den Evangelischen Ständen angestelt, nach Crailßheim verreist, so das Kriegswesen, vnd die Durchzüg betroffen.

In diesem Monat hat man die angefangene Schanz vm den Gostenhoff mit 300 Mann vollendet vnd verfertigt.

Den 3 July ist ein Fränckischer Craißtag alhier gewesen, wegen eines verstorbenen Assessorn zu Speyer am Cammergericht, welche Craißstände 3 fürgeschlagen, laut ihrer Privilegien, daraus das Cammergericht einen erwählen mag.

Den 15 July ist ein New Cornet Reuter vnter dem Rittmeister Pipers, 100 Pferdte starck vfgericht worden. Das Cornet ist weiß damascat mit rothen Franzen, vnd Quasten gewesen, in der mitten ein schwarzer Adler, mit der Vberschrift: Pro lege et grege. Sind also dato alhier in Bestallung 3 Cornet Reuter, 11 Fahnen geworben Fußvolck vnd 6 Burgerfahnen.

Den 17 Juli ist ein Kayserl. Gesandter, H. Graff Johann Georg von Hohenzollern, von Dreßden hierdurch nach Wien passirt, so den Churfürsten von Sachsen vf den angestellten Tag nach Regenspurg eingeladen.

Den 31 July hat man alles geworbene Kriegsvolck zu Roß vnd Fuß gemustert, vnd das Generalat dem Hrn. Obristen von Pöbelfing alhier anbefohlen, vnd ist der Capitain Schultheß zum Obristwachtmeister vorgestellt worden. Sind in allem, wie obgemelt, gewesen, 3 Cornet Reuter vnd 11 Fahnen Fußvolck.

Den 6 August sind vnsere Herren Deputirte alhier nach Wien, wegen der Böhmischen Lehenempfängnuß, vnd anderer Sachen halber, zu Jhro Kay. May. verreist vnd sich alda vfgehalten bis Jhro Kay. May. vf den angestelten Churfürstentag nach Regenspurg vfgebrochen; Auch sind andere Herren Deputirte alhier zu Chur-Sachsen geschickt worden.

Den 6 September hat Monsieur Tilly, Bayer. General, die Chur- vnd Hauptstadt Heidelberg in der Vntern-Pfalz mit

mit stürmender Hand eingenommen, was sich zur Gegenwehr gestelt, niedergehaut.

Den 14 September ist Herzog Wilhelm von Weimar, der dritte unter seinen Brüdern, alhier gewest.

Den 16 September sind unsere Herren Deputirte alhier uf einen Städttag, von den Vnirten Städten der schweren Kriegsleufften halber angestelt, nach Eßlingen verreist.

Den 7 October ist ein Cornet Reuter, samt einer Compagnie zu Fuß nach der Neuenstadt, der ankommenden Cossacken halber, aus der untern Pfalz, so sehr übel mit Rauben und Plündern hausen, wo sie hinkommen, geschickt worden, uf Begeren des Fränckischen Craiß-Obristen.

Den 8 October ist ein groß Hereinflehen von der Bauerschafft uf dem Land der ankommenden Cossacken halber gewest, und haben bey St. Johannis zween Fahnen Fußvolck geschanzt, und eine Landtwehr, in allem Nothfall zu gebrauchen, gemacht; Auch ist diese Nacht ein Hauß samt einem Stadel mit Getraidt zu Kleinreut abgebrannt, durch Verwarlosung der hiesigen einquartirten Soldaten. Andere melden, es sey durch das Flachsbrechen geschehen.

Den 10 October sind die Cossacken bey 6000 starck von vier bis 25 Cornet (Escabrons) unter dem Obersten Frhl. Razivil anhero kommen, aus der Vntern Pfalz, mit grossem Raub, zu Fürth quartirt, und sind von der Stabt aus proviantirt worden. Vnsere geworbene Reuterey und Fußvolck haben zu nechst um Fürth im freyen Feld bey Tag und Nacht gehalten, und die Burgerschafft die Thorwachten versehen. Sie haben übel gehauset, indem sie viel Pferd und anders den Leuten abgenommen, und sehr gedrohet, auch sind des Tags nur 3 Thor, das Lauffer- New- und Spitler-Thor gespert worden, und hat ein Hr. des Raths nebst einem Handwercksherrn, und zweyen Genahnten die Thorwacht versehen.

Den 12 October sind sie von Fürth wieder aufgebrochen, ihr Nachtquartier zu Reichenschwand genommen, marschiren in Polen nach Hauß. Vnser Volck sampt dem Marggräfischen sind ihnen nachgezogen, damit sie keinen Muthwillen übten. Sie hausen übel wo sie hinkommen, und keinen Widerstand finden. Man find in keiner

Ao. 1622.

keiner Chronica, daß dergleichen Volck jemals im Reich gewesen.

Den 30 October hat man von den 3 Cornet Reutern 80 Pferd ausgemustert, vnd abgedanckt.

Den 6 November ist ein Fränckischer Craißtag, das Müntzwesen betreffend, alhier gehalten worden, vnd ist der Reichsthaler auf 18 Batzen, außer Nürnberg, so ein halb Jahr Bedacht genommen, im gantzen Fränk. Craiß gesetzt worden.

Den 8 November hat man von den 10 geworbenen Fahnen Fußvolck 500 Mann außgemustert vnd abgedanckt. Des Hrn. Obristen Compagnie ist gantz geblieben.

Den 14 November hat die Kay. Maj. neben den Bischöffen zu Saltz- vnd Würtzburg, vnd Landgraffen Ludwig zue Darmstatt zu Regenspurg vf vorstehenden Churfürstentag ihren Einzug gehalten.

Den 16 November ist die Englische Bottschafft, so sich eine geraume Zeit am Hof zu Wien aufgehalten, wiederum hier durch nach Haus verreist.

Den 18 November reißte ein Chur-Sächsischer Gesander hierdurch nach Regenspurg.

In diesem Monat hat die Röm. Kay. May. alle Oerter im Königreich Behaim sowohl, als auch die Ober- vnd Vnter-Pfaltz mit dem Schwerdt erhalten, vnd gewonnen. Was auch für vnterschiedliche Treffen in diesem Jahr zwischen den Kayserlichen vnd Pfältzischen fürgangen: Also daß nunmehr Pfaltzgraff Friederich nicht allein das Königreich Böhaim samt den incorporirten Ländern, sondern auch sein eigen Land vnd Leut verlohren, vnd sich auserhalb des Reichs in Niederland aufhalten muß: Gott verzeihe es denen, so ihme darzu gerathen!

Den 7 December ist der Herr von Werther neben andern Churfürstl. Räthen als Gesandter vf den Churfürstentag nach Regenspurg hierdurch verreist.

Den 19 December ist der Bischoff von Bamberg von Würtzburg Johann Gottfried von Aschhausen zu Regenspurg vf den Churfürstentag jähes Todes verfahren.

Ao. 1623.

Ao. 1623.

Den 3 Jenner sind die Chur Brandenburgische Gesande hier durch nach Regenspurg uf den Churfürstentag verreist.

Den 15 Februarj umb 9 der kleinern Uhr ist Herzog Maximilian in Bayrn zu einem Churfürsten an Statt des in die Acht erklärten Pfalzgraff Friedrichs Churfürsten zu Heidelberg, zue Regenspurg öffentlich erwählt und investirt worden.

Den 24 Martj sind unsere Herren Deputirte alhier nach Augspurg, auf den von den drey correspondirenden Craisen, als Francken, Bayern, und Schwaben, angestelten Münz-Probation-Tag, verreist, allwo der Thaler uf 1½ fl. ist devalvirt und gesetzt worden.

Den 26 Martj ist der Churfürst von Maintz mit 42 Reisigen Pferden und 10 Kutschen samt vielen Bagagewägen von Regenspurg von dem Churfürstentag hierdurch nach Haus verreist, hat ihm ein E. Rath alhier, 2 Faß Rheinisch Wein, 2 Legel süsse Wein, etliche Schaff Fisch und 4 Fuder Habern verehrt, hat bey dem Bitterholz übernachtet.

Den 9 May ist eine neue Compagnie von 100 Pferdten ufgericht, und Anthony Schmidtmair zu ihrem Rittmeister bestelt worden.

Den 5 Juny sind 5 Cornet Neapolitaner und Crabaten von des Don Vertugo Armée aus der Untern Pfalz zu Fürth ankommen, so von hiesiger Stadt aus proviantirt worden; haben drey Tag ausgeruhet, hernach in Böhaim marschiren sollen, beym Aufbruch aber im ersten Nachtquartir zu Feucht Ordinanz bekommen, und sich wiederum zuruck wenden müssen. Haben ihren Weg ufs Stift Bämberg zu des Tilly Armada genommen; haben nicht viel Muthwillens geübt, dann sie grosse Beuten mitgeführt. Ist gleichwol die Bauerschaft uf dem Land gewarnet, die Thorwachten gestärckt worden, und sonsten allerley gute Anordnung geschehen.

Den 3 Julj ist ein Kayserl. Curier im Erlanger Wald uf der Post reitend von einem Reuter, der ihn angesprengt, erschossen worden. Es ist auf Befehl Jhro Kay. Maj. starck inquirirt, auch der hiesige Postmeister in Verhafft

Ao. 1623.

hafft genommen worden, hat sich aber kein Thäter gefunden.

Den 13 Julj sind unsere Herren Deputirte alhier nach Augspurg uf den Münz-Probation-Tag verreist, allwo von denen drey correspondirenden Craißen, (als Fränck. Bayr. und Schwäb.) der Thaler ist herabgesetzt und devalvirt worden, von dem Fränckischen Craiß, ausserhalb Nürnberg, uf 18 Bazen, von dem Bayrischen aber und Schwäb., samt der Stadt Nürnberg uf 1½ fl.

Den 3 September, ist eine neue Compagnie von 400 Musquetirern versucht Volck unter dem Hrn. Obristen von Löbelfingen ufgericht worden.

Den 23 October ist den 6 Capitäinen alhier Befehl geben worden, daß ein jeder 50 bis 60 Mann solle werben, zur Defension des Lands, weil viel Tillisch Volck im Heraufzug.

Den 24 October sind von dem Obristen Lieutenant Illo *) über die 1000 holsteinische Pferd, als Kayserl. Commissario, und die in der halberstädtischen Niederlag, (im Monat Julio geschehen,) gefangene Prinzen und Obriste bey 100 Pferd starck, hierdurch nach Wien geführt worden, als: Herzog Wilhelm von Weimar, Herzog Friederich von Altenburg, Obrist Frenck und Obrist Spec. Sie haben einen Tag alhier ausgeruhet, auch ist der Herr Obriste Conte Colalto mit ihnen gereist, sind von E. E. Rath frey gehalten, und mit 25 Archibusier Reutern bis nach Neuenmarck convoirt worden.

Den 5 November sind 6 Cornet Tyllische Reuter, wohl montirt Volck, unter dem Obristen von Pappenheim alhier ankommen, so zu Grünsbach, Buch, Poppenreut und Fürth quartirt, und von der Stadt aus proviantirt worden. Ist ein groß Hereinflüchten von der Bauerschaft gewesen, dann sie viel Muthwillen auf dem Land verübt.

Den 8 November sind jetztgedachte Pappenheimische Reuter mit einem starcken Troß aufgebrochen, vor der Stadt vorüber gezogen, ihr Nachtquartier zu Heuchling und Reichenschwand genommen, folgends in die Oberpfalz nach Böhaim marschirt; haben viel erbeute Pferd mitgeführt.

*) Er war des berühmten Wallensteins Vertrauter.

Den 23 und 24 November sind abermals drey Regimenter Kayserl. Reuter, von 16 Corneten, welsch Volck, mit einem starken Troß von des Monſ. Tilly Armee auß Heſſen, unter dreyen Obriſten, Enneten, Maeſtro, und de la Fort, alhier ankommen, ihr Hauptquartier zu Fürth, Buch, Tennenlohe, und den nächſt beyliegenden Dörffern genommen. Sind von hieſiger Stadt auß mit Habern, Wein, Bier, Brod, Fleiſch, und andern proviantirt worden; haben mit Plünderung der Leute, Ausspannung der Pferde großen Muthwillen geübt, ſind den 25, 26 und 27 ditto wiederum aufgebrochen, ihren Weg und Quartier, gleich den Pappenheimiſchen, an der Stadt vorüber genommen, folgends in die Ober-Pfalz nach Böhaim marſchirt, ſo wider Bethlehem Gabor in Ungern ſollen gebraucht werden.

Den 5 December iſt der Marcheſe di Gran, mit einem Cornet Reuter ankommen, zu Buch quartirt, und von der Stadt auß proviantirt worden. Wird Obriſter über des Obriſt Enneten Regiment, welcher reſignirt. Es ſind ihm ſehr viel Reuter ausgeriſſen, wegen der rückſtändigen Bezahlung. Iſt den 8 ditto aufgebrochen, und hat ſeinen Weg und Quartier gleich den vorigen genommen.

Den 29 December ſind von des Herrn Obriſten von Löbelfingen alhier 400 geworbenen Knechten, 200 Mann ausgemuſtert, und abgedanckt worden.

Den 30 December wurden von des Schmidtmairs Reutern alhier 20 Pferd ausgemuſtert, und abgedanckt.

Sind alſo dato in Beſtallung 30 Monatreuter und 32 Einſpänniger.

Ao. 1624.

Den 1 Martj iſt ein Fränckiſcher Craißtag alhier geweſen. Dergleichen ſind noch vier gehalten worden: Als ein Schwäbiſcher, Bayriſcher, Sächſiſcher, und Rheinländiſcher, ſo von Ihro Kayſerl. May. ausgeſchrieben worden. Darauf wurde eine Contribution von 20 Monat von dem Kaiſerlichen Geſandten allhier begehrt, zur Verwahrung der Gränzhäuſer, und wegen der Unruhen in Ungarn. Sind von den Ständten 10 Monat bewilligt worden.

Den

Ao. 1624.

Den 31 May ist der General Tilly mit 80 Pferden, so zu Fürth quartirt, hier vorüber in Hessen zu seiner Armada verreist.

Den 5 Juny ist des Obristen Johann von Löbelfingen geworbenes Fahnen Fußvolck und 2 Burger-Fahnen, zur Defension der Landschaft nach Lauf und Herspruck gelegt worden, weilen viel abgedankte Kaiserl. Reuter und Fußvolk Truppenweis zu 20, 30, 40, und mehr stark, aus Böhaim hier durch nach Haus verreist. Man hat gleichwohl nichts gehört, daß sie geplackt, und wo sie quartirt, Schaden gethan haben; sondern haben allenthalben, wo sie hinkommen, ausgezalt.

Den 16 July ist der Churfürst von Mainz samt dem General Tilly mit 170 Pferden allhier angelangt, desgleichen der neue Churfürst Herzog Maximilian in Bayern mit 100 Pferden. Chur Mainz hat im teutschen Hof logirt, Chur Bayern bey Hans Christoph Harstörfer am Roßmarkt. Chur Mainz hat den Herzog von Bayern allhier in die churfürstliche Pflicht genommen, weiln Chur Sachsen auf dem Chur- und Fürstentag zu Schleusingen, den Herzog in Bayern für einen Churfürsten erkennt, und ist nunmehr das Churfürstliche Collegium wieder ergänzet. Gott verleihe darauf einen beständigen Frieden im Heil. Röm. Reich!

Den 24 November ist Herzog Bernhard von Weimar, und Herzog Friedrich von Altenburg, hier durch nach Wien verreist.

Ao. 1625.

Den 2 Jenner sind 500 Avantanische Pferd, Kaiserlich Volk, aus Böhaim zu Eschenau, Schnaittach und nächst dabey liegenden Dörffern, ankommen, dann man gemeiniglich allezeit die Quartier in 4 Dörfer abgetheilt, so von Herspruck aus mit Proviant versehen worden, welche den britten Tag aufgebrochen, und auf Emskirchen nach Frankfurt marchirt, haben im Aufbruch Schnaittach um 500 Thaler ranzionirt, und sonsten, ihrem Gebrauch nach, übel gehauset, wo sie hinkommen.

Den 11 Jenner ist das Collaltische Regiment 10 Fahnen zu Fuß aus Böhaim mit einem starken Troß durch das Nürnbergische

bergische Territorium marchirt. Sind von hiesiger Stadt aus 5 Tag proviantirt worden, haben dannoch an dem Landvolk allerley Mutwillen geübt, sind auch unterhalb Frankfurt marschirt.

Den 19 Jenner haben 4 Cornet Reuter mit einem starken Troß unter dem Obristen Strozzi, welsch Volk, auch in dem Nürnbergischen Gebiet 5 Tag quartirt; haben lang nicht fort gewollt, sondern unzeitige Begehren gethan, und sich viel trotziger Reden vernehmen lassen, unangesehen sie von hiesiger Stadt aus proviantirt worden, bis man sich etwas ernstlicher gegen sie erzeigt: da sind sie aufgebrochen, und gleich den andern zwey passirten Regimentern gefolgt, und unterhalb Frankfurt marchirt.

Den 22 Jenner ist Herzog Wilhelm von Weimar, so von Ihro Kaiserl. May. ohne allem Entgeld pardonirt und losgelassen worden, in 20 Pferd stark hierdurch nach Hauß verreißt, dessen Capitain Johann Rieß, in der Nacht im Logement bey dem Ochsenfelder *) einen Spielmann in der Trunkenheit erstochen, und seinen Mitgesellen heftig verwundet. Ist darauf also balden in Verhaft genommen worden, welcher sich aber hernach mit des Entleibten Wittib vertragen, und sich mit dem Verwundeten abgefunden, und ist also auf etlicher Fürsten Intercession, wiederum los gelassen worden.

Den 24 Jenner ist das Grazische Regiment von 4 Cornet Reutern, in dem Nürnbergischen Gebiet 4 Tag marchirt und proviantirt worden, haben gleich dem Strozischen Weg und Quartier genommen.

Den 28 Jenner sind noch 2 Cornet Reuter das eine dem Strozi, das andere dem Grazen gehörig, ankommen, und den andern 4 Regimentern nachgefolgt, hat also das arme Landvolk in einem Monat vier unterschiedliche Durchzüg erlitten.

Den 9 Mart. sind 200 Pferd neu geworben Volk unter dem Obristen von Pappenheim, für Italien gehörig, wie auch viel Fußvolk durch das Nürnbergische Gebiet marschirt, und sind auch 600 Pferd und 300 zu Fuß, welche den Paß an hiesiger Stadt begehrt, über das Gebürg gezogen, haben ihren Musterplatz zu Lindau am Bodensee.

Den

*) Vermuthlich das rothe Roß.

Ao. 1625.

Den 14 Marty ſind abermals 400 neu geworbene Pappenheimiſche zu Pferd, wie auch den 16 ditto 300 Pferd hier fürüber nach Landau auf den Muſterplatz marſchirt; ſind, weil ſie im Nürnbergiſchen Gebiet gelegen, proviantirt worden.

Den 14 May ſind 130 Pferd und 2 Fahnen Fußvolk unter dem Commando Don Carlo d'Auſtria hier vorüber unterhalb Frankfurt marſchirt.

Den 20 May ſind abermals 600 Graziſche Pferd neugeworben Volk aus Böhaim, durch das Nürnbergiſche Territorium marchirt, und proviantirt worden, haben groſſen Muthwillen in ihren Quartieren geübt, mit Plündern, Wegführung der Pferd und anderm mehr, haben gleich den andern unterhalb Frankfurt ihren Weg genommen, gehören der Tylliſchen Armee zu.

Den 8 Juny ſind abermals 100 Mann zu Fuß fürüber marſchirt.

Den 26 Juny ſind 500 Graziſche Pferd aus Behaim, dabey der Obriſte Graz ſelbſten geweſen, durch das Nürnbergiſche Territorium marchirt, ſind von hieſiger Stadt aus proviantirt worden, haben ſich leidentlich gehalten, ziehen alle nach Oppenheim unterhalb Frankfurt auf den Muſterplatz, und werden zur Stärkung der Tylliſchen Armada gebraucht.

Den 7 Juny ſind unſere Herren Deputirte Hr. Chriſtoph Fürer, Hr. Georg Chriſtoph Volkamer, und Hr. Doctor Georg Heher nach Wien verreiſt, bey der Röm. Kayſ. Mayeſt. für die Einquartirung des Wallenſteiniſchen Kriegsvolks zu bitten.

Den 2 July iſt der Kaiſerl. Commiſſarius Hertel anhero kommen, ſo den Muſterplatz wegen der Wallenſteiniſchen Armee um hieſige Stadt begehrt, iſt zwar nichts bewilligt worden; ſondern iſt ein eigener Both mit der Chur Mainziſchen Interceſſion per Poſta, denen Herren Deputirten, ſo nach Wien verreiſt, nachgeſchickt worden.

Den 4, 5, bis 9 July ſind bey 25000 Mann zu Fuß unbewehrt Volk truppenweis unter dem Chur Sächſiſchen Obriſten Graf Wolfen von Mansfeld für Italien gehörig, hier vorüber auf den Muſterplatz nach Günzburg, zwischen Augspurg und Ulm marchirt, sind auf Spanische Bezahlung geworben worden.

Vom 3 bis 9 July hat man die ganze Burgerschaft allhier zusammen gefördert, und sie zu armiren befohlen, damit sie mit Harnisch, Piken, Mußqueten, auf dem Nothfall, wann sie den Sturmstreich hören werden, bey ihren Gassenhauptleuten unverzüglich erscheinen sollen. Die Reisigen aber bey den obristen Kriegsherren.

Den 19 July sind abermals 300 Mansfeldische Pferde hier vorüber marchirt. Dieser Graf Wolf von Mansfeld errichtet eine Armada von 1000 Pferd und 3000 zu Fuß für Italien.

Den 20 July ist der Wallensteinische Quartiermeister ankommen, welcher um den Sammelplatz für 5000 Mann zu Fuß angehalten. Es sind auch diese Tage her 400 Mansfeldisch Fußvolk rottenweis vorüber nach ihrem Musterplatz marschirt.

Den 31 July ist die endliche Resolution durch Unterhandlung Dr. Jakob Fetzers, wegen E. E. Raths der Einquartirung der 5000 Mann Wallensteinischen Fußvolks, gebracht worden, dergestalt, daß man ihme 100000 Gulden solle bezahlen auf 2 Termine, den halben Theil alsobald, und den Rest, wann er das Kriegsvolk vorgeführt; hergegen hat er sich verreversirt, diese Stadt und Land weiter nicht zu molestiren. Diese Geldschatzung hat hernach die Burgerschaft mit Bezahlung anderthalber Losung wohl erfahren.

Den 18 August sind 800 Sachsen-Lauenburgische Pferde, so 2 Tage in dem Nürnbergischen Gebiet gelegen, zu der Wallensteinischen Armee nach Schwäbisch-Hall marschirt, wie dann diesen Monat täglich viel Fußvolk hier vorüber rottenweis gezogen, theils dem Tylli, theils dem Herzog von Friedland in Niedersachsen gehörig.

Den 6 September sind unsere Herren Deputirte von Wien, mit guter Verrichtung wieder zuruck kommen.

Den 1 October sind 400 Mann zu Fuß neugeworben Grätisch Volk hier vorüber nach Hessen marschirt.

Ao. 1626.

Ao. 1626.

Den 29 Jenner ist Graf Wolf von Manßfeld, so das teutsche Kriegsvolk in Italien geführt, hier durch nach Haus verreist.

Den 3. Februar ist allhier ein Kaiserl. Mandat angeschlagen worden, wegen der Kriegswerbungen, Durchzüge auch Zuschickung der Munition und Kriegszurüstungen und Unterhaltung der Bürger bey den Kayserl. Aechtern und Feinden. Ist alles bey hoher Straf Leibs und Lebens verboten worden.

Im Monat April ist das Friedländische und Manßfeldische Treffen bey der Elbbrucken zu Dessau vorgangen, sind 4 Regimenter Manßfeldisch Fußvolk zertrennt, niedergehauen und gefangen worden. Die Friedländischen haben Victoria erhalten, 32 Fahnen bekommen, und 1000 Mann verlohren.

Den 13 May sind 7 Fahnen Fußvolk von 1000 Mußquetirer, unter dem Obristen Plarrer von der Friedländischen Armee zu Gründlach, Bruck, Eltersdorf und Bocksdorf ankommen, einen Tag ausgerast, folgends in die Ober-Pfalz marschirt, welche von hiesiger Stadt aus proviantirt worden.

Den 4 Juny ist Don Lorenzo de Medices, des verstorbenen Großherzogs von Florenz Bruder, mit 80 Personen und 40 Pferden hier durch in das Tyllische Lager verreist.

Den 24 July sind 12 Compagnien zu Fuß unter dem Obristen Pallant Sachsen-Lauenburgisch neu geworben Volk, 9 Tag in dem Nürnbergischen Gebiet quartirt, haben aller Orten mit Rauben und Plündern sehr übel gehaußt, ist ein groses Hereinflehen von der Bauerschaft gewesen, und sind täglich von hiesiger Stadt aus proviantirt worden. Das Hauptquartier ist zu Fürth gewesen.

Den 1 August ist der General dieses Volks, Herzog Franz Albrecht zu Sachsen-Lauenburg mit 14 Compagnien zu Fuß und 250 Pferden, in dem Nürnbergischen Territorio ankommen, 3 Tage still gelegen. Der General hat in der Stadt quartirt, und den 3 August all sein Volk bey der Vogelstangen zusammen geführt, bewehrt, die Fahnen

nen aufgericht, und in eine Schlachtordnung gestellt, sie schwören lassen, und seinen Weg nach Auerbach und auf Böhaim genommen. Sind in allem die 2 Regimenter 26 Fahnen zu Fuß gewesen, über 6200 Mann stark.

Den 14 August sind 3000 Mann zu Fuß unter Herzog Adolph von Hollstein allhier zu nächst um die Stadt ankommen, haben übel gehaust, und die Quartier selbsten genommen, wie es ihnen gefallen hat. Der Obrist ist zu Allmoßhof gelegen, haben das Landvolk mit Plündern, Rauben, Schlägen, als jemals erhört worden, übel traktirt, auch in der Nacht zu Großreut hinter der Vesten 2 Städtel und ein Haus abgebrannt, wie auch zum Seth 4 Zimmer, und zu Tennenlohe aus lauterm Muthwillen ein Marggräflich Haus. Sind den 20 ditto aufgebrochen und nach Regenspurg marschirt, sind wider die rebellischen Bauern im Ländlein ob der Ens gebraucht worden, sind 12 Compagnien zu Fuß gewesen, und auch von hier aus proviantirt worden.

Den 27 August hat Graf General Tylli den König in Dänemark bey Lutter im Land zu Braunschweig, nicht weit von Wolfenbüttel, aufs Haupt geschlagen, seine ganze Infanterie zertrennt, 60 Fähnlein, 6 Cornet und 22 Stuck Geschütz abgenommen. Der König hat sich mit der Flucht nach Wolfenbüttel salvirt.

Den 13 November ist Don Lorenzo de Medices, Herzog von Florenz, mit 200 Pferden aus dem Tyllischen Lager, ins Land Braunschweig kommen, hier durch nach Haus verreist, hat seine Leibroß, samt seinem Bereuter allhier hinterlassen.

Ao. 1 6 2 7.

Den 20 Marz ist Paulus Ayrer von hiesigem Magistrat per posta mit Beschwerungs-Schriften, zum General Herzog von Friedland verschickt worden, welcher den 4 April mit guter Verrichtung, daß das Volk soll abgeführt werden, zurück kommen, auch vom General an Hrn. Marggrafen gute Disciplin zu halten, ein Schreiben mitgebracht, so er aber wenig in Acht genommen.

Den 24 Mart. ist Herr Dr. Hans Heinrich Hülß, wegen des noch täglich mehr ankommenden Kriegsvolks Tyranni-

Ao. 1627.

rannisiren und übeln Verhalten, nach Wien zur Kayserl. May. verschickt worden.

Den 29 Mart. haben die Marggräfischen Soldaten zu Gründlach 2 Zimmer *) muthwilliger weiß abgebrannt, auch die dabey gelegene Dörfer ausgeplündert und verderbt.

Den 5 April sind allhier 60 frembe versuchte Soldaten zu Officiren angenommen, auch die 6 Burgerfahnen, jedwede um 70 Mann verstärkt, 2 Fahnen nach Lauf, Hersprück und andere Pflegen verschickt worden. Der Rest hat die Stadt- und Thorwachten versehen, und die Büchsenmeister bey dem Geschütz allenthalben um die Stadt wachen müssen.

Den 6 April hat die Marggräfische und Sachsen-Lauenburgische Soldatesca Engelthal überstiegen, geplündert, einen großen Vorrath an allerley Getraid und andern Raub in ihr Quartier geschickt, den Pfleger Jobst Kreßen alda in Arrest genommen. Herzog Julius Heinrich zu Sachsen-Lauenburg hat sein Hauptquartier zu Reichenschwand gehabt.

Den 12 April sind 2000 zu Fuß und 500 zu Pferd aus Böhaim in Nieder-Sachsen marschirt, Tyllisch Volk; haben sich 3 Tage im Nürnbergischen Gebiet aufgehalten, und ist ihnen Proviant und Vorspannung gereicht worden.

Den 13 April sind die Genannten des grösern Raths aufs Rathhauß gefordert, und ist ihnen des herumliegenden Marggräfischen und Lauenburgischen Kriegsvolks verübter Muthwill mit Rauben, Plündern, Ranzioniren rc. auf dem Land, angedeutet worden, auch sind alle Kayserl. Churfürstl. Schreiben, samt der Antwort abgelesen, und ist ihnen bey Erinnerung ihrer bürgerlichen Pflichten, sich mit Ober- und Seitengewehr auf den Nothfall gefaßt zu halten, und sich zu proviantiren anbefohlen worden.

Den 13 ditto ist Hanns Christoph Tetzel nebst Hans Hermann, Einspänniger, zwischen Schönberg und Engelthal mörderischer weis erschossen, und beyde im Holz ganz spolirt, tod gefunden worden.

Den 23 April ist Herr Maximilian von Pappenheim, Reichsmarschal, anhero kommen, den Schaden, welchen das
Marg-

---

*) Bauernhäuser und Städel.

Marggräfische und Lauenburgische Volk auf dem Land gethan, zu besichtigen.

Den 24 April sind 500 Grazische zu Pferd und 400 Pappenheimische zu Fuß 2 Tag durchs Nürnbergische Gebiet, ins Tyllische Lager in Niedersachsen marschirt, so mit Proviant und Vorspann versehen worden.

Den 5 May sind 3 Cornet Grazische Reuter hier fürüber nach dem Tyllischen Lager marschirt, dabey des Obristen Gemahlin gewesen, welche man 2 Tag proviantirt.

Den 10 May haben die herum liegenden Soldaten, zu Rudelshofen bey Lauf gelegen, 3 Zimmer muthwilliger weis abgebrannt.

Den 11 May haben sie Hohenstein eingenommen, und ins Amt Hiltpoltstein Volk gelegt.

Den 19 May sind die Marggräfischen herum liegenden Soldaten, bey 1000 Mann stark, vor das Amt und Städtlein Velden kommen, dasselbe angeblasen und aufgefordert, die Mühl und etliche Städel davor angezündet, und heftig mit Stürmen und Schießen dem Städtlein zugesetzt, welches sich aber ritterlich gewehrt, bey 50 verwundet und erlegt, auf ihrer Seiten ist 1 Mann geblieben, daß sie wieder mit Schand und Spott fliehen, und zurück weichen müssen.

Den 23 May ist zu Frauenaurach mit den Marggräfischen und Sachsen-Lauenburgischen, im Beyseyn Hrn. Marggraf Christians, Fränk. Kreis-Obristens, und wegen der Stad Nürnberg, Hrn. Philipp Jakob Tuchers, und Herr Dr. Johann Christoph Oelhafen, ein Accord geschlossen worden, nemlich daß alle Feindseligkeiten gegen einander aufgehebt, 8000 Thaler den beyden Hrn. Obristen zum Mustergeld zu bezahlen, und 3000 Thaler wegen des Vorspanns zum Abzug; indem man Nachricht gehabt, daß unsere Herren Abgesandten mit Herrn General zu Friedland, wegen Abführung des Kriegs-Volks 40000 Reichsthaler ihm zu geben, sich verglichen. Ist also ein Anfang zum Aufbruch gemacht worden.

Den 7 Iuni ist zu Thos bey Fürth im Thal, das lang herum gelegene landverderbliche Lauenburgische und Marggräfische

sche Kriegsvolk gemustert worden in Beiseyn des Kaiserl. Commissarii, und der Friedländischen Zahlmeister, so sie abgeführet. Herzog Julius Heinrich zu Sachsen-Lauenburg hat 3 Cornet Reuter gehabt, Marggraf Hans Georg 5 Cornet Reuter, und 14 Fahnen zu Fuß. Ein Cornet Reuter ist 70 bis 80 Mann gewesen; eine Fahne zu Fuß über 120 bis 150 Mann aufs stärkste, darzu gering schlecht Volk. Es ist zu erbarmen, daß man diesem geringen Häuflein Volks so großen Muthwillen in die 13 Wochen hat gestatten müssen, welche über 4 Tonnen Golds werth der Nürnbergischen Landschaft Schaden gethan. Sie sind also den 12 Juny gleichsam noch mal content aufgebrochen, ihr erst Nachtquartier zu Wilhermsdorf genommen, hernach auf Rotenburg zu marschiret, sodann in Niedersachsen. Haben von hiesiger Stadt aus 240 Pferd Vorspann bekommen, damit sie ihre gestohlene Bagage geführt, haben 60 Wägen gehabt, da sie nicht einen mitgebracht. Wie sie gehauset, also werden sie auch ihren verdienten Lohn empfangen.

Den 14 Juny sind des Ausschuß-Lieutenants Liburil geworbene Mann abgedankt, die Offizier aber in Bestallung behalten worden.

Den 16 Juny sind des Capitains Andreas Albrecht 250 geworbene Mann zu Altdorf abgedankt, und die Officier in Bestallung genommen worden.

Den 18 July ist ein Fränkischer Kreis-Tag allhier gewesen, so die Durchzüge und Einquartirung des Kriegsvolks betroffen, auch ist eine Legation an Kays. Majest. die andere an General Friedland, die dritte auf den bevorstehenden Churfürsten-Tag nach Mühlhausen zu schicken, beschlossen worden, weilen des Vertugo Volk einquartiren wollen, und theils allbereit bey Schweinfurt ankommen, so aber von dem Fränkischen Ausschuß zuruck getrieben, und kein Quartier gestattet worden.

Den 9 Oct. hat sich der Churfürstl. Collegial-Tag zu Mühlhausen angefangen, Chur-Mainz und Sachsen sind in der Person erschienen, neben andern Chur- und Fürstlichen Abgesandten; sollen gute Mittel zum Frieden vorgeschlagen haben, und beschlossen worden seyn, auch Kais. Maj. zu ratifiziren zugeschickt worden, wie dann im

Chur-

Churfürstenthum Sachsen auf offenen Kanzeln Danksagungen geschehen.

Den 18 Oct. ist ein Fränkischer Kreis-Tag, wegen der Einquartirung und Durchzüge gewesen, auf welchem Don Vertugo abermals für 4 Regimenter Winterquartier begehrt, so ihm aber rund abgeschlagen worden, weil man bey Kaiserl. Majest. und Chur-Baiern, die Landsverschonung erlangt hatte.

Den 11 November wurde die regierende Röm. Kaiserin, Kaisers Ferdinandi secundi Gemahlin, zur Böhmischen Königin zu Prag gekrönt.

Den 15 November ist König Ferdinand zu Hungarn, Kaisers Ferdinandi secundi ältester Prinz, zum Böhmischen König, zu Prag gekrönt worden.

Ao. 1628.

Den 7 Februar ist Graf Wolf von Mahsfeld, neuer Kaiserl. General mit 2 Kutschen und 10 Pferden, so eine Armee von 20000 Mann zu Roß und Fuß errichten soll, allhier angelangt, im teutschen Hof logirt, und auf 2000 Pferd den Muster- und Sammelplatz um hiesige Stadt begehrt, welcher sich aber gütlich abweisen, die Kaiserl. und Friedländische Assecurationes und Salvas Guardias in Acht genommen, und den 11 ditto mit seiner Leib-Compagnie von 136 Mann zu Pferd, so er von Eger allhier erwartet hat, aufgebrochen, und hat seinen Muster- und Sammelplatz um Ulm und im Land Schwaben genommen.

Den 13 Februar hat der Obriste von Schönberg auf 2 Cornet Reuter Quartier begehrt, so ihme abgeschlagen worden.

Den 23 Febr. sind 42 Cornet Friedländisch Volk, darüber Conte Montecuculi commandirt, unversehens im Nürnbergischen Territorio ankommen, sind lange Zeit um Koburg gelegen, und meistentheils Wallonen gewesen, haben 3 Tag darin quartirt, sich übel mit Rauben, Plündern und Pferdstehlen verhalten, und im Nürnbergischen Gebiet bey 400 Pferd hinweg genommen, nach den Leuten geschossen, ihrem Gefallen nach Quartier gemacht,

und

Ao. 1628.

und einem Salzburger Fuhrmann, nächst bey der Stadt 4 Pferde weggenommen und erschossen. Item zu Tennenlohe und Kraftshof die Kirchen aufgebrochen und spoliirt, ärger in Quartieren, als niemals geschehen, gehauset. In Summa, was sie auf den Straßen angetroffen, ist ihnen alles Preiß gewesen, haben ihren Weg nach Dünkelsbühl ins Schwabenland genommen, sind der neuen Mansfeldischen Armada zuständig, denen zwar noch mehr Regimenter gefolgt, und große Furcht unter dem Landvolk verursacht, weil man ihres Marschiren, und wo sie hin treffen mögten, keinen gewissen Grund gehabt, sind aber doch von Bamberg durch den Aischgrund ins Oberland geführt worden.

Den 27 Februar ist Conté Montecuculi hier durch nach Prag wieder zurück zu Kaiserl. Majestät verreißt, indem er von Graf Wolf von Mansfeld, weil er wider seine Ordonanz marschirt und bös Regiment gehalten, cassirt worden. Hat ein Attestations-Schreiben von E. E. Rath begehrt an Kayserl. Majestät, so man ihm aber verweigert, und ist dannoch wiederum ausgesöhnt worden, und bey seinem Commando geblieben.

Den 2ten Merz ist Pfalzgraf Ludwig Philipp, des vertriebenen Pfalzgrafen von Heidelberg Bruder, um Pardon bey Kaiserl. Majest. zu erlangen, per posta hier durch nach Prag verreist, hat aber nichts erlangt.

Den 14 Merz sind 130 Schönbergische Reuter, der Liga *) zuständig, nach Fürth ankommen und Quartier genommen, welche die Stadt Nürnberg, auf Begehren Chur-Bayern,

---

*) So wie die protestantische Union ein Schutzbündniß war, das der Kurfürst von der Pfalz Friedrich IV. 1610. 3 Febr. errichtete, welchem Fürst Christian von Anhalt, als Befehlshaber im Kriege, Kurfürst Johann Siegmund, und sein Bruder Johann Georg von Brandenburg, die Pfalzgrafen Johann von Zweybrücken, und Philipp Ludwig von Neuburg, die Marggrafen Joachim Ernst von Onolzbach, und Georg Friedrich von Baaden, Herzog Johann Friederich von Würtemberg, verschiedene Grafen und Reichsstädte beytraten: eben so vereinigte sich die katholische Lige, unter ihrem Haupte, Herzog Maximilian von Bayern, nebst den Kurfürsten von Maynz, Trier, Kölln, dem Erzbischof von Salzburg, Bischöfen von Bamberg, Wirtzburg und Eichstädt, Erzherzogen von Oestreich, und vielen andern Reichsfürsten, um sich den Absichten der Protestanten zu widersetzen. S. Khevenhillers Annal.

Bayern, unterhalten, und ihnen wöchentlich 109 Centner Heu, 40 Schober Stroh, 28 Simra Haber, und 500 Reichsthaler verschaffen muß. Es ist zwar Hr. D. Georg Richter nach München verschickt worden, hat aber die Abführung nicht erlangt.

Den 15 Merz ist Herr D. Jakob Fetzer nach Prag verschickt worden, mit Kaiserl. Maj. und General Herzog zu Friedland einen neuen Accord wegen der Durchzüge und Einquartirung, zu schließen, welcher den 1 May wieder zuruck gekommen, neue Kaiserl. und Friedländische Salvas Guardias mitgebracht, und vom 1 Juny bis auf den 1 Juny 1629 einen neuen Accord gegen Bezahlung 100000 fl. auf ein Jahr lang erlangt.

Den 30 Merz sind zu Remlingen bey 130 Zimmer, Herrn Graf Wolfgang zu Kastell gehörig, samt seiner Kanzley und Kalterhaus abgebrannt. Ist durch Verwahrlosung der daliegenden Friedländischen Soldaten, unter der Früh-Predigt geschehen.

Den 30 April ist der regierende Groß-Herzog Don Ferdinando, mit Don Giovanni Carlo di Medices seinem Bruder, und dem Principe di Venosa mit 250 Pferden, 50 Maulthieren und 300 Personen, hier durch nach Prag zu Kaiserl. Majestät verreist, denen sind von E. E. Rath 2 schöne Trinkgeschirr, 4 Schaff Fisch, 1 Fuder Wein, und 2 Fuder Habern verehrt worden.

Den 19 May sind 3000 zu Fuß Vertugisch Volk, welche Obrist-Lieutenant Hübner als Commissarius geführt, so um Dünkelsbühl in Schwabenland das Winterquartier gehabt, zu Gründlach, Boxdorf, Eltersdorf, Stadeln, Tennenlohe und Buch ankommen. Sie haben einen Tag, laut ihrer Ordonanz, (daß sie den fünften Tag im Marschiren einen Rasttag halten, jedoch der Geistlichen verschonen sollen) ausgeruhet, sind von hiesiger Stadt aus proviantirt worden, und den 21 ditto aufgebrochen. Haben sich übel in Quartiren verhalten, und ihren

---

Annal. Th. 7, S. 284. Du Mont Corps universel diplomatique du Droit des Gens, Tome 5, pag. 126. Pufendorf de rebus Suecicis Lib. I. §. 19. Neue Zeitung von dem Verbündnisse der Teutschen Römisch-Catholischen Fürsten, Cardinäle, Bischöffe ꝛc. wider die Teutschen Lutherischen Fürsten und Stände beschlossen. Christlingen, 1610. 4.

Ao. 1628.

ihren Weg nach der Deſſauer Brucke genommen, ſollen in Polen wider Schweden gebraucht werden.

Den 21 Auguſt ſind Schreiben vom Conte Colalto an E. E. Rath allhier ankommen, darinnen er 5 Compag. Pferd um hieſige Stadt zu quartiren, und monatlich 4000 Reichsthaler ohne die Commiß, ihnen zu reichen, begehrt hat. Iſt darauf deswegen Herr Hans Chriſtoph Tucher und Herr D. Hanns Heinrich Hülß, um ſolches abzulehnen, zu ihm verſchickt worden, welche aber nichts fruchtbarliches bey ihme ausrichten können.

Den 25 und 26 Auguſt ſind die 5 Compagnien Pferd im Nürnbergiſchen Gebiet ankommen, Obriſt-Lieutenants Lope de Giron 2 Compagnien haben zu Tennenlohe, Boxdorf, Groß- und Klein-Gründlach, Eltersdorf, Reutles, Quartier genommen; Obriſt-Lieutenants Johann von Gremel Leib-Compagnie zu Feucht, Rittmeiſters Wachtendunk Compagnie zu Wendelſtein und Rauberſrieth, Rittmeiſters Hundsbruk Compagnie zu Groß- und Klein-Schwarzenlohe, Rötenbach und Wurzeldorf, mit denen hat man wegen der Azung und Habern traktirt, und iſt ihnen für die Proviantirung Geld gegeben worden.

Den 31 Auguſt iſt Herr Georg Paulus Nützel mit Hrn. Conte Colalto zu traktiren, und ihm 10000 fl. wegen der Abführung anzubieten, nach Schweinfurth von E. E. Rath verſchickt worden. Iſt den 5 September mit guter Vertröſtung, daß das Volk mit eheſtem ſolle abgeführt werden, wieder zurück gekommen.

Den 13 September wurde Herr G. P. Nützel nebſt Capitain Pömer, wiederum nach Schweinfurt verſchickt, welcher aber den 15ten mit Herrn General Commiſſario de Oſſa, den er unterwegs angetroffen, wieder zurück kommen, mit welchem man zwar wegen der Abführung der Reuter traktiren, er aber ſolcher Traktaten ſich nicht unterfangen wollen, und ſie nach Schweinfurt an Herrn General-Lieutenant Colalto remittirt. Iſt darauf den 18 September Hr. Georg Paulus Nützel und Hanns Chriſtoph Tucher mit dem Herrn General-Commiſſario nach Schweinfurt verreißt, welche den 24 dieſes abermals mit guter Vertröſtung der Abführung halber zurück kommen, und dabey berichtet, daß Herr Conte Colalto für recht und billig erkannt, daß man die aufgelaufenn Unko-

Unkosten, an den 100000 fl. so dem Herrn General von Friedland versprochen worden, abkürze.

Den 18. Oktober ist Herr H. E. Tucher und D. Jakob Fetzer nach Schweinfurt zum Conte Colalto verreist, welche ben 24 ditto mit dem Abdank-Commissario und guter Verrichtung, wiederum zurück gekommen.

Den 26 October hat man den Obrist-Lieutenant Lope de Giron mit seinen unterhabenden 2 Cornet Reutern abgedankt.

Den 27 October ist Principe d'Espenois, Spanischer Abgesandter mit 3 Kutschen, und 2 Bagagewägen von Wien hier durch nach Brüssel verreist.

Den 25 November verreißten Hr. G. P. Nützel und Hr. H. E. Tucher nach Schweinfurt, mit Hrn. Conte Colalto, wegen Abführung der restirenden 3 Cornet Reuter, zu traktiren, welche mit guter Expedition und Resolution, den 1 December wieder zu Haus angelanget.

Ao. 1629.

Den 11 Februar sind Hr. H. J. Tetzel, und D. Jakob Fetzer nach Wien verreist, der künftigen Kriegsvolks-Einquartierungen halber, weil der Termin zu Ende lauft, aufs neue zu contrahiren, und wegen mehr anderer Sachen am Kaiserl. Hof zu sollicitiren.

Den 23 Februar ist von den Sechs Orten der Fränkischen Ritterschaft ein Convents-Tag allhier gewesen, des Kriegs-Volks Einquartirung, Pfarren-Einziehung, und Reformationwesen betreffend.

Den 4 Merz sind Hr. H. S. Fürer, Hr. F. Löffelholz und D. Georg Richter nach München zu Chur-Bayern verschickt worden, um Abführung der Schönburgischen Reuter, und Reformation auf dem Land zu bitten, welche den 19 ditto mit schlechter Verrichtung wieder zurück angelangt.

Den 11 Juny ist Graf Kraft von Hohenlohe, Fränkischen Kreises Hr. Abgesandter, hier durch nach Wien verreist, welcher den 1 Oktober, ohne etwas ausgerichtet zu haben, wieder zurück angelangt.

Den

Ao. 1630.

Den 2 August hat ein E. E. Rath der Stadt bestellten Hrn. Obristen von Löbelfingen, neben Hrn. Hanns Christoph Tuchern, nach Schweinfurt zum Hrn. Conte Colalto verschickt, welche den 15 wieder zuruck gekommen.

Den 10 September ist D. Tobias Oelhafen nach Wien, um Hrn. Hanns Jakob Tetzel und D. Jakob Fetzer abzulösen, verschickt worden, welche den 2 Oktober zu Haus glücklich angelangt.

Anno 1630.

Den 23 May ist der Kaiserl. General, Herzog zu Friedland, *) aus dem Carlsbad kommend, mit 700 Pferden und statt-

*) Diese Nachrichten habe ich weder in andern Nürnbergischen Chroniken, noch im Theatro Europaeo, so ausführlich gefunden. Aber sonderbar ist es, daß ein Ausländer dieses hiesigen Aufenthaltes weitläuftig erwähnet, nämlich der Graf Majolino Bisaccioni in seinen *Memorie historiche della mossa d'armi di Gustavo Adolfo, Rè di Suezia in Germania l'anno 1630.* In Venezia 1642. 4.

Libro I, pag. 45. Il Duca di Fridlande, che intendeva di accostarsi ancor esso alla Dieta di Ratisbona per le occasioni, che potessero servire all' Imperadore, doppo essersi trattenuto molti giorni alli bagni, à 23 di Aprile (1630) con un apparato nobilissimo di 17 Carozze, et vinti quattro ordinarie, e sessanta Cariaggi, accompagnato da cento cinquanta Gentil huomini, trà quali erano sei Prencipi, entrò in Norimberga, dal cui Senato hebbe egli non solo i doni soliti à farsi à Prencipi, mà fù regalato di un Cavallo di bellezza, e bontà meraviglioso, e doppo essersivi trattenuto due giorni, andossene ad Ulma, dove entrò à gli 28 di Maggio. D. i. "Der Herzog von Friedland, welcher auf den Reichstag nach Regensburg zu gehen gesonnen war, um dem Kaiser hiebey Dienste leisten zu können, hielt sich lange im Carlsbade auf, und traf am 23sten May mit einem Zuge von 17 Staatscarossen, 24 Kutschen, und 60 Packwägen, in Begleitung von 150 Edlen, worunter sechs Fürsten waren, in Nürnberg ein. Der Senat daselbst verehrte ihm, außer den gewöhnlichen fürstlichen Geschenken, ein Pferd von bewundernswürdiger Schönheit und Güte. Nachdem er sich zween Tage aufgehalten, langte er am 28sten May in Ulm an."

Bey diesem zweytägigen Aufenthalte des großen Feldherrn ist sonder allem Zweifel von unserm geschickten Maler Michael Herr (denn von seiner Manier ist es) dessen Bildniß, ein Kniestück in Lebensgröße, auf Tuch gemalet worden. Dieses

stattlichem Comitat, hier durch nach Memmingen zu seinem Volk verreist, zwey Tage hier ausgerast, deme von E. E. Rath ein Pokal von 16 Mark, nebst einem schön gezierten Neapolitanischen Hengst, 4 Schaff Fisch, 1 Fuder Wein, und 2 Fuber Habern, verehret worden. Ist dannoch bey den 20000 fl. monatlicher Contribution verblieben, und hat er E. E. Rath, so sich dessen beschweret, an den kaiserl. Hof verwiesen.

Den 22 Juny ist General Graf Tilly hier fürüber nach Regensburg marschirt, sind auch viel seiner Obristen dahin verschrieben worden.

Den 1 July ist ein Fränckischer Evangelischer Kreis-Convent alhier gewesen, da eine Legation auf den Collegial-Tag nach Regensburg, der Gravaminum halber, zu schicken, beschlossen worden, welches den 24 ditto erfolgt.

Den 10 sind die zu Fürth lang gelegene Compagnie Schönburgische Reuter, welche 122 Wochen da gelegen, und von hiesiger Stadt aus unterhalten worden, dermaleins aufgebrochen, ins Stift Hirschfeld marschirt und quartirt worden. Der Obriste ist zu Farrnbach im Schloß verblieben, bis er mit seinem Regiment gegen Schweden marschiren müssen.

Den

ses merkwürdige Gemälde hänget im Sessionszimmer des löbl. Kriegs-Amts, und es ist dem verdienstvollen Herrn Kriegsamts-Secretair Georg Thomas Friedrich Schmit zu verdanken, daß es so wohl aufbewahret ist.

Wallenstein stehet mit ernsthaftem Blicke an einer kleinen Tafel, auf welcher sein Hut mit einer rothen Feder gezieret, liegt. Er ist in seinem Collet vorgestellt, das er gewöhnlich im Felde, nach damaliger Mode, von Elendleder trug, und mit dem Orden des goldnen Vliesses gezieret, unter welchem noch ein Kreuz hänget. Seine Hand stützt er auf den Commandostab. Der Halskragen, den er sonst aufgeschlagen zu tragen pflegte, ist hier niedergeschlagen. Dieses Bild erinnert mich an die Beschreibung des Grafen Gualdo Priorato, der ihn von Person kannte, in seiner Historia della Vita d'Alberto Valstain, (A Lion, 1643. 4.) pag. 63, 64. Ich werde mehr hievon in der Erläuterung zur Geschichte dieses großen Mannes sagen, wenn ich von seinen in Kupfer gestochenen Bildnissen Nachricht gebe, die ich fast alle besitze.

Ao. 1630.

Den 29, 30, 31 ditto sind Dänemärkische, Französische, Englische, Hollsteinische, Pfalzgraf Friedrichs und andere Gesandte hier durch auf den Reichs-Tag nach Regensburg verreist.

Den 24 Augusti ist Graf Johann Ludwig von Nassau, nebst Pater Lamormaini, Soc. Iesu, und kaiserl. Beichtvater, und noch 3 Jesuiten, mit ziemlichem Comitat von Regensburg allhier angekommen, 2 Tag verblieben, und wiederum verreist.

Den 19 September ist der zu Regensburg cassirte Kaiserl. General, Herzog zu Friedland von Memmingen hier fürüber mit 100 Pferden ins Land Böhaim nach Gitschin auf seine Güter verreist. Ist zu Lauf über Nacht verblieben, deme von zweyen Herren Deputirten des Raths das gewöhnliche Präsent offerirt und aufgewartet worden.

Den 4 Oktober ist der Graf Colalto Kaiserl. Kriegsobrister in Italien vor Mantua Todes verfahren.

Den 18ten sind unter dem Rathhauß zwey Kaiserl. Mandata, ein Avocation- und Inhibition-Decret, wegen Schwedischer Unterhaltung, bey Straf Leib, Leben, Ehr, Haab und Gut publice angeschlagen worden, dergleichen im ganzen Reich ebenmäßig geschehen.

Den 24 ist der kaiserl. Ornat und Kron nach Regensburg zu der Römischen Kaiserin bevorstehenden Krönung geführet, und hernach den 2 November wieder zuruck gebracht worden.

Ao. 1631.

Den 20 April sind die Genannten erfordert, und hat man ihnen die 2 Schreiben der Evangelischen Churfürsten und Stände an Kaiserl. Majestät und kathol. Liga, wegen geschlossenen Leipziger Defension-Werks, abgelesen, hernach umgefragt, weil es die Augsburgische Confession betreffe, was ein jeder dabey zu thun gesinnet? Ist der einhellige Schluß dahin gegangen, daß ein jeder, als ein getreuer Patriot, Leib, Leben, Haab und Gut dabey aufsetzen wollen. Darauf ist eine Zusammenkunft von dem Evangelischen Fränkischen, Schwäbischen und
Rhein-

Rheinländischen Kreis allhier gewesen, und ein endlicher Schluß dieses löblichen Werks gemacht worden.

Den 10 May ist die Stadt und Vestung Magdeburg von dem Kaiserl. General Tilly, davor er 6000 Mann verlohren, mit Sturm erobert, und viele Tausende darin mit Feuer und Schwerd jämmerlich niedergemacht, und die Stadt bis auf den Thum und etliche wenige Häuser, ganz in die Aschen gelegt worden, davon weitläuftig im Druck zu finden.

Den 16 May ist ein fränkischer Kreis-Tag gewesen, auf welchem der Kaiserl. Commissarius Popp die 96 Monat Contribution stark begehrt, sind auch kaiserl. Monitoria und Avocatoria Mandata, das Evangel. Defensionswerk betreffend, im ganzen Reich publicirt worden, dergestalt, daß man das Volk abdanken und kaiserl. Majestät überlassen solle.

Den 12 July sind auf Anhalten des kaiserl. Commissarii Poppen, kaiserl. Majestät sechsfache Contribution, so sich monatlich auf 11000 fl. belauft, auf ein Jahr lang bewilligt, und das geworbene Volk allhier abzudanken, versprochen worden. Hat also der Leipziger Schluß ein Loch gewonnen, und hat man hernach den Genannten, neben Ablesung 6 unterschiedlichen Schreiben, auf Erforderung, den 21 ditto solches vorgehalten.

Den 25 July ist Herr Georg Christoph Volkamer, Hanns Christoph Tucher, und D. Christoph Herpfer, auf den von den Katholischen und Evangelischen Churfürsten, Ständen und Städten zu Frankfurt angestellten Compositions-Tag verreist; sind den 22 Oktober unverrichter Sachen wieder zu Haus angelangt.

Den 30 ditto ist kaiserl. Majestät General-Wachtmeister, Johann von Altringen, in 8000 stark zu Fuß, aus Italien marschirt, zu Fürth und nächst liegenden Dörfern angelangt, und quartirt, denen von hiesiger Stadt aus, zu Verschonung der Landschaft, Proviant verschaft worden, so alles nichts geholfen, sondern haben sich aller Orten (ihrem Gebrauch nach) mit Plündern, Rauben, Beschädigung, Schändung und Ranzionirung des Landvolks gar feindselig erzeigt, dergestalt, daß man den 4 August sein unzeitig Begehren (auf Erfordern) den Genannten des grössern Raths vorgehalten, Inhalts, daß
erstlich

erstlich hiesige Stadt ihr geworben Volk abdanken, (so allbereit geschehen) und ihme überlassen solle. Secundo, dem Leipzigischen Schluß gänzlich zu renunciren, und deshalben einen schriftlichen Revers von sich zu geben. Drittens, den Rest der Friedländischen Kriegs-Contribution von 150000 fl. da es doch, wie die Quittung ausgewiesen, nur 50000 fl. gewesen, zu bezahlen. Darauf ist ihm von E. E. Rath versprochen worden, so fern er die ersten zween begehrten Puncten wolle fallen lassen, sollen ihme die 50000 fl. vermög des dritten Punktes, als 25000 fl. baar, der Rest aber in 2 Monaten, (doch auf Abzug der Portion an der versprochenen Fränkischen Kreis-Contribution) bezahlt werden: welches er nicht acceptiren wollen; sondern stark auf die Renunciation des Leipzigischen Schlusses gedrungen. Ist auch auf Begehren E. E. Raths, der kaiserl. Commissarius Popp ankommen, und die Sachen accommodiren sollen, welche Ankunft aber wenig gefruchtet; es soll auch täglich auf das Kriegsvolk für 3000 fl. Proviant aufgegangen seyn.

Den 6 August hat man die Genannten abermals erfordert, und ihnen fünferley Art Concepten eines Revers, die Renunciation des Leipzigischen Schlusses betreffend, abgelesen, samt andern abgegangenen Schreiben, so er Altringer nicht ratificiren wollen, sondern bey seinen erstbegehrten dreyen Punkten verblieben. Sind darauf der Genannten Vota colligirt, und die Sach E. E. Rath heimgestellt, darauf ein Fränkischer Craistag ausgeschrieben worden. Oftbesagter Altringer ist mit 12 Compagnien zu Fuß, und 4 Compagnien zu Pferd, zu Fürth und Poppenreuth liegen geblieben, der Rest nach Bayersdorf marschirt, die haben mit Abnehmung Vieh, Pferd, Heu, Getraid und andern übel gehauset, und welch Dorf und Gut nicht lebendige Salva Guardia gehabt, ausgeplündert, und viele Leute niedergemacht, unangesehen man mit ihme, Herrn General, in Tractation gestanden, und endlich wöchentlich für 6000 fl. Fourage und Victualien verschaft, bis man ihme Satisfaction geleistet.

Den 19 und 20 August ist alles herum gelegene Kriegsvolk, 15000 Mann stark, deren 66 Compagnien zu Roß und Fuß gewesen, aufgebrochen, ihren Marsch nach

Bamberg forderst zu der Tillyschen Armada auf Hallstadt, allda ihren Rendez vous und Musterplatz genommen, die Unkosten und Schäden so sie gethan im hiesigen Territorio, werden auf zwo Tonnen Goldes geschätzt.

Den 7 September ist das Haupttreffen bey Leipzig zwischen Königl. Majestät in Schweden, Chur-Sachsen, und Herrn General Tilly, so 24 Stunden lang gewähret, vorgegangen, daß bey 20000 Mann auf der Wahlstatt geblieben. König in Schweden und Chur-Sachsen haben das Feld erhalten, General Tilly, so in das Schulterblat geschossen worden, hat mit Hinterlassung aller Bagage und Stuck, wie auch in die 140 Fahnen und Cornet, das Feld räumen müssen, davon weitläuftig im Druck zu lesen, von Königl. Majestät in Schweden glücklichem Progreß in Teutschland.

Den 25 September hat Commissarius Malson mit 5 Compagnien zu Roß und 3 zu Fuß Altringische Pressur-Reuter um hiesige Stadt quartirt, die ausständige Friedländische Contribution begehret, Zirndorf und andere Ort ausgeplündert, die man den 3 Oktober mit Ernst fortgetrieben, und ihnen nichts, als etwas von Proviant gegeben, welche hernach bey Rotenburg von dem Schwedischen Volk geschlagen und zerstreuet worden.

Den 14 Oktober sind die Genannten erfordert, und ist ihnen dreyer Schwedischen Commissarien Anbringen vorgehalten worden, dergestalt, daß Königl. Majestät in Schweden, dem bedrängten Evangelischen Wesen zum besten, mit einer ansehnlichen Armee, nach erhaltener Leipzigischer Victoria, im Fränkischen Crais angelangt, und zu wissen begehre, ob hiesige Stadt, gleich andern Evangelischen Churfürsten und Ständen, sich mit ihme conjungiren wolle, dieses rotunde zu erklären. Im widrigen Fall müste er gegen sie feindlich mit Feuer und Schwerd, (dann er von keiner Neutralität wissen wollen,) als die seinen Feinden allen Vorschub thäte, verfahren. Darauf ist Ihro Majestät die Conjunction, ohne Verletzung Kaiserl. Majestät Reputation, mit Hilf und Zusetzung Leib, Leben, Haab und Guts (weil es die Religion betreffe) einhelliglich versprochen und zugesagt worden, so fern es die Nothdurft erfordern wird; Und darauf ist ein Regiment von 3000 zu Fuß und 3

Com-

Ao. 1631.

Compagnien zu Pferd unter Herrn Obristen Johann von Löbelfing geworben, und für hiesige Stadt aufgericht worden, wie folgt:

Herr Obrister Johann von Löbelfingen
	1 Compagnie von 300 Mann.

Herr Obrist-Lieutenant Hanns Wilhelm Güß, von Güßenburg
	1 Comp. von 300 Mann.

Major Johann Leonhard Schultheiß Obrist-Wachtmeister
	1 Comp. von 300 Mann.

Capitain Wolf Albrecht Pömer,
	1 Comp. von 300 Mann.

Capitain Friedrich Pömer,
	1 Comp. von 300 Mann.

Capitain Friedrich Schmidtmayr,
	1 Comp. von 300 Mann.

Capitain Georg Christoph Holzinger,
	1 Comp. von 300 Mann.

Capitain Michael Imhof,
	1 Comp. von 300 Mann.

Capitain Philipp Forstenhauer,
	1 Comp. von 300 Mann.

Capitain Wilhelm Schmid,
	1 Comp. von 300 Mann.

Rittmeister Anthoni Schmidtmayr von Monatreutern und Einspännigern,
	1 Comp. von 60 Pferden.

Rittmeister Christoph von Ohr von hiesigen Burgern Avanturier,
	1 Comp. von 125 Pferden.

Capitain-Lieutenant Johann Stiermayr, eine geworbene Compagnie von 60 Pferden.

Den 15 ditto ist Herr Hanns Jakob Tetzel und D. Georg Richter mit der Resolution nach Würzburg zum König in Schweden geschickt worden, welche den 25sten wieder zu Hauß angelangt.

Den 2ten November sind die Gassenhauptleut erfordert, und ist ihnen von ihren Herren Viertelmeistern angesagt worden, ihren untergebenen Mitburgern fürzuhalten, und beweglich zuzusprechen, daß sich ein jeder (auf Erfordern) etliche Tage lang zum Schanzen fertig halten, oder eine taugliche Person stellen solle, zur Fortification dieser Stadt, wegen vor Augen schwebender großer Kriegs-Gefahr, weil bey Ein- und Ausfluß des Wassers 2 Hornwerk und an andern Orten, da es die Nothdurft erheischt, mehr Horn- und und Kronenwerk, Ravelin, Batterien und Stacketen sollen gemacht, auch alle Thor in Defension, samt Thürmen, Mauern und Zwingern gebracht werden. Ist also bald darauf ein Anfang mit Demolirung etlicher Gärten gemacht, und die Dielen und Zaun aller Gärten gegen der Stadt eingerissen worden, die Stuck wurden auf die Thürme und Mauern gezogen, wie auch allerley Kriegs-Präparatoria mehr, als ist der Landausschuß allenthalben bewehrt und mit Offizieren versehen worden. In der Stadt wird die Burgerschaft, sich mit Ober- und Seiten-Gewehren, auch Kraut und Loth gefaßt zu halten, vermahnt. Die Büchsenmeister samt dem geworbenen Volk, haben Tag und Nacht Stadtwachten halten müssen, die 2 geworbene Solmische Regimenter zu Roß und Fuß, sind in die Vorstadt und Schanzen gelegt worden, und haben die Wachten auser der Stadt versehen. Weil die recolligirte Armee des Tilly im Fränkischen Craiß allbereit im Marggrafthum Anspach angelangt, mit Rauben, Morden, Plündern und Brennen aller Ort übel gehaußt, und ihren Marsch auf Nürnberg nehmen will, ist aller Orten auf dem Land ein großeß Flehen (Flüchten) in diese Stadt gewesen, von unzählichen hohen und niedern Stands-Personen und Gütern.

Den 7 November haben die Tillyschen Lichtenau mit Accord eingenommen, und sind an hiesiger Stadt 100000 Laib Brods zu 3 Pfund von dem Tilly selbsten von Anspach aus durch Schreiben begehrt worden; ist aber nichts erfolgt, dann man auf dem Fränkischen Crais-Tag, dem Kaiser nichts mehr zu contribuiren, geschlossen.

Den 18 November hat man von dieser Stadt acht Vierteln 3 Hauptmannschaften mit Ober- und Untergewehren auf
hiesi-

Ao. 1631.

hiesiger Stabt Plätz geführt, sie ermahnet stündlich in guter Bereitschaft zu seyn auf den Nothfall.

Den 20 November haben täglich 3 Hauptmannschaften, weil das Tillysche Volk herum gelegen, wachen, und andere 3 Hauptmannschaften im Zwinger zwischen dem Frauen- und Spittlerthor schanzen müssen; hernach haben wöchentlich 2 Hauptmanschaften geschanzt, 2 gewacht, biß den 12 December. Ihrer Posten sind 10 gewesen, als: Laufer- Spittler- Frauen- Neu- und Thiergärtner-Thor, Fünferhaus, Zeughaus, Schul bey St. Lorenzen, unterm weisen Thurn, und innern Laufer-Thurn.

Den 24 November ist die herumliegende Tillysche Armee aufgebrochen, ihren Weg nach Lauf, Hersbruck, (welches sie gebrandschatzt und ausgeplündert) in die obere Pfalz genommen; haben zu Schweinau 6 Zimmer abgebrannt, Ober-Aspach 20 Zimmer, Gibizenhof 2 Zimmer, Boxdorf 6 Zimmer, Buch 3 Zimmer, die Mühl zu Leichendorf, Rötenbach 10 Zimmer, Altensittenbach 4 Zimmer, Bach 2 Zimmer, dergleichen an andern Orten mehr geschehen, wo sie hinkommen sind. Lichtenau ist mit 150 Mann kaiserl. Besatzung belegt blieben.

Den 16 December hat man abermals die Genannten wegen einer Extra ordinari Losung und Kriegs-Anlag, ihr Gutachten deshalben zu geben, erfordert. Ist der Obrgkeit heimgestellt worden.

Den 28 December ist in allen Vierteln der Stadt die Burgerschaft erfordert, und eine neue Ordnung des Schanzens halben gemacht worden, daß ein jeder wöchentlich 3 Monat lang, einen Tag schanzen, 10 Kreuzer bezahlen, oder 2 fl. für die 3 Monat alsobalden entrichten solle.

Den 29 December sind die 2 Solmischen Regimenter, als 15 Fahnen zu Fuß, und 9 Cornet Reuter von hier aufgebrochen, und nach Rotenburg unter Feldmarschalls Horn Commando, marschirt. Ihr Aufbruch hat große Freud, wegen, ihres üblen Verhaltens auf dem Land gemacht.

Ao. 1632.

Ao. 1632.

Den 20 Jenner ist Gustav Horn, Königl. Maj. in Schweden Feldmarschall, mit 100 Pferden von Ochsenfurth allhier angelangt, die neuen Fortificationes dieser Stadt, wie auch andere Kriegs-Präparatoria besichtigt, 2 Tag hier verblieben, hernach wieder zu seiner in Frankfurt liegenden Armee verreist.

Den 20 Jenner ist Höchstadt von den Schwedischen mit Accord eingenommen worden, besetzt, hernach ist Feldmarschall Horn mit der Armada gegen Bamberg marschirt.

Den 1 Februar hat der Schwedische Feldmarschall Horn Bamberg einbekommen, daraus die darin gelegene Tillysche Besatzung von 1500 zu Roß und Fuß gewichen, sind bey 18 Personen beederseits geblieben, ist auch keine Plünderung vorgegangen.

Den 23 Februar ist der Tilly mit 3 Compagnien zu Altdorf angekommen, und hat im Schloß Quartier genommen. Die Studenten haben sich in das Collegium retirirt. *)

Diesen Tag sind 16 Gassenhauptmannschaften alhier aufgezogen mit ihren Ober-Gewehren; ingleichen hat man auf allen Thürmen und Pasteyen dieser Stadt wieder gewacht.

Den 24 Februar ist der Tilly zu Lauf ankommen, und hat 50 Mann zur Salva Guardia zu Altdorf hinterlassen.

Den 25 Februar ist er zu Lauf wieder aufgebrochen, 100 Mann zur Salva Guardia dagelassen, gegen Neunkirchen marschirt, deme seine Armee von 18000 zu Roß und Fuß gefolgt,

---

*) Altorf war bisher (so betrübt auch die Zeiten gewesen) in einem blühenden Zustande. Es wurde 1580 zu einer Akademie, und 1622 von K. Ferdinand II zu einer eigentlichen Universität erhoben. Die feyerliche Publication der vom Kaiser ultro et proprio motu ertheilten Privilegien geschah am 29 Jun. 1623. S. Actus Publicationis Privilegiorum doctoralium Vniversit. Altorph. Norimberg. 1623. Fol. und Herrn Prof. Wills nürnbergische Münzbelustigungen; II Th. S. 409. und IV Th. S. 65. u. f.

Ao. 1632.

gefolgt, damit das Bistum Bamberg von den Schwedischen wiederum zu liberiren.

Den 26 ist er nach Vorchheim kommen, sein Vorhaben und Anschlag desto besser ins Werk zu richten.

Den 29 Februar hat General Tilly Bamberg, nachdem sich Gustavus Horn zu schwach befunden, und mit einer ziemlichen Manier retirirt, eingenommen. Das Solmische und Musselische Regiment hat sehr eingebüßt, wegen ihrer Unachtsamkeit und schlecht bestellten Wacht, Graf von Schulz ist geblieben, Graf von Solms ist im Schenkel geschossen worden, davon er hernach gestorben.

Den 14 Merz haben die Bürger mit ihren Obergewehren wieder wachen müssen, ist auch die Thor-, Thurm- und Pasteywacht bestellt worden, weil sich die Tillysche Armada von 24000 Mann stark, als sie der Königl. Schwedischen Armada, 40000 Mann stark, im Fränkischen Crais Ankunft vernommen, aus dem Bistum Bamberg gegen die Oberpfalz retirirt, deswegen aller Orten ein großes Hereinflüchten von dem Land gewesen.

Den 17 Merz sind 6 Cornet Schwedische Reuter, welche das Frankfurter Geleit convoiren sollen, im Gostenhof angelangt.

Den 20 Merz ist Jhro Königl. Majestät zu Schweden mit Dero bey sich habenden Armee von 40000 Mann zu Roß und Fuß, zu Fürth angekommen. König Friederich von Böhaim, Pfalzgraf Augustus zu Sulzbach, Herzog Ernst zu Weimar, ein Herzog zu Hollstein, und Marggraf zu Durlach, haben Jhro Majestät aufgewartet. Reichs-Canzlern Ochsenstiern hat er mit 28 Regimentern am Rheinstrom hinterlassen.

Den 21 Merz Vormittag ist Jhro Königl. Maj. in Schweden mit 300 Pferden in die Stadt kommen, *) von dessen Ankunft männiglich hoch erfreut gewesen. E. E. Rath hat Jhro Majestät 2 Globos von Silber, von einem ansehnlichen Werth, 2 Fuder Wein, 2 Fuder Habern und 6 Schaff allerley Fisch verehrt, auch seiner zu Fürth campirenden Armee täglich 36000 Pfund Brods, 100 Eimra Habern, 100 Eimer Bier, und anders, reichen und geben lassen.

Königl.

*) Herrn Prof. Wills Museum Noricum, S. 5. und S. 137. und f.

Königlicher Majestät zu Schweden Antwort, so er Eines E. E. Raths Deputirten bey Ueberreichung der Geschenke gegeben.

Ich bedanke Mich Gnädig der Verehrung. Ihr könnet Mir aber nichts bessers verehren, als die Beständigkeit bey dem allgemeinen Evangelischen Wesen, bitte, wollet euch ja nichts davon abwendig machen lassen, keine Furcht noch Schrecken, keine grose Verheisung, noch starke Bedrohungen, kein Wollust noch Vanitaet, keine passion noch Affecten, denen die Menschen unterworfen, und denselben können beygebracht werden, insonderheit bey diesen letzten bösen Zeiten, in der ganzen Welt dominirenden Fürsten der Geldgeizigkeit. Die Feinde werden nicht unterlassen, alles zu tentirn, zu verheisen, auch zu bedrohen und zu schrecken, damit sie euch von Mir abwendig machen mögen. Denn es ist bekannt, was mächtigen und listigen Feind wir haben, auch welcher gestalt das Haus Oesterreich, Spanien und Pabst sich hoch mit einander verbunden, alle Evangelische auszurotten, und zu vertilgen. Dahin zielen alle ihre Consilia und Actiones, dahin gehen alle ihre Anschläg, dahin wenden sie alle ihre Stärke und Macht, dahin steht alles Thun und Lassen, Dichten und Trachten. Aeuserlichen suchen sie zwar pacem, aber einen solchen, der so wol euch, als allen evangelischen Christen, zu äuserster Ruin, und vieler Million Seelen Verderben gereichen möge. Es hat euch Gott zu Regenten gesetzt und viel tausend Seelen anvertrauet, in einer so volkreichen Stadt, dergleichen Ich mein Tag fast nie gesehen habe, die von euch dependirt, und sich nach euch richtet. Ich will nicht zweifeln, ihr werdet sie also regieren, daß ihrs dermaleins vor Gott und der ganzen Christenheit, werdet verantworten können. Ihr seyd alte Patricii alhier, und eure Voreltern sind vor undenklichen Jahren

ren in der ganzen Welt berühmt gewesen, diesem ihren
Lob und Fußtapfen folget nach, und thut als gute Pa-
trioten das eurige bey diesem Wesen und grosem Werk.
Gedenket, was Gott über euch verhängen mögt, wann
er euch in eurer Feinde Händ geben sollte, wie sie mit
euch und den eurigen umgehen werden. Es hat euch
Gott der Allmächtige viel sehen lassen; wahr ist es
auch, daß ihr viel gelitten und ausgestanden habt,
Gott hat uns dadurch unsere Sünde zu erkennen geben wollen, aber doch dabey allezeit gewaltig geschü-
tzet: wie ich mich dann nicht genugsam verwundern
kann, und für eine augenscheinliche Schickung Gottes
erkennen muß, der euern Feind gewaltig verblendet und
zuruck gehalten, daß er sich dieser und anderer Städt
im Reich nicht bemächtiget hat, die er doch vor 2 und
3 Jahren schon in seiner Gewalt gehabt, und nur zu-
greifen dörfen. Es hat euch Gott wol wunderlich erhalten, wie Er mich dann auch zu diesem Werk beru-
fen, dann Ich mich ehe des jüngsten Tags versehen,
als daß ich nach Nürnberg solte kommen, und wie ihr
gesprochen, so hab ich mein arm Land und Leut, und
was mir lieb ist, verlassen, so manchen theuren Helden mit hinaus geführt, welche ihr Leben neben dem
Meinigen gewagt, alles dem gemeinen Evangelischen
Wesen, und zu Erhaltung der Teutschen Libertät zum
Besten. Will auch noch darben, und insonderheit gegen euch, thun, was Mir nur wird möglich seyn und
so viel mir Gott Gnad dazu verleihen wird, was Ich
euch versprechen hab lassen, durch eure unterschiedliche
Gesandten, das will Ich halten. Bedenkt also, was
dies Werk auf sich hat, um Gottes Barmherzigkeit
willen, bleibt beständig, last euch nichts abwendig machen, animirt auch andere von euch dependirende
Städt. Nicht sag Ich euch solches, als ob Ich einen
Zweifel an eurer Aufrichtigkeit setze, sondern daß Ich
vielmehr currentibus calcaria addir. Es wird euch

Gott

Gott nicht alle Tag solchen Prediger schicken, als wie Mich, der Ich euch begehr durch Gottes Gnad zu helfen, zu trösten, allen Beystand zu leisten, und unter die Arm zu greifen, so viel Mir Gott Kraft und Stärk verleihen wird. Duldet und leidet noch etwas, bleibt beständig, thut das eurige in diesem Werk, so wird euch Gott, der euch sein Heil so wunderlich bishero erzeigt, ferner seine Gnad geben, daß diese eure Stadt florire, grüne und zunehme, damit euer Ruhm in der ganzen Welt sich ausbreite. So wollen wir Gott alsdann mit einander loben, ehren, rühmen und preisen hie zeitlich und dort ewig.

Ihro Majestät ist Nachmittags wieder zu Dero Armee, als sie zuvor rings um die Stadt alle neue Außenwerk besichtigt, nach Fürth marschirt.

Den 22 Merz ist Ihro Königl. Majestät mit der ganzen Armee von Fürth aufgebrochen, ihren Marsch nach Donauwerth genommen.

Den 24 Merz ist der hiesige teutsche Herr mit seinen zweyen Capucinern von dem allhier residirenden Schwedischen Commissario Chemnitio aus der Stadt geschaft, alle hinterlassene Pferde, Baarschaft, Silbergeschirr und Fahrnus inventiret, in die Versperr genommen, und die Schlüssel hiesigem Magistrat überantwortet worden.

Königlicher Donations-Brief über das Teutsche Haus, und andere geistliche Höfe in der Stadt, wie auch die Thompröbstische Güter und Zehenden auserhalb der Stadt Nürnberg, zwischen den drey Wassern gelegen, betreffend.

Wir Gustav Adolph, von Gottes Gnaden, der Schweden, Gothen, Wenden, König, Großfürst in Finnland, Herzog zu Ehsten, und Carelen, Herr über Ingermannland ꝛc. ꝛc. Thun kund und bekennen hiemit öffentlich vor Jedermänniglich, daß wir aus sonderbaren Königl. Huld und Gnaden, auch wolbedach-

Ao. 1632.

bedachtem freyen Mut, und eigener Bewegnus, so dann in Ansehung des lobwürdigen getreuen Eifers und Devotion, welche des Röm. Reichs Stadt Nürnberg bishero zu des gemeinen evangelischen Wesens Wolfahrt und Uns getragen, und fürter beständig zu tragen sich erbotten, daben auch unzählich viel Schaden von dem Kaiserl. und Ligistischen Volk erlitten und ausgestanden, den Edlen. Ehrenvesten und Weisen Burgermeistern und Rath daselbsten zu einer Ergötzlichkeit, auch mehrern Aufnehmen und Stabilirung des Stadtwesens, wohlbedächtlich geschenkt und verehrt haben. Schenken und verehren denselben und ihren Nachkommen hiemit und in Kraft dieses aus Königlicher Macht, Vollkommenheit, das in ihrer Stadt belegene Teutsche Haus, samt dessen Pertinentien und Zugehörung, so viel Wir daran ratione iuris belli zu suchen, zusamt den übrigen geistlichen in ihrer Stadt gelegenen Höfen und Häusern, sodann diejenige Thompröbstische und Bambergische Unterthanen und Zehenden, so zwischen den dreyen Wassern der Rednitz, Schwarzach und Schwabach gelegen, und sonsten dem Thumpröbstischen Amt Fürth angehörig gewesen, Wir aber nunmehr durch Gottes gnädige Verhängnus und Unsere gerechte Waffen iure belli an Uns gebracht, und damit auch nach Unserm Willen zu disponiren haben, mit allen Rechten und Gerechtigkeiten, solche erb- und eigenthümlich zu besitzen, zu geniesen, und ihres Gefallens zu schalten und zu walten. Damit sie auch ein so viel clarer Document Unserer zu ihrer Stadt gerichteten, sonderbaren königlichen Neigung haben, remittiren Wir ihnen ebenmäsig Unsere An- und Zuspruch, so Wir auf die in ihrer Stadt und dero Gebiet der Zeit befindliche Feinds-Güter iure belli haben mögten, solche nach ihrem Gefallen zu gebrauchen, und damit ihrer Stadt Bestes zu befördern. Nachdem Wir auch gnädigst erwogen, was Mißheil

D und

und Streitigkeiten zwischen dem Fürstlichen Haus Brandenburg und der Stadt Nürnberg, aus denen zwischen ihnen an dem kaiserl. Cammer-Gericht schwebenden Rechtfertigungen, die hohe Obrigkeiten, Jagden, Glait, und andere practentirte iura, wie sie Namen haben, zwischen den obgemeldten dreyen Waffern, erwachsen; Als wollen zu endlicher Abhelfung derselben, und zu Pflanzung beständiger guter Nachbar- und Freundschaft, Wir Uns möglichst, dahin mit ersten employren, daß gegen einer bereits gewilligten recompens, hochbesagtes Fürstliches Haus Brandenburg, ernannte Rechtfertigung und practenfiones zwischen denen mehr bemelten dreyen Waffern, gegen der Stadt Nürnberg fallen, und solche, neben andern respective habenden iuribus, wie die Namen haben mögen, nichts davon ausgenommen, eigenthümlich cediren, und zu ewigen Zeiten überlaffen solle.

Zu Urkund haben Wir dies mit Unsern eigenen Händen unterschrieben, und Unser Königliches Secret wissentlich herfür drucken laffen; So geschehen in Unserm Königlichen Hauptquartier Nordheimb den 30 Martj Anno 1632.

Guſtav Adolph.

Copia

Ao. 1632.

Copia des Königlichen Confirmation-Briefs über die Donation.

Wir Gustav Adolph von Gottes Gnaden der Schweden, Gothen und Wenden König, Großfürst in Finnland, Herzog zu Ehsten und Careln, Herr über Ingermannland ꝛc. ꝛc. Thun kund und bekennen hiemit öffentlichen vor jedermänniglichen. Demnach Wir aus sonderbaren Königlichen Hulden und Gnad, auch wolbedachtem freyen Muth, und eigener Bewegung, den Edlen, Ehrenvesten und Weisen Burgermeistern und Rath der heil. Röm. Reichsstadt Nürnberg zur Ergötzlichkeit ihres dem gemeinen Evangelischen Wesen und Uns zum Besten bishero vielfältig erlittenen Schadens, unter andern auch das in ihrer Stadt gelegene Teutsche Haus, samt dessen Pertinentien und Zugehörungen gnädigst überlassen und verehret, alles vermög Unsers hierüber ihnen ertheilten und in Unserm Königl. Haupt-Quartier Northeimb den 30 Martj dies 1632sten Jahrs datirten Donation-Briefs, welchen Wir hiemit nochmals allerdings wollen confirmirt haben: Und aber gedachte Burgermeister und Rath der Stadt Nürnberg Uns unterthänigst zu verstehen geben, daß ihnen die in ermeltem Donation-Brief befindliche Wort, sammt dessen Pertinentien und Zugehörungen, solchergestalt wollen gestritten werden, als ob das nach Nürnberg gehörige Ambt zu Dinkelspühl nicht darunter sollte begriffen oder verstanden werden, da es doch keine absonderliche Kellerey, sondern vermög der claren Urkunden und Rechnungen, wie auch der landkündigen Notorietät, bishero jederzeit für ein Pertinenz und Zugehörung des Hauses zu Nürnberg ist gehalten, die Unterthanen auch von demselben in Pflicht genommen, und die Gefäll und Einkommen, jährlich dahin verrechnet und gewendet worden, daß Wir hierauf mehr besagten Donation-Brief ausdrücklich wöl-

D 2 len

sen declarirt und erklärt haben, declariren und erklären auch denselben hiemit, und in Craft dies Briefs, dergestalt, daß unter den obgedachten Worten Pertinentien und Zugehörungen, gleichwie die andern nach Nürnberg gehörigen Aemter und Unterthanen, zu Eschenbach, Postbauer und Ulzenbach, des auch in specie das Amt und die Unterthanen zu berührtem Dinkelspühl, ohnzweifenlich sollen begriffen und verstanden, und der Stadt Nürnberg, ungehindert männiglichens ohne Eintrag und Widerredt gelassen werden, zu welchem End Wir auch alles widrige so Wir etwann auf anderer ungleiches Anbringen decretirt hätten, oder noch decretiren mögten, hiemit wissentlich und wohlbedächtig, als allerdings ungültig, und nichtig, in bester Form wöllen cassirt und aufgehebt haben; Dabey Wir auch die von Nürnberg jederzeit mit Gottes Hilf, Königlich schützen und handhaben. Zu Urkund haben Wir gleichwie oberwehnten Donation-Brief, als auch diese Declaration, und Erläuterung mit Unserer eigenen Hand unterschrieben, und dabey Unser Königliches Secret wissentlich hievor drucken lassen. So geschehen in Unserm Königlichen Läger vor Nürnberg den 25 July Anno 1632.

Gustav Adolph.

(L. S.)

Nota. Demnach Ao. 1635. zwischen Kaiserl. Majestät und Churfürsten zu Sachsen getroffener, und von der Stadt Nürnberg angenommener Friedens-Schluß, öffentlich publiciret worden: Also hat Ein E. E. Rath sich obgedachter Königl. Schwedischen Donation begeben, und solches dem Teutschen Orden gutwillig wieder überlassen.

Den 26 Merz ist das für hiesige Stadt neu geworbene Regiment zu Fuß von 12 Fahnen, deren jeder 150 Mann stark

Ao. 1632.

ſtark geweſen, unter Herrn Obriſten von Schlammers-
dorf aufgericht, auf dem Judenbühl gemuſtert, und der
Königl. Schwediſchen Armee nachgeſchickt worden.

Den 27 Merz hat der König in Schweden Donauwerth
mit Sturm erobert, was nicht entrunnen oder unterge-
ſtellt von der darin gelegenen Bayeriſchen Beſatzung von
3000 zu Fuß und 300 zu Pferd, iſt meiſtentheils niedergemacht worden.

Den 6 April hat man die ganze Burgerſchaft in 8 Vierteln
der Stadt erfordert, von einem jeden, was er für geflec-
hetes Gut habe, ſo Fremden gehörig, an Eidesſtatt an-
zuzeigen, begehrt, auch alles fleißig aufzeichnen laſſen.

Den 11 April hat Herr Andreas Imhof als Pfleger des
Teutſchen Hofs allhier, alle Beamte daſelbſten in Pflicht
genommen, nachdem Königl. Majeſtät in Schweden dieſen Hof ſamt den Intraden hieſigem Magiſtrat verehret.

Den 20 April iſt dem König in Schweden ſein Pferd vor
Ingolſtadt, darauf er geſeſſen, erſchoſſen. Ingleichen iſt
Herzog Chriſtoph von Durlach durch den Kopf geſchoſſen
worden, daß er geblieben.

Der Gang vom deutſchen Haus in die St. Jakobs-
kirche wurde abgebrochen.

Den 25 April haben die Herren Land-Pfleger die Thum-
pröbſtiſche Bambergiſche zu Fürth und anderen Orten, in
dies Amt gehörige Unterthanen, in Pflicht genommen,
welches Amt Fürth Königl. Majeſtät in Schweden hieſigem Magiſtrat verehret.

Den 14 May iſt Pfalzgrafs Auguſti Gemahlin von Sulzbach, Kriegsgefahr halber eine Zeit lang hier zu bleiben,
ankommen. Hat im Imhofiſchen Haus auf St. Egidien
Hof ihr Logement genommen.

Den 16 May ſind 200 Mann commandirt hieſig Fußvolk,
unter Capitain Wolf Albrecht Pömer, den Weißenbur-
gern zum Succurs geſchickt worden.

Den 18 May wurde Lucas Pfinzing Quartiermeiſter in der
Nacht (als 800 Bambergiſches Volk Ausſchuß, und 100
Croaten, in des Marggrafen Hanns Georg Quartier zu
Hallern-

Hallersdorf bey Forchheim überfallen worden, welche auch sehr eingebüßt hätten, wo sie nicht Herr Obrist Paul Khevenhüller mit seinen Reutern entsetzt, bey 400 Ausschuß niedergemacht, den Rest verfolgt) neben einem Obrist-Quartiermeister und 10 Pferden, mit 2 Mußquetenschüssen verletzt, geblieben.

Den 28 May ist Franz Karl von Sachsen-Lauenburg, ingleichen Philipp Reinhart, Graf von Solnis- und ein Staatischer *) Gesandter allhier angekommen, welche alle zu Ihro Königl. Majestät in Schweden verreist.

Den 1 Juny ist Marggraf Christian anhero kommen, und sein Quartier am Roßmarkt genommen **).

Den 2 Juny sind Marggraf Hanns Georg 2 Regimenter, Obristen Truchses 2 Regimenter, und das Khevenhüllerische Regiment zu Bruck, Fürth, und der Orten zusammen geführt worden; weil es aber ein undisciplinirt Volk gewesen, und allerley Klagen ihres üblen Verhaltens halber auf dem Land, täglich eingekommen, auch solches schriftlich und mündlich Ihro Königl. Majestät vorkommen, daß sie ärger in Quartiren, als der Feind selbsten, gehauset, hat sie der König hernach cassirt und abgeschaft.

Den 3 Juny kam Herzog Augustus zu Sulzbach von Donauwerth anher, mit 24 Pferden, 3 Kutschen und 3 Bagagewägen, welcher den 6 ditto nach Dresden zu Chur-Sachsen vom König verschickt worden.

Den 6 Juny ist Pfalzgraf Friedrich, König von Böhaim, ***) mit 5 Pferden per posta allhier angelangt, deme sein Comitat mit dero Leibkutschen gefolgt. Es sind auch an diesem Tag Herzog Hanns und Alexander von Hollstein, Herzog Franz Karl von Sachsen-Lauenburg und Marggraf Friedrich zu Anspach ankommen.

Den

*) Holländischer.
**) Im goldnen Reichsadler.
***) Mémoires et Negociations secretes de Mr. de Rusdorf, Conseiller d'Etat de Fréderic V, Roi de Boheme, Electeur Palatin, pour servir à l'histoire de la Guerre de Trente Ans, redigées per E. G. Cuhn, T. I. Leipz. 1790. gr. 8.

Ao. 1632.

Den 7 Juny ist Königl. Majestät in Schweden mit Dero bey sich habenden Armee von 20000 stark zu Roß und Fuß aus Bayern zu Fürth angekommen, allda ihren General-Rendezvous gehalten. Jhro Majestät sind die gewöhnlichen Präsente samt den Victualien und Commiß für Dero Soldatesca von hiesiger Stadt aus nach Fürth geliefert worden.

Den 8 Juny gegen Abend streiften 3 Compagnien Croaten von Neuenmark bis nach St. Peter, haben am 9ten Feucht und andere Orte ausgeplündert, 4 Personen jämmerlich niedergemacht, D. Agricolam, D. Neßlerum, neben andern Personen, so auf einer Kutschen nach Altorf fahren wollen, gefangen mit hinweg geführt, welche sich hernach rancioniren müssen.

Den 9 Juny ist Königl. Majestät in Schweden ungefehr mit 200 Pferden, König Friedrich, beede Herzoge zu Hollstein, Fürst von Sachsen-Lauenburg, und der junge Maragraf zu Onolzbach, auf den Abend anhero kommen, auf St. Egidien Hof *) das Nachtlager genommen, den Sonntag der Frühpredigt **) beygewohnt zu St. Lorenzen. Ist nach der Mittag-Mahlzeit ein Adelicher Tanz gehalten worden, bis um Mitternacht, da dann Jhro Majestät mit Dero Comitat nach Fürth ins Hauptquartier wieder aufgebrochen, und folgenden Montags mit der ganzen bey sich habenden Armee, als 94 Cornet Reuter, 100 Fahnen Fußvolk, 38 Stück Geschütz, in die

2000

*) Im Imhöfischen Hause. Von Altdorf kamen verschiedene Professoren und Studenten hieher, den König zu sehen. Als diese am folgenden Tage wieder zurück kehren wollten, wurden sie bey dem Fischbacher Brücklein von drey Compagnien Kroaten angesprengt, vier Personen niedergehauen, etliche verwundet, und bey 15 gefangen, worunter die Professoren Agricola, nebst seiner Frau, Bruno, und Georg Neßler, damals Rector Magnificus, M. Söpner, Praeceptor classicus, nebst seiner Frau, waren, welche sich hernach mit einer großen Summe Geldes ranzioniren mußten, bis auf Neßlern, den man als Arzt bey der Armee gebrauchte. Wallenstein beschenkte ihn hernach mit einer goldnen Kette von großem Werthe. Erst bey der Lützner Schlacht hatte er Gelegenheit zu entkommen, und mit 500 Goldgulden bereichert wieder nach Altdorf zurück zu kehren. Der lustige Professor Schwenter machte sich einstens durch eine gut ausgedachte List von den Kroaten los.

**) Ioh. Sauberti.

2000 Bagagewägen nächst an der Stadt nach Lauf, Herspruck, gegen die obere Pfalz marschirt, auf des Feinds Intent Achtung zu geben.

Den 15 Juny haben die Forchheimer Bubenreut, Azelsberg, das Schloß zu Bayersdorf, und etliche Häuser, so in der neulichen Brunst stehen blieben, abgebrannt.

Den 19 Juny ist der König wieder nächst um der Stadt Ausenwerken geritten, hat allerley Anordnung gethan, und sein Mittagsmahl zu Thummenberg eingenommen, dabey sich die Herren Aeltern befunden, und mit Ihro Majestät Rath gehalten. Der König hat sich hernach wieder ins Hauptquartier nach Herspruck begeben.

Den 20 Juny sind die Genannten des größern Raths erfordert, und ist ihnen angedeutet worden, wie aus Befehl Königl. Majestät in Schweden, die beede Vorstädte Wöhrd und Gostenhof samt allen Gärten und nächstliegenden Herrensitzen herum mit einem Graben und Trantscheen sollen verwahrt, und diese innerhalb 3 Tagen verfertigt werden, weil der Feind über 40000 stark auf hiesige Stadt im Anzug: da dann die ganze Burger- und nächstliegende Bauerschaft sollen eifrig Hand anlegen, damit dies Werk, weil periculum in mora, mögte verfertigt werden, dann Ihro Majestät gedenke, nächst an der Stadt ein Lager, gegen Aufgang der Sonnen von Wöhrd an, bis auf den Glaishammer, Weiherhaus und Lichtenhof, zu Dero Defension zu formiren. Ist auch darauf den 21 ditto mit großem Eifer ein Anfang gemacht, und 4 Mann, eine Rute zu verfertigen, befohlen worden.

Den 22 Juny sind die Schwedischen Regimenter zu Fuß, samt der Artillerie beym Lichtenhof in den neuen Werken angekommen, und haben die Quartiere abgesteckt.

Den 24 Juny halfen die angekommenen Schwedischen Soldaten, neben der Burger- und Bauerschaft, die angefangenen Schanzen, Reduten, Batterien, Gräben und Stacketen um die Stadt eifrig verfertigen; es haben viel 1000 Menschen daran täglich gearbeitet, und sie in 14 Tagen in Defension gebracht.

Den 26 Juny sind zu Boxdorf 18 Zimmer durch Verwahrlosung des Schwedischen Troßes abgebrannt, deswegen
Ihro

Ihro Majestät im Lager hernach einen Dragoner Quartiermeister haben aufhenken laſſen.

Den 27 Juny iſt Ihro Königl. Majeſtät mit der Reuterey im Lager bey Lichtenhof, da das Hauptquartier geweſen, auch angekommen, und hat man die Stück auf die verfertigten Bollwerke gepflanzt, wurden auch die Stadtmauern, runden Thürme und Paſteyen mit Stücken beſetzt, daß alſo in 300 Stück um die Stadt geſtanden, iſt ihnen täglich 30 bis 40000 Pfund Brod gereichet worden. Die Fourage haben ſie auf dem Lande geholet, und iſt die ganze Armada von 20000 ſtark zu Roß und zu Fuß auch angelangt, hat ihre Quartier im Lager abgeſteckt, die angefangene Werke völlig verfertiget, und viel neue Werk auſerhalb der Schanz gemacht. *)

Den 29 Juny hat man unter der Burgerſchaft allhier einen Ausſchuß gemacht, diejenigen ſo über 40 Jahr alt, laſſen durchgehen, ihren Gaſſenhauptleuten aufzuwarten, anbefohlen, von den andern Compagnien von 120 Mann ſtark gemacht, und ihnen nebſt den Hauptleuten, Lieutenant, Fähndrich, befohlen, auf den begebenden Nothfall gefaßt und willig zu erſcheinen. Es iſt auch ein Regiments

---

*) Die Befeſtigungswerke fiengen gegen Aufgang der Sonnen bey Wöhrd an, liefen um den Judenbühl hinum, bis zu St. Johannes an das Waſſer. Ueber das Waſſer hinüber auf der Höhe, war eine große Schanz bey dem Bleyweißmachers Garten gemacht, hernach beym Goſtenhof am Eck eine hohe Schanze errichtet, welche mit einer Trenchee und tiefen Graben an den Bleyweißmachers Garten angehängt wurde. Vor Steinbühl gegen Schweinau, hinter Steinbühl gegen dem Lager, und am Walde auf der Rötenbacher Straße wurden ſtarke Schanzen errichtet, und dieſe letztere mit vierfachen Stacketen verwahret. Eben ſo verſah man die Ausfuhr bey dem Gleißhammer auf der Altdorfer Straße mit einer guten Schanze und mit Stacketen. Alle dieſe Befeſtigungen und Schanzen, ſo wie auch die neugebauten am Ein- und Ausfluß, das Ravelin und Hornwerk zwiſchen dem Frauen- und Spittlerthore, waren mit einer großen Anzahl Geſchütz verſehen. S. Relation, oder Nürnbergiſche Kriegs-Cronica und hiſtoriſche Beſchreibung der fürnehmſten denkwürdigſten Händel, Scharmützeln und Treffen, ſo ſich zwiſchen der königl. Schwediſchen Armee eines Theils, dann auch der Wallenſteiniſchen und Bayriſchen Armee andern Theils, bey Nürnberg, von dem 4 Juny, bis auf den 8, 9, 12 und 13 September dieſes 1632ſten Jahrs verloffen und zugetragen. 1632. 4. S. 7 und 8.

ment von 24 Fahnen mit dem A. B. C. gezeichnet, aufgerichtet, und demselben Herr Hanns Jakob Tetzel zum Obristen vorgestellt worden. Es haben täglich hernach 6 Fahnen in der Schanz und 2 Fahnen in der Stadt Wacht halten und versehen müssen. Bey den 2 Fahnen Stadtwacht ist es continue verblieben.

Den 1 July haben Ihro Königl. Majestät viel Volks zu Roß und Fuß gegen Schwabach commandirt, welche vom Feind Gefangene mitgebracht, die ausgesagt, daß die Wallensteinisch- und Bayrische Armee von 60000 Mann stark gegen Schwabach marschire. Haben hernach das Städtlein mit Accord eingenommen, ausgeplündert, und daselbsten sich gelagert. Im Königl. Lager, als auch in der Stadt, ist allerley gute Ordnung gethan, auf die Böden Wasser zu tragen, und auf alle fremde ankommende Leute gut Obacht zu haben, anbefohlen worden. Es wurde auch alle Bauerschaft in der Stadt mit dem Viche, zu Verhütung Gestanks, woraus der Stadt ein großes Unheil könnte zugezogen werden, an bequeme und dazu verordnete Plätze geschaft, und sind täglich nur 2 Thor geöfnet, und mit Herren des Raths, Gerichtsschöpfen und Genannten, die Thor- und Thurmwachten bestellt worden. Es haben auch zu Zeiten die Gassenhauptleut mit ihren Burgern, (so nicht im Ausschuß gewesen) die Stadtwachten versehen müssen.

Den 6 July haben der Bayerfürst und Friedländer ihr Lager bey Schwabach in Brand gesteckt, sind mit ihrer Armee gegen Zirndorf geruckt, haben allda ein Lager formirt, die alte Vesten und Altenberg dabey mit Pallisaden, Stacketen und Gräben stark verschanzen, Batterien, Laufgräben und Brustwehren aufwerfen, mit großen Bäumen verwahren, in Summa, ihr Lager dermaßen fortificiren lassen, daß keine Möglichkeit gewesen, ihnen beyzukommen, unangesehen sich der König mit seinem wenigen Volk im Feld präsentirt, und oftmals sie zum Fechten heraus zu locken, vermeint.

Den 7 July haben die Croaten bey Fürth 2 Compagnien Schwedische überfallen, viele niedergemacht, und ihre Pferde davon gebracht. Im Nachsetzen sind der Croaten auch viel erleget und gefangen worden. Solche Scharmützel hat es fast täglich mit den Croaten gegeben,

ben, daß sie bald da, bald dort eingefallen, Feuer eingelegt, die Schwedischen oftmals auf der Fourage niedergemacht, fast bis an hiesiger Stadt-Schanzen nächtlicher weil gestreift; dergleichen ist von des Königs Volk auch geschehen, wie sie denn täglich Gefangene ins Lager gebracht, davon mehrers in einer weitläuftigen Relation im Druck zu finden.

Den 16 July hat der König mit seinem Volk Rendezvous gehalten. In beyden Lägern ist das Volk sehr erkrankt und gestorben, es hat auch Freund und Feind die Landschaft aller Orten ganz verderbt, und hat fast das Schwedische Volk ohne starke Convoy nach Futterage nicht mehr ausreiten dörfen, so stark hat der Feind ihnen aufgepaßt aller Orten, und vielmals Pferd und Wägen abgenommen, ist also die Fütterung um die Stadt gar genau zusammen gegangen, daß 1 Centner Heu 2 fl. und mehr gegolten, 1 Simra Haber 16 fl., und ist nicht zu bekommen gewesen.

Den 21 July ritt der König Nachmittag mit 40 Pferden vom Lager herein, besuchte die Pfalzgräfin von Sulzbach, und die beyde Marggräfinnen von Anspach, marschirte hernach wieder ins Lager.

Den 23 July hat Ihro Königl. Majestät ein Vorlehen von 2 Tonnen Goldes an hiesiger Stadt begehrt. Darauf hat man alle Bürger, Inwohner und Schutzverwandte erfordert, und von einem jeden, auf beweglich Zusprechen, was er herleihen könne, vernommen, für welches Geld E. E. Rath gut gesprochen, und deswegen Obligation aus der Losungsstuben ihnen zugestellt, zu verinteressiren mit 6 pro Cento; dann Ihro Majestät eine Impresa *) vorgehabt, auch Dero Volk nicht fechten wollen, ehe es Geld empfangen. Ist also von hiesiger Stadt dem König Satisfaction geleist worden.

Den

---

*) Große Unternehmung. Der König hatte nämlich den Entschluß gefaßt, den Herzog von Weimar, (andere sagen, den Feldmarschall Horn, der eben aus dem Erzstifte Mainz zurück gekommen war) und General Bauer an der Spitze zweyer kleinen Corps, bey der Festung Lichtenau ihre künftige Posten anzuweisen. Hiebey hatte er die Absicht, dieses Corps Völ-
ker

Den 26 July ist der König mit 30 Pferden hereingekommen, die Befestigungswerke besichtiget, und wieder ins Lager geritten.

Den 27 July hat der König in Schweden einen General Fast- und Bettag im Lager gehalten; dergleichen ist in der Stadt und auf dem Land geschehen, und ist den ganzen Tag über kein Thor oder Kram geöfnet worden.

Eben diesen Tag hat Georg Scheurl, Pfleger, die Nürnbergische Festung Lichtenau den Kayserlichen mit Accord übergeben, deswegen er, samt dem Officer, der da gelegenen Garnison von 50 Mann, in Arrest genommen worden. Der König ist sehr auf ihn erzürnt gewesen, hat die Sache hiesigem Magistrat übergeben. *)

Den

ker so zu verstärken, daß es allen fliegenden Partheyen überlegen wäre, wodurch er alsdann Wallensteinen zu locken hoffte, daß er mit seinem ganzen Heere ausrücken möchte, dieses Corps zu vertreiben, und wenn dieses geschähe, so hofte der König eine gute Gelegenheit zu bekommen, auf freyem Felde mit ihm zu schlagen. „Kein Kriegsplan" fügt Harte (im Leben Gustav Adolphs, Leipz. 1760. 4. I. Th. S. 406.) hinzu, „schien nach Beschaffenheit der damaligen Umstände, besser „ausgedacht zu seyn, als dieser. Seinem Gegner blieb „dabey keine andre Freyheit übrig, als daß er sich, ohne „Ausflucht, oder andere einstweilige Hülfsmittel, aus drey „Dingen eines wählen mußte, nämlich das Fechten, das „Verhungern, oder das Abbrechen seines gegenwärtigen Lagers. Denn ein Heer, bey Lichtenau gelagert, hatte volle „Macht und Gewalt, seinen gemeinschaftlichen Canal mit „Bayern und Schwaben zu verstopfen. Doch ein einziger „unvermutheter Vorfall vereitelte diesen ganzen erhabenen „Plan in einem Augenblicke, und verursachte dem schwedischen Monarchen die empfindlichste Kränkung."

*) Bogislaff Philipp von Chemnitz schreibt im I. Theile des königlichen Schwedischen in Deutschland geführten Krieges, (Alten Stettin, 1648. Fol.) S. 360. also von den Folgen dieses Vorganges: „Diese Uebergabe verursachte, daß die „kayserliche Armee desto länger bey Nürnberg subsistiren können: Nicht wegen der Proviant, so sie darin gefunden, „sondern wegen der guten Bequemlichkeit, so sie dadurch, „die Lebensmittel und Fourage, aus den umliegenden Oertern sicher und unverhindert einzuholen, erlanget. Dem „Könige aber wurden seine Consilia hiedurch in etwas traversiret, weil Derselbe, bey Ankunft seiner andern Armee, „an solchem Ort ein starkes Corpo den Kayserlichen an die „Seite

Den 31 July hat Obrist Dubabel, Freystadt, des Friedländers Proviant-Hauß eine Meil von Neumark erobert, das Städtlein spolirt, 900 Stück Vieh und 300 Pferde davon gebracht, und diejenige Ort, darin über 1000 Wägen gebacken Brod gewesen, in Brand gesteckt. Inmittelst hat Ihro Majestät bey Burgthann 7 Regimenter Friedländisch commandirtes Volk, so gegen Altdorf marschiren wollen, angetroffen, zertrennt, in 400 Mann erlegt, General-Wachtmeister Georg Sparn gefänglich mitgebracht. Aufs Königs Seiten ist Obrist Ries geblieben, und Obrist-Lieutenant, Herr Hanns Khevenhüller, bey Freystadt geschossen worden, und hernach allhier gestorben.

Den 8 August haben die Croaten Klein- und Großreuth in Brand gesteckt, dergleichen ist mit Farrnbach auch hergegangen.

Den 9 August ist der König auf den Abend herein kommen, die beede Marggrafen und Herzog zu Hollstein, so beysammen gewesen, besucht, und hernach wieder ins Lager marschiret.

Den 12 August hat Marggraf Christian allhier ins Ayrmanns Saal beym Lauferthor, ein großes Banquet gehalten, dabey sich Ihro Königl. Majestät befunden, sehr lustig

„Seite zu logiren, ihnen Vivres und Fourage, so sie dieser „Enden her großen theils haben müssen, dadurch abzuschnei- „den, und sie also zum Aufbruch zu obligiren, entschlossen „gewesen." Eben so urtheilte Friedrich Spanhein († 1649.) dessen zu Rouen 1634. gedruckten Soldat Suedois, p. 421. Chemnitz vor sich hatte. En effect la prise de ce Fort accommoda l'ennemi, et incommoda le Roi, et donna moyen à Walstain de subsister plus long temps en ses retranchemens, qu'il n'eut pu faire, si le Roi eut pu exécuter le dessin qu'il avoit pris d'y loger le Duc de Weimar, et Banner avec un corps d'armée. Mais cette place étant entre les mais de l'ennemi, ce dessin avorta, et le Camp Impérial fut renforcé, et par les provisions qui s'y trouverent, et plus par la commodité d'en tirer du pais voisin, à la faveur de ce Fort. Es ist grundfalsch, wenn einige glauben, der Commandant habe sich bestechen lassen. Er hatte sich, als Wallensteins Völker ihn etliche Wochen zuvor belagerten, rühmlich gehalten. Mir scheint es Harte S. 407. am besten getroffen zu haben, wenn er sagt, daß blos Mißmuth die Ursache gewesen, weil er ganz gewiß geglaubt habe, Wallenstein werde Gustaven endlich noch aufreiben, indem das schwedische Heer die Kaiserlichen so lange angesehen hatte, ohne sie zu bezwingen.

lustig erzeigt und gesagt: Nunmehr sey sein Succurs zu
Neustadt vorhanden, befinde sich also seine Armee in
16000 zu Roß und 32000 zu Fuß, und 104 Stück Geschütz. Seines Feindes Armee sey auch 13000 zu Roß,
mit der Infanterie hoffe er ihm gewachsen zu seyn, habe
auch 74 Stück Geschütz, und so er Stand halte, solle innerhalb 2 Tagen, Arm und Bein gutes Kaufs seyn, Gott
werde ihm beystehen.

Den 16 August ist der Reichskanzler, Herr Axel Ochsenstirn, *) General Banner, Herzog Wilhelm und Bern-
hard von Weimar, Landgraf Wilhelm von Hessen, und
Chur-Sächsisch Volk mit 36000 Mann, zu Roß und
Fuß, 60 Stück Geschütz und 4000 Bagage-Wägen, zu
Bruck und Eltersdorf angekommen, um sich mit der Königlichen Armee zu conjungiren. Ihro Majestät haben
allda eine Brücken über die Regniz schlagen, und ein
Blockhaus dabey aufrichten lassen, dannenhero großer
Mangel an Fütterung und Proviant erschienen, davon
viele Pferde umgefallen, und litten die Soldaten und
Burgerschaft große Noth an Victualien und Brod. Auf
den Mühlen konnte nicht genug gemahlen werden, wurde auch einem Schwedischen Soldaten ein Pfund Brod
des Tags gereicht. Der Vorrath gieng zusammen, hingegen nahm die Theurung und Sterben sehr zu, daß über
100 Personen auf einem Tag begraben wurden.

Den 18 August haben über 600 Croaten die Schanz im Gostenhof anfallen wollen, sind aber bald wieder abgetrieben worden.

Den 21 August ist die Schwedische und Weimarische Armee aufgebrochen, und zugleich auf Groß- und Kleinreuth gerückt, sich in voller Bataille im Feld präsentirt,
und angefangen Batterien aufzuwerfen, darauf Stück
gepflanzt, und hat der Friedländer stark mit Stücken
und Mußqueten den ganzen Tag auf die Schwedischen
schiessen lassen. Banner wurde mit einer Mußqueten im
Arm

*) Im andern Theile von Bogislaff Philipps von Chemnitz kö-
niglichen Schwedischen in Teutschland geführten Krieges
(Stockholm, 1653. Fol.) ist das schöne Bildniß dieses grossen Staatsmannes von Jacob van Meurs gestochen, anzutreffen. Es ist unter allen andern seiner Bildnisse das ähn-
lichste.

Ao. 1632.

Arm geschossen, sonsten sind über 6 Soldaten nicht verwundet und erschossen worden. Es ist auch des Königs Lager und Schanzen mit hiesigen Soldaten und Burger-Ausschuß besetzt worden, damit man nichts darauf tentiren hat können.

Den 24 August, als am Tage Bartholomäi, hat der König mit Dero völligen Armee den Feind in seinem Lager auf der alten Vesten und Altenberg mit Macht angegriffen, haben unaufhörlich aus Stücken und Mußqueten gegen einander Feuer gegeben. Der Feind hat sich aber dermaßen verschanzt und verhauen gehabt, daß nicht möglich gewesen, ihme beyzukommen, sondern ist in seinem Vortheil, wie ein Fuchs im Loch, liegen blieben. In dieser Attaquirung hat der König sehr viel Volk eingebüßt, sind auch viel hohe und niedere Officiers beschädigt worden und geblieben, als Graf von Erbach durch den Arm geschossen, Obrist Major Boëtius tod, Obrist Rostein und Burt durch einen Schenkel, Graf von Eberstein und Graf von Castell durch die Achsel, auch der jung Graf von Thurn ist geschossen worden. Obrist-Lieutenant Mackin, Rittmeister Crailsheim, und Moriz von der Malsburg sind todt, neben mehr andern Capitains, Lieutenants und Fähndrichs. Leonhard Torstenson, General von der Artillerie, ist gefangen, so auch Obrist Erichhardt. Der todten und verwundeten Soldaten sind bey 2000 gewesen. Auf des Feindes Seiten sind geblieben die Obristen Fugger, Aldobrandini, Caraffa, und gegen 60 hohe und niedere Officiers.

Den 25sten hat man über die ordentliche wöchentliche Betstund, täglich zu Chor- und Vesperzeiten Betstunden angestellet, und hat sich die Königliche Armee, weil dem Feind diesseits nicht beyzukommen, wieder nach Fürth begeben, sich da verschanzt, und ein wachendes Aug auf des Feindes Vornehmen gehabt.

Seithero die Schwedische Armada um diese Stadt liegt, sind 12000 Simra Korn, 4000 Simra Mehl und 800 Sra Habern, bis dato aufgegangen, und werden ihnen noch täglich 50000 Pfund Brods gereicht, so dannoch nicht gekleket, und ist inzwischen schon zweymal Brod bey den Burgern gesammlet worden.

Den

Den 1 September haben die Croaten in der Nacht St. Leonhard, Schweinau, Muggenhof und Gaßmannshof nächst bey der Stadt angezündet.

Den 5 September haben die Friedländischen, als sie des Königs Anschlag gemerkt, Cadolzburg bis aufs Schloß in Brand gesteckt.

Den 6 ditto ist Erzherzog Leopold zu Schwaz in Tirol gestorben.

Den 8 September hat man den erforderten Genannten angedeutet, wie Königl. Majestät zu Schweden mit Dero Armee aus Mangel Proviants, und andern, noch heut aufbrechen werde, um zu sehen, ob der Feind aus seinem Vortheil zu bringen sey, hat auch eine Garnison von 8 Regimentern zu Fuß, 4426 Mann stark, in der Stadt gelassen, welche in der Burger Häuser quartirt worden. Ihro Majestät haben ihren Weg gegen der Neustadt nach Windsheim genommen, um ihr Volk zu refraichiren. Ist nun also die Landschaft im Grund verderbt, der Stadt-Vorrath verzehrt, das arme Bauersvolk vor Hunger und Kummer verschmacht, auf Gassen und Straßen gefunden worden, große Theurung erfolgt, das Sterben unter Menschen und Vieh eingerissen, daß etliche 1000 Pferd und Vieh umgefallen.

Den 10 September ist die Schwedische Garnison zu Fuß allhier folgendergestalt einquartirt worden: Obrist Werders 800 Mann am Kornmarkt, Obrist Hastvers 550 Mann in die Karthausen, Obrist Burtt 950 Mann zum Parfüsern, Obrist Roßau 950 Mann ins Salzmarkter Viertel, Obrist Gersdorf 550 Mann zu St. Elisabeth, Obrist Mizefall 260 Mann, Obrist Maurau 280 Mann, Obrist Heiden 86 Mann am Weinmarkt. Herr Reichs-Kanzler Ochsenstirn und General Kniphausen haben das Commando gehabt. Obrist Löbelfings Stadt-Regiment ist auf dem Milchmarkt, St. Egibienhof und Schwabenberg quartirt worden.

Den 13 September fieng der Feind auch an aufzubrechen, zündete sein Lager bey Zirndorf an, nahm seinen Weg auf Bruck gegen Forchheim, steckte fast alle Dörfer um Nürnberg in Brand, das waren seine Bravaten. Im Marggrafthum und Nürnbergischen Territorio sind von
den

Ao. 1632.

den Kaiserl. und Schwedischen der Zeit über 6000 Zimmer abgebrannt worden.

Den 18 September ist der König in Schweden, mit etlich 1000 Mann zu Roß und Fuß wieder bey Fürth angekommen, des Feinds Lager (welcher viel 100 Wägen, Mußquetenrohr, Harnisch, Kugel und ander Eisenwerk, so häufig vom Volk, das hinaus gelaufen, in die Stadt getragen worden, hinterlassen,) besichtigt, und weil der Feind zu weit marschirt gewesen, sich wieder zurück nach Windsheim begeben.

Den 21 September ist ein allgemeiner Fast- und Bettag allhier gehalten worden, mit Früh- und Vesper-Predigten.

Den 28 dieses haben die Bayrischen Lauf mit Accord eingenommen, darinnen 50 Mann Nürnbergisches Volk gelegen. Ihren Lieutenant haben sie aufgehenkt, die Ursach war, weil er zuvor dem Kaiser gedient, und ausgerissen.

Den 9 October ist das Bayrische Volk von Bamberg wieder zurück gegen die obere Pfalz gegangen, haben die Nürnbergischen Aemter, die der Marsch getroffen, spolirt und übel tractirt.

Den 11 October sind 1500 zu Fuß und 200 Pferd mit 4 Stück Geschütz gegen die Bayerischen nach Lauf von hier aus commandirt worden.

Den 12 October ist der König in Schweden von Donauwerth unversehens mit 500 Perden allhier angelangt.

Den 13 October hat obgedacht commandirt Volk Lauf, darinnen Obrist Colloredo mit 150 Mann gelegen, erobert, haben sich auf Gnad und Ungnad ergeben müssen. Es sind viele Gefangene ins Fechthaus hereingebracht, der Troß aber mit einem Stück Brod fortgeschaft worden.

Den 14 October ist der König mit vielem Volk gegen Hersbruck gegangen, bey Reichenecк 5 Compagnien Dragoner und 2 Compagnien Croaten angetroffen, zertrennt, und bey 200 niedergemacht, bey 40 Gefangene mitgebracht. Ist Bayerisches Volk gewesen, so Lauf succurriren wollen. Es sind 4 Mahlmühlen und 3 Hämmer da abgebrannt.

Den 17 October ist der König mit dem Volk, Reichs-Kanzler Oxenstirn und General Kniphausen, samt 6 Regimentern von hiesiger Garnison, als sie den Tag zuvor Geld empfangen, und zweyen Soldaten 1 Ducaten, und einem Unteroffizier 1 Ducaten gegeben worden, aufgebrochen, ihren Weg gegen Schweinfurt, hernach in Meissen, mit der ganzen Armee dem Friedländer nachgegangen, 2 Regimenter, als Obrist Hastver und Manrau, allhier in Garnison hinterlassen, welchen General-Major Schlammersdörfer vorgestellt ist. Sind auf die Aemter, dem Feind die Einfälle zu verwehren, gelegt worden, hernach etliche mal ins Feindes Land gefallen, und haben gute Beuten gemacht.

Den 6 und 7 November ist das blutige Treffen bey Lützen, 2 Meil von Leipzig, zwischen der Königl. und Kaiserlichen Armada vorgegangen, da dann der König in Schweden nach empfangenen 3 Schussen, auf der Wahlstatt geblieben, aber Victoria erhalten. Aufs Feindes Seiten ist General Pappenheim auch mit einem Falconetlein geschossen worden, daß er geblieben, davon ein mehreres im Kupfer und Druck zu lesen.

Den 18 November ist Pfalzgraf Friederich, König in Böheim, zu Mainz an einem pestilenzischen Fieber, Todes verblichen.

Den 21 November haben die Neuenmärker Engelthal ausgeplündert.

Den 1 December ist von Obrist Löbelfingen Regiment, Capitain Wolf Albrecht Pömers Compagnie von 200 Mann in das Karthäuser-Viertel quartirt, auch in jedes Viertel der Stadt eine Compagnie gelegt worden.

Den 3 December hat E. E. Rath hinführo wöchentlich in den 6 Hauptkirchen allhier, als Montags, Mittwochs und Freytags zu früh ums Rathläuten, Betstunden zu halten anbefohlen, und unter währendem Gottesdienst alle Kräm, Läden und andere Handthierung zu treiben, verbotten.

Den 7 December haben die Bayerischen Petzenstein ausgeplündert.

Ao. 1633.

Ao. 1633.

Den 11 Jenner haben die Bayerischen Kempten in Schwaben erobert, die Stadt in Brand gesteckt, Mann, Weib und Kind niedergemacht, so fast einem Magdeburgischen procedere zu vergleichen gewesen.

Den 12 Jenner haben des Rittmeister Schmidtmairs Reuter mit 40 Mußquetirern Pellingen bey Neuenmarkt ausgeplündert, 40 Stück Vieh und 24 Pferd mitgebracht.

Den 15 Februar sind unsere Herren Deputirte, Herr Hanns Friedrich Löffelholz, Hanns Jacob Tetzel und D. Georg Richter, nach Hailbrunn auf den angestellten Correspondenztag verreist.

Den 24 Februar ist das Bartensteinische und Löwensteinische Regiment zu Roß von den Kaiserlichen zu Bretzfeld im Quartier überfallen, geschlagen, zertrennt, und was sich nicht salvirt, gefangen oder niedergemacht worden.

Den 28 Februar haben die Weimarischen Höchstädt mit Sturm erobert, und was sich gewehrt, niedergehaut, das Städtlein bis auf die Kirchen und Schloß abgebrannt.

Eben diesen Tag ist Herzog Bernhard von Weimar mit 50 Pferden anhero kommen, und des andern Tags wieder nach Bamberg zu seiner Armee verreist.

Den 2 Mart. haben die Neuenmärker den Altdorfern im Wald aufgepaßt, Pferde abgespannt, Bier und andere Victualien weggenommen, 2 Forster niedergemacht, und einen jungen Schlauersbach und Schwaben, welche sich hernach ranzioniren müssen, gefangen mit weggeführet.

Den 11 Mart. hat das neue Aufschlag-Amt unter den 4 Hauptthoren allhier seinen Anfang genommen dergestalt, daß hinführo alles so hereingeführt und getragen wird, weniges ausgenommen, seine Gebühr, vermög Eines E. E. Raths Ordnung, geben und reichen soll, wie dann unter jedes Thor 2 Amtleut, neben 2 Schreibern sind verordnet worden, die auch alle ankommende Fremde examiniren müssen.

Den 17 Merz, wie auch den 18, 19. und 20 ditto, ist die Weimarische Armee zu Roß und Fuß samt den Stücken von Bamberg um hiesige Stadt angekommen, denen Proviant gereicht und Quartier gemacht worden. Von da sind sie auf Wendelstein und Schwabach marschirt, haben Herrieden und Eschenbach unterwegs erobert, viel Getraid, Vieh und anders da bekommen, hernach sich mit Herrn Feldmarschall Horns Armee conjungirt, und in Bayern gegangen.

Den 8, 10 und 12 April haben die Forchheimer Neunhof, Tennenlohe und Buch ausgeplündert, Vieh, Pferd, Leut und anders in der Nacht hinweg genommen, auch solches fast täglich um die Stadt continuiren wollen, weil ihnen schlechter und gar zu später Widerstand geschehen, dann fast niemand was sicher mehr zur Stadt hat führen, tragen oder bringen mögen.

Den 23 April hat unser Volk Lizmansstein hinter Altdorf erobert, Obristen Hanns Jakob Voiten tod geschossen, und gute Beute gemacht.

Den 25 April sind Herr Hanns Friedrich Löffelholz, Hanns Jakob Tetzel, und D. Georg Richter mit guter Verrichtung von dem Fränkischen, Schwäbischen, Ober- und Unter-Rheinischen zu Hailbrunn gehaltenen Correspondenz-Tag wieder zu Haus angelangt, davon im Druck.

Den 2 May haben die Forchheimer in 300 stark Allmoßhof in der Nacht ausgeplündert, 3 Bauern erschossen, und etliche beschädiget.

Den 5 May haben jetzt gedachte Forchheimer Buch und Eltersdorf ausgeplündert, auch zu Groß- und Kleinreuth angesetzt, sind aber von den Bauern wieder abgetrieben worden.

Den 6 May hat Herzog Bernhard von Weimar Eichstädt mit Accord eingenommen.

Den 10 May haben die Forchheimer Eschenau an unterschiedlichen Orten angezündet, sind aber da, wegen fleißiger Rettung, nur 2 Häuser abgebrannt.

Den 11 May ist Reichenschwand von den Bayerischen von 300 zu Roß und 200 zu Fuß überfallen und in die Asche gelegt worden. Lieutenant Rosenberger, so mit 36 Mann hieſ-

hiesigen Volk darinnen gelegen, hats verrätherischer Weis mit Accord aufgegeben, und ist zum Feind gefallen. Ingleichen haben sie zu Odensoos auch viel Zimmer abgebrannt, und andern Nürnbergischen Orten mehr gedrohet.

Den 16 May sind die Neuenmarker 200 stark zu Fischbach eingefallen, haben viel Pferd und Vieh, wie auch den Pfarrherrn allda, mitgenommen, und unterwegs etliche Altdorfer ertappt, gefangen mit geführt, stark ranzionirt und wieder los gelassen.

Den 23 May haben die Bayerischen mit 100 Pferden von Regensburg aus, Lichtenau aufs neue proviantirt, indem jeder Reuter 2 bis 3 Metzen Mehl auf dem Roß geführt, haben im Marschiren aller Orten übel gehaußt.

Den 28 May haben die Bayerischen Litzmansstein wieder mit Sturm erobert, den Commendanten Simendel, so mit 30 Mann hiesigen Volks darin gelegen, gefangen mitgenommen, ist hernach durch Auswechslung wieder ledig worden.

Den 15 Juny haben die Neumärkter 6 Häuser zu Burgthann abgebrannt, Fischbach, Schwarzenbruck, Feucht in der Furia ausgeplündert, und nächst der Stadt etlichen Altdorfischen Bierführern die Pferde abgenommen.

Den 18 Junii ist Herr Feldmarschall Horn mit seiner Armee von Donauwerth 16000 stark zu Roß und Fuß vor Neuenmarkt gerückt, selbigen Ort belagert und beschossen, welche als sie den Ernst gesehen, (da ihm von hiesiger Stadt aus, 2 halbe Carthaunen samt anderer Munition und Proviant zugeschickt worden,) haben sie sich den 20 ditto mit Accord übergeben.

Den 28 Junii ist das gewaltige Haupttreffen vor Hammeln, zwischen den Schwedischen, Hessischen und dann dem Ligistischen Grafen Marabas und Grantzfeld bey Oldendorf vorgegangen, da der Feind aufs Haupt geschlagen, alle Bagage, Stück und Munition verlohren worden, wie im Druck zu lesen.

Den 2 July haben die Forchheimer Allmoshof, Kraftshof und Neunhof abermals ausgeplündert, viele Leute beschädiget, Rindvieh, Pferd und anders hinweg genommen.

Den 14 July ist allhier in allen Kirchen ein Dankfest, wegen erhaltener Victorie bey Hammeln, celebrirt, da dann das Te DEVM Laudamus gesungen, rings um und vor der Stadt auf allen Thürmen und Wällen, Pasteyen, Schanzen und Batterien zweymal aus großen Stücken und Mußqueten Salve geschossen worden.

Den 16 July in der Nacht, haben die Rotenbergischen Hiltpoltstein bey Grävenberg ausgeplündert, hernach den Flecken bis aufs Schloß und etliche wenige Häuser abgebrannt.

Den 17 July haben die Lichtenauer Immelsdorf ausgeplündert, im Brand gesteckt und 12 Schwedische Mußquetirer niedergemacht; ditto haben die Rotenbergischen, 200 stark, einer hiesigen Convoi von 36 Mann, so Geld und Munition nach Grävenberg convoiren sollen, aufgepaßt, geschlagen, zertrennt, und alles abgenommen, hernach Grävenberg ausgeplündert, gebrandschatzt, und etliche Burger, so sich ranzioniren müssen, mitgenommen.

Den 22 July sind unsere Herren Deputirte allhier, Herr Hanns Friedrich Löffelholz, und D. Georg Richter, auf den angestellten Correspondenztag nach Frankfurt verreist.

Den 15 August haben abermals 20 Forchheimer Reuter zu Großreuth angesetzt, es geplündert, und Kraftshof angezündet.

Den 19 August ist ein Wagen Proviant und ein Wagen mit Pulver und Munition, so Capitain Schmidts Lieutenant mit 50 hiesigen Mußquetirern convoirt, nach Grävenberg geschickt worden, denen haben die Rotenberger bey 200 stark bey Heroldsberg aufgepaßt, die Convoie geschlagen, was nicht entronnen, niedergemacht oder gefangen, samt dem Lieutenant und Wägen mitgenommen, welche hernach durch Auswechslung wieder los gekommen.

Den 23 August hat sich Lichtenau, davor Graf Hanns Jakob von Thurn mit 4 Regimentern zu Roß und Fuß etliche Tage gelegen, und die 4 halbe Karthaunen, so ihm von hier aus zugeschickt worden, tapfer gebraucht, mit Accord ergeben. Ist die Besatzung den andern Tag

300 stark, mit Sack, Pack und zwey Stück Geschütz abgezogen und nach Ingolstadt marschirt.

Den 5 September hat unser zu Lauf gelegenes Volk die Rotenberger bey Eckenhaid, welche 3 Laufer gefangen mit geführt, angetroffen, 8 niedergemacht und 17 Gefangene eingebracht. Der Rest hat sich mit der Flucht salvirt.

Den 19 September haben die Forchheimer bey hellem Tag 23 Pferd, den Poppenreutern, Wetzendörfern, Kraftshöfern und andern, auf dem Feld ausgespannt und weggenommen.

Den 21 September sind 41 Nürnbergische Knecht, gegen 39 Rotenbergische Gefangene ausgewechselt und los gemacht worden.

Den 22 September sind unsere Herren Deputirte allhier, von dem Frankfurtischen Tag mit guter Verrichtung glücklich zu Haus angelangt.

Den 1 October haben die Forchheimer gegen Abend auf dem Judenbühl die ganze Heerd Kühe und Rindvieh über 100 Stück weggenommen, so den Burgern und in die Gärten gehörig gewesen. Man hat ihnen zwar mit einem Fußvolk nachgeeilet, aber nichts ausrichten können, sondern haben das Vieh alles davon gebracht.

Den 14 October sind etliche Rotenbergische Dragoner zu Hiltpoltstein eingefallen, haben den Pfleger Hanns Paulus Löffelholz in die Achsel geschossen, und sein Vieh weggenommen.

Den 26 October ist ein Vorlehen von E. E. Rath allhier der gesammten Burgerschaft auf 3 Jahr lang mit 6 pro Cent begehrt worden, zum wenigsten soll ein jeder, der es im Vermögen hat, so viel herleihen, als eine einfache Losung betrift.

Den 4 November hat Herzog Bernhard von Weimar Regensburg mit Accord eingenommen, wie in folgendem Schreiben zu ersehen, und ein mehreres im Druck zu finden ist.

Herzog Bernhards von Weimar Schreiben an E. E. Rath allhier.

Unsern gnädigen Gruß, und geneigten Willen zuvor. Ehrenveste und Wohlweise, Liebe besondere, Denselben mögen Wir mit gnädiger Wolmeinung nicht bergen, daß Wir nunmehro durch Göttliche Verleihung in Unserer hiesigen Belägerung so fern glücklichen Progreß erlangt, und gestern Abends der Stadt Regensburg dergestalt mächtig worden, wie beyliegende Copie des Accords mit mehrern zu vernehmen giebt. Daß nun die Herren Uns zu solchem Werk so rühmlich assistirt,*) und im geringsten ihres Orts mit Proviant, Munition, und andern nichts erwinden lassen, dafür bleiben Wir Ihnen und gemeiner Stadt, mit allem günstigen geneigten Willen jederzeit wol beygethan, also thun Wir dieselbe hiemit gewiß versichern, da Wir einige Gelegenheit haben können, Ihnen wiederum zu dienen, daß Wir solches keineswegs unterlassen werden, dem getreuen Gott von Herzen Lob und Dank sagend, daß er Uns seine Gnad so fern mildiglich verliehen, der wolle hinführo weiter Segen und Gedeihen geben, damit das allgemeine bedrängte Evangelische Wesen, einstens zu Ruhe gesetzt, und Wir Uns sämmtlichen dessen zu erfreuen haben mögen, welches Wir den Herren also anfügen wollen, denen Wir mit günstigem geneigten Willen förders wohl beygethan verbleiben. Datum im Closter Prühel vor Regenspurg den 5 November 1633.

Den 6 November, wie auch den 13 und 20 sind 3 Fast- und Bettäg nach einander, aus Befehl E. E. Raths, in den Pfarrkirchen allhier angestellt und gehalten worden, wegen

---

*) Der Nürnbergische Senat hat sich große Ehre durch seine vortrefliche Anstalten in Versorgung der Schwedischen Armee, in diesen schrecklichen Zeitläuften erworben, so daß die Staaten von Holland deswegen ihre Verwunderung durch ein eigenes Schreiben bezeugten, und ihre Hochachtung zu erkennen gaben, wie dieses Graf Galeazzo Gualdo Priorato, zu Ende seiner Relazione del Governo e Stato di Norimberga bezeuget: I Signori Stati d' Olanda ammirati dall' hauer una sola Città mantenuto si lungo tempo un essercito tanto grande, e che havrebbe per altro consumata ogni gran Provinzia, scrissero al Senato, e nella lettera gli diedero il titolo di Potenti Signori.

gen glorwürdigsten hochlöblichsten Andenkens Königl. Majestät in Schweden, welche Ihr Königliches Blut vor einem Jahr in der Schlacht bey Lützen, pro religione et libertate vergossen, und daß der Allerhöchste der Evangelischen Armee, zu ihrer abgebrungenen Defension noch ferner Sieg und Glück schenken, und den so lang verlohrnen heilsamen Frieden im Römischen Reich gnädiglich wieder verleihen wolle.

Den 9 November haben 16 Mußquetirer in der Nacht Zirndorf ausgeplündert, und Pferd und Vieh weggenommen.

Den 10 November ist eine Dankpredigt wegen glücklicher Eroberung Regensburg allhier gehalten, und das Te Deum Laudamus in den Pfarrkirchen gesungen worden.

Den 16 November haben die Forchheimer Lohe, Groß- und Kleinreuth abermals ausgeplündert, Vieh und Pferd weggenommen.

Den 18 November haben sie Fürth in der Nacht ausgeplündert, Vieh und Pferd weggetrieben, und viel Leut gefänglich mitgenommen.

Den 10 December ist ein Regiment Schotten unter Obrist Leßle, *) von 300 Mann zu Fuß, zu Fürth angekommen, und den 12ten nach Wendelstein quartirt, und ihnen von hiesiger Stadt aus Bier, Brod, und anders gereicht worden, um sich zu stärken; haben die Straßen und Zufuhren unsicher gemacht und gesperrt.

Den 30 December sind von hier aus 3 halbe Carthaunen, wie auch etliche Munition- und Proviantwägen nach Neuenmarkt, der Birkenfeldischen Armee, so in der Oberpfalz gehet, nachgeschickt worden.

In diesem Monat kamen täglich viel Weimarische Obristen und andere Officier von Regensburg anher. Haben sich montirt, recreirt und sind wieder zu dero Armee marschirt; aber das arme verderbte Landvolk, wie auch die Hin- und Wiederreisenden, haben solches hart empfunden, indem

*) Er hatte dem Herzoge von Friedland viel zu danken; war aber 1634 sein erster Verräther in Eger.

indem sie in Quartieren und im marschiren mit Rauben, Plündern, Abnehmung Pferd und Vieh, so übel gehauset, als wann es der Feind selbsten wäre. Ja es hat auch unser eigen Volk von ihnen das Rauben und Plündern auf den Straßen gelernet, daß täglich allerley Klagen eingekommen, in Summa, es ist leider aus dem Krieg ein verderblicher Religionskrieg worden, der Hunger und Theurung (wie) vor Augen) verursacht, dann täglich allerley Victualien so hoch steigen, daß man es fast nimmer zu bezahlen vermag, wird auch von Tag zu Tag ärger; daß es wohl heißt, wie die Alten gesagt: Fried ernährt, Unfried verzehrt.

Ao. 1634.

Den 4 Jenner in der Nacht sind die Forchheimer zu 40 stark zu Roß in Mögeldorf eingefallen, haben einen Corporal samt noch zweyen der Unsrigen erschossen; hingegen sind 3 von ihnen gefangen herein gebracht worden. Haben zuvor an die Schanz bey den sieben Creuzen angesetzt, wurden aber von den Unsrigen unverrichter Sachen abgetrieben.

Den 7 Jenner in der Nacht hat ein Schottischer Capitain den Quartiermeister Christoph von Thill, und den Kriegs-Commissarium Wilhelm Straßburger, unversehens, ohne alle Ursach, in ihrem Quartier zu Wendelstein überfallen, und beyde tödtlich verwundet. Der Thäter ist in Arrest genommen, aber hernach ausgerissen, und der Straßburger den 24 nach erlittenen großen Schmerzen gestorben.

Den 9 ditto ist das Schottische Regiment zu Fuß unter Obrist Leßle von Wendelstein aufgebrochen, und nach der Obernpfalz marschirt, haben sich feindseelig gehalten.

Den 15 Jenner sind wieder 21 Wägen mit Pulver und Lunten von hier aus zur Birkenfeldischen Armada nach der Obernpfalz verschickt worden.

Den 21 Jenner ist Herzog Ernst von Weimar von Wirzburg allhier angelangt, hat mit 18 Pferden bey dem Ochsenfelder übernachtet, deme von E. E. Rath 32 Kannen Wein,

Ao. 1634.

Wein, 2 Schaff Fisch, und ein schön vergult Pokal verehret worden. Reiset nach Regensburg zu Herzog Bernhard seinem Herrn Bruder, welcher hernach den 8 February mit seinem Regiment von 400 Pferden wieder zurück angelangt. Das Volk hat zu Fürth quartirt. Er ist herein in sein alt Quartier. Sind aber des andern Tags samt ihme wieder aufgebrochen, und nach Wirzburg marschirt.

Den 25 Jenner sind von hiesiger Stadt aus 10 Wägen Mehl dem Schwedischen Volk nach Weißenburg zugeschickt worden.

Den 15 February ist Herzog zu Friedland, kaiserl. Generalissimus, Graf Terzki, Graf Wilhelm Kinsky, Obrist Illo, zwischen 7 und 8 Uhr in der Nacht, zu Eger, von Obrist-Lieutenant Gordon, Commandanten allda, aus Kaiserlichem Befehl, meuchelmörderischer weis niedergemacht, Herzog Franz Albrecht zu Sachsen-Lauenburg aber in Verhaft genommen worden, weil sie sich mit den Evangelischen conjungiren, und ohne Vorwissen des Kaisers, einen Frieden schließen wollen. *)

Den 3 Merz ist Herr Hanns Friedrich Löffelholz und D. Johann Christoph Herpfer, als Deputirte von der Stadt, auf den angestellten Evangelischen Conventtag nach Frankfurt verreist.

Den 10 ditto ist Herr Burkhard Löffelholz von E. E. Rath zu der Weimarischen Armee in Franken verschickt worden.

Den 27 Merz ist die Birkenfeldische Armee unter Generalmajor Vitzthum, welche die Oberpfalz, wegen des Feinds starken Anzug, verlassen, um hiesige Stadt angekommen, haben im marschiren 10 Dörfer durch Verwahrlosung der Wachtfeuer abgebrannt, und zu Fürth, Vach, Bruck, Eltersdorf, Tennenlohe, Grünblach, und der Orten Quartier genommen, benen Commis gereicht worden.

Den 2 April ist besagte Birkenfeldische Armee aufgebrochen, hat ihren Marsch gegen Schwabach und Onolzbach zu

---

*) Hievon ein mehreres in den sogleich folgenden Wallensteinischen Urkunden, und in meinen Erläuterungen zur Geschichte dieses berühmten Generalissimus.

zu Herzog Bernhards Armada genommen; sollen in die Grafschaft Hohenlohe gehen, haben auf dem Land mit Sengen, Brennen, Morden, Rauben, Plündern und andern Excessen übler, als Feind, gehauset.

Den 3ten in der Nacht ist Wendelstein unversehens von dem Bullachischen Regiment mit List ausgeplündert, und das Vieh hinweg getrieben worden.

Den 19 hat der Feind 600 stark nächtlicher weil bey Reichenschwand durch die alte Tränt übers Wasser gesetzt, Engelthal ausgeplündert, viel Vieh und Pferd bekommen, die Leute beschädiget und etliche niedergemacht.

Den 12 May ist die Weimarische und Birkenfeldische Armada 20000 Mann stark zu Roß und Fuß, aus dem Würtemberger Land, zu Roth und nächst gelegenen Orten angekommen; hat aller Orten feindseelig gehauset, unangesehen ihnen ihr Commis von hier aus zugeführt worden.

Den 16 May ist besagte Weimarische Armada wieder aufgebrochen, ihren Marsch gegen Neuenmarkt genommen, weil der Feind auf Regensburg im starken Anzug seyn soll.

Den 18 May hat man in allen Kirchen wegen der den 3 ditto bey Liegnitz in Schlesien erhaltenen Victoria, das Te Deum laudamus gesungen.

Den 20sten kam das Grazische Volk 2000 stark zu Fürth an. Ist in Wendelstein quartirt worden, und nächst beygelegenen Orten.

Den 21 May haben sie zu Feucht muthwilliger weiß 32 Zimmer abgebrannt.

Den 30 May sind sie von Wendelstein aufgebrochen, und nach Neuenmarkt zu der Weimarischen Armada gegangen, welche aus Mangel des Proviants vor Regensburg, weil sie dem Feind nichts da anhaben können, weggegangen, sich gegen Neuenmarkt wieder retiriren müssen. Hat sich also diese Armada selbsten consumirt, unangesehen ihnen von hiesiger Stab aus, durch ihre Marquetender allerley Victualien und viel Wein abgefolget worden, doch alles nichts bey ihnen erlecken wollen. Ist eine rechte Straf Gottes gewesen.

Ao. 1634.

Den 31 May hat die Burgerschaft in der ganzen Stadt wöchentlich sechs Kreuzer zum Schanzen geben, oder innerhalb 3 Wochen selbsten schanzen müssen. Es wurde solch Geld durch die Gassenhauptleut eingebracht, und wöchentlich denen Viertelmeistern zugestellt, und sind damit alle Schanzen um die Stadt ausgebessert; hernach aber ist ein neues Werk bey dem Lauferthor angefangen, und obiges aufgehebt worden, weil ein jeder selbst schanzen lassen müssen.

Den 2 Juny ist die Weimarische Armada um Neuenmark aufgebrochen; hat zu Feucht das Hauptquartier und nächst gelegenen Orten der Stadt genommen, weil die große Hungersnoth sie hin und her getrieben. Sie haben in die 4000 Mann eingebüßet, weil alle Ort von ihnen verößigt und verderbt gewesen. Herzog Bernhard hat mit 20 Pferd und 2 Wagen sein Quartier in der Stadt beym Ochsenfelder genommen. Sein Magazinhaus ist übel bestellt gewesen. Er ist darauf den 3 ditto aufgebrochen, hat seinen Marsch nach Lauf, Rückersdorf und Eschenau genommen, und einen Versuch auf den Rotenberg und Forchheim en passant thun wollen, aber wenig verrichtet, außer daß der Wald bey Rückersdorf angezündet, und viel Holz verwüstet worden.

Den 7 Juny wurde General-Major Nicolaus de Courville, welcher vor Regensburg mit einem Stück erschossen, allhier nach Wöhrd in die Kirche *) begraben, dem

*) Es wurden auch viele vornehme Schweden in dieser Kirche vom Jahr 1632 bis 1634 begraben. Der Courvillische verguldete Helm und Wappenschild hängt zur linken Hand hinter dem hohen Altar daselbst auf einer schwarz sammtenen Decke herab; dabey ist auch eine Wappenfahne, welche zu beyden Seiten mit goldnen Flammen, und folgender Inschrift gezieret ist:

Anno 1634 den 22 May ist der Hoch- und Wohl-Edel, Gestreng, Vest und Mannhaft, Herr Niclas de Courveil, bey Entsatz der Stadt Regenspurg, durch ein unversehenes Stück erschossen, und den 7 Juny, allhier in der Pfarrkirche zu Wöhrd, Christadelichem Gebrauch nach, zur Erde bestattet worden, deme Gott der Allmächtige gnädig seyn, und dermaleinst am jüngsten Tag eine frölige Auferstehung verleyhen, und seine bey den Evangelischen Bunds-Ständen jederzeit geleisten Dienste gnädig belohnen wolle.

dem eine ansehnliche kostbare Leiche von Reutern und Fußvolk, welche vor der Kirchen zweymal Salve geschossen, samt andern vornehmen Herren und Officieren, gehalten worden, und hat Herzog Bernhard von Weimar, neben Marggr. Friedrich zu Onolzbach derselben in Person beygewohnt.

Den 17 Juny hat Herzog Bernhard den Obristen Grazett mit 2 Regimentern zu Fuß und 1 Regiment zu Roß, zu denen theils unser Volk mit 8 Stücken gestoßen, vor Forchheim commandirt, um selbigen Ort zu bloquiren, ist auch eine Bruck bey Lauf über die Pegnitz gemacht worden, darüber seine Armee marschiren soll.

Den 20 ist die Weimarische Armada von Lauf und der Orten aufgebrochen, auf Donauwerth marschirt, um sich mit Feldmarschall Horn zu conjungiren.

Den 2 July ist der gewesene Pfleger zu Lichtenau, seines Gefängnisses erlediget, solle sich hingegen 3 Jahr vor dem Feind gebrauchen lassen, wie er sich denn deshalben stark verbürgen und verreversiren müssen.

Den 18 July hat sich Regensburg, welche Stadt vom König in Ungarn und Herzog in Bayern, mit 50000 Mann zu Roß und Fuß in die 8 Wochen lang belagert gewesen, mit Accord ergeben, nachdem sie 7 Stürme ausgestanden, und viele Ausfälle gethan hat. Es geschahen 15000 Kanonenschuß; 2000 Granaten von hundert und mehr Pfunden, sind während Belagerung hineingeworfen worden. In der Stadt sollen noch 4000 Simra Getraid, 1000 Stück Rindvieh und 6 Centner Pulver vorhanden gewesen seyn.

Den 21 July sind General-Major Lars Kage, Graf von Thurn, und Obrist Brinken Regiment, so in Regensburg zur Garnison gelegen, und einen guten Accord erlangt, um hiesige Stadt angekommen, zu Fürth quartirt, sind über 1200 Mann stark nicht mehr gewesen; Obrist Haßvers Regiment aber, so auch darinnen gelegen, von 300 Mann, ist zu Neuenmarkt verblieben. Sind den 25 ditto wieder aufgebrochen, in Franken marschirt, um sich zu refraichiren, haben eine harte Belagerung ausgestanden, und das Drittel von ihrem Volk verlohren.

Ao. 1634.

lohren. Der Feind hat auch 6000 Mann davor sitzen lassen, haben dannoch in Quartiren allerley Muthwillen, ihrem alten Gebrauch nach, verübt.

Den 4 August hat des Feinds Volk 300 stark zu Roß, von den hiesigen Proviant- und Munizionwägen, so im Ruckweg von Lichtenau gewesen, 18 Peuntpferd abgenommen, darüber der Anschickers Sohn David, tod geschossen, die Convoje zertrennt und geschlagen, hernach hinter Stein von hier aus bey 25 Pferde von Schwedischen Officieren und andern Reutern, so zu ihrer Armee marschiren wollen, angetroffen, theils niedergemacht, spolirt und gefangen, darunter Christoph Oelhafen Cornet tod geschossen worden. Sie haben auch 5 Wagen und 2 Karn Augspurger Güter mit den Pferden hinweg genommen.

Den 9 August hat Obrist Hastver 1 Compagnie zu Pferd und 2 Compagnien zu Fuß nach Fürth gelegt, haben selbigen Ort verschanzt, um des Feinds Volk das Brennen, Streifen, und Plündern zu verwehren; aber dem Landvolk sind die Feinde sehr beschwerlich gewesen, daß es nichts zur Stadt sicher bringen mögen.

Den 22 ditto ist Velden vom commandirten Feindsvolk 600 stark, so 3 Stücklein bey sich gehabt, überfallen, ausgeplündert, und 46 Zimmer und 1000 Simra Getraid verbrannt. Sind hernach auf Pezenstein gegangen, wieder abgetrieben worden; doch haben sie etliche Städel mit Getraid abgebrannt.

Den 27 August ist das große Treffen bey Nördlingen zwischen den Kaiserlichen und Weimarischen, vorgegangen, da dann die Weimarische und Hornische Armee von den Kaiserlichen und Spanischen ganz zertrennt und geschlagen, Feldmarschall Horn, und Obrist Graz gefangen, der junge Marggraf Friedrich, neben andern hohen und niedern Officieren geblieben, alle Bagage, Stück und Munition verlohren worden. Wie viel geblieben und gefangen, hat man nicht eigentlich wissen können. Nördlingen ist darauf den andern Tag mit Accord übergegangen. Es haben sich auch die Kaiserlichen hernach des ganzen Wirtemberger Landes bemächtigt, wie auch des Frankenlands, bis an Wirzburg und Königshofen.

Den

Den 2 September ist viel Kaiserl. Volk zu Schwabach angekommen, davon 6 Regimenter Isolanische und Forgatschische Croaten und Dragoner auf Fürth gegangen, das Hastverische Volk hat sich in Gostenhof retirirt. Ist aller Orten ein grosses Hereinflüchten gewesen, dann sie das Landvolk übel tractirt. Unser Volk ist von der Stadt ausgefallen, hat mit ihnen scharmuzirt und Gefangene eingebracht.

Den 14 ditto hat man die Genannten auf das Rathhaus erfordert, ihnen des Feinds gefährlichen Anzug vorgehalten, um wessen man sich deshalben zu verhalten habe, reiflich zu berathschlagen, und mit ihrem Gutachten meinen Herren an die Hand zu gehen. Es ist auch ein Schreiben und Antwort darauf, daß man den Muth wegen der Nördlinger Niederlage nicht sinken, sondern beständig bleiben solle, vom Herrn Reichskanzler Ochsenstirn, abgelesen, und in der Antwort sind die Ao. 1632. Ihro Königl. Majestät vorgeliehene 100000 Reichsthaler *) und 20000 Simra Getraid ohne anders stark sollicitirt worden; ist aber zur Zeit nichts erfolgt. Des andern Tags ist in Gegenwart der Genannten, dabey ein Schreiben vom Herrn von Stadian, Teutschmeister, mit der Antwort, darinnen er hiesiger Stadt des Kaisers Gnad offerirt, zuvor abgelesen, und einhellig beschlossen worden, daß man alles oberzählte an die Evangelischen Churfürsten und Stände bringen, und den lieben Frieden möglichst befördern wolle, dieweil diese Stadt mit den Evangelischen in Conföderation und Bündniß ist.

Den 8 und 9 September haben die Isolanische Reuter Fürth, auser wenig Häuser, abgebrannt. Ingleichen zu Sundersbühl 30 Zimmer in die Asche gelegt und zu Großreuth 3 Häuser, wie auch Schnigling und Thoos angezündet. Interim haben die Hastverischen von Gostenhof aus mit ihnen scharmuzirt und etliche Pferd abgenommen, welche darauf den 10ten aufgebrochen, nach Wilmersdorf und in Franken marschirt.

Den 12ten ist Obrist Hastver mit seinem Volk und hiesiger Reuterey mit 4 Stück Geschütz nach Reichenschwand marschirt,

---

*) S. oben auf der 59sten Seite.

marschirt, um selben Paß, so die Rotenberger occupirt und die Zufuhr aus allen Orten gesperrt, zu recuperiren.

Den 13 September ist das Schloß zu Reichenschwand, darinnen 28 Mann mit einem Corporal gelegen, auf Gnad und Ungnad übergegangen, welche gefänglich anhero gebracht, Obrist Hastver aber durch einen Mußquetenschuß davor geblieben, und sehr bedauert worden. Darauf ist den 16ten der Rotenbergische Corporal bey den drey Linden allhier aufgehenket worden.

Den 26 ditto wurde der Obriste Claus Hastver in die Kirch zu den Predigern *) allhier begraben, dem von Reutern und Fußvolk davor zweymal Salve geschossen, und eine ansehnliche Leichprocession gehalten worden.

Den 4 October in der Nacht haben die Kaiserlichen 400 stark zu Roß und Fuß, unsere Reuter, Dragoner und 1 Compagnie Fußvolk, zu Happurg bey Herspruck im Quar-

*) Es ist daselbst zur rechten des Hochaltars, an der Nordseite neben der Sakristey ein schönes Monument von Metall, an der Wand zu sehen. Es stellet ihn in Lebensgröße mit ganzem Küraße, in halb erhobener Arbeit vor. Der Künstler ist Johann Wurzelbaur († 1656.)

Nobiliss. max. que strenuus Vir, Dn. Claus Hastuer, Haereditarius in Sommershausen et Mexhofen. S. R. M. Regni Suecici et Confoederatorum Evangelicorum Dux equitum peditumque supremus. Natus Sommershusae in Livonia A. MDXCVII, qui postquam in diversis praeliis praeclara animi specimina plane heroica dedisset, et tandem Anno MDCXXXIIII, d. XII Septembris ex arce Reichenschwand globuli ictu sclopetarii eheu! letaliter vulneratus postrid. hora IIX in oppido Lauf ditionis Noricae in Christo placide obdormivit. Sepultus XXVI Sept. Norimbergae in templo Praedicatorum. Huius moestissima vidua, Matrona nobiliss. Wrangelorum Prosapia oriunda et filius Claus Helmuth, ex octo liberis superstes posthumus, Coniugi et Parenti desideratiss. hoc monumentum pietatis ergo posuere.

S. meine Merkwürdigkeiten Nürnbergs und Altdorfs, S. 52, 53. Auf hiesiger Stadtbibliothek habe ich ein schwedisches Schreiben K. Gustav Adolphs entdeckt, welches er am 4 December 1631 aus Gernsheim an diesen Obristen geschrieben. Es ist vom Könige unterzeichnet, und hat das oben S. 50 gedruckte königl. Siegel. Weil ich nicht Schwedisch verstehe, so kann ich den Inhalt nicht angeben. S. m. Memorabilia Bibliothecar. public. Norimberg. P. I, pag. 209.

Quartier überfallen, etliche niedergemacht, einige gefangen, und viele Pferde bekommen; die meisten haben sich mit der Flucht salvirt, Peter Brinkens Reuter-Lieutenant ist gefangen, aber hernach durch Ranzion wieder ledig worden.

Den 18 October ist Hersbruck von den Ambergern 500 stark zu Roß und Fuß, überstiegen, eingenommen und ausgeplündert worden. Der Succurs ist zu spat gekommen, etliche Häuser haben sie da abgebrannt, die Thore eingehauen, theils Burger niedergemacht, theils gefangen, das Weibervolk geschändet, und die darin gelegene Garnison nach Amberg geführt. Unterdessen haben die Unserigen liederlich den Paß Reichenschwand verlassen, und sich nach Lauf retirirt. Der Feind ist hernach auf Reicheneck gegangen, es wie auch Vellenstein aufgefordert, aber unverrichter Sachen wieder mit dem Raub nach Amberg marschirt.

Den 20 ditto hat man wegen der Seuche das Räuchern in den Kirchen, Schulen und auf dem Rathhaus angefangen, und ist ein Barbierer aufs Rathhaus für die Rathspersonen angenommen, auch ein Mandat, wessen man sich bey diesen Sterb-Läuften zu verhalten habe, im offenen Druck publiciret worden.

Den 29 October ist der Burgerschaft über die doppelte Losung und andern Beschwerden, eine neue Kriegssteuer auferleget worden, dergestalt, daß zwischen dato und Andreä nächstkünftig alle Burger, Inwohner, Schutzverwandte und geflehte (hieher geflüchtete) Leute bey ihrem Eid von allem Silbergeschirr, Geschmuck, Ketten, Armbändern, Ringen, Kleinodien und Schatzgeld, von 10 Mark 1 Mark, und von 10 Kronen 1 Kron, die Kron pro 2 fl. das vergoldte Silber pro 8 und einen halben Thaler, das weiße pro 7 Thaler gerechnet, meinen Herren auf vier Jahr lang ohne Interesse vorleihen solle, gegen eine Obligation nach Verfliesung der 4 Jahr zu bezahlen, oder mit 5 pro Cento zu verzinsen, oder auch 500 fl. an statt des Silbergeschirrs herzuleihen. Ingleichen von jedem Eimer Wein 1 fl. Steuer zu bezahlen. Das Silbergeschirr hat man auf das Rathhaus liefern müssen, den Gulden wegen des Weins ins Umgeld.

Ao. 1634.

In diesem Monat hat die Pest allhier am heftigsten grassirt, da über 1100 inficirte Personen sich im Lazareth befunden zu St. Johannis, und sind auch fast alle Gassen angesteckt gewesen. In dem großen Sterben Ao. 1585 sind auf das meiste 612 Personen in das Lazareth hinaus gekommen. Im December hat es etwas nachgelassen. Den 24 Jenner 1635 ist das Lazareth wieder gesperret, und sind noch 102 Personen ins Haus zu St. Rochus gethan worden.

Es haben uns sonsten dieses Jahr, aus Gottes Verhängnis, die 4 Landstrafen, Krieg, Theurung, Hunger und Pestilenz hart getroffen, so daß 1 Simra Korn hat gegolten 18 bis 21 Reichsthaler, 1 Simra Habern 14 bis 16 Reichthaler, 1 Simra Kern 28 bis 32 Reichsthaler, Gersten 24 bis 30 Thaler, 1 Pfund Schmalz 6 bis 7 Batzen, 1 Pfund Rindfleisch 9 bis 10 Kreuzer, das Kalbfleisch 18 bis 20 Kr. 1 paar Tauben 10 bis 12 Batzen, 1 junges Huhn 10 bis 15 Batzen, 1 Hennen 1 fl. auch 18 Batzen, ein Kappaun 3 fl., 1 Ey 4 bis 6 Kreuzer, ein Eimer Wein kostete 10 bis 20 Thaler; ein Eimer Bier 3 bis 4 Gulden, und so fort an. Das Geflügel und Wildpret, ist in seiner Art gegen obigen, noch guten Kaufs gewesen. Der Allerhöchste gebe uns doch nach seinem gnädigen Willen, den edlen, lieben Frieden!

Ao. 1635.

Den 6 Febr. hat man die Genannten, und bald hernach die Burgerschaft erfordert, und eine erkleckliche Kriegssteuer auf 4 Monat lang, alle 10 Tag gutwillig begehrt. Weil man sich aber so schlecht eingestellet, daß es kaum einen Monat Sold ausgetragen: so hat man der Burgerschaft von Raths wegen auferlegt, auf ultimo dies und ultimo Mart. 30 Kr. von 100 fl. Vermögen zu bezahlen, damit man die schwierige Soldatesca befriedigen möge.

Den 14 May ist der Bayerische General-Feldmarschall-Lieutenant Wahl mit 2000 Mann zu Fuß, 800 zu Pferd und 8 Stück Geschütz um Vellenstein und Neuhauß angekommen, selbige Ort aufgefordert, welche sich zu wehren

ren resolviret; sind aber den 16 ditto mit Sturm erobert, die allhiesige darin gelegene Garnison niedergemacht, und ihr Lieutenant Petermann gefangen worden. Hartenstein hat sich darauf mit Accord übergeben.

Den 19 May sind sie vor Herspruck gerückt, selbigen Ort im Namen Kaiserl. Majestät und Chur-Bayern aufgefordert, im widrigen wäre die Oefnung mit Feuer und Schwerd zu suchen, befehlicht. Welcher Platz den 21 ditto auch übergegangen, und weil Schwedische, Haßfurtische Garnison darinnen gelegen, sind sie zum Unterstellen genöthiget, und die Officier in Arrest genommen worden. Darauf haben die Haßfurtischen Neuenmarkt verlassen, und sind alle übrige Garnisonen von Reicheneck, Lauf, Altdorf, abgefordert, und mit Bayerischem und Kaiserlichem Volk besetzt worden. Alle abgeforderte Garnisonen hat man in hiesige Vorstädt geleget, welche die Straßen sehr unsicher gemachet, daß fast nichts herein kommen mögen, sind also nunmehr sämtliche Nürnbergische Aemter und Städtlein, außer Lichtenau, mit Kaiserlichem und Bayerischem Volk besetzt.

Den 22 May wurden den erforderten Genannten, fünf folgende Begehren, wegen Oefnung der Päß fürgehalten: Erstlich die Restitution beyder Kirchen St. Jacob und Elisabeth; fürs andere eine Garnison von 400 Mann auf die Reichsvesten zu nehmen. Drittens, viermal hundert tausend Gulden Recompens oder Vorlehen; Viertens Sequestration und Einräumung der Aemter, bis der Frieden richtig. Fünftens, ob man nicht, wegen dieser harten Begehren, eine Legation an Kaiserl. Majestät, oder schriftliche Intercession von Chur-Sachsen solle abgehen lassen? Sind sieben Stund mit dem Votiren zugebracht, weil über 300 Genannte erschienen. Es hat sich aber bald darauf Gott Lob! der Friede etwas blicken lassen, dadurch diese Begehren alle gefallen.

Den 11 Juny ist Hanns Abraham Pömer, Kriegscommissarius, mit den ratificirten Friedenspuncten per posta mit einem Trompeter von Prag, allhier angelangt.

Den 15 Juny hat man die Genannten Nachmittag erfordert, und ihnen die Pragerische Friedens-Capitulation, samt einem Nebenreceß, die vier ausschreibende Städt,
Nürn-

Nürnberg, Ulm, Straßburg und Frankfurt betreffend, wie auch ein Schreiben vom Obristen Wahl, daß eine Rathsbotschaft den andern Tag, auf Begehren Königl. Majestät in Ungarn, zu Neuenmarkt erscheinen solle, abgelesen; darauf sich ein jeder Stand innerhalb 10 Tagen erklären solle, ob er den Friedensschluß acceptiren wolle, im widrigen Fall werde er mit Gewalt dazu gezwungen werden. Darauf sind den 16 ditto Hr. Sigm. Gabriel Holzschuher, Herr Lucas Friedrich Behaim, D. Georg Richter, D. Tobias Oelhafen und Hanns Abraham Pömer, als Deputirte von der Stadt, zum König in Ungarn nach Neuenmarkt verreist.

Den 20 Juny sind unsere Herren Abgesandte von Neuenmarkt, weil der König in Ungarn von da nach Roth aufgebrochen, zu früh allhier angelangt, haben beym Rath ihre Verrichtung referirt, und sind Nachmittag dem König nach Roth gefolgt, weil sie mit der Resolution von Ihro Majestät dahin beschieden worden. Sind darauf den 21 Juny wieder mit guter Satisfaction angelangt, und haben den lieben Frieden und Oefnung der Päß mitgebracht.

Den 22 Juny wurden die Genannten abermals erfordert und ihnen der Herren Abgesandten Verrichtung, des acceptirten Friedens, Restitution der Aemter, und differirten Execution der Kirchen zu St. Jacob fürgehalten, dabey wurde auch die begehrte Geldsumma, vermög des Friedensschlusses, der 120 Monat Römer-Zug, so sich auf 180 tausend Gulden beläuft, innerhalb 6 Terminen zu bezahlen, angedeutet, welche Sach aber, nach beschehener Umfrag, E. E. Rath heimgestellet worden.

Anno 1636.

Den 8 Febr. ist ein fränkischer Craistag, wegen Abschaffung der Unsicherheit und Plackereyen auf dem Land, und anderer wichtigen Sachen halber, allhier gewesen.

Den 10 May sind 400 Artilleriepferd aus Böhaim um hiesige Stadt angelangt, welche zu der Gallasischen Armee gegangen. Es sind auch ditto 30 Pferd, welche 5 Bagagewägen bey sich gehabt, von der Gallischen Armee hier fürüber nach Eger marschirt.

Den 12 May ist der Graf Thomas d'Arundel, Königl. Englischer Abgesandter mit 40 Pferden und 60 Personen allhier angekommen, welcher nach Regensburg auf den bevorstehenden Churfürstl. Collegialtag verreist, deme sind 32 Kannen Wein und 2 Schaff Fische verehret worden.

Den 29 July ist Kaiserl. Majestät von Linz zu Regensburg auf den da angestellten Churfürstlichen Collegialtag, zwischen 4 und 5 Uhr der kleinern, angelangt.

Den 24 August ist Antonius Temple, eines Englischen Grafens Sohn, und Ihro Excellenz Herrn Grafen Thomas zu Arundel und Surren, des Königreichs Engelland Marschalls und Ambassadeurs, Stallmeister, und Wilhelm Smith, Königlicher Englischer Leibtrompeter, auf der Post nach Regensburg reisend, mörderischer weiß, zwischen Feucht und Altenfurt im Wald, samt dem Postillion, niedergemacht worden, welche den 29 ditto auf einer Blöse bey jetzt erwähntem Ort, im Triangel an dreyen Bäumen fest gebunden, folgender gestalt gefunden worden. Der Stallmeister ist durch den Kopf geschossen, dem Trompeter ist der Hals entzwey gehauen, und dem Postillion der Kopf zerspalten gewesen. Sind alle in die Stadt gebracht und zur Erde bestättiget worden. Auf die Thäter ist allhier und zu Regensburg groß Geld ausgerufen, ist aber noch Niemand von denselben zur Hand gebracht worden.

Den 29 November sind Herr Sigmund Gabriel Holzschuher und Herr Albrecht Pömer, als Deputirte von der Stadt, mit dem Königlichen Ornat auf den bevorstehenden Wahl- und Krönungstag nach Regensburg verreist.

Den 8 December ist Ferdinandus der britte, König zu Ungarn und Böhaim, zum Römischen König erwählet, und darauf den 22 ditto solenniter gekrönet worden *).

Den

---

*) Beschreibung der Krönung Ferdinands III, und seiner Gemahlin zu Regensburg, 1636; durch Johann Hauer, Maler und

Den 28 December wurde Königs Ferdinandi Tertii Gemahlin zur Römischen Königin, mit gewöhnlichen Solemnien zu Regensburg gekrönet.

Ao. 1637.

Den 1 Jenner sind die Herren Deputirte des Raths mit dem kaiserlichen Ornat von Regensburg wieder hier angelangt.

Den 5 Februar ist Kaiser Ferdinandus der Andere dies Namens, zu Wien im 59sten Jahr seines Alters, Todes verblichen, dem sein ältester Herr Sohn Ferdinandus der Dritte, Römischer König, succediret.

Den 7 Merz ist den Genannten der Zustand des erschöpften Aerarii, Einquartirung des Caretischen Regiments, und wie hiesige Stadt noch über 100000 fl. rückständige Contribution, auf dem Collegial-Tag zu Regensburg mit 178000 fl. wiederum de novo angelegt, vorgehalten worden, um auf Geldmittel zu denken: darauf dann zwischen dato und primo May eine Kriegssteuer-Bezahlung, gleich einer einfachen Losung, erfolgt.

Den 28 April sind 7 Compagnien von dem Caretischen Regiment aufgebrochen, haben ihren Marsch in das Eichstädtische genommen; 3 Compagnien, und der Staab sind liegen geblieben. Es sind zwar unterschiedliche scharfe Ordres von Kaiserl. Majestät gekommen, das Nürnbergische Gebiet zu quittiren, ihr Aufbruch aber hat sich doch verzögert, bis den 31 May, da sind die restirenden 4 Compagnien samt dem Staab, auch aufgebrochen, und den obigen ins Eichstädtische Gebiet gefolgt.

Den 15 May sind 60 Mann neu Volk bey dem Caretischen Regiment angelangt.

und Kunsthändler. 1637. Mit Kupfertafeln. Fol. S. Lünigs Theatrum Ceremon. T. I, p. 1150. Denkwürdiger Actus der Wahl und Krönung Ferdinandi III. 1636. 4. Petri Ostermann iustus Ρωμαιο-βασιλικος Στεφανος, i. e. legitima et Germana regia Romana corona, Ferdinando III, Ratisbonae 1636. 22. Dec. imposita, etc. 1640. 4.

Den 8 August ist Herr Hanns Jacob Tetzel und D. Hanns Heinrich Hültz auf den zu Bamberg angestellten Fränkischen Craistag verreißt, des Kriegswesen und anderer Grauaminum halber. Sind den 11 ditto wieder zu Haus angelangt.

Den 4 November sind Herr Hanns Jacob Tetzel, Herr Lucas Friederich Böheim, und D. Hanns Heinrich Hültz nach Regenspurg auf den Münzprobationstag verreißt, allwo die drey correspondirende Crais, der Fränkische, Bayerische, und Schwäbische, zusammen kommen. Ist seithero Ao. 1630 kein Münzprobationstag geweßt. Sind den 12 ditto wieder zu Haus angelangt.

An Exulanten und Emigranten haben sich dies Jahr über allhier aufgehalten von Herrn- und Ritterstandspersonen:

- Herr Gall von Racknitz.
- Carl von Windischgrätz.
- Johann Septimius Jörger.
- Hanns Friedrich von Teufenbach.
- Franz Christoph von Teufenbach.
- Ott Adam von Traun.
- Christian von Dietrichstein.
- Christian von Eck.
- Erasmus von Eck.
- Sigmund Höbstel von Lindt.
- Hanns Adam Praunfalck.
- Georg Sigmund von Spangstein.
- Georg Gottfried Leininger.
- Matthäus von Kellerberg.
- Andreas Morbach.
- Franz Schwab.
- Sigmund und Georg Friedrich Speitel.
- Hanns Christoph von der Grien.
- Wolf Wilhelm von Kreuth.
- Philipp Geuder von Heroldsberg.
- Christoph Famitz von Steineck.
- Obrist Wilhelm Brinck.
- Obrist Rudiger von Waldau.
- Obrist Herbart von Regall.
- Hanns Friederich Fuchs, Landmarschall.
- Georg Friederich von Crailsheim.

Herr

Herr Hanns Fuchs.
- Sebastian von Perckhofen.
- Wilhelm von Putler.
- Hanns Georg von Mußlor.
- Hanns Georg von Sichershofen.
- Hieronymus von Egloffstein.
- Niclaus Bernhard von Rotschütz.
- Ludwig von Scherffenberg.
- Wolf Dietrich von Gailsdorf.
- Hanns Endres Portner.
- Wolf Dionysius Haller von Amerta.
- Caspar Tucher von Schobenau.
- Rochus Lochner.
- Hanns Georg und Hanns Carl Rieter von Kornburg.

Ao. 1638.

Den 18 Febr. ist das blutige Treffen zwischen den Kaiserlichen und Weimarischen bey Rheinfelden vorgegangen. Herzog Bernhard von Weimar hat victorisirt, und sind niemals bey einer Schlacht, so viel Generals, Obriste und andere hohe Officiers, geblieben, und gefangen worden; unter den letztern waren Johann de Werth, und Duca di Savelli.

Den 30 July ist das scharfe Treffen bey Wittenweyer zwischen den Kaiserlichen, (als sie Breisach proviantiren wollen) und den Weimarischen vorgegangen. 80 Standarten und Fahnen sind allbereit eingebracht, Artillerie, Bagage und Proviant der Kaiserlichen ist im Stich geblieben, hergegen ist der Weimarische Obriste Tupadel gefangen worden.

Den 11 November ist hier, wie in andern Reichs-Craisen ein Fränkischer Craistag gehalten worden, dabey sich Graf Carl Ludwig Ernst von Sulz, und Graf Georg Ulrich von Wolkenstein, beede kaiserliche Commissarien, befunden. Von 150 begehrten sind 60 Monat Römerzug, in 14 Monaten zu bezahlen, bewilligt worden, und hat dieser Tag den 24sten heute seine Endschaft erreichet.

Den 8 December hat Herzog Bernhard von Weimar Breisach mit Accord erobert, welcher Ort seit den 18 August belagert gewesen.

Ao. 1 6 3 9.

Den 8 July ist Herzog Bernhard von Weimar im 35sten Jahr seines Alters an der Colica zu Neuenburg Todes verblichen.

Den 15 July ist Kaiserl. Commissarius Johann Hackenberger hier angelangt, welcher wegen intercipirter Schreiben an Herzog Bernhard von Weimar, Herrn Hanns Friedrich Freyherrn von Teuffenbach und Georg Ayrmann in Arrest nehmen, und ihr Vermögen inventiren und beschreiben zu lassen, befehligt gewesen.

Den 23 August war ein Fränkischer Crais-Tag hier, hat 2 Tag gewähret. Weil wenige Stände erschienen, ist wenig verrichtet worden.

Den 26 December sind 500 zu Roß und 500 zu Fuß Bayerisches Volk, das Kolbische und Mercische Regiment um hiesige Stadt angelangt. Das Kolbische Regiment zu Fuß ist des andern Tags wieder contramandirt worden, das Mercische aber samt den Unbrittenen und Standarten sind ins Winterquartier um Neuenmarkt gegangen, haben aller Orten unterwegs sehr übel gehauset mit Rauben und Plündern.

Ao. 1 6 4 0.

Den 10 Jenner ist Herr Hanns Friedrich von Teuffenbach, Freyherr, auf Parole seines Arrests erlediget worden, und Georg Ayrmann am 29sten.

Den 22sten sind die Chur-Mainzische Gesandte hier angelanget.

Den 24 Jenner haben die Churfürstl. Herren Abgesandten ihre erste Session auf dem Rathhaus, in der Silberstuben gehabt.

Den

Ao. 1640.

Den 27 Juny haben die Kaiſerl. und Churfürſtl. Herren Abgeſandte ihre letzte Seſſion auf dem Collegial-Tag hier gehalten, darauf folgenden Montag die Chur-Bayeriſche Geſandten hinweg gereißt.

Den 9 July ſind die Kaiſerl. Chur-Mainziſche, Chur-Cölniſche und Chur-Brandenburgiſche Herren Abgeſandte auf den 26ſten dieſes ausgeſchriebenen Reichs-Tag nach Regensburg, allda Jhro Kaiſerl. Majeſtät perſönlich zugegen, verreißt. Gott verleihe den ſo lang deſiderirten edlen Frieden.

Den 20 ditto ſind unſere Herren Deputirte, Herr Hanns Jacob Tetzel, D. Tobias Oelhafen, und D. Wilhelm Lubwell von Altdorf, nach Regensburg verreißt, und den 22 December wieder hier angelangt.

Den 27 iſt der Erzbiſchof von Erlach, Herr Georg Lippan, Ungariſcher Canzler, neben Pater Johann Gans, Kaiſerl. Majeſtät Beichtvater, von Regensburg hier geweſen, denen alle Ehr erzeiget, und was denkwürdig, wie auch das Heiligthum in der Stadt, gewieſen worden.

Den 4 December iſt den erforderten Genannten Erzherzogs Leopoldi Wilhelm, und General-Lieutenants Grafen Piccolomini Schreiben an hieſigen Rath wegen Einquartirung und Verpflegung zweyer Regimenter zu Roß und eins zu Fuß, als Herzog Leopoldi Wilhelm Generals Leib-Regiment, von 10 Compagnien zu Roß, Grafen Piccolomini alt Regiment von 12 Compagnien zu Roß, und Comte Careti Regiment von 10 Compagnien zu Fuß, auf Kaiſerl. Majeſtät Befehl, ſo mit den übrigen (in allem 22 Regimenter) im Fränkiſchen Crais auf 6 Monat lang überwintern ſollen, abgeleſen worden, da ſich dann im Ueberſchlag befunden, daß die 3 obbeſagte Regimenter im Nürnbergiſchen Territorio über 180000 fl. die 6 Monat koſten würden, deshalben unumgänglich eine allgemeine erkleckliche Anlag müſſe gemacht werden, ſo auf 1 und eine halbe Loſung auf Pauli Bekehrung zu bezahlen, ausgeſchlagen, wie auch auf dem Land monatlich 15 Kreuzer von 100 fl. Steuer angelegt worden.

Den 5 ditto ſind 60 Piccolominiſche Pferd, meiſtentheils Officier, ſo die Quartier machen ſollen, zu Schweinau angelangt.

Ao. 1640.

Den 11 dieses sind die 3 Kaiserl. hiesiger Stadt assignirte Regimenter in die gemachte Quartier marschirt, als folgt: Erzherzogs Leopoldi Wilhelm Fürstl. Durchl. Leib-Regiment von 10 Compagnien zu Roß, und dessen Staab, zu Feucht und Schwarzenbruck, Wendelstein, Winkelhaidt und Richthausen, Ober- und Unterrieden, Dörlbach und Schwarzenbach, Offenhausen, Kucha, Leimburg. Feldmarschall Excell. Piccolomini Leib-Regiment von 12 Compagnien zu Roß und dessen Staab, zu Happurg, Fürrenbach, Schupf, Hartmannhof, und Pommelsbrunn, Eschenbach, Allfaltern, Hirschbach, Ober- und Unter-Krumbach, Kirchensittenbach, Henfenfeld, Ziegelstein, Lohe und Allmoßhof, Bach, Mögeldorf und Rückersdorf; die Leibgarde Caretisch Regiment von 10 Compagnien zu Fuß, der Staab zu Grävenberg, Stadt und Landschaft, Rüsselbach, Hiltpoltstein, Dippoltsdorf und Hüttenbach, Petzenstein, Stierberg, Vich- und Paffenhofen, Treuff- und Siglitzhofen, Kalchreuth und Eschenau.

Ao. 1641.

Den 2 Jenner ist das Caretische Regiment zu Fuß aufgebrochen, und ins Bambergische marschirt, weil um Auerbach Schwedisches Volk angekommen. Hat ein grosses Hereinflüchten auf dem Land aller Orten verursacht; sonderlich aus dieser Stadt Aemtern.

Den 24 ditto ist die vorgegebene Weimarische Armee unter General Major Tupadel, so von Regensburg zu Schwabach ins Hauptquartier in 5 oder 6000 Mann stark zu Roß und Fuß angekommen. Es hat sich etliche Tage davon um hiesige Stadt viel Volks präsentirt, mit Vorgeben, ihren Pfenning zu zehren, und sich zu mundiren, und allerley als Freund einzukaufen, und Niemand dieser Stadt Angehörigen zu beleidigen, so ihnen bey Lebensstraf verbotten worden. Darauf ist den 25 dies durch Ablesung eines Raths-Dekrets allen Burgern, Inwohnern und Unterthanen bey Straf 25 fl. ihnen nichts abzukaufen noch zuzutragen, ernstlich verbotten; auch weil man, was es eigentlich vor Volk, nicht recht erkundigen können, wegen bevorstehender dieser Stadt Gefahr niemand

Ao. 1641.

niemand mehr von ihnen herein gelassen worden, da man ihren gewissen Marsch, wohin er gehe, nicht wissen können noch mögen.

Den 29 haben die zu Schwabach gelegene Reuter, dabey sich General-Major Tupadel in Person befunden, von 1500 Pferden zu Fürth und der Orten übernachtet, des andern Tags auf Lauf und übers Gebürg gegangen, was sie an Pferd und Vieh angetroffen, hinweg genommen.

Den 10 May ist der Schwedische General Johann Banner zu Halberstadt, nach langwieriger ausgestandener Krankheit, Todes verblichen.

Den 19 Juny ist die starke Rencontre zwischen den Kaiserl. und Schwedischen bey Entsatzung Wolfenbüttel vorgegangen, da beederseits in die 600 Mann geblieben, gefangen, verwundet und gequetscht worden. Die Schwedischen haben victorisirt, und der Kaiserlichen zu 4000 zu nichte gemacht, auch 32 Standarten erobert.

Den 26 ist Thomas Roo, Englischer Gesandter, hier angelangt, so auf den Reichstag nach Regensburg, mit 26 Personen begleitet, verreißt.

Den 1 October ist zu Regensburg der völlige Reichs-Abschied publicirt worden, darauf der Reichstag sich geendet, und Ihro Kaiserl. Majestät den 4 dies aufgebrochen, samt Dero Hofstaat zu Schiff nach Wien verreißt. Nürnberg soll auf 60 Monat Römerzug, wie andere Städte, angeleget worden seyn, so sich auf 60000 Rthlr. belauft, die Churfürsten auf 120 Monat Römerzug.

Den 8 ditto ist D. Tobias Oelhafen, dieser Stadt Abgesandter, von dem Reichstag zu Regensburg hier wiederum angelangt. Es sind auch täglich unterschiedliche Herren Abgeordnete hier durch nach Haus passirt.

Ao. 1642.

Ao. 1642.

Den 2 Merz sind die Genannten, wegen des erschöpften Aerarii ihr Gutachten zu geben, erfordert worden, weil auf geschlossenem Reichstag 120 Monat Römer-Zug, so auf 177000 fl. hiesige Stadt betrift, und dann der 14 Compagnien mit dem Staab Churbayerisch Volk völliger Verpflegung halber, wie demselben mit baarem Geld wieder in etwas zu helfen, damit man auch nach und nach der Burgerschaft ihre Interesse-Gelder wieder bezahlen mögte: darauf dann den 12 ditto folgender Schluß beym Rath gemacht wurde, daß ein Jahr lang alle Burger, Inwohner und Schutzverwandte, wöchentlich mit einer erträglichen Anlag, in der Stadt und auf dem Land belegt, und davon die Reichs-Contribution bezahlt werden solle; hergegen soll in einem Jahr von andern Stadt-Gefällen, ein halbjährig Interesse von Losung-Geldern erfolgen.

Den 7 ditto ist ein Fränkischer Craistag wegen der vorgegangenen ungleichen Einquartirung und andern, zu Bamberg angestellet, und Herr D. Tobias Oelhafen vom hiesigen Magistrat abgeordnet worden.

Den 20 April hielt die Fränkische Ritterschaft der Kriegs-Einquartirung und Contribution halber, hier eine Zusammenkunft.

Den 23 October ist das starke blutige Treffen bey Leipzig, zwischen der Röm. Kaiserl. und der Kron Schweden Hauptarmee vorgegangen. Die Schwedischen haben victorisirt, und sind auf kaiserlicher Seite viele hohe Officier neben 4483 gemeiner Knecht auf der Wahlstatt geblieben, auch sehr viel gefangen und verwundet worden, und haben 46 Stück Geschütz, 121 Fähnlein, 69 Standarten, samt Munition und Bagage im Stich gelassen, davon weitläuftig im Druck zu finden.

Ao. 1643.

Den 21 Juny ist den Genannten auf vorhergehendes Votiren, wie vor einem Jahr, eine durchgehende Kriegs-Contri-

Contribution und Anlag, die wöchentlich baar solle bezahlt werden, und den 28 seinen Anfang nehmen, von E. E. Rath angedeutet worden. Die versprochene halbjährige Verzinsung ist mit Entschuldigung der Unmöglichkeit nicht erfolgt, sondern die Burgerschaft aufs künftige, wenn sich die schwere Zeiten lindern mögten, vertröstet worden.

Den 26 July ist ein Fränkischer Craistag hier gewesen, so ein Defensionswerk des Craises und anders betroffen; giengen unverrichter Sachen von einander.

Den 8 September kamen die gesamte Kreisstände wieder zusammen, um einen Schluß zu machen, dabey sich Herr Johann Heinrich Nothhaft, Graf von Wernberg, Reichshofrath, als kaiserl. Abgesandter, befunden, der eine starke Contribution von 120 Monat zum Krieg begehrt, hat sich innerhalb 10 Tagen geendet, und sind von den Ständen 20 Monat Römerzug bewilliget worden.

Den 14 November wurde die Weimarische Armee von der Churbayerischen bey Duttlingen geschlagen, wobey viel Volk, neben vielen Generals-Personen und Officieren geblieben und gefangen worden.

Den 21 December sind die Kaiserlichen und Bayerischen Völker in ihre assignirte Winterquartiere in Franken gezogen. Hiesige Stadt hat 3 Compagnien zu Fuß und 3 zu Roß samt dem halben Staab zu unterhalten und zu verpflegen, sind hin und wieder leidentlich in die Nürnbergischen Aemter und Dörfer gelegt, damit das Landvolk, so ohnedies mit starker Anlag beschwert, solches erhulten mögen. Sie prätendiren 5 Monat Quartier, und hat das Hin- und Hermarschiren etliche Tage gewähret.

Ao. 1644.

Den 20 Merz sind Herr Burkhard Löffelholz, Herr Jobst Christoph Kreß, und D. Hanns Heinrich Hülß nach Bamberg zum Kaiserl. General-Kriegs-Commissarium Beurlein verreist, eine Abrechnung der versprochenen Monat Quartier, wegen Verpflegung der herum liegenden Solda-

Soldatesca, und zur Beförderung ihres Aufbruchs, anzuhalten, damit der Landmann seine Saat verrichten, und anderer Beschwerden entlediget würde. Sind den 24 ditto wieder zu Haus angelanget, und ist die Sach auf einen Crais-Tag verschoben worden, wie dann den 7 April sie wieder auf den am 8ten dies allda angestellten Tag verreißt.

Den 28 Juny sind 7 Compagnien samt dem halben Staab von 400 Mann Hatzfeldisch Volk, unter Obrist-Lieutenant Mortal, das Nassauische Regiment genannt, so bey Cölln am Rhein gelegen, zu Fürth, Vach, und andern Orten angelangt, begehren im Nürnbergischen ihre assignirten Quartier zu beziehen, haben allerley Hostilitäten mit Plünderung in Dörfern, und auf den Strassen, mit Wegnehmung Pferd, Viehe, Victualien und andern Sachen verübt, die Leute beschädiget, große Unsicherheit causirt, daß täglich Klagen eingekommen, welche den 17 July auf Empfahung eines Stück Gelds das Quartier quittirt, ihren Marsch auf Erlang, und vordersamst nach Koburg genommen, denen folgenden Tags 4 Compagnien, so zu Fürth übernachtet, gefolgt.

Den 25 October ist Herr Jobst Christoph Kreß, und D. Georg Achatius Heher auf den Fränkischen Crais-Tag, wegen Defension der streifenden Partheyen und anders halber, verreißt, und den 2 November wieder anhero gekommen; ist eine Legation an die gesamte der hohen Potentaten Herren Abgesandte geschlossen worden.

Den 27 November sind 70 Pferde neu geworben Spanisch Volk, nächst der Stadt nach dem Rheinstrom passirt, dem Don Caspar Balthasar di Maradas zugehörig, welcher ein Regiment von 1000 Pferden errichten solle. Ist auch stets mehr neu Volk anderer Orten nachmarschirt.

Den 2 December ist Herr D. Tobias Oelhafen von dem Reichs-Deputations-Tag zu Frankfurt hier wieder angelanget, und sollen die Friedenstractaten in guten Terminis stehen, wie dann an alle und jede Reichsstände, Gesandte dahin abzuordnen, begehrt worden, damit ein völlig beständiger Friedensschluß durch Gottes Gnade gemacht werde.

Den

Ao. 1645.

Den 8 dies hat sich das Maradische Volk, weil es nirgend kein Quartier haben können, gegen Eschenau gewendet, auf welches alles Nürnbergisch geworbene Volk zu Roß und Fuß, in der Güte oder mit Ernst es fortzutreiben, commandirt worden.

Ao. 1645.

Den 27 Februar sind Herr Burkhard Löffelholz und V. S. Holzschuher, als Deputirte vom Rath, nach München zu Chur-Bayern verschickt worden, wegen der herum liegenden Völker mit ihm abzurechnen, deren Verpflegung bis dato über 100000 fl. soll gekostet haben. Sind den 17 Merz mit wenig Verrichtung wieder zu Haus angelangt; jedoch ist darauf wegen der Französischen Völker die Abführung bald erfolget.

Den 6 May ist das Nürnbergische Territorium von der schweren kostbaren Bayerischen Einquartirung der 2 Regimenter zu Roß liberirt worden, sind 5 Monat da gelegen, haben dieser Stadt 177600 fl. gekostet, dergleichen bey diesem Kriegswesen der Zeit über, niemals geschehen.

Den 21 Juny sind Herr Burkhard Löffelholz, und A. S. Paumgärtner, als Deputirte von hier nach Heilbronn zu der Bayerischen Generalität, wegen völliger Abrechnung, des herum gelegenen Kriegsvolks halber, verreißt.

Den 1 September reißten die Herren Deputirte, Herr H. J. Tetzel, J. C. Kreß, und D. Magnus Fetzer nach Bamberg, auf den da angestellten Craistag, welche den 10ten mit guter Verrichtung, daß man hinführo keinem Theil kein Winterquartier im Fränkischen Crais mehr gestatten wolle, wieder zu Haus angelanget. Dieser Schluß ist hernach zu Wasser worden.

Den 25 October ist Herr Graf Maximilian von Trautmannsdorf, Ritter des güldnen Bließes, als Kaiserl. Majestät Geheimder Rath und Ambassadeur, mit seinen zwey jungen Herren Söhnen, mit 75 Personen und 34 Pferden hier angelangt, und bey Herrn Christoph Agricola am Roßmarkt einlogirt. Er soll Plenipotenz haben, mit

mit den anwesenden Herren Gesandten auf den Tag zu Münster einen beständigen allgemeinen Frieden im Römischen Reich, (dazu die göttliche Allmacht Gnad verleihen wolle,) schließen zu helfen; ist durch Herrn Tetzel, und Herrn Behaim empfangen, mit 2 Faß Rheinwein, 2 Legel Malvasier und Peter Simonis, 2 Wägen mit Habern, 4 Schaff Fisch, samt einem schön verguldeten Pocal von 10 Mark Silber, vom hiesigen Magistrat verehret worden, und den 27 ditto in aller frühe gegen Frankfurt aufgebrochen.

Den 31ſten ist Erzherzog Leopold Wilhelm zu Oesterreich, Teutschmeister, Bischof zu Straßburg, Halberstadt, Passau, Olmütz, als kaiserl. Majestät Herr Bruder und Generalissimus über die Armee, Gubernator des Königreichs Böhaim, mit 325 Pferden allhier angekommen. Hat in dem Imhöfischen Haus auf St. Egidien Hof logirt, dem sind 2 Faß Rheinwein, 1 Legel Malvasier, 1 Legel Peter Simonis, 1 Legel Rheinfall, 1 Legel Pinel, 3 Wägen mit Habern, 4 Schaff Fisch, und ein großer hoher Pokal präsentirt worden, und haben Ihro Hochfürstl. Durchlaucht alles Denkwürdige in der Stadt gesehen, mit gnädigstem Gefallen, auch den 4 Herren des Raths, so ihm aufgewartet, goldene Ketten mit Gnaden-Pfenningen verehren lassen.

Den 18 November sind 40 Dragoner vom Kreuzischen Regiment, Bayerische Pressur-Reuter, so die begehrte rückständige 55000 fl. Contribution von hiesiger Stadt, mit Bedrohung der Execution holen sollen, zu Rückersdorf angelanget. Ist ein großes Hereinflüchten vom Landvolk gewesen, da sie alle Zufuhren, so hiesigen Burgern zuständig, weggenommen. Es sind ihnen 60 Pferd samt dem Obrist-Lieutenant Renz gefolgt, haben zu Sundersbühl Quartier genommen, mit Vorgeben, da man den Rückstand nicht bezahle, aus diesem Territorio nicht zu kommen, wie dann hernach ihr Obrister selbsten hier angelanget. Hierauf sind sie nach Schweinau gelegt, und ist ihnen Proviant verschaft worden, bis zu Austrag der Sache, weil man Hrn. J. C. Kreß, und G. P. Imhof deswegen zur Generalität verschickt hat. Diese Sache ist dergestalt verglichen worden, daß nach End dies Monats 32000 fl. sollen bezahlt werden, die 23000 fl. Anforderungs-Rest sind weggefallen.

Ao. 1645.

Den 23 December ist Ordre gekommen, daß alles im Fränkischen Crais mundirt liegende Volk aufbrechen solle, der Erzherzog Leopoldischen Armee zu Hilfe, weil die Schweden 24000 Mann stark im Königreich Böhaim eingefallen, wie dann diese Woche über unterschiedliche Truppen vorbey marschiret. Haben Pferde, Vieh und anders hinweggenommen, und die Landstraßen sehr unsicher gemachet, wo sie hingekommen, aus Ungedult, daß sie weder für sich, oder ihre Pferde, keine Lebensmittel, und die Orte öde vom Volk und andern gefunden, weil die arme Unterthanen mit schweren Contributionen, unerträglichen Auflagen und Einquartirungen über die maßen beschweret, und theils Haus und Hof zu verlassen, gezwungen worden.

Den 27sten ist das Gleenische Regiment Curasier vorbey gegen Neumarkt marschirt.

Den 28sten ist des Jan de Werths Regiment zu Roß dem Gleenischen gefolgt, und hat an nächst liegenden Orten der Stadt übernachtet.

Den 29 ditto ist General Gleen gegen Fischbach marschirt, und General Jan de Werth hat hier das Mittagsmahl in der guldenen Gans eingenommen, und nachher gleichfalls zu Fischbach übernachtet. Sodann sind beede gegen Neumarkt und Regensburg mit wenig Comitat ihren Völkern, die von unterschiedlichen Regimentern commandirt, gefolget.

Ao. 1646.

Den 15 May sind 2 Compagnien Creuzische Dragoner zu Groß- und Kleinreuth angekommen, haben die Altdorfer und andere Zufuhren aufgehalten, prätendiren einen unbilligen Ausstand auf 3000 fl. mit benen man sich gleichfalls vergleichen und abfinden müssen. Darauf sind die berittene hinweg gezogen, die unberittene von 160 Köpfen, sind nach Zirndorf einquartirt worden, und den 9ten Junn nach Fürth, auch 2 zur Salva Guardia zu Zirndorf hinterblieben. Den 10 ditto haben sie zu Grünlach Quartier genommen, und sind den 14ten auf empfanpfangene Ordre, wieder in ihre Quartier zur Armee marschiret.

Den 20 May ist das in der Pfalz Neuburg gelegenene Bayerische Volk auch aufgebrochen, etliche Tage durch das Nürnbergische Gebiet gezogen. Es soll ein Corps von 8000 Mann bey Bischofsheim gesammlet, und dann ins Stift Köln wider die Schweden und Hessen geführet werden.

Den 6 Juny ist Herr Burkhard Löffelholz und Herr V. G. Holzschuher zur Bayerischen Generalität verreißt, und, weil diese sich samt den Kaiserl. im Aufbruch gegen Mainz zu wider die Schwedischen, Hessischen, Weimarischen und Französischen befunden, bis nach Frankfurt gefolgt, allda wegen der im Nürnbergischen Territorio gelegenen beschwerlichen und nunmehr aufgebrochenen Völker, wegen der Abrechnung der 42000 über die Gebühr empfangenen Gulden, eine Richtigkeit und Schluß zu machen. Sind den 3 July unverrichter Sachen wieder zu Hause angelangt. Seit dem die Völker hinweg, sind im Fränkischen Crais viel 100 Stück Vieh aller Orten durch unterschiedliche Partheyen von 30, 50 und 100 stark weggenommen worden, mit Vorgeben, sie hätten von der Generalität Befehl, solches aus Mangel Proviant, der Armee zuzutreiben. Es ist dadurch das ganze Land in das äußerste Verderben gesetzt, so daß niemand auf dem Land weder Pferd noch Vieh wagen dörfen. Denn man hat alles genommen, die Leute ganz ausgezogen und noch mit Schlägen übel tractirt.

Ao. 1 6 4 7.*)

Den 14 April ist Obrist Enckisleben, von dem Schwedischen General Wrangel, mit 84 Pferden hieher gekommen, dem wegen der Einquartirung 10000 Reichsthaler bezahlt, und seinem General ein schön Pferd von 400 Reichsthaler durch Herrn Burkhard Löffelholz und Hrn. Paulus Harsdörfer, in seinem Hauptquartier bey Schweinfurt, welche Stadt er belagert, präsentirt worden. Seine

---

*) Von diesem Jahre an hat mein Urgroßvater Hieronymus diese Nachrichten fortgesetzt.

ne Reuter sind anfangs im Sündersbühl, hernach den 16 ditto im Gostenhof, wegen der aufpassenden Kaiserl. Völker, einquartirt und proviantirt worden.

Den 25sten reißte Obrist Rheinfelden, als er die Hälfte an den veraccordirten 60000 fl. empfangen, wegen der Einquartirung, frühe hinweg, mit welchem Michael Imhof zum General Wrangel ins Hauptquartier verschickt worden, allda zu bleiben, bis die Armee aufbricht. Er begehrt monatlich 5000 fl. bis er sein Quartier in Franken quittirt.

Den 17 May ist eine eilende Geldhilfe und Kriegssteuer, zwischen dato und Trinitatis der Burgerschaft, Innwohnern und Schutzverwandten dergestalt auferleget worden, daß ein Gulden-Groschen bevor, und vom übrigen Vermögen eine halbe Losung in Silber; auf Knecht, Mägd, Handwerkspursch, und Kinder, so 14 Jahr alt, ein halber Gulden; wenn sie 20 Jahr und darüber alt, ein ganzer Gulden geleget worden. Man hat dem nachzukommen an Eides statt angeloben müssen, welches Geld den Schwedischen gehörig, die dann den ganzen Fränkischen Crais in Contribution gesetzet, dadurch endlich Herren und Unterthanen verarmen müssen.

Den 26 ditto ist die Schwedische Armee zu Rheinfelden, unterm General Wrangel in Franken aufgebrochen, und den 5ten der Rendezvous zu Staffelstein geschehen, 88 Fähnlein zu Fuß, neben 52 Stück und 300 Artilleriewägen, dem die Reuterey auf Bamberg 12000 stark gefolget.

Den 3 Juny ist der Schwedische Commissarius Roider, so vor diesem ein Mönch, und der alten Kaiserin Beichtvater gewesen, aus Befehl des General Wrangels, in Verhaft gezogen, von 120 Pferden abgeholet, und als ein Gefangener zur Schwedischen Armee geführet worden. Er soll mit den Contributionsgeldern betrüglich umgegangen und vom Obrist Kettler seyn accusiret worden.

Den 16ten hat der Fränkische Craistag seinen Anfang genommen. Es ist eine einige Session bey dem Schwedischen Commissario Barthel, der monatlich 26000 Reichsthaler, wegen der Cron Schweden begehret, ad deliberandum

randum genommen worden, und sind die Craißstände wieder nach Hauß verreißt.

Den 11 July sind 500 commandirte Schwedische Reuter aus dem Lager von Eger, welche die Gefangene zu Weissenburg ranzionirt und abgeholt, neben andern Sachen zu Mögeldorf angelanget, haben etliche Tage auf dem Judenbühl campiret, und hat man ihnen Commiß und Fourage gegeben. Sie haben auch niemand nichts abgenommen, weil es ihnen scharf vom General Wrangel verbotten gewesen. Den 14 ditto hat eine starke Parthey Reuter bey der Embser Brucke, 3 Meil hinter der Neustadt, auf die 100 Fuhren, so auf Wirzburg gegangen, angesprenget, erstlich die Pferde abgenommen, hernach als sie Kundschft erlanget, daß es ein großer Schatz über 2 Tonnen Golds werth, so etliche Jahr hier in Verwahrung gestanden, dem Grafen von Schwarzenburg gehörig, haben sie den Fuhrleuten, auf ihr starkes Anhalten, wiederum die Pferde restituiret, und den Schatz, so in etlichen Reißtruhen auf Karren geladen gewesen, hinweg genommen.

Den 27sten auf dem Abend, ist Herr Graf von Trautmannsdorf, Kaiserl. Extra ordinari Ambassadeur und Plenipotentiarius, von der Münsterischen Friedenshandlung, mit 60 Personen hier angekommen, und den 29sten nach Böhaim zur kaiserlichen Armee verreiset. Herr Graf von Nassau ist an seiner Stelle hinter blieben, als Kaiserl. Plenipotentiarius, dem Friedensschluß beyzuwohnen.

Den 5 August haben die Weißenburger Feucht ausgeplündert, den Fuhrleuten auf der Straße viel Pferde ausgespannt, die hiesigen Kutscher mit weggenommen. Es stehet alles, so abgenommen worden, in des Commandanten Schloß. Der Herr C. Dörrer und Hr. P. Harsdörfer, sind als Deputirte des Raths zum General-Commissar Hafner gereiset, (welche den 10ten dieses wieder zurück gekommen) mit ihm wegen der begehrten monatlichen Kriegs-Contribution, gleich den Schwedischen, zu tractiren, darauf nichts anders erfolget, als daß den Bürgern und Inwohnern die wöchentliche Kriegssteuer wieder auf ein Jahr lang, auferleget worden.

Den

Den 26 November ist der große Schwedische Commandant zu Memmingen, anher gekommen, hat in der goldnen Gans einlogirt, ist von den Bayerischen und Kaiserlichen Völkern convoiret worden. Ist Sonntags, den 28 ditto wieder hinaus, und auf Erfurt zu gereiset.

Ao. 1648.

Den 7 Februar und folgende Tage ist die kaiserliche und bayerische Armee allhier vor dieser Stadt vorbey gezogen.

Den 7 May haben die Schwedischen Reuter allhier an der Johannis-Schanz 37 Mann eingebüßet; es waren der Schwedischen 70, der Bayerischen über 300.

In diesem Monat sind die Nördlinger Burger allhier in Nürnberg von Haus zu Haus herum gegangen, und haben Brandschatzung gebettelt.

Es ist auch in diesem Monat allhier der junge Herzog von Mechelnburg mit 1000 Pferden vorüber gezogen. Er kam herein und logirte in der goldnen Gans, so wie am 26 Merz der Graf von Nassau samt dem jungen Pfalzgrafen. Den 28 ditto ist dieser wieder abgereißt, und sind ihm viel Proviant und Munition-Wägen, zur Armee nach Weimar gefolget.

Den 4 April ist Herr Obrist Penz allhier gewesen, hat viel Munition abgeholet. Des General Wrangels Obrist-Lieutenant hat seinen Trompeter, weil er ein wenig lang ausgeblieben ist, vor der Schweinauer Schanz erstochen. Dieser ist den 6 ditto auf militärische Art im Gostenhof begraben worden. Sind 8 Trompeter mit der Leiche gegangen und haben geblasen.

Den 21 October ist der Fried in der Nacht mit einem Courier angekommen.

Den 3 November kam Herr General-Feldmarschall Carl Gustav Wrangel anher, und ist bey dem Wirth zum Ochsen.

Ochsenfelder *) einlogirt. **) Ist ihm auch alles gezeiget worden.

Ao. 1649.

Den 22 April ist der Kaiserl. General Piccolomini allhier zu dem Friedens-Executionswerk, zum Lauferthor herein gefahren, und in Herrn Tobiä Pellers Behausung beym wilden Mann, auf dem alten Weinmarkt, †) einlogiret worden.

Den 24 April kam der Schwedische Generalissimus, Pfalzgraf Carl Gustav, hieher zu gedachtem Executionswerk, und wurde am Roßmarkt zum goldnen Reh, ††) neben der St. Salvators Kirche, einlogiret.

Es war eine doppelte Losung, halb auf Walburgi, und halb auf Lorenzi nächst hernach, halb in Gold und halb in Silber zu bezahlen, und bey jedem Termin muste ein jeder von seiner Besoldung in geistlichen und weltlichen Aemtern, wie auch alle Notarien, Schreiber, Factorn, Kaufmannsdiener, jeder von seinem ganzen Jahr-Verdienst von 100 fl. ein Gulden-Groschen in specie, zu 80 Kreuzer, und dann alle Mägd und Ehehalten (die Handwerksgesellen ausgenommen,) von ihrem Lohn, jedes von 5 fl. einen halben fl. und von 10 fl. einen fl. in gemeiner Münz geben und verlosungen.

Den

---

*) Das jetzige rothe Roß?

**) Hernach logirte er in der Winklerischen Behausung beym Lauferthor.

†) Ist jetzt das Bäumlerische Haus. In der vor kurzem herausgekommenen Schrift: Nürnberg im dreysigjährigen Kriege, wird irrig S. 183 das deutsche Haus, als das Quartier des Herzogs von Amalfi, angegeben.

††) Jetzt die Reichs-Post. Es ist ein Fehler, wenn einige, wie ich in meinen Merkwürdigkeiten Nürnbergs selbst gethan, die Winklerische (jetzt von Waldstromerische) Behausung angeben. Noch neuerlich hat Herr Waldau im zweyten Bande seiner vermischten Beyträge zur Geschichte der Stadt Nürnberg, S. 22 diesen Fehler wiederholet. Man confundirte damit die Winklerische Behausung beym Lauferthor, allwo Wrangel logirte.

Ao. 1649.

Den 8 May ist der Herzog von Wirtenberg hieher gekommen, und auf St. Egidienhof einlogiret worden.

Den 25 September zu Mittag hat der Schwedische Herr Generalissimus, Carolus Gustavus, auf dem hiesigen Rathhaussaal ein herrliches Banquet für die anwesende Herren Gesandten angestellet und gehalten; da hat ein vergoldeter Löw, so zum Fenster heraus gestellet worden, den ganzen Nachmittag rothen und weißen Wein, aus seinem Rachen, durch 2 Röhrlein laufen lassen, den die Leute aufgefangen, und so oft man auf dem Rathhaussaal eine Gesundheit getrunken, lösete man auf der Vesten 2 Stuck, dazu man oben auf dem mittlern Rathhaus-Thürmlein mit einer Raqueten ein Zeichen gegeben hat. Das Schießen aus großen Stucken, währte die ganze Nacht hindurch.

* * *

Eine ausführliche Beschreibung dieser Friedensmahlzeit wird hier nicht überflüssig seyn, woraus die in Nebenumständen weitläuftigere, welche in Herrn Hospitalpredigers Waldau vermischten Beyträgen zur Geschichte der Stadt Nürnberg, 2 Band, S. 10 u. f. zu lesen ist, ergänzet werden kann.

Auf dem Rathhaus-Saale war in der Mitte die Fürstentafel, welche oben bey der Rathsstube eine länglichte Rundung formirte, über welcher ein Himmel von blau und gelbem Taffent ausgespannt war. Besser hinab gegen die Fenster zu war die Rittertafel. Jede Tafel war 30 Schuh lang. Auf beyden Seiten des Saals stunden 2 Credenztische und an den 4 Ecken Chöre von Musicanten. Ein anderer Chor von Lauten und Discantisten war oben auf dem Gänglein über dem messingen Gitter, die Trompeter und Heerpauker aber hatten ihren Stand innerhalb demselben. Am 25sten September erschienen zwischen 1 und 2 Uhr Nachmittag der Röm. Kaiserl. Herr General-Lieutenant Ottavio Piccolomini Duca di Amalfi, Karl Ludwig, Churfürst von der Pfalz, und Herr Pfalzgraf Karl Gustav, wie auch andere Fürsten, Grafen und Herren in 6 absonderlichen Zimmern auf dem andern Gange des Rathhauses, da man indessen zu dem mittlern Fenster innerhalb dem messingen Gitter,

Gitter, rothen und weißen Wein durch 2 Röhren aus einem stehenden Löwen von Bildhauerarbeit häufig laufen ließ. Um 3 Uhr begaben sich die sämmtlichen hohen Gäste in den Saal unter Anstimmung des Ambrosianischen Lobgesanges, und des Hymni: Gloria in excelsis etc.

Es wurden bey 600 Speisen in 4 Gängen aufgetragen. Der 5te Gang bestund in herrlichen Gartenfrüchten, und der 6te in Zuckerwerk.

Anderthalb Stund nach Mitternacht nahmen theils Churfürstl. und andere Herren Abgesandten ihren Abschied, worauf aber die andern annoch anwesenden Helden noch einmal militairische Uebungen zur Lust vornahmen. Sie zogen mit der Bürgerwacht zweymal um die Fürstentafel, ließen auch zweymal Feuer geben. General Wrangel schoß ein Pistol in die Höhe in das Fenster gegen das Waldamt zu, und sagte: Weil der Friede nunmehr geschlossen ist, so habe ich kein geladenes Gewehr mehr nöthig. Indessen gaben auch die vor dem Rathhause stehende Soldaten zweymal Salve. Da dieses kaum vorbey, führten sie die Bürger wieder ab, und bey 150 Neugeworbene mit Trommel und Pfeifen auf, zogen zweymal um die Fürstentafel, ließen wieder eine Doppelsalve geben, wobey zugleich die Soldaten auf der Gasse schossen, und die Stücke auf der Vesten gelöset wurden. Es war ein solch Rasseln und Prasseln, Blitzen und Donnern, daß viele auf der Fürstentafel, und auf dem messingen Hängeleuchter bey dem Rathsgänglein brennende Wachskerzen durch den Dampf auslöschten, alle Fenster klapperten, ja Stücklein davon in den Saal sprangen. Keiner konnte den andern verstehen noch sehen; bloß die köstlich mit Gold und Silber verschamarirte Kleidungen sah man schimmern. Endlich giengen Sie mit großem Gefolge und Windlichtern auf die Vesten, wo die Canonstabel *) und Bürgerwacht die Stücke löseten, worauf unten die Musqueten wieder antworteten. Als die hohen Herren Generale hinauf kamen, luden Sie die Stücke selbst und brannten sie ab. Im Herabmarsch gaben die gegen bem Rathhause über bey der Schau stehende Musketier gegen Sie Feuer, auch Sie wieder, so

daß

---

*) Aus diesem Worte ist das jetzt gewöhnliche Constabel abgekürzet.

Ao. 1649.

daß es gleichsam einer Rencontre ähnlich sah. Hierauf wurden sie von dem Kaiserl. Herrn Obristen Ranfft, weil nunmehr Friede sey, scherzweise abgedankt, und ihrer Dienste entlassen, wobey des Herrn Generalissimus Trompeter vor dem Rathhause zu guter letzte noch einmal sehr schön geblasen, da dann auch die Pauker sich tapfer hören ließen.

Der berühmte Joachim von Sandrart malte dieses große Friedensmahl herrlich auf Tuch. Dieses Gemälde hat der Schwedische Feldmarschall Wrangel auf das hiesige Rathhaus verehret. Es ist zwölf Schuhe breit, und neun hoch, und ist in der Regenten- oder Conferenzstube aufbewahret. Es sind die Bildnisse von 49 Personen, wie sie zur Tafel saßen, nach dem Leben gemalet.

Diese Personen waren:

Oben in der Mitte, Herzog von Amalfi, wegen Sr. Römisch Kaiserl. Majestät. Zur linken, Pfalzgraf Karl Gustav, Königl. Schwed. Generalissimus. Zu seiner rechten, Pfalzgraf und Kurfürst, Karl Ludwig. Er sitzt nebst den folgenden 20 rückwärts.

1. Sebastian Wilhelm Meel, wegen Kurmaynz.
2. Graf Franz Egon von Fürstenberg, wegen Kurköln.
3. Johann Georg Oexel, wegen Kurbayern.
4. August Adolph von Trandorf, wegen Kursachsen.
5. Matthäus Wesenbeck, wegen Kurbrandenburg.
6. Wilhelm von Goll, wegen Oestreich.
7. Johann Adam Krebs, und
8. Andreas Stier, wegen Salzburg.
9. Johann Krull, und
10. Gebhard von Alvensleben, wegen Magdeburg.
11. Georg Wilhelm von Elckershausen, genannt Klüppel, und
12. Johann von Giesen, wegen Deutsch-Orden.
13. Johann Christoph Götzendörfer, wegen Bamberg.
14. Johann Heinrich Schütz, wegen Eichstädt.
15. Graf Georg Ludwig von Nassau Dillenburg.
16. Georg Adolph Graf von Hohenlohe.
17. Wilhelm Heinrich Graf von Hohenlohe.
18. Karl Röder von Thiersberg, wegen Nassau-Saarbrück.
19. Licentiat Hofmann wegen des Gr. von Hanau.

20. Jo-

20. Johann Adam Sengel, wegen des Gr. von Schwar-
    tzenburg.
21. Obrist Lacron.
22. General Goldstein.) diese sitzen zu unterst.

Zur linken Hand des Herzogs von Amalfi sitzt Pfalzgraf Karl Gustav, Königl. Schwedischer Generalissimus.

An ihm sitzen folgende gegen den Zuschauer.

I. Georg Ludwig von Lindenspühr, kaiserlicher Pleni-
   potentiarius.
II. Pfalzgraf Philipp.
III. Landgraf Friederich von Hessen.
IV. Johann Ludwig, Pfalzgraf von Sulzbach.
V. Philipp, Pfalzgraf von Sulzbach.
VI. General Feldmarschall Wrangel.
VII. Wilhelm Curtius, königl. Englischer Agent.
VIII. Wolf Michael Silbermann, wegen Pfalz-Neu-
    burg.
IX. Wolf Konrad von Thumshirn, wegen Altenburg.
X. Augustus Carpzovius, wegen Koburg.
XI. Georg Achatius Heher, wegen Weimar.
XII. Johann Nikolaus Crinesius, wegen Culmbach.
XIII. Lorenz Eiselein, wegen Onolzbach.
XIV. Polycarpus Hailand, wegen Braunschweig.
XV. Otto Otto, wegen Braunschweig-Lüneburg.
XVI. Daniel Nikolai, wegen Mecklenburg.
XVII. Obrist-Lieutenant Mey, wegen Hessen-Cassel.
XVIII. von Waugenheim, wegen Hessen-Darmstatt.
XIX. Christoph Führer, Losunger, wegen Nürnberg.
XX. Hanns Christoph Ranfft, kaiserl. Obrister.
XXI. Ulrich Grundherr, Losunger.
XXII. Hanns Wolff von Wolffsthal, Obrister.

An der kleinern Tafel sind gesessen:

Von oben herab, rechter Hand:

Nürnberg: Burkhard Löffelholz.
    Jobst Christoph Kreß von Kressenstein.
    D. Tobias Oelhafen von Schöllenbach.

Colmar: Johann Balthasar Schneider, Syndicus.
    Daniel Birr.

Speyer:

Ao. 1649.

Speyer: Nikolaus Lorenz Bremer.
Heilbronn: D. Johann Jakob Frisch.
Esaias Gunpelzheimer.
Christoph Agricola, Com. Palat.
D. Wilhelm Ludwell.

Von oben herab, linker Hand.

Lübeck: D. David Glorin.
Nürnberg: Georg im Hof.
Augsburg: Johann Christoph von Stetten.
Frankfurt: D. Zacharias Stenglin.
Ulm: D. Sebastian Otto.
Lindau: D. Valentin Heyder.
Nördlingen: D. Wolf Jakob Sattler.
Rothenburg: D. David Frisch.
Schwäbisch-Hall: D. Johann Philipp Schragmüller.
Dünkelsbühl: Johann Georg Maul.
Schweinfurt: D. Johann Höfel.
Weissenburg: Johann Georg Roth.
Johann Jakob Brotwolf, Syndicus.

Es werden eben, unter Vortrettung des Marschalls, die Speisen aufgetragen. Sandrart hat sich selbst zeichnend gemalt. Unten steht:

Ioachim Sandrart von Stockau malte dieses im Iar 1650.

Er verfertigte es in dem goldnen Rehe, am Kornmarkte, (jetzt die Reichspost) wo der Herr Generalissimus, Pfalzgraf Karl Gustav, (nachher König in Schweden) logirte. Er machte Sandrarten ein Geschenk mit 2000 Rhein. Gulden, nebst einer 200 Ducaten schweren goldnen Kette. Auch ein Hochlöbl. Senat bezeigte ihm seine Erkenntlichkeit mit einem Geschenke, als er dieses Gemälde im Namen der Krone Schweden auf das Rathhaus lieferte. Es wurde damals an Sandrarten bewundert, daß er in seinem Malzimmer, welches nächst bey erwähnten Herrn Generalissimi Schlafzimmer gewesen, durch so viele Cavaliere und Officiere von allerley Nationen, mit denen es stets erfüllet war, sich nicht irre machen lassen, sondern alle Discourse, jedem in seiner Muttersprache, französisch, italiänisch, deutsch und niederländisch, auch wohl englisch, ohne einige Hinderung in seiner Malerey, fertig beantwortete.

Unser gelehrter Georg Philipp Harsdörfer verfaßte über dieses Gemälde folgendes schöne Sinngedicht:

Cum, Sandrarte, tuas tabulas Natura uideret,
 Queis facies rerum perpetuare soles:
Obstupuit, tinxitque genas pudibunda rubore,
 Optans esse suum, quod uidet Artis opus.

Wolfgang Kilian hat es sehr schön auf zwo große Kupferplatten gestochen. Heumann stach es in Bogengröße, welches eines seiner vornehmsten Blätter ist, zu v. Mayern Actis Pacis Westphal.

* * *

Folgenden Tags den 26 September hat man wiederum ein Banquet auf der Pastey bey dem Spittlerthor gehalten, und haben Seine Hochfürstl. Durchl. Abends ein gar künstlich Feuerwerk aufm St. Johannis Schießplatz anzünden lassen, und war der Königin in Schweden Namen Christina, in demselben eigentlich zu sehen. Dasselbige Feuerwerk sollte auf einem Seil laufen, da es nun sollte angezündet werden, da hat nicht weit davon des Feld-Marschall Wrangels Kutschenknecht, mit samt der Kutsche gehalten, indem bricht das Seil, darauf das Feuerwerk laufen sollte, entzwey, und schlägt den Kutscher, daß er davon hart beschädiget wurde, davon er dann den andern Tag hernach starb.

Den 4 October hielt der Herr Feldmarschall Wrangel auch ein stattliches Banquet in seinem Logiment, in des Winklers Behausung bey dem Lauferthor, welches 2 Tage gewähret. Dabey hat man abermals 15 Stück auf die Mauern bey dem Lauferthor geführet, und daraus Salve geschossen. Auch hat man vor seinem Logement ein künstliches Feuerwerk geworfen, und hat sich ein junger Pfalzgraf von Sulzbach bey diesem Banquet zu todt getrunken.

Den 19 November hat man den verstorbenen Fürsten, Pfalzgrafen Johann Ludwig von Sulzbach, von hier aus nach Sulzbach mit einem Fürstlichen Pomp, zum Begräbnis abgeführet. Man hat ihn auf St. Egidienhof in
der

Ao. 1650.

der Imhöfischen Behausung aufgebahrt, und zum Frauenthor hinausgeführet, da dann aller anwesenden Fürsten und Herren Abgesandte, so wegen der Friedenstractaten allhier waren, die Leiche zum Thor hinaus begleitet haben. Als nun die Leiche vor das Thor hinaus kam, haben die Herren Geistlichen mit samt den Schülern, dem Gebrauch nach, ihre Grab-Music und gewöhnliche Requies gesungen; nach diesem wurde ihm auf den vier Hauptthürmen mit den Feuerglocken geläutet. Endlich ist er von seinem untergebenen Regiment, welches er commandirte, nachdem sie vorher zweymal Salve gegeben hatten, übernommen, nach Sulzbach convoirt, und daselbst zur Erden bestattet worden.

Den 27 December hat General Wrangel zu Nachts, in des Ayermanns Haus und Garten bey dem Lauferthor, ein Banquet und Wirthschaft gehalten. Es wurde auf der Pasten vor dem Wöhrder-Thürlein mit 15 Stücken gespielet, und vor seinem Logiment ein Feuerwerk geworfen.

Ao. 1650

bekam die Stadt Nürnberg monatlich einen einfachen Reichsanschlag 40 zu Roß, 250 zu Fuß, oder an Geld 1480 fl. und zu Unterhaltung des Cammergerichts zu Speyer jährlich nach der Erhöhung, wie ich gefunden, 500 Gulden, den Gulden zu 69 Kr. gerechnet.

Den 4 Januar hielten die Schwedischen allhier ein stattliches Schlittenfahren, mit etlich 30 Schlitten, in allerley seltsamen Habit gekleidet.

Den 13 ditto hat Herr General Piccolomini ein Banquet gehalten, dabey Herr General Wrangel, und andere Schwedische Herren mehr gewesen, haben viel Confect zum Fenster hinaus unter die Leute geworfen.

Den 17 hat der Sächsische Abgesandte Herr von Traydorf ein Banquet gehalten. Ist von den Schwedischen Herren keiner dazu gekommen; die Kaiserlichen aber haben sich tapfer dabey lustig gemacht.

Den 31 Januar sind dem Schwedischen Herrn Generalissimo, Carl Gustav, bey der Mittagsmahlzeit, durch Hrn. Obrist Ranft, und des Herrn Generals Piccolomini Stallmeister, im Namen Ihro Kaiserl. Majestä:, 2 Pferde, ein Schwarzschimmel mit roth sammetem Sattel und Zeug mit Gold, und ein Rapp mit blau Sammet und Silber ausgemacht, nebst 2 Paar herrlichen Pistolen präsentirt worden.

Auf der Schütt wurde ein ganzer Ochs gebraten, und unter die Armen ausgetheilet.

Eodem hat E. E. Rath die Schutzverwandte fordern lassen, und ihnen vorgehalten, Bürger zu werden, oder die bürgerlichen Onera zu tragen, oder aus der Stadt zu ziehen, ist aber schlechte Antwort erfolgt, und haben die meisten aus der Stadt ziehen wollen.

Im Monat Februar wurde der Burgerschaft eine doppelte Losung zu geben, auferlegt, halb auf Walburgis, und halb auf Michaelis zu bezahlen, dann jedesmal, 2 Gulden-Groschen zu 30 Kr. bevor.

Den 2 Merz hat ein Page des Schwedischen Herrn Generalissimus, einen Schuhknecht im Wirthshaus in der Höll, ohne alle Ursach erstochen. Der Thäter gieng durch.

Den 4 ditto in der Nacht um Feuerglocken Zeit, hat des Herrn Generalissimus Kammerdiener einer, den Georg Geiger, einen Rothschmidsgesellen, welcher aus der festen Kuchen nach Hause gehen wollen, bey dem Schießgraben erstochen; dem Thäter aber ist nichts widerfahren.

Den 4 Juny hat Pfalzgraf Carolus Gustavus, Schwedischer Generalissimus, den sämmtlichen Herren Abgesandten allhier, auf dem Glaishammer, von Laubwerk ein schön Lusthaus aufrichten lassen, dabey ein Fürstliches Banquet gehalten wurde. Darnach ward ein künstlich Feuerwerk, von seltsamer Art geworfen, auch waren etliche Pagen oder Edelknaben geordnet, die mußten zu Pferd turniren. Diese waren gar seltsam gekleidet, und mit Wollen so ausgefüllet, daß sie so dick als lang waren. Ein gar seltsamer Anblick. Wann sie dann zusammen ritten, und einer getroffen war, daß er muste vom

Pferd

Ao. 1650.

Pferd fallen, so war er nicht so vermöglich, daß er sich selbsten helfen, und wieder aufsitzen können, sondern man muste ihm wieder aufhelfen. Bey diesem Wohlleben war das Lauferthor die ganze Nacht offen, und konnte jedermann aus- und einkommen.

Sonntags, den 16 Juny nach gehaltener Frühpredigt, sind die Herren Abgesandten alle zusammen, ausgenommen die Französischen nicht, auf das Rathhaus gekommen. Währenden Tractaten hat man in der Stadt gar keine Glocken geläutet, so lange bis der Friede vollkömmlich geschlossen war. Da es nun auf 2 Uhr Nachmittags gieng, da waren die Herren Abgesandten alle deswegen vereiniget, und sind darauf alsbald zugleich auf ihre Careten gesessen, und vom Rathhaus auf das Schloß hinauf gefahren. Allda ist der lang verhofte deutsche Frieden einhellig unterschrieben worden. *) Nach Vollendung dessen, hat man auf allen Thürmen der Stadt dreymal Salve geschossen, und sodann auf einer dazu gemachten Bühn, am mittlern Fenster des Rathhauses, den erklärten Frieden öffentlich abgelesen, **) welches geschehen ist um 5 Uhr der kleinern Nachmittag. Darauf hat man alle Glocken in der Stadt eine ganze Stunde geläutet, und wurde damalen die gewöhnliche Vesperpredigt nicht zur Vesperzeit gehalten, sondern es wurde Abends um Eins gegen Nacht angefangen, und erst nach dem Garaus vollendet. Darnach ritten die Trompeter auf die vornehmsten Plätze der Stadt, und haben den Frieden ausgeblasen. Es war bey jedermann große Freude, auch in der Stadt selbigen Abend bey den Burgern ein großes Schiessen zum Fenstern hinaus, dadurch ziemliches Uibel entstanden, indem unter andern Andreas Rösch, ein Beck und Büchsenmeister, als er von seinem Nachtessen, wieder

---

*) In der so genannten Kaiserstube, allwo sich K. Friedrich III. öfters, am längsten aber 1487 aufhielt.

**) Friedens- und Executions-Receß. Wie derselbe im Nahmen Kaiserl. und zu Schweden Königl. Maj. Maj. durch Dero darzu Gevollmächtigte Höchst commendirende Generalitäten, und Plenipotentiarien ꝛc. in des Heiligen Römischen Reichs Stadt Nürnberg abgehandelt, verglichen, und den $\frac{16}{26}$ Juny, Anno 1650 allerseits unterschrieben, besiegelt, ratificiret und endlich commutiret worden. Cum Consensu speciali. Nürnberg, bey Jeremia Dümler. 38 Quartseiten.

der auf die Vestung zu seinem Stück gehen wollen, von einem unversehenen Schuß im Arm getroffen, daß er hernach sterben mußte.

Den 20 Juny hat des Französischen Ambassadeur Pagen einer, einen Pagen des Schwedischen Generalissimi, Andreas von Amsterdam genannt, erstochen. Dem Thäter ist nichts geschehen.

Den 22 ditto haben die Herren Französischen Gevollmächtigte den deutschen Frieden auch unterschrieben; es war an einem Sonnabend zu Nachts um 10 Uhr der kleinern, darauf hat man um Mitternacht, mit 18 Trompeten und 2 Heerpaucken den Frieden zum andernmal ausgeblasen. Erstlich vor des Herrn Duca d'Amalfi Logiment am alten Weinmarkt bey dem wilden Mann. Darnach vor des Kaiserlichen Plenipotentarii Herrn Jsaak Vollmayr Logiment, in St. Egidiengasse; zum britten bey des Herrn Französischen Ambassadeurs Quartier, auf St. Egidienhof, im Gugelischen Hause. Zum vierten bey Jhro Hochfürstl. Durchl. Caroli Gustavi, als Schwedischen Generalissimi, Logiment, und letztens vor dem Rathhaus. Darnach ward auf den Thürmen und Mauern, wie auch von den Musquetierern, so vor dem Rathhaus aufgepasset, 3 mal Salve gegeben, und damit hat sich diese Friedens-Unterschreibung geendet.

Den 22 Juny sind allhier die Knaben auf den Steckenpferden ausgeritten, und bekam ein jeder einen viereckigten silbernen Friedenspfenning, zehn Kreuzer am Werth. Auf der einen Seite ist ein Knab, mit einem Käpplein bedeckt, auf einem Steckenpferd reitend. Zwischen der Jahrzahl 16 50. Jm Viereck steht herum: FRIEDEN GEDÄCHT=NUS. IN NURNB: Auf der andern Seite lieset man unter dem gekrönten gedoppelten Reichsadler, der das Oestreichisch-Burgundische Wappenschild auf der Brust hat: VIVAT FERDIND9 III: ROM: IMP: VIVAT. Es sind der Knaben, so geritten, 1476 *) gewesen.

Den

---

*) S. Theatri Europaei 6 Th. S. 1078, und Hrn. Prof. Wills Nürnbergische Münzbelustigungen, Th. I. S. 553 u. f.

Ao. 1650.

Den 27 Juny hat Herr Feldmarschall Wrangel ein stattlich Banquet, in Andreas Ayrmanns Garten, beym Lauferthor gehalten.

Den 29 ditto hielten dergleichen die Französischen Gesandten, in der Gugelischen Behausung, auf St. Egidienhof.

Den 4ten July haben Ihro Fürstliche Gnaden Duca d'Amalfi, oder Piccolomini, allhier auf dem Schießplatz bey St. Johannis, ein überaus schönes Lusthaus, *) von Laubwerk gar zierlich aufrichten lassen, auf dem zu oberst an der Spitze des Reichs Adler zu sehen. Rings herum waren der Churfürsten Bildnis und Wappen mit den Fahnen. Vorne im Eingang des Labyrinths, oder Lusthauses, waren die 3 vornehmsten Principalen, als Kaiserl. Majestät, darnach des Schwedischen und auch des Königs in Frankreich Fahnen und Wappen, kreuzweis in einander geschlossen. Der Palast war von allerhand schönen Blumen und Laubwerk, auf das zierlichste zugerichtet. In der Mitte des Schießplatzes sah man ein Seil aufgespannt, darauf stund das Bildnis des Friedens zierlich gekleidet, und war von innen mit Raketen zugerichtet. Als dieses angezündet wurde, hat es seinen Effect verrichtet, das Bild verbrannte aber doch nicht. Darnach war zu äußerst des Platzes ein künstliches Kastel oder Schloß, von Holz oder Brettern aufgerichtet, welches rings herum, mit grobem weisen Tuch überzogen, und angestrichen war, als wenn es steinern wäre. Ueber dem Eingang des Schlosses war das Bild des Unfriedens gar stürmisch und wild zu sehen. Inwendig waren zwischen dem Holzwerk des Schlosses viel tausend Raketen verborgen, welche, als man sie angezündet, zugleich angiengen, als ob man das Schloß stürmete, davon es hernach innerhalb 2 Stund von Grund ausgebrannt worden. Weiter waren auf dem Schießplatz 14 Stück Geschütz und etliche Feuermörser, wie auch diesseits des Wassers 22, und über das lagen um das Kastel etliche 100 ledige Mußquetenrohr, hart an einander, welche, als man die vordersten angezündet, alle zusammen losgiengen. Hernach wurde auf den Abend ein

---

*) S. Theatr. Europ. Th. 6, S. 1072. u. f.

ein herrlich Fürstlich Banquet allen anwesenden Herren Abgesandten gehalten, dabey sie alle erschienen, außer den Französischen, welche nicht dabey waren. Wann dann unter währendem Banquet ein Umtrunk herum gegangen, so hat man angefangen aus den Stücken zu schießen. Man hielt auch dabey einen fürstlichen Tanz, wie auch eine schöne Comödie, in der die Herren Abgesandten selbsten unter einander agirt, da dann einer so viel, als der andere, seine Person präsentirte. Dieser Actus hat die ganze Nacht durch gewähret, und hat von vielen Personen alles recht gut können gesehen werden. Es wurde die ganze Nacht über das neue Thor offen gehalten, daß jedermann aus- und eingehen konnte. *)

Sonnabends, den 13 Julii, nachdem der ganze Friedens-Akt vollendet, da sind Ihro Hochfürstl. Durchlaucht Carolus Gustavus, Pfalzgraf von Zweybrücken, und Schwedischer Generalissimus, von hier, nebst Hrn. Feldmarschall Wrangel, wiederum nach seinem Königreich in Schweden abgereiset, da er neben freundlicher Valetirung sich gegen der Burgerschaft aus seiner Caretten geneigt erzeiget; wie er dann von der Burgerschaft hinwieder mit Glückwünschung zu seiner weiten und gefährlichen Reise ist gratulirt worden. Ist zum Thiergärtner Thor hinaus gefahren. Bey seinem Abzug hat man auf allen Thürmen um die Stadt zweymal aus den Stücken Salve gegeben. Damalen hat er einen Wagen, welchen er von Hanns Hautschen, einem Zirkelschmid allhier, so denselben gemacht hatte, erkauft, mit sich nach Schweden geführet; er war so eingerichtet, daß zwey Menschen verborgen darinnen sitzen konnten. Der eine muste durch ein dazu gemachtes Zugwerk den Wagen inwendig umtreiben, so daß solcher alsdann ohne Roß, den Tag über einen weiten Weg von sich selbst fortgegangen.

Im Monat Julii hat Ihro Fürstl. Gnaden, Herr Ottavio Piccolomini, allen Bauersknechten und Mägden in der Nähe der Stadt herum, auf dem Schießplatz bey St. Johannis, einen Tanz und Wolleben angerichtet, auch ihnen Essen und Trinken genug geben lassen, dabey einem jeden ein Seidenband verehret worden.

Den

*) S. Joh. Claius, oder Klai Schwedisches Fried- und Freudenmahl, zu Nürnberg 1649. 4. und dessen Irene, oder vollständige Ausbildung des zu Nürnberg geschlossenen Friedens. 1650. 4.

Ao. 1650.

Den 18 ditto ist die Schießstätt auf der Hallerwiesen, welche bey dem langwierigen Krieg war wüste gelegen, wieder aufgerichtet worden. Damals ward das gebräuchliche Schießen mit dem Stahl, wie vor Alters geschehen, wieder gehalten, da dann seine Fürstl. Gnaden Herr Piccolomini selbsten, neben andern vornehmen Cavalieren und Herren, dem Schießen beygewohnet.

Den 28 August Mittwochs ist gedachter Herr Plenipotentiarius Ottavio Piccolomini von hier wieder abgereiset, *) um 4 Uhr Nachmittag, und hat seinen Weg nach Wien genommen, Ihro Kaiserl. Majestät den ganzen Friedens-Actum mündlich zu referiren. Bey dessen Abzug hat man auch auf allen Thürmen dreymal aus den Stücken Salve gegeben. Er wurde mit einem ziemlichen und ansehnlichen Comitat vom hiesigen Magistrat, bis nach Feucht, 2 Meilen von der Stadt, begleitet.

*) Nachdem ihm zu Ehren Montags zuvor in des Freyherrn von Rägknitz Garten ein schönes Feuerwerk war angezündet worden. Theatr. Europ. Th. 6, S. 1083.

Anhang.

Zu S. 38.

Herr Baron von Senkenberg, Hessendarmstädtischer Regierungsrath in Giessen, war so gütig, mir im J. 1778 dieses Schreiben des großen Gustav Adolphs zu übersenden, welches er aus dem Originale abgeschrieben hat. Ich habe es zuerst im sechsten Theile meines Journals zur Kunstgeschichte und zur allgemeinen Litteratur, S. 145 u. f. zuerst abdrucken lassen. Es dient vollkommen dazu, diesen glorwürdigen König von der ungerechten Nachrede einiger Historiker zu befreyen, die da glaubten, es sey ihm kein rechter Ernst gewesen, Magdeburg zu entsetzen. Jedermann wird aus diesem Schreiben vom Gegentheil überzeugt werden.

Gustav Adolph von Gottes Gnaden der Schweden, Gothen und Wenden Königh, Großfürst in Finnland, Herzog zu Carelen und Ehsten, Herr über Ingermannlandt ꝛc. ꝛc.

Unsere Gnad und geneigten Willen zuvor. Edler vester besonders lieber! Vnß hat Ewer schreiben beinebens der guhten Dienste die ihr jüngst bey disponirung deß Churfürsten zu Sachsen Lbb. rühmlich verspüren lassen, die Versicherung so Wir von Ewer Vnß und gemeiner Wohlfahrt ergebenen Dinstwertigkeit geschöpft, nit wenig versterkt, Nehmen solches zu gnedigstem Dank auf, Vnd wie hieburch zuvorderist Euch selbsten ein unsterblicher Ruhm, Gemeinem Evangelischen Wesen aber, und darunter Ewrem Landfürsten, alß dem vornembsten Mitgliedt einem, erwünschte Wohlfart zuwachsen würde, da allein die Bestendigkeit darzukommen, und waß von Sr. Lbb. resolvirt, neben Vns und andern Evangelischen Ständen, mit zusamgesetzter macht zu werk gerichtet, Sonderlich aber jeczo fort die Statt Magdeburgh, an deren gemeinem Evangelischen wesen und

zuvor=

Anhang.

zuvorderist S. Lbd. wegen Ihres an dem Stift habenden interesse, daß höchste gelegen, entseczt würde. So zweifelen Wir nit, daß Ihr desfals ewre sorgfältigkeit dahin erweitern werdet, daß sowohl dem angefangenen werke mit vollstendigem ernst und eifer nachgesezt, als vnß in vnserm gemeinnuzigen Vorhaben sonderlich bey entseczung der betrengten Statt Magdeburgh die Hand geboten werde, Wir sein erbietig resolvirt besagte statt eußerster macht zu entseczen, wan wir von S. Lbd. nur deß freyen Passes und Repasses, vnd daß vnß notturftige Profiant gefolgt werden sollte, versichert, S. Lbd. auch Ihr Volkh so Sie in Bereitschafft haben zu vnß stoßen, vnd vnß bey der Ihrigen einem mittel und wegh wie Wir zum fuglichsten zum entsacz gelangen möchten, wissen laßen wollte, Werden vnß auch hieben so beczeigen, daß S. Lbd. vnd menniglich zu erspüren, daß Wir neben gemeiner Wohlfart, vnß dero interesse angelegen seyn laßen, vnd verbleiben in vbrigen euch in Königl. gnaden wohl gewogen, Datum Frankfurt an der Oder d. 23 April Ao. 1631.

Gustavus Adolphus mpria.

Sigillum in cera rubra.

Auffschrift:

Dem edlen Gestrengen und Mannhaften Johann Melchior von Schwalbachen, Rittern, Churfl.

Durchl. zu Sachsen wohlbestalten über Dero Artholorey Dero Festungen und Hersteinisches Krieges Regiment Obristen, Unsern besonders lieben Freunde.

Zu S. 66.

Wahrhafte Nachricht
vom
Tode des Königs Gustav Adolphs
von Schweden *).

Herr Ober-Consistorialrath Büsching, hat in dem 38sten Stücke d. J. seiner wöchentlichen Nachrichten die Sage, daß Karl XII von seinen eigenen Leuten, und zwar vom Generaladjutanten Sequier, mit einem Pistolschusse getödtet worden, berühret, aber noch nicht hinlänglich erwiesen. Wichtiger für uns Protestanten ist es, die Geschichte des Todes des großen Gustav Adolphs in ein helleres Licht zu setzen, als bisher, aus Mangel ächter Urkunden, von Struve, **) und selbst von Harte, im Leben dieses Königes, geschehen ist. Nachfolgende Urkunde, die ich der Gütigkeit des Herrn Obrist von Leubelfing zu danken habe, setzt die ganze Sache außer allem Zweifel, da sie aus den Briefen Augusts von Leubelfing, Pagen des Königs, von dessen Vater damals aufgesetzt worden ist. Herr Obrist von Möck, ein würdiger Officier, der Degen und Buch liebt, übersandte sie mir im J. 1776, mit folgendem Schreiben begleitet, das der Lecture des Herrn Obrist Ehre macht:

„Euer

---

*) Ich ließ sie zuerst im vierten Theile meines Journals S. 65 bis 70 drucken.

**) Corp. hist. germán. pag. 1282.

„Euer ꝛc. übersende hiemit die von dem Herrn Obrist,
„Baron von Leubelfing, erhaltene Anekdote, den Tod
„Gustav Adolphs, Königs in Schweden, betreffend.
„Da bishero so viel ungewisses von der Art und Weise,
„wie dieser große König sein Leben verlohren, geschrieben,
„und sogar der Herzog von Sachsen-Lauenburg (wo ich
„nicht irre) beschuldiget worden, dem König hinterwärts
„einen Schuß beygebracht zu haben: so kan diese Anekdote
„wenigstens dazu dienen, solche harte Beschuldigung zu
„widerlegen.

„Ich habe im letztern Krieg Gelegenheit genommen,
„das Schlachtfeld bey Lützen selbst zu besehen, und gefun-
„den, daß da, wo der Weg von Lützen nach Markt-Ran-
„stadt eine auswärts gehende Krümme macht, und wo der
„Schwedische Hauptangriff auf die Kaiserliche Verschan-
„zung geschehen, ein runder Stein stehet, der, wie mir
„ein dortiger Einwohner erzehlet, den Ort bezeichnet, da
„der König den tödtlichen Schuß empfangen hat. Dieses
„scheinet die Nachricht des jungen Herrn von Leubelfing
„zu bestättigen, wiewohl der Verfasser des deux dernieres
„Campagnes et Negociations de Gustave Adolphe, Roi de
„Suede etc. welcher dieses Steins gedenket, einer ganz
„andern Meynung ist. Ersterwähnter Autor stimmet auch
„darinn mit unserer Anekdote nicht überein, wenn er schrei-
„bet, daß das Pappenheimische Corps nach Merseburg de-
„tachirt gewesen, und erst gegen das Ende der Schlacht
„zurückgekommen, und daß bey Recognoscirung desselben,
„der König verlohren gegangen sey. Euer ꝛc. werden am
„besten urtheilen können, welcher von beeden Recht ha-
„ben mag, ꝛc."

Forst, den 25 Iulii
1776.

Extractus.

Ex Originali.

Aus unterschiedlichen Schreiben, als aus Naumburg von
dem 11. und 28. Nov. 1632. Erfurth vom 17. und 18. ejusd.

Wie auch aus meines lieben Sohns Augusti von Leubelfing Bericht und Aussag vor seinem seel. Hintritt. Daraus dann zu vernehmen, daß nachdem Weyl. Jhro Königl. Maj. Herr Gustavus Adolphus, König in Schweden ꝛc. Höchstseel. Andenckens, den 5. Nov. mit ihrer Armee, welche über 18000. Mann nicht starck gewest, vor Naumburg aufgebrochen, Weissenfels eingenommen und dem Feind nachgefolgt, welchen sie zwar spat und in äußerster Unordnung angetroffen, weilen aber die Nacht schon da war, kunte nichts ausgerichtet werden, und reterirte sich der Feind hinter das Städtlein Lützen, da sie dann nicht allein den Landgraben zum Vortheil vor sich hatten, sondern auch ein Retranchement und also doppelte Gräben, und bey den Windmühlen die Stückh plantirt. Darauf gingen nun Jhro Königl. Majestät den 6ten als an einem Dienstag morgens frühe gerad zu mit ihrer Armee, da doch der Herzog von Friedland, als Generalissimus, indem er sich mit des Generals Pappenheims Armée conjungiret, mehr als noch einmahl so starck als der König gewest. Und obwohln Herzog Bernhard von Weimar den rechten Flügel, General-Major Knipphaußen den lincken, und der König das Mittel und Corpus geführt, so seyn doch Jhr May. vor der Reuterey, als des Obristen Steinbocks Regiment, so Deroselben folgen sollen, nur mit 8 Persohnen, die Sie Jhnen selbsten auserwehlt hatten, darunter dann Herzog Franz Albrecht von Sachsen, und Molck, Jhro May. Leib-Knecht, und mein Sohn Augustus gewest, weilen aber besagte Steinbockische Reuter etwas gestuzt und nicht gefolgt, ist dieser Christl. König und Held von dem Feinde umringt worden, und als Jhro Maj. etliche Schuß und Stich bekommen, und zuvor 6 Mann sollen erwürgt haben, sind sie endlich von dem Pferdt gefallen, Deroselben dann mein Sohn zugerennt, von seinem Pferdt abgestiegen, solches dem König praesentirt, mit Vermelden, ob Jhro May. auf seinen Klepper wolten sitzen, es sey besser, er sterbe, als Jhro Maj. Da haben Sie Jhme beede Hände dargebotten, meinem Sohn aber unmöglich gewest Jhro Maj. allein zu erheben, gestalt dann Dieselbe Jhnen selbst nicht mehr helfen können, unterdessen nun des Feindes Cuirassier solches sehend, sind sie darauf zugeritten und wissen wollen, wer dießer sey, aber weder der König noch mein Sohn es sagen wollen, hat Jhrer May. einer das Pistol angesetzt und Dieselbe durch den Kopf geschossen, darauf der König gesagt solt haben, Jch bin der

König

König in Schweden selbsten gewest, und also eingeschlaffen, indem Ihro May. empfangen gehabt 4. Schuß und 2. Stich. Meinem Sohn haben Sie 2. Schuß und 3. Stich gegeben, einen in die linke Seiten, da die Kugel in den Leib gefallen, daß man sie nicht finden können, den andern Schuß oberhalb der Stirn an der rechten Seiten, auf der Wahlstatt bis aufs Hemd ausgezogen und vor todt liegen lassen, ist also bey einer guten Stunde auf der Wahlstatt gelegen, biß endlich zwen Ihrer Maj. Hoff-Junckern ihn auf ein Pferdt und endlich uf Ihrer May. Herrn Hoffmarschalcks Gutschen gebracht, auf welcher er zu Naumburg in der Frauen Kochs seel. Wittib Behaußung einkommen. Hat also dieser junge Chevallier, der sein ganzes Alter nur auf 18. Jahr, 7. Monath und 23. Tag gebracht, Weyl. Ihrer Königl. Maj. in Schweden, unangesehen in Deroselben Diensten er nicht gewest, in dieser blutigen Schlacht ganz treulich aufgewartet, Deroselben auch bis an ihr seel. Ende beygewohnt, daß er auch der letzte unter allen Sich bey Ihro Maj. befunden. Ob nun wohl an fleissiger Wartung seiner Wirthin und nothdürfftigen Unterhaltung nichts ermangelt, so seynd doch seine Wunden vom Herrn Doctore Romano alsbalden vor tödtlich erachtet worden, daran er den 15. ejusd. Christ und seeliglich todtes verblichen ist, wie aus seiner gedruckten Leich-Predigt mit mehrern zu vernehmen ist. In seiner Schwachheit hat er nie keinen Schmerzen geklagt, ist gar gebultig gewest und öffters gesagt, wegen seines Königs habe er solche Wunden empfangen, von wegen Ihrer Maj. wolle er auch alles gern leiden, und wenn er schon wüste noch 100. Jahr zu leben, wolt er ihm doch das Leben nicht mehr wünschen. Weilen aber mein seel. verstorbener Sohn, vor seinem seel. Ende, den WohlEhrwürdigen, WohlEdlen, Gestrengen und Vesten Herrn Gottfrieden von Khår, der Dom-Kirchen Altar Custodem und Senioren, wie auch den WohlEdlen Gestrengen und Mannhafften Johann Friederich von Ellrichshaußen, des Löbl. Wildensteinl. Regiments Lieutenant, bittlichen ersucht, Ihme nicht allein nach seinem seel. Hintritt ein Christliches ehrliches Leich-Begängniß und Begräbniß zu bestellen, sondern daß auch wohlermelter Herr Khår solches mir, als seinem Herzvielgeliebten Herrn Vatter, und den Seinigen, seinen seel. Hintritt zuschreiben und mich bitten wolte, daß wir uns wegen desselben nicht betrüben wolten,

dann

dann er in seinem Beruff, in einer Christlichen und ehrlichen Occasion sein Leben aufgegeben, und habe neben Ihrer Königl. May. in Schweden ꝛc. vor Gottes Wort und Ehr Ritterlich gestritten. Ob auch schon (sollen seine Verba formalia gewest seyn) ich Ihn in dießem Leben nicht mehr sehen werde, so wollten wir doch, ob Gott will, einander in ewiger Freude wieder sehen. Also hat mehr wohlgedachter Herr Khår solchen seinen letzten Willen redlich vollzogen, indem er nicht allein von meines Lieben Sohns seel. Hintritt mich schrifftlichen berichtet, sondern auch da er und der von Ellrichshaußen, seinen Leichnam den 23. Nov. zu Naumburg in der Stadt-Kirche zu St. Wenceslai Christlich und Adelich beysetzen und begraben lassen, auch die Begräbnuß-Costen aus seinem Seckel baar abgestattet. Der Allmächtige Gott wolle seiner Seelen mit Gnaden pfleegen und seinem Leib an jenem großen Tag ein frölige Auferstehung, uns aber noch überbleibenden ein fröliches Simeonis Stündelein verleyhen, um seines Lieben Sohnes Jesu Christi willen, Amen Amen.

II. Urkun-

II.
Urkunden
zur
Geschichte
des berühmten
Wallensteins,
oder
Albrechts, Herzogs von Friedland,
kaiserlichen Generalissimus.

I.

Wallensteins Schreiben an den Nürnbergischen Senat, um Abwendung des Consilii abeundi, aus Altdorf, vom 20 Jun. 1600.

Ex Originali.

Mein freundlichen gruß, Edele, Erenfeste, Erbahre vnd Hochweise, günstige Herren vnd freinde. Das die Herren, auf mein bit, den mir auferlegten arrest etwas relaxiret, daraus vermerke ich der Herren geneigter gemütter gegen mir, Vnd thue mich dessen gegen den Herren freindtlich vnd fleissig bedancken. Diewellen aber in der Herrn Beuelich an hiesige Jhre löbliche Uniuersitet gethan, lauttet mier, beneben dem arrest aufczuerlegen, Mich, nach gethaner richtiger beczahlung von hinnen zu begeben, welche wordt gleichsam eine tacitam relegationem in sich begreiffen: vnd aber dieselbige nit allein meiner Person, sondern auch den Wolgeborenen Herren Herr Caroln, vnd Herr Adams, *) beider Herren von Waltstein, Rom. Kay. M. (meines allergnedigsten Khunigs vnd Herren) gehaimbder Räthe, sowol meinem ganczen löblichen Geschlechte zu einem großen despect vnd nachtheil gelangen mochte. Als ist hiermit an die Herren mein freindtlich vnd feißige Bitte, Sie geruhen an beme mir auferlegten langwirigen arrest ein genugen

*) Adam von Waldstein war 1619 oberster Landeshofmeister des Königreichs Böhmen.

gen zu haben, gedachte relegationem genzlich zu remittiren vnd nachzulaßen, vnd mir in meinen freyen Willen zu stellen, zu welcher Zeit ich mich von hier begeben möge, so wol auch aus dem arrest nu mehr zu erledigen. Hergegen bin ich mein creditores richtig abzuzahlen, den Herren nit lang verdrißlich zu sein, vnd mich hinfuro allenthalben, als einem Herren gebuhret zu verhalten, So wol vmb die Herren solches nach Vormögen freindtlichen zu verschulden erbottig. Gegeben In Altorff den 20 January Anno 1600.

Ewer williger

Albrecht von Waldstein,
Freyher. *)

Auffschrift:
Den Edeln, Erenfesten, Erbahren vnd Hochweisen Herren Burgermeistern vnd Rathmannen der Loblichen Reichsstadt Nurmberg meinen gunstigen Herren vnd Freinden.

Das Siegel ist sehr klein, mit rothem Wachse untergelegt. Man kann es nicht deutlich mehr erkennen, weil das Wachs durch das Papier durchgeschlagen. So wohl im Schilde, als oben, scheint ein halbes Rad zu seyn, aus welchem drey hohe Federbüsche heraus wachsen. Dieses Waldsteinische Wappen hat er nachher bey seiner Erhöhung in den Fürstenstand nicht mehr geführt.

II.
Recreditiv des Herzogs zu Friedland, Hrn. Obristlieutenant Muffeln gegeben 1628.

Ex Originali.

Unser freundliche dienst vnd was wir mehr liebes vnnd guetes vermögen zuuor, Hochgeborner Fürst, freund-

*) Man sehe die Kupfertafel.

ad pag. 128.

*) Man sehe die Kupfertafel.

freund

freundlicher lieber Oheimb; Wier habenn Euer L. abgesandtenn des Edlenn vnd Vestenn Hanß Christoffenn Muffelnn, dero Kriegs Raths vnndt Lieutenandts, mündliche werbung, nach notdurfft angehört vnnd vernommen, Wessen wir vns nun hierauf inn antwort erklärt, Solches wirt Euer L. abgesander zue seiner wieder anheimbkunfft mit mehrerm zue referiren wissen, verbleiben benebens Deroselben zu angenehmer Dienſterweisung willig vnnd bereit. Gebenn in Vnser Stadt Gietſchienn denn vierten Martii A. 1628.

Albrecht von Gottes gnaden Herzog zu Friedlandt vnd Sagann, Röm. Kay. May. General Obriſter Veldhaubtman, wie auch des Oceanischen vnnd Baltischen Meers General.

Euer Liebden

Dienſtwilliger
A. H. z. F.

Auffſchrift:
Dem Hochgebornen Fürſten, Herrn Chriſtian, Marggrauen zue Brandenburg in Preußen, zue Stetin Pomern der Caßuben vnd Wenden, auch in Schlesien zue Croßen vnd Jagerndorff, Herzogen Burggraff zue Nürnberg vnd Fürſt zue Rüegen, vnſerm freundlichen liebenn Ohaimb ꝛc.

Das Siegel iſt in der Größe eines kleinen Gulden auf Papier in rothes Wachs gedruckt, mit dem Adler und Bruſtſchilde, accurat wie auf dem Thaler vom J. 1627. Umſchrift: ALBRECHT HERZOG ZV FRIDLAND.

III.
Ganz eigenhändiges Schreiben, auf sehr feines Papier geschrieben. *)

✠

Hochgeborner Fürst.

Ich sag E. L. ganz dienst vndt freindlich danck wegen der vberschickten roß wenn was wiedrumb von rossen ober sonsten E. L. bey mir gefallen wirdt so ist es zu dero Diensten. wegen der begehrten einquartirung vermeine ich wenn der graf Wolf **) wirdt müssen das sie ein salva guardiam von mir haben wirdts nicht begehren was aber des von Schönbergs reiter anbelangt dieselbige gehören nicht zu meiner armada wo ich sonsten E. L. dienen kan haben sie mich willig vndt bereitt verbleibendt hiemitt

E. L.

Prag den 3 April: A. 1628.   Dienstwilliger

A. H. z. F.
(Albrecht Herzog zu Friedland)

Auffschrift:
Dem Hochgebornen Fürsten, Vnserm freundlichen Lieben Ohaimb, Herrn Christian Marggrauen zue Brandenburg, in Preußen, zue Stetin, Pommern, der Caßuben vnd Wenden, Auch in Schlesien zue Croßen vnd Jagerndorff ꝛc. Herzogen, Burggrauen zu Nürnberg, vnd Fürsten zue Rügen ꝛc.

Das Siegel in der Gröſse eines halben Pfenniges, in dunkelrothem Siegellack, ist ein einfacher Adler, mit dem Fürstenhute.

IV.

*) Man sehe die Kupfertafel.   **) von Mannsfeld.

IV.

ALBERTI FRIDLANDI

PERDUELLIONIS
CHAOS

INGRATI ANIMI
ABYSSUS

cum Licentia Superiorum,
Anno MDCXXXIV.

Ad Candidum Lectorem.

Candide sine labe aut tabe Lector, ne iudices, quaeso antequam perlegas. Neque iuridicos Processus, aut apologeticas deductiones in nuda veritatis narratione, atque hoc a supremo Iudice, requiras, qui (uti subordinato Principi incumberet) rationem harum rerum nec subditis, nec extraneis reddere tenetur; neque historicae veritati quidquam deest, quando, quae scribuntur, Mundo, Bonisque omnibus constant. Et si affectus quidam, vel amicitiae labe, vel rerum ignorantia infecti, minus dubitent, quam enormem perfidiam a Deo manifestatam, et in quorundam Amicis castigatam esse, non videre mallent. Aliique nonnulli falsis opinionibus persuasi, majorem quam solis lucem sacrarumque et profanarum Historiarum veritate clariorem demonstrationem, pro Posterum fide imprudenter desiderent. Animus vero conscientiae labe corruptus tum Imperatoriae in istis paucis vulneribus Iustitiae acetum abhorret; tum Austriacae clementiae et Regiae dissimulationis cum sale oleum in pluribus columniatur. Etsi, inquam, secretiora in hoc negotio, quae Mundi partem procul dubio involverent, multosque dubitantes, excusantes, variantes negantesve non excluderent, ad meas autem aures oculosve non omnia pervenere, sacrae Caesareae prudentiae publicare nondum placeat, vel necessarium non iudicet, vel, ut bonus Rex, dissimulet potius, quam irritet; Non tamen ideo Tibi, bone Lector, communicare vetat, quae ego privatus scio, vidi, legi, audivi, comprehendi, scripsi, et quae ab aliis sine affectu viris subinde habui, nisi ipse cum istis truncus aut malignus sim, celare non debeo. Caeterum quae sequuntur, huc pertinere non omnibus videbuntur. Quia tamen iam tum et pridem inceptae post Exauctorationem auctae

Fridlandicae Ambitionis, argumentum non obscurum exhibent. Earum vero rerum, temporumque occasione, ansam vindictae impatientia obtinuit, ad seriem rei pertinere, nemo non videbit. Contracta autem sunt studio in hanc brevitatem. Tu, si, vis, Lector, sint initium, si nolis, sint finis.

Pars I.

In Electorali Ratisbonensi Conventu acta.

Cum sub finem Anni 1630 castris cedere iussus fuisset Fridlandiae Dux, Rerumque potiretur Gustavus Adolphus Svecus, omnium, quos hactenus sustinuit Caesar, hostis periculosissimus, Exercitus Imperialis Prolegatus, sive Magister Campi, quem generalem Marifcallum vocant, ad anni 1631 initium pronuntiatus est Rudolphus Teuffenbachiae Baro, Vienna die 22 Martii, ab Imperatore dimissus, qua hora maiorem Glogoviam, eadem nuntium vidit, hostem Francofurto ad Oderam incumbere. Citatis ergo equis hostem celerantem, urbem nec natura loci, nec quantum per naturam licuit, ab iis, quibus aliquot prius annis pro Imperatore cura incubuit, munitam invenit, praesidiarios non sine discordia, nec civis sine perfidia, milites partim abinde, Oceano ante victorem fugaces, vel inermes et seminudos, vel labore et fame attritos. Quorum plurimi novum Ducem vix viderant; quin et verbis, opere, donariisque adhortantem, et strenue agentem omnes quidem affectu prosequerentur, diuque egregie obtemperarent, tandem urbem, non tamen sine victoris damno, et sine omni iam iam adventantis Ducis culpa cederent. Palantes deinde copias

Dux

Dux singulari celeritate recollectas, quibus cum victoriosum abinde Oceano posse hostem repellere, rebus sic fractissimis, cum non videret, satisque crederet, vicisse se, dum in tali calamitate fugae suetae Militiae provideret, ne vinceretur, in Glogoviense Territorium deduxit. Et sane commeatus suppeditabat nullus: Res tormentaria perierat, stipendii spes inopi militiae nulla apparebat: Pestis famesque accedebant, et ad vicini Saxonis ditis novi hostis signa, et ad felicis Succi Regis vocabulum perterriti ad transfugium aut seditionem sollicitabantur; donec Dux Teuffenbachius comitate, coactuque nonnulla pecuniola Militiam nonnihil animaret, et arma redimeret. Hostem interea subinde aggressus, seu irruptiones illudens, magnum paulatim virium famam sparsit, atque provocatis deinceps, tanquam Aquilis ad volandum, propius congrediens, aliquot oppida recepit. Atque inde multos hostium ex Zulich nimirum 400, ex Kotpus vero praeterquam, quod totam Bockianam legionem deleverit, cum 7 vexillis et aliquot Machinis aeneis obtentis, 500 captivos duxit. Non spernendae pro tali militia, in qua legiones quaedam vix centum capita numerabant, factiunculae! Glogoviam vallis et propugnaculis munivit; ingenti civitatis bono Oderam ad pristinum alveum reduxit, quaestuque Militem aluit, et simul labori assuefecit. Interea non deerant, quibus displicebat necessaria cunctatio, et prudentia, queis Teuffenbachius in rebus plane fractissimis auxilia, arma, munitionem, commeatum, equos, currus, vectores, tormenta, caeteraque, quae omnia deficiebant, aut prius cogere debebat, aut iugulum Victori porrigere, et una alea tot Regna et Provincias cum trepidante Vienna Pragaque exponere. Sufficit prudenti Imperatori,

susti-

sustinere hostem, dum vincere non licet. Frustra tandem expectato, qui promissus fuerat, apparatu, simul atque 24 Tormenta bellica, multaque omnigena Munitione onusta plaustra, iam pridem a Nostratibus in Prusiae civitate Toroniique derelicta, tanquam ex hostium manibus per Poloniam eripuisset, equos, currus et Vectores cum caeteris coegisset, et primae auxiliares copiae advenissent, Glogovia movit Teuffenbachius. Quando de Tilliano intento, prout invenerat, diu nihil auditum, ex Lusatiae, nihilominus Marchiaeque finibus versus Magdenburgum perrupturus, diversionem causaturus erat. Satis enim Saxoniae Electoris hostilitatem exploratam habebat, etsi, ubi quidem maxime oportuit, credita nondum fuerit, aut celata, dissimulandove non irritata, quando immaturi praelii, et cladis Lipsianae, incerto rumore currente, ad Albini usque expeditum agmen praemisit. Atque exinde Electoralis hostilitatis, et cladis Lipsianae certitudo iam non amplius ullum fallebat. Ideoque trecentis in transitu quodam hostium occisis, occupataque Guba inferioris Lusatiae metropoli, ferro viam ulterius aperuit. Gonzagae Marchionem Ludovicum Viennam misit, qui Caesareae Maiestati Propositi gestorumque partem redderet, et quid deinceps imperare visum fuerit, referret. Nobilissimas interea superioris Lusatiae ciuitates, Görlitiam, Zittaviam, Budissinum, et caeteras occupavit, ambasque Provincias praesidiis firmavit, dum quoque Götzium cum expedito agmine, ut dictum est, in Misniae agrum, et ad Dresdae usque Portas excurrens, longe lateque terrorem hostibus incutiens, calorem Tillio exercitum restauranti addidisset Teuffenbachius, magnamque diversionem causasset, donec is, junctis Gallassianis Aldringerianisque ex Italia viribus, contra
Suecum

Suecum Regem secure se vindicare potuisset. Hic vero Saxonicum sub Arnheimio in Lipsiano praelio attritissimum, etsi victorem, exercitum, certis viribus, omniumque spe, animisque singulorum suadentibus, vel afflixisset ad perniciem, vel nece delevisset. Hibernis dumtaxat hinc in Lusatia Misniaque fixit Bohemiam ab irruptionibus tegere, atque isthinc in Palatinatu, Franconia et Suevia positis stativis Rhenum, Danubium et Bavariam defendere licuisset. Verum, incomparabilis Caesareae Maiestatis Austriaca bonitas clementiam iustitiae praeposuit. Monstrasse maluit potentiam, quam exercuisse in Saxoniae Electorem, unde duplicato eodem die tertiumque oretenus per reducem Gonzagam repetito imperio, illaesum iubebat esse Saxonem, et reddita utraque Lusatia in Silesiam Exercitum reducere, ut vel sic resipisceret, qui se laesum esse credebat. In Imperio vero nescio quae suspicio aliave vanitas bona consilia peruertit, et non nisi multo sanguine reparabilem diffidentiam peperit. Adeoque Fridlandicis undique correspondebant eae occasiones desideriis. Forte sic exauctoratio a Dea Fortuna vel astris ipsis vindicabantur. Vnde consequenter crescebat ambitio et vindictae impatientia. Cum hostibus et Perduellibus fidentius et calidius tractari coepit. An scilicet leniri possent, aut ad pacem reconciliari. Teuffenbachius autem directis versus Zittaviam pedidatu, re tormentaria, et oneribus, cum universo Equitatu versus Budissinum remansit, an hostis aliquid contra abeuntes tentaturus foret; lectoque per Secretarium coram Senatu et Proceribus Provinciae, Caesaris imperio, factaque per Iloium protestatione, ne imperatoriam clementiam sinistre interpretarentur; sufficere sibi vires et animum, eoque magis, quod totam Lusatiam in suam iam potesta-

tem redigiffet, quam ad Caefaris manfuetudinem
conteftandam ufufructuario lubens ultroque reddere iuberetur. Educto itaque praefidio fine tumultu, ftatim hoftis, qui non nifi medio milliari
aberat, fucceffit, fed nec horum quenquam offen-
dit, nec Götzio in fequentis diei usque meridiem
in viciniffimo Pago relicto quidquam hoftile minatus eft. Poft quatriduana demum circa Zittaviam
ftativa, quum tertiatum imperium inducias amplius non ferret, neque hoftis ullam anfam caufa-
ret, (quod multos in ftuporem, fpeculativos vero
in malorum Confiliorum fufpicionem rapuit,) in Silefia tegere pacta vel dolum expediebat. Dimiffi funt
Praga hoftiles amici impunes cum opimis fpoliis et
civium fanguine, fuftibusque in malam crucem ab-
acti, qui olim capti ad fua figna fub Caefarem redire volebant. Caeteraque civium medulla praeda quafi victorum miltum permiffa fuit.

Poft ludos id genus plures, fed auctoribus
demum tragicos, tum poft Norimbergenfes Lu-
zenfesque fcenas, tum durantibus illis, in Silefiam
tandem utrinque motum eft, ad Regis Ferdinandi
Tertii forte invidiofa vel timenda pafcua. Ubi
iterum hoftis inclufus octidui inedia, fi nolebat gladio, certo periturus, nifi iterum dimiffus. Vti et
Aldringerianis Ferianisque in Imperio colla dabant,
nifi, ne ferirent, imperatum fciviffent Suedi,
omnia confiliis non nifi Deo, et Magno Mofco-
viae Duci notis.

Forte novercale odium Fortunae manere Ario-
lis adhuc videbat, ideoque poft Luzenfem Actum,
ex quo ortum praeter fpem praelium, Rege Suedo occifo, Mifnia deferenda, Lipfiaque nuper occupata, ut apud ollas numerus crefceret, Pacem
often-

oftentare praeftat, donec optata dies veniret. Interim incautarum Suedarum Legionum, apud Steinam in Silefia confulto ab hofte relictarum, praeda fpem fidelitatis fovere, et artem doli tegere, Machiavellis iftis confultum vifum eft.

Rurfus Vaimarienfi Principi Ratispona, magnaque Bauariae pars, omnique undique interno perduelli hofti, externo Sueco et Gallo gradatim quaelibet permittebantur. Sive, ut inde fcirent illi **Principes fugatique Imperii ftatus, quem oftende**rint, five in fpem recuperationis cum fructu, et gloria Fridlandica majori, in utroque profecto fefellit Machiavelli interpres. Nec praeter dolum et ambitionem vel temeritatem olere videtur. Vnde in haereditariis Provinciis et Regno praefertim Bohemiae fine quiete exercitum mouendo, et vifcera Vafallorum exedendo, facile auguria pacis non pacis maturantur, vel caufa calumniae in Dominum exprimitur, atque fperatum impetratum eft.

Ideoque dies Pilsnenfis a Dictatore, dum a Caefare Pragenfis confcribitur. Haec, ut Bohemia daret, quod habet; illa, ut daret, quod non habet. Non enim prudentis effe, facere quod fieri poteft, fed cogere, quod impoffibile, iam pridem Fridlandus perfuafum habuit, praedixit et facto oftendit.

Sane adhuc nuper imperavit, vt centum fubditi mille Imperiales exhiberent, etfi ex centenario vix denarius fupereffet Ratio, inquiebat Fridlandus, ftatus his indiget. Religio paulifper fecedat, inquiebat Iuvenafter Terzkius, mihi, cum tempus habuero, fingularem fingam. Interim Civium fanguis et honor, duplices portiones, et

quid-

quidquid in Regno reliquum fuerit, militari licentia impune permittitur. Atque fic antiquus rigor Fridlandicus leniendus, benevolentiaque conquirenda videtur, dum locis praeterea fuis reftitutis Exulibus, delubris praedicantibus, fublato Caefareo Edicto, et Electorum obtento Exercitu, immortalitatem cum Machiavello Arioli promittunt.

Affuere ergo Exercituum Prolegati et Tribuni. Terzkius fine mente fequax, aliique, quibus res commendata, in multo vino libertatem, non nifi poft convivia confulturis pariendo, ut imperant, fic perfuaferunt. Multi aes et affectum fecuti, asfentiri quaeftum fcientes uberrimum, quod Princeps expetit.; fi idem negatur, negare.

Prolegatus nuper affectus Iloius compofita eloquentia artem tegens, arroganti oratione confcios facile flexit animos, caeteros perturbavit. Injuriati oftentabat Imperatoris fui gemitus, five crocodili lacrymas, cuius olim fibilos bafilifci ipfe quoque perhorruit. Caefarem, inquit, non poffe praeftare ftipendium, confiliarios nolle, etfi poffent. Parari in Aula rationes Contributionum ftipendia excelfuras; unicum a Caefare conceffum fubfidium, Fifcum, fub calamum et cucullum togatos velle retrahere, Exercitus inopia conficere, quia plus dicantur accepiffe, quam meruiffe.

Duodecim in menfa coram omnibus oftenfarum Epiftolarum originalibus probari, inquit Iloius, confilia Principes cum Imperii libertate opprimendi, et haereditariam Monarchiam machinandi. Dictatoris fui acta in Aula cavillari. Illi toxicum Exercitui interitum cogitari, et parari ab iismet,
pro

pro quorum laribus et focis vitam fuam et fortunas omnes exponant.

Ex Queftenbergeri, ab Aula miffi, inftructione, additisque Caefaris literis, omnia perfpicue demonftrari. Ob quas aliasque enormes iniurias, diverfas offenfiones, et contra eum machinationes, velit Generaliffimus et debeat Caefari refignare Imperatoriam poteftatem. Vix tandem per dictum Prolegatum fuum Iloium, junctisque uno peditum, altero Equitum, tertio Croatarum, atque quarto Dragonum Legionariis. Alteroque die turmatim admiffi omnes Tribuni, imperatis emtisque vel concertatis tertium repetitis precibus ab exorabiliter inexorabili facile impetrarunt, ut annualem in perpetuam Dictaturam libenter aflumeret Fridlandus. Ea tamen lege, ut fine eorum voluntate, fe nunquam eos deferturum, ultro receperit, fi ipfi fe Imperatorem nimirum fuum et Exercitum juramento, manu, figilloque contra Aulae machinationes falvum fore polliceantur. Dum nempe contra Aulae confilia Imperio, bono publico, et Caefari (o antiquam vulpem Fridlandum!) confulta neceffario acturus fit, invidia et infidiis fe non cariturum. Deficiente etfi aperte Caefari ftipendio, polliceri tamen fe omnibus fatisfactionem, fuas, Terzkiique ditiones literarum inftrumento obligare. Acceptato pro Inftrumento Imperatoris fui verbo, fenior peditum legionarius dux damnans et infamem effe iuffit, addito feneftrarum et oftentato praefenti ferri periculo, qui parere, iurare, fubfcribere, et figillare detrectaverit, cum tono iubili confcii affectibusque acti, fubfcribentem ficuti funt protinus. Inter fideratos vero ftabant nonnulli quafi fiderati, de falute Reipublicae nefcio quid timentes; cedebant tamen tempori,
feque

seque ad meliora servabant. Lacrymas non celabat cor syncerum. Alius subscribere diu dubitans, in periculo fuit. Tertius ira percitus literas erat laceraturus, vel explicationem petiturus, nisi immatura et noxia visa fuisset resolutio. Obtemperarunt, cui iussi, quod vitae necisque, pacis bellique, potestatem in eum collatam esse crederent, dumtaxat arbitrium assumere viderent. Sane eiusdem olim Imperium simul atque Imperialibus literis Ratisbona admoniti fuerunt, subito detrectarunt.

Tali, ne iterari posset, et Leopoldicae in Iuliacensium rebus desperatis celeritati caute praevenit. Binis hybernis aestatibusque non nisi in militari benevolentia laboravit. Re tormentaria Viennam caeteraque loca suspecta denudavit Reliquam aut secum Pilsnae, aut alibi in sua salvat potestate. Scit, Viennae magnam quidem vim iberici aeris in promptu esse, quod secuturi quidam forent, caeteri fidem et iussa Domini. Scit, facile rem tormentariam ex vicinis locis reparari posse, legionesque non paucas signo non suo parituras; Vngariam, interiores Austriae Provincias, et Hispanica Regna multa quidem posse, sed credit etiam vel celeritatem et voluntatem fore difficilem, vel Principem aliquem Iuventutis, qui fugam cogitantibus Romanis Rempublicam stricto gladio cum Scipione salvam esse iubeat, non facile exsurrecturum, vel eum, qui est, et a bonis omnibus expectatus, impeditum iri.

Dederat quidem in Italia nonnullus siccario centum, ut aemulum suum tolleret; dedit alter ducenta. Et hunc sustulit. Sunt, qui operam promittunt, sed facti aut dicterii causam Dii averruncent.

cent. Eo, inquit ille, iam res devenit, ut pro fua falute et propofito Exercitu, opus modo habeat, quem alias florentem redditum, prout fingit, Regi cefforus fuiffet. Diverfa Exemplaria coniurationis Syngrapha apud Imperatorem ipfum, apud Aldringerianum, tertiumque in Silefia Exercitum, item apud Seniores tres Peditum, Equitum, Velitumque Legionarios affervantur. Magnaque Convivia magnum diem excepere. Egeftas hinc inde faepe epulas omnemve in Iloii caenaculo per feneftras fuppellectilem, et Iubili vociferationem vix non animae fecutae funt. Bacchicus furor infirmavit, quae Machiavellica phraenefis inclufit. Tres ex Batavia Machiavellici Magiftri, feu Atheifmi Doctores, in binos fecretiorum confiliarios, tertius in Chroniftam, ut Pofteritati (immortalitatem gignendo) monumento relinquat, civilium lanienarum malorumque omnium tum praeteritorum, tum fequentium, nullam Fridlando dari poffe culpam, multis nummum millibus evocantur.

Emittuntur praeterea in urbem et orbem incautarum fimplicitatum obfervatores. Iamque nonnullus fraudulenter poftulanti confilium fine fraude confulens, ftatim calumniatus eft. Latere fe fimulavit, aliique, iramque Domini fugere. Sed exploravit et detulit. Sermo ipfe a natura homini datus fere inter iniurias numeratur. Vtinam fcrinium Caefaris et pectus non infpiciatur! Lex eft: Qui nominibus, actis, confultisve maledicere comprehenduntur, ferro a quovis feriuntor. Lugere fic gravius eft, quam inferre caufam lugendi. Sic Caligula homo miferiori luctu liberabat afflictos, Parentes liberorum, hos illorum fupplicia lugentes, occidendo. Sed fic Tiberius quorundam linguas et calamos prohibendo magis acuit. Et Pafquinus nuper in Tyberim mergendus, Papae minatus eft, in ranam fe evafurum, et Portis Sancti Petri Bafilicae adhaefurum, vel dies noctesque in tecto Vaticano crociturum, fic et indignitas horum omnium multos veritati coram Te, Sacratiffima Caefarea Majeftas, Teftimonium perhibendum trahit: Periculum alios repellit, et velut Prexafpem et Harpagum apud Cambyfem et Aftyagem dementat. Quorum ille interrogatus ab ifto, porrecto nimirum proprii illius filii corde, fagitta transfixo, num recte tetigiffet? Neque Apollo, me Hercule, certius fixiffet, refpondit Tyranno pater Prexaspes. Alter ab altero, dum allatis manibus et pedibus proprios filios voraffet: uti coena fapuiffet? apud Regem, inquit, quamvis coenam iucundam effe. Sunt multi, eruntque plures (nifi praeveniatur) qui licet Fridlando non acftipulentur in perniciem aliorum, adulabantur tamen ex ignavia et formidine, ut vitam fervent, aut rem acquirant. Ego vero cum nec mentiri, nec blandiri queam, plura fileo, quam dico, nec quemquam nomino. Sufficit indicaffe, ne timide aut fraudulenter diffimulaffe videar, dum hoc praefertim periculofo confiliorum tempore et ftatu periculofum eft, dicere veritatem. Verum enim vero cum malim pro veritate pati fupplicium, quam pro adulatione accipere beneficium, dicam. Pilfnam ergo ex Misnia venere atque redivere, iterumque reverfa funt quaedam hoftium perduelliumque perverfa capita, et profcriptorum principes. Quorum inde et unici hinc Fridlandi iudicio vertitur orbis. Sacri verbi profani miniftri in fpem priftinae libertatis, in Regno et Regia minifteriis incumbunt, legiones, quibus fiditur, loca confiliis opportuna tenent; Caeterea, de quibus dubitatur, ex facie hoftem, a tergo Commilitones fuftinebunt, fi forte affentire noluerint. Vnde Acatholice pacis telam, vel ultro, vel

vel ſtudioſo Exercitus receſſu, relicto hoſti campo aperto, cum Rudolpho, ne quid peius dicam, ſubſcribent Ferdinandi. Inde fortaſſis Gallias cogitamus et Indos, vel ſub Auſtriacis auſpiciis tentabuntur peiora, ambitionis nimirum aemulo nimis potente foederatoque hoc, in partem Imperii, aperta tyrannide acturo, atque circa loca, quae Bohemiae ſuccurrendae opportuniora foret, receptui ſignis datis, voce quaſi publica aut pax, aut a pluribus fraus audiebatur. Sane de dolo vel aſtu quorundam, 'nullum dubium relinquebant ea, quae Fornemontius Baro et Coronellus Praga reverſus, quo pro Re Frumentaria miſſus fuerat, ex conviviis privatisque colloquiis retulit, et ſane praeſidium Fridlandus Praga ſecum traxit. Die tandem octava Novembris 1631. Generalis Bohemiae Comitis Balthaſaris Marradae, Procerumque Bohemiae literis, irruptio Saxonica in Bohemiae fines nuntiata eſt, alteroque die ad ſuccurrendum Pragae duae Equitum legiones praemiſſae, ſecutus cum Equitatu caetero, et quos vocant, Dragonibus, Teuffenbachius, ob Saxonum montiumque impedimenta, oneribus et tormentis cum peditatu Schweidnizium verſus directis. Nimburgi, quod oppidum VI. milliaribus diſtat Praga, eandem Regni Metropolim, poſt Procerum cum Fridlando diſceſſum, etiam praeſidiarios deſeruiſſe, occupaſſe hoſtem, intellexit. Acceptis hic primis Imperatoris literis iubebatur cum vniverſo Equitatu Pragae ſuccurrere. Succurriſſet iam prius, niſi abeuntis Fridlandi celeritas hoſtem prius acceleraſſet, quam ipſemet ſperare poterat; Vel Teuffenbachius procul ex Sileſia, quo non ſua voluntate aut conſilio retrogredi iuſſus fuerat, advolare. Tenebat iam hoſtis praeter Pragam, totamque verſus Miſniam plagam, et Brunduſium, Melnicum, et Leutemeritium cae-

tera-

teraque oppida. Teuffenbachius vero Nimburgum, Novam Bohuslaviam, Podieprodium, Colinam, Guttenbergam, omnemque fere cis Albim et Moldaviam, Regni partem. Quando accitis praeterea duabus peditum legionibus, praefidia firmabat, iusfus quoque ipfe Fridlandi confiliis uti, fefeque accommodare. Exinde Fridlandus die 30. Nov. 1631. in Kaunitiano colloquio, cum Arnheimio, Electoralis Exercitus Prolegato, Pacis tractatum aperte inchoavit, falutavit in tranfitu huc et illuc peramice Teuffenbachium, omnibusque modis in hyberna ftativa partire copias, tum coram, tum Partubitio poftea per literas perfuadere quidem fagaci Duci, fed fruftra, conatus eft; etfi de Arnheimio idem affirmaret; dederatque Francifco Alberto ex Saxonibus Duci utrinque negotium negotiandi pofteftatem. Quando (prout Teuffenbachius fufpicatus fuerat, Hoftem aliud dicere, aliud ftatuere) quinta poft die cum octo tormentis bellicis, octo peditum legionibus, et fex equitum, Nimburgum Arnheimius feftinaret oppugnatum, Teuffenbachius nec aeneas Machinas in oppido, nec fagittarios vel pedites in campo, atque horum vix 500. intra muros, in vadorum Albis undique defenfionem non amplius 800. habebat. Equitatum folum in campo, et intra faciem Hoftis, in aciem ordinavit. Hoftis aliquot Tormentis bellicis diu et fine ulla intermiffione, fed fruftra, Teuffenbachii receffum tentavit. Exinde octo Machinis oppidum quatere coepit. Donec tandem defperans, arte poft folis occafum injecto igne, conflagrare maluit, quam nullam famam Pragam referre, vel omne calcar confiliis Kaunitianis perdere. Vnde et absque ullo rumore poft medium noctis, ab obfidione feftinans, defideratis tum ibi, tum in perfecutione feptingentis fuorum,

atque

atque inter eos vicecoronello uno, duobus capitaneis, et quarto excubiarum legionis Praefecto, confusus Arnheimius in confusione Pragam reduxit. Ex nostris non amplius octo periere, totidemque vulnerati sunt, spes autem dantem et accipientem fefellit.

Dum haec ita gerebantur, appropinquabat ex altera Pragae parte ex Imperio Galassius, Pilsnam et Beronam tenebat, et ad portas non minus excurrebant quotidie isthinc, quam hinc Croatae et Poloni. Iamque de tempore et modo, Pragam utrimque aggrediendi, Hostemque pellendi inter eos cum Comite Marrada agebatur, Hostisque tremebat certo pellendus, nisi prout imperatum erat, data Duci Fridlando parte, ipse statim, resumto Generalatu, in hyberna utrimque militem reducere imperasset. Parum interesse inquiebat, citius tardiusve aliquot mensibus Praga recuperetur. Quare obtenta venia Viennam Teuffenbachius rediens, Znoimae Fridlandum allocutus est, et Caesari arma resignavit Viennae. Novus vero et secundum Generalissimus interim Astra fatigabat, diis pacem concedebat, omnemque Nervum et militarem Apparatum, quem ex terra hostili promisit, ex Vasallorum Austriacorum visceribus extrahere incepit. Coëgit autem, quae voluit, magnumque primo vere Exercitum movit. Atque haec sequentis Tragoediae basis sunto. Spreti demum valentis, laudatique Mutiani Consiliorum fruges paucas post spicus tempus muturavit, Eventus monstravit. Sequitur autem

Pars II.

Quae quoque affectata videri poffet, nifi ad maiorem tertiae partis lucem, prout poft magnum ftatim illum Pilsnenfem 12. Ianuarii Ao. 1634. diem, magnis quibusdam in Aula Caefarea Confiliariis lecta eft, ita hic ponere malim, quam interpolatim eidem tertiae parti denuo inferere, quae ad hiftoriam fpectant. Eft autem, quae fequitur,

Paraenefis

Caefari ad Judicium, Regi ad lapidem Lydium, Confiliariis ad remedium.

O facratiffime Caefar! tuorum Exercituum iterum Dictator Albertus Wenceslaus Eufebius Fridlandiae Dux, cum pridem exauctoraretur, haec ruminavit. Adhuc biennium vel triennium edixiffe, iam tum fubaudivi, et iterum dominabor, durum manfitavit, in digeftionem auxerunt alii. An etiam Aularum quaedam deliciae, Imperialibus largitionibus potentes et confcii Varii varia, multi finiftra, pro affectu, relatu vel captu unusquifque proprio, profundioris Iudicii fpeculativi, bonam, malamque Machiavellicam intentionem ominantur, vel rem ita traxiffe, ne vicinos hoftes oftenderet, fed pacis affectato zelo, eorumque ditionibus parcendo, (faciendo tamen aliquid, ad artem legendam) ut benevolentiam acquireret, et interim enervaret, quos demum fuppreffos volebat; vel quod principio Tragoediae fe in propofito habere iam tum dicebat, ne irritaret fortunam verfam, fed Regem Danum, et aliquos in Imperio

perio Principes inefcamentis quibusdam Neutrales
fervaret, vicinos fpe fufpenfos. Vel potius ut
permitteret ad modicum mergi, qui erga fe me-
ruiffent, ut quacunque tandem pace binorum Electorum Saxonis et Brandenburgici Exercitum obtineret, quo iuncto florentiffimo interea reddito fuo,
cum Fabio Maximo (Regi tradito ut modo infit)
faginatos peregrinos in Imperio Suecicos Hanniba-
les depafceret. Et fane, uti Conftantinus Imperator apud Eufebium fuum, Cubiculariorum principem, multa potuiffe legitur : fic alterum hunc Eufebium, Fridlandum non minus illo gratum fore,
fperant. Dum tamen ex Vulgo non pauci timent,
quod enormia beneficia enormi ingratitudine folvi
fueverint ; iniuriae faepe loco fit, plus accipere
poffe. Atque inde magnum debitum magnum pon-
dus fore. Vnde et hic eo usque beneficia laeta
fuiffe credi poffunt, quam diu exfolvi poffe vifa
funt, ubi iam multum antevenere, timent, ne pro
gratia odium reddatur. Haec Caefareanorum Exercituum induperator adverti, advertit, fed etiam
Montibus et Saxis credi, ac tolerari fe potius,
quam tolli. Ipfe factus abinde capaciffimus, quamvis arguere et diffimulare irritare fit, non tamen
ideo, quod ex re vifum fibi fuerit, neglecturus aut
agere nefciturus erit. Nec enim ubique nocent
Achitophelus et Arioli.

Nocent enim in hoc mundo faepe Confiliarii
Principibus, five fint nimia credulitate, five nimia
erga laefos confidentia feducti, fed nec in noftris
femper eft confiliis, ut fiat, quod expedit, nec
obftacula, et quae circa confiliorum executionem
confideranda funt, femper timeri debent. In rebus dubiis, fummeque periculofis, prout propo-

sitae se habent, aliquid fortunae bonaeque causae committendum esse sane.

Ex talibus quinquennalium hybernorum pactis, a tali, quem offenderant, nil praeter ruinas et vindictas sperari poterat.

Non erat alius, inquiunt, rebus sic perturbatissimis, coniurante Imperio, grassante Tillii victore, siloque ensis summam rei alligante, desperante Vienna, et quasi orbe terrarum in nostrum interitum conspirante, qui salutem sciret; proindeque Dictatoria potestas ei tradenda erat, qui scilicet viciniora Astra armis cogeret; non Mercurium aut Iacobum vel Mauritium precibus longinquo coelo elici posse crederet. Vidimus pietatem Tillii, inquit aliquis, et doluimus. Teuffenbachius, inquiunt alii, ex vacua Aula pecuniam petebat. Hic ex terra hostili omnem nervum promittebat. Recte quidem non plane, quae summa pecuniae Teuffenbachio missa, dum ad laceratissimas sine armis, indumentis, equis, omnique destitutas auxilio copias legaretur, duaeque parvae Ditiones pro hybernis et restauratione, nulla nisi victus potestate concessa, circumscriberentur, facile numerari poterit, factum tamen paucis mensibus negotiata ex manibus hostium per Poloniam re tormentaria occupataque tota Lusatia, ut hostem caesurus fuisset; Bohemiam Austriamque spe certissima tot malis liberaturus, nisi exquisitis Consiliis revocatus. Dum interim Suedum Tillius in Imperio, iunctis Italicis sub Gallassio et Aldringerio Legionibus, auctusque plus quam quadraginta millibus caedere non detrectasset, cum omnium spe et sententia potuisset. Haec quidem sine fructu dicuntur. Sed tamen profecto jam tum in hodiernis consiliis a Fridlando aliquid
prae-

praeconceptum fuit. Dum provinciae hoſtiles belli media ſubminiſtraturae promittebantur. Vbi iam e contrario Superiori Inferique cum haereditariarum Provinciarum Mortalibus tertia Hybernalia fruſtra deplorant. Verum ita iuvat ulciſci, ut ulciſcendus quaſi ſua ſponte, vel ſtudioſo quaſi inevitabili rerum ſucceſſu mergantur. Quem ex profundo iterum deinde ultor extrahat, ſalutem ſibi debiturum, a quo is ultimam perniciem timebat. An ſic priſtinus forte redeat ſplendor, et ſupra invidiam Fridlandica Maieſtas cum potentia olim pertaeſa nimis, ſed ſic plectuntur Achivi, nec neceſſario pereunt inſontes; Atque haec deliriis Principum adſcribuntur.

Teuffenbachius vero in Luſatia et Miſnia vel viciſſet hoſtem, vel procul tenuiſſet, ibidem hybernaturus, et contra hujusmodi pacta irritaſſet. Hoſtem, ſecundumque Generalatum generaliſſimum tardaſſet, vel impediviſſet, niſi revocatus fuiſſet. Aliis praeſtabat, hoſtem in caveam allicere, ut ineſcaretur, ultroneaque Machiavellicis fieret occaſio conſiliis, quae Teuffenbachius, Marradas et Gallaſſius, unitis undique viribus, ſtatim poſt ingreſſum expellendo iterum, quod facile poterant, turbaſſent denuo, niſi ſimul atque aſſumta dictatura ad majorem gloriam in cavea aſſervandus viſus fuiſſet. At vero perplexius adhuc, Etſi, inquam, ad domeſticam coronam, unumque ex maximis Imperii Regalibus, ne ſummam dicam viam accuratius apertam nusquam, nec apud Stiliconem, et Honorium, conſideraverim, neque res inaudita foret, Fridlandum tentare. Hoc tamen tempore ſe junctionem periculoſam fore, optime novit Dictator et Machiavellus. Oppreſſo Aemulo, alterutrum Regnum, aut Imperium, aut utrumque liberum futurum;

rum, sperare videtur Machiavellus. Sed spe fraudante, praestabit incendere mundum, ut pereat anima Samsonis cum Philistaeis: Nisi forsan Astrologus aliquis Marchionis de Villena renascentiam, Platonis reminiscentiam, aut Sinarum Regum poculum immortalitatis Fridlando persuaserit. Sane contemtus, quem Caesaraeanorum Exercituum Ducibus in Caesaris dedecus, ideoque procul dubio, etiam hostibus, duodecim literarum in mensa expositarum, diplomatibus ostentavit, amare nescit, sed odisse certum est. Vnde quam iactant, si tamen qualiscunque Ducis publicatio expediat, si ea Regi concessa foret, apud Imperium benevolentiam acquireret, affectantisque Dictatoris periculosam gloriam aliaque mala suspecta impediret. Si aliud contra hominem expedire videatur, erit tunc forte etiam aliquis, uti nuper audita Lipsiana clade factum est, qui decies, vicies, triciesve, aut quadragies, ne bis terve millibus dicam, a Caesarea bonitate locupletatus, unam Centuriam Equitum in publico bono, sed propriam magis salutem non nisi in propriis Dominiis aliturus Caesari opem petenti offerat. O bonitatem Donatoris! vah ingratitudinem Donatarii! qui tenuioris facultatis integras mediasve legiones obtulerunt, hodie, hacque forte ex causa attenuati, vix unum hominem exhibere poterunt, Regiaque instar Ducatuum in Bohemia multa Dominica loco solitudinis et inter milites dicterii devenere, ut fames et pauperies dicantur, si ad ea ire destinentur. Nihilo tamen minus milliaria circumeunda ad eadem, asperaeque viae et montes superandi, ne brevi facilique itinere Fridlandicae Terzkiaeque ditiones attingantur. Verum enim vero Dictatorem, dicent multi, nostrum sagacem audacemque esse Ducem alterumque rerum Auctorem, status rationis studio-
sum,

fum, folum fibi confiliarium, Oedipum non Sphingem, falli fe permittere, ut capiat; atque imparem tot fe hoftibus, victoria una omnibus fuperbis, cum praevidiffet, dum et bella famam conftent, et haec hoftes animet, nos terreat; atque fic victoriam fatis feliciter incepiffe, putabunt, quando quidem hactenus providerit, ne vinci poffit. Fortunae enim iratae opportune cedere voluiffe; ut ea ferenante iterum fronte vinceret opportunius, remque cunctando reftitueret, quam feftinando funditus perdere potuiffet. Sed ea faxit, qui facit omnia: Ne ferio fapiant Phryges.

Ad nonum diem Febr. 1634. alteram indixit diem, ut nuper 12. Ian. ingeftorum digeftionem probet, reiectitiusque fiat, cui reiectitius vifus fuerit ftomachus; five fago is tegatur, five toga; caput rei tunc forte prius, aut nec tunc Germano more tangetur, fed in gradu viciniori, et in eo, quod nolunt, iterum probabuntur legionum Tribuni, aliique Generales Praefecti, num fideles in eo futuri fint, quod volunt.

Quis fcit ufum, quem 12000. millia veftium totidemque calceamentorum, iam ante annum paratorum Pilfnae Saticique maneant. An folennitatem aliquam? Sane culinae parantur novae; fupereft forte concoquendus Bohemiae cruor aliquis. Ne ultimum Auftriacis ferculum dicam. Bellariorum vim Praga attulit quidam, ut ipfe quoque convivium inftituat fibique cum fale rem effe, reentur. Forte pacem convivia dabunt, fed profecto pacem, non pacem, cui licet Roma Patresve patrati non contradicerent, vera pax tamen non erit. Sed decrefcat non nihil Religio, dicet liquis, dummodo Auftria non crefcat amplius. Si

hoc,

hoc, crefcet profecto per adverfa Auftria, velut Ecclefia primaeva, cuius illa unicum columen, ut vitis putata, vel quercus truncata. Sane fi tandem fupervolaverint Aquilae Leonibus, Ibero et Bohemo, animus et nervus fupererit. Hungari et Poloni laefi funt contemtu. Aldringeriani et Feriani nociuis imperiis, alii furore alio, univerfi fere re aliqua. His fi ungues in ulceribus, oftentato, quod Vienna ex Hifpania in promtu eft, aere, promiffisque iam, ut dictum eft, ditionibus Fridlandicis et Terzkianis, celeritatem executio non tardabit. Pragae 24. Jan. 1634.

Pars III.

Fridlandus, Vltimus Machiavelli Partus.

Ariolati Imperii aucupandi mentem Fridlando iam tum fuiffe, cum in Imperio dominaretur, ex eo nunquam negavi, quod Machiavello magis ftudiofus, quam Alexander Homero, viam fibi aperiret accuratius, quam olim Sejanus apud Tiberium, vel Stilico apud Honorium. Quinimo, dum ope Tillii victo Rege Dano, oceano etiam imperitare geftiebat; affumto terrae et Oceani Generaliffimi fuperbo titulo, haec Madriti fufpicari vidi, unde et praetenfa irruptio contra Batavos in Frifiam Hifpanis non arrifit. Nec negavit ipfe, cum die 13. Febr. 1632. in familiari colloquio cuidam viro principali Znoimae narraret, uti in confiliis fibi aliquando fuerit, Imperii Monarchiam Caefari acquirere, mutaffe hanc mentem, dum Megapolitaneae Dux crearetur. An, quia crefcebat cum poten-

potentia et dignitate propria ambitio, quam faſtus augebat.

Sed exauctoratione Ratisbonenſi praeventus animum vicinius recollegit, regia Corona contentus, Caeſaream in partem Tyrannidis reliquendam cautius putavit potentiori. Hanc ſpem fovebat Tillii clades, auxit Guſtaphus Adolphus Suecorum Rex, alter Imperii, ſed aperte, Tyrannus. Atque hic unguem ſtatim intulit Saxonico ulceri, identidem Tillii irruptionem refricavit; Arnheimium Electoris Magiſtrum Generalem Campi, et Ducem Franciſcum Albertum ſibi in foedus adaptavit. Neque is profecto vir ſagax et impiger, qui et expenſas, quas voluit, cogere potuit, et per nummum vi comparatos ubique exploratores, ubique conſilia Principum inſpexit, ignorare potuit, quod omnibus conſtabat, in Ratisbonenſi conventu exauctorandum ſe fore. Quare iam tunc cum Suedo Rege in Imperium cogitante correspondiſſe, tum teſtimonio conſciorum credi debet, tum quod maris Baltici Inſulas, finitimaque oppida et civitates, tam levi praeſidio munitas, obvia Raptori reliquerit, ipſe procul abinde Oceano Germanico in Sueviam ad Alpes prope uſque ſe obtulerit. Sane Ratisbonae murmur erat publicum. Cum Succus facili Fortuna irrumperet; Fridlandus tot annis tantarum legionum fumo, centumque et ultra millium armatorum fama, aërem concuſſiſſe, chartas impleviſſe, et Imperium exhauſiſſe, modo vix fore 18000. qui vaſtas inferiorum circulorum Provincias contra novum hoſtem defendant. Quod ſane eventus probavit. Nihilo tamen minus in Aula Caeſarea non deerant, qui de annis Suecorum iocarentur. Erantque viri Principales, qui contemnenda putabant. Quam primum enim maritima relicturus

licturus sit, praedam futurum Regem Suedum eorum, quorum forte ipsi vires non ignorabant. Astus et ubique dolus. Arnheimius vero, quando Caesari obligatam Saxoniae Electori fidem dabat, fidem Electoris erga Imperium et Imperatoriam Maiestatem iterare voluit. Quam contra grassantes Imperii Hostes nisi exploratam haberet; nequaquam hic se fore serviturum, subdole affirmavit. Hoc laudavit Fridlandus, acclamarunt consilio vel munere conscii, caecove affectu, aut isthinc vel hinc amicitia juncti, etsi forte pauci complices, plures ignari fraudis. Quin occupata Lusatia inclusis huiusmodi literis exprobrata fuit. Atque sic bonus optimus saepe venditur Imperator. Data interea (post occupatum Francofurtum ad Oderam, et Landsbergam) Tillio clade, haereditarias Provincias non absque foedere declinavit Gustaphus, non dubius forte, socium Tyrannidis arma Caesaris esse recepturum, atque ibi arte acturum, dum ipse per Imperium aperte, atque uterque utriusque rem ageret. Vel si hoc non, dolo duntaxat arma Caesari hostilia adiuturum esse.

Neque hic moveor, motis subinde conflictibus, neque ipsa Gustavi studio relicti Victoris, victori dolorosa morte, quia praeter mentem, uti in crudeli Norimbergensi conflictu evenit.

Agi fierique debebat aliquid, ne fraus videretur. Et quis teneret doli inscias utrimque confligentes acies, ne agant, quod agunt. Imo etiam quis dubitat, fidisse quidem sibi fraudis capita invicem, sed non fidisse plene. Adeoque dirimere pugna cogitasse differentias, vel maturare optatum pactumue. Sane nuntio, referenti mortem Regis Gustaphi, Fridlandus respondisse dicitur, malle se

iam

iam 40. sub terra cubitis latere, quam diutius vivere. Vti et suo Holkio, Danicae nationis, et Lutheranae Sectae assecla, mortuo, planxit. Frustra se iterum laborasse, et omnem propositi intentionem fore mutandam. Vindictam profecto pridem paravit, Regnumque impatienter ambivit, mortem autem optavit, dum toties in via impediretur. Vnde hosti desideratus hostilis amicus, felicissimus ad hostilem intentionem promovendam Caesareani Exercitus generalis, qui furiam genioque, et astris, non ratione, consilio, vel Deo ducitur; Vt, quam Lucense ex gravi conflictu praeter intentionem ortum praelium, praeter intentionem dederat plagam, mortemque Gustavi, doloremque harum rerum, apud amicos hostes leniret, nec irritaret seu fugaret eosdem, aut confidentiam contra communem Dominum Imperatoriam Maiestatem turbaret. Rem tormentariam, Campumque, et Misniam Victo relinquendam sibique ad ollas Bohemicas, prout pactus fuerat, recedendum esse, censuit Victor (si volebat) Fridlandus. Hujus quoque Artis tanquam necessarii Receptus velum coram mundo et Caesare inventum esse putabatur sanguis in circulo Pragensi sparsus, vel carcer duntaxat singularum Nationum, legionumque et rei tormentariae singulorum praefectorum, quasi in Lucensi praelio causa fugae fuissent, nec debitum officium praestitissent. Non dico iniuriam, (sic enim rigor iuris, et militaris disciplinae severitas apud plerosque procul dubio requirebat) sed exquisite ad famam et artem, id factum esse, uti Coronello et non nemini alteri, in theatro moribundis arguentibus, hoc suo sanguine cooperiri Fridlandi errores, eo facilius creditum est, quod, dum Suecus instructis aciebus Fridlandum, Misniam petentem, quasi victor prosequeretur victum, a quo is tamen penes No-
rim-

rimbergam deletus, vel ad internecionem ſtatim delendus, nuper Viennae iactabatur, robora ſua diviſerit, Pappenheimium verſus Halas aliasque legiones alio miſerit, ipſe, adventante Sueco, nec vigilaverit, nec aciem inſtruxerit, neque quid ſingulis agendum, prout moris eſt, rite imperauerit Fridlandus. An, quia hoc pugno cruoris in urbe Pragenſi ſparſo, mala fide geſtis, gerendisue opinionem famamque, quae dolo careret, in orbe ſpargere forte volebat? Accedit alia non levis momenti ſuſpicio: Cum hoſtis iam incumberet, acceſſit Fridlandum Holkius, et periculum nuntiavit, habere ſe ſigniferum, qui, quaſi ſpecularetur, capi ſe permittat, ut hoſti nuntietur, in acie praeſtolari Fridlandum. At vero, quod nec credere voluerit Rex Suecus, et ſcire ſe affirmarit, Fridlandum ex Podagra decumbere, ſtiterit tamen et non nihil receſſerit, unde Fridlandus tempus inſtruendae aciei acquiſierit. Res profecto, quaſi pueri luderent. Sed ſubdolum quis negabit? An Kinskium aſtutiſſimum alioquin Negotiatorem, poſt Luzenſem conflictum, captivo cuidam Dresdae, quem actuoſum et animoſum externae cuiusdam nationis Capitaneis et ſupremis poſt Generalem Exercituum capitibus, Regnisque quibusdam Proceribus familiarem ſciebat, ex improviſo vel vane Baronatum cum divitiis promiſiſſe putemus, ſi de regia in Bohemia Dignitate acceptanda cum Fridlando agere voluerit, ſe Electoris Saxoniae aliorumque Principum certiſſima auxilia polliceri. Actitata cum Fridlando, credo, iam in Kinskio conſtabant. Huius vero viri linguae mentisque donum deſiderabat, ad probandum eos, qui fiduciae digni futuri forent. A Fridlandi familiari praeterea iam pridem habetur, eum cum triſtitia nunquam fuiſſe obſervatum magis, furioſumque, quam audito nuntio de

afflictis

afflictis alicubi hoftibus, nunquam cum cachinno quietiorem, quam auditis hoftium infultibus. Sciebat nimirum, uti res fua agebatur. Fallebantur autem, qui hoc ex Conftantia et generofitate, non animo arteque fallendi procedere putabant. Accedit quoque quod ex Lipfienfi Principum receffu non ignoratum fuerit, omnem fidem Imperatori dandam, nullam fervandam fore. Sic enim par pari referri, criminati funt confpiratores. Sane hanc laudabilem fcilicet hodiernis A la-Modicis Germanis viris, Maioribus incognitam mentem facto demonftrarunt hactenus, nec demonftrare, in pacis praefertim rem, ceffare videntur.

Quid hoc cancro peius? quo in Noftra Patria nonnulli feducti, Electoris hoftilitatem inculpatae tutelae vocabulo adeo commendaverunt, ut inter fanitatis pocula, Imperatoris inimicum pronunciaverint, qui amicum Saxonum effe, negaverit? Actum eft tandem, arteque perfuafum, ut tertiatis eodem die mandatis, Teuffenbachio (cui occupatio Lufatiae, a quo minime debebat, exprobrata fuit) ex Lufatia revocato, in Bohemiam irruperit hoftilis amicus, artis focius, Praga cefferit Fridlandus, et Comitem Don Balthafarem Marradam illius fe confiliis accommodare iuffum, fimul cum praefidiariis, Regni proceribus, Vrbisque magna parte, velut alter Lucifer, fed diverfa forte, vi imperii fecum traxerit. Concluferat aliter Marradas, et fane Pragae fuftinuiffet, donec Teuffenbachius advenire potuiffet. Fridlandus vero, quod cum Arnheimio pepegerat, per hoc periclitari videns, procurata hunc in finem iam ante ex Aula poteftate ufus, tandem abfolute Marradae imperabat; has copias falvare, atque Taborium, Pardubitium, et Budovitium affecurare, ne poftea maiori

iori cum dedecore et damno recipere se cogeretur. Quid multis ? actum ita erat cum Arnheimio, cui in pugillaribus scripsit, et Pragam versus sollicitavit Bohemiam ingressus, an promissorum dubius, discessum Fridlandi et Regni Procerum exploraturus, an fucum arti additurus, per tubicinem responsum aliarum literarum ad Fridlandum Pragam misit, Ratione se Belli in Bohemiam venisse, nunc se etiam colloquium, a Fridlando petitum, a Fridlando desiderare. Quarum literarum, a Senatu veteris civitatis Pragensis lectarum, copia Fridlando Pardubitii cum traderetur, subrisit ille, et nonnullas copias redire simulato iussit, cum Lector adhuc procul esse hostem nuntiaret. Sed Arnheimius decima quinta die Novembris 1631. Pragam ingressus est, tenente iam magna orientali Moldaviae Albisque plaga Teuffenbachio, acceptoque Vienna non minus, quam Marradas, noxio mandato, ut Fridlandi quoque consiliis uteretur, instituere in Kauniz, veteri Terzkiana arce, colloquium Fridlandus et Arnheimius. Quatuor duntaxat horis ambo soli egere, cautiusque visum est, Generalatum summa cum potestate Fridlando recuperare, quam, quod iam pridem in consiliis fuerat, ope Suedi et Saxonis apertum Martem tentare. Difficulter quidem videbatur Imperator dictatoriam potestatem, quam ambiebant Vulpes et Lupus, in eum iterum collaturus, qui offensus timendus erat. Verum Teuffenbachio si clades inferri posset, rem salvam fore. Quare in hyberna ducere, omnibus viribus Teuffenbachio persuadere oretenus et literis Fridlandus conatus est. Idem Arnheimium promisisse, magnam spem pacis elucere. Suspicatus rem Teuffenbachius, etsi iussus, in hoc non paruit. Quintaque statim post colloquium die Arnheimius Nimburgum oppugnavit, data suis, quam procul dubio

acce-

acceperat, spe certa, eo die Teuffenbachium pulsum iri. Sciebat nimirum hostis, (non nisi a proditore) peditatum Teuffenbachio, tormenta bellica, aliaque pro defensione necessaria, quae per nives, glaciem, montes, saxa, asperrimasque vias, tempore hyemali procul ex Silesia tam cito adduci non poterant, deesse. Ideoque facilis, melior, celeriorque sperabatur ambitus Fridlandici conditio, quia de confusione Teuffenbachii, indeque orituro Viennae pavore, adeo nihil dubitabatur, ut eadem nocte, simulata perturbatione, Partubitio Znoimam festinaverit Fridlandus, sparso rumore, Teuffenbachium fusum esse, Nimburgum occupatum, omnesque reliquos Caesareanos in fuga.

Verum Deus ita nonnunquam malis suas fraudes permittit, bonosque deserit, ne pereant. Vnde Arnheimius ipse fugatus, non contemnendo desiderato pereuntium numero, Pragam infecta re recessit.

Fridlandus artem persecutus, renuebat acceptare, quod per fiduciarios ambiebat. Internuncius Franciscus Albertus Dux accepta licentia, utrobique cum hoste et Caesarianis manendi, pacem non pacem, sed auctoris perfidiam negotiabatur. Cui negotio Terzkius aptus videbatur, qui et secreta deferret, quae ipse nec sciret, nec intelligeret, ut arrogantia captus caperet alios. Verum histrica sua imprudentia sive impudentia magis, quam ullus, conatum fraudemque prodidit. Lente fiebat, omnia Foedera cudebantur. Caesari persuadebantur mira. Fridlandus interea forte certus, eo se plura esse habiturum, quo diutius, et simulatius negaverit acceptare, quem Generalatum generalissimum absolutissimumque, ope iam experta

ambie-

ambiebat. Addi voluit plusquam dictatoriam potestatem, Glogoviae Principatum, polllicerique unum ex maioribus Imperii Regalibus. Supererat, quod etiam ambiebat, ut a Rege Hungariae et Bohemiae, quem suspectum oderat, rogaretur. Vnde et hoc anxios reddidit multos viros bonos, quod eidem Regiae Maieftati non solum Imperium, sed plane adventum ad Exercitus vetari voluerit. Fisci sibi ius tradi absolutissimum, Caesarea Maieftatis quaedam, et magis propria acta, rebellium nimirum poenitentium restitutiones, absque sua voluntate valide fieri non posse. Quibus accessit et hoc, quod rarius Imperatori, aliis crebrius pluraque scripserit, iisque ad Imperatorem literas incluserit, ut referent, quod et prout praesens semper rerum status requirere videretur. Hinc fiduciam acquisivit, maioremque Consiliorum notitiam. Atque sic incautis imposuit, quos omnes propriis demum armis iugulare parabat. Quando haec ita concludebantur, maturarunt tergiversantis ambitum Teuffenbachius, Marradas, et Gallassius, dum utrinque Pragam aggredi, debilem hostem nullo periculo pulsari, inter eos, tractabatur. Data enim parte, prout imperatum erat, iterum Generalissimum se statim professus Fridlandus, in hyberna reducere iussit, et militem scilicet servare.

Vnde secundae huius post Lusatianam, indignitatis iam plane impatiens malumque suscipiens Teuffenbachius cessit castris. Nec carebat crimine apud quosdam, quod ex Aula aes petiisset. Fridlandum omni laude maiorem esse, qui ex terra hostili omnem nervum belli quaesiturus sit. Pepigerat nimirum quinquennalia hyberna, ut Regna et Provinciae haereditariae Austriacae tot annis receptui apertae manerent. Sane dolus statim apparuit,

paruit, nec creditus est. Quia resumta dictatura, quam primum incepit belli (sive sui doli) nervum sub ungue subditorum quaerere, quem ex terra hostili promiserat. Co chantur arma, equi, currus, commeatus, et civium sanguis; caput muniminum contra Turcam, fortisque Vienna, Imperatoris Regia, (res iam tunc vel plebi suspecta) re tormentaria spoliabatur. Secundis denique tertiisque hybernis Caesari et Vasallis ecclesiasticis et secularibus, divitibus et miserabilibus, cum humido simul radicali omnem medullam expressit, qui omnem apparatum ex hostico solo quaesiturus iactabatur.

Discesserant iam ex pacto amicorum hostium capita, levi Pragae relicto praesidio. Oppugnatur urbs et defenditur non nihil nec utrinque numerus aliquis pereuntium attendebatur, ne caecus fraudem videret, vel agrestis scenam regiam spectaret. Atque tandem scenici hostes cum opima civilium opum praeda impunes dimissi sunt, dum cives tragice-comici victoris fidem et opem frustra inclamantes reliqua tunica ab amico, quem sperabant, sed comico etiam, etsi praeter suam opinionem milite, ad nutum exspoliabantur. Sic ludunt in sanguine et rebus civium perversi cives. Vidisses sub porticu sedentem Rhadamanthaeum Fridlandum, viros, foeminas, iuuenesque puellasque tanquam spectra vel nudos inferni manes inter rapaces, tanquam daemoniacos, milites discurrere, sparsis capillis, sanguine udos, manu verendas partes tegentes; alios instar balneatorum, circa lumbos tectos; alios capite, cruce, brachioque fractos, arcarum fracturas frustra deplorantes. Haec quoque vidit, nec ingenuit Rhadamanthus, quaerelas nec audivit, nec ingemuit, Rhadamanthus, quaerelas nec audivit, nec iudicavit Tyrannus. Magis enormia taceo, in hoste impunita, in Caesareanis visa et dissimulata. Hostilem taceo Exercitum esse dimissum, qui ad unum Leutomeritii facile feriri potuisset.

Peracta hac Tragoedia et fraude, movebatur Noribergam, cunctabatur, et internuntio Sparrio, qui etiam nuper Dresdae fuerat, pacis telae, sive technae, renovabantur. Plus utrimque hostilitatis ostentabatur, quam pugnantibus timenda fuisset, si fraudis fuissent conscii. Imperabatur alacritas, sed vovebatur, ut male cederet; uno verbo dicam: junctis viribus Suedum Regem ad pugnam necessitare, cum Bavariae Electore convenerat, sed dilationes texuit Fridlandus, hostique locum fortificandi, et benignus auxilia advocandi concessit. In Bohemiam pro tertiis hybernis reducendi praetextus quaerebatur, Gustavo in partem doli imperio relicto. Sane unica, durante praeter spem acri Noribergensi conflictu, legio in eo loco sola, unde fuga facile incipere potuit, tribus amplius horis continuo oppugnata inconsulto non est sine auxilio relicta. Quae eadem deinde apud Schweinizium, et tertio apud Steinam ab assultu in urbem et incursu in hostilia castra impedita est, dum opem et alacritatem offerrent Capitanei. Neque minus credi potest, nisi ratio fallat veritatem, alio animo apud Lüzium, hoste iam incubante, legiones et robora militiae, tum Pappenheimium cum suo exercitu hinc inde dispersos fuisse, omnen .e acierum ordinem neglectum, nisi malueris Ducem dicere militaris disciplinae ignarum, siue temerarium, nimisque praesumtuosum. Imo vero audivi amplius, adventante ex Vestphalia tam diu expectato cum florente suo exercitu Pappenheimio, ne Electoris Bavariae, Catholici foederis

ris generalis, cui parebatur, invidiofas obftantesque vires nimium augeret, aftu convenit Fridlandus, ut Aldringerium Comitem Elector ad nutum ibidem haberet, Pappenheimius Comes fibi hic pareret. Hunc quidem fic ftatim habuit Fridlandus, fed Aldringerium variis contrariisque imperiis perturbavit. Iuffi tire, iterum redire, Danubium non tranfire, Wirtenbergae Principi non nocere, in Bohemiam reducere tandem coëgit, et Electorem Rainnacum hoftili praefidio infeftum Electorale oppidum, difcedente obfidionis Socio, deferere. Infultante nihilominus Rege Sveciae Danubii Imperiique vicinis urbibus, et Auguftam Vindelicorum Electorisque Regiam Monacum occupante. Praeterea in trivio iam tum conftabat, cum Aldringerius junctis Hifpanis fub duce Feriae Auxiliaribus Waimarium et Hornium in Imperio facile caedere poffet, a Fridlando fuiffe inhibitum, quod hofti, eo facto infolentiori, etiam conftabat. Quare per legatum Generaliffimum fuum admonuit Caefar. Is Domino affirmavit, dediffe fe iam abfolutam Aldringerio poteftatem, et imperaffe, ut in omnibus Bavariae Duci affifteret. Quem per Schaftenbergerum in Bohemiam incunctanter revocavit. Ni obedierit, nullatenus fe vitae parciturum, etfi Imperator ipfe parci voluerit. Atque fic miffum Schaftenbergerum, et ad quem mifit, Aldringerium, in obedientia probavit. Bavariam vero et Imperium amico hofti Svedo reliquit. Domino fuo illufit, et innocuum fanguinem fpargere ei rifus femper fuit. Eodemque plane modo diverfa faepe corpora, vel iuftos etiam Exercitus tanquam contra hoftem hinc inde movit, iterum revocavit, Regna et Provincias enervavit. Maiores vero vires ipfe dolofo otio inutiles femper fecum retinuit. Diverfis Imperii oppidis et civitatibus, quibus fine

peri-

periculo poterat, fuccurrere vetuit, et Comitem Aldringerium cum Feriae Duce in Bavariae Auftriaeque hyberna procul ex Imperio traxit, ut ubique enervarentur, quos tandem omnes opprimere cogitabat.

Atque exinde ad rem propius de hoftium fide, five communi dolo, fat certus, fuorum perfidiam, et duplici primum conceffo tributo, omnique civium fubftantia militari licentiae permiffa, benevolentiam militiae affectavit. Singulos paulatim Regni praefertim Bohemiae Dynaftas, fuis confiliis non faventes, aftute enervavit, ut omnes fecure demum tolleret. Regia inftar Principatuum Dominia exenteravit magis, quam caetera; falvatis, quibus parcere iuvabat, vel unde vivere cogitabat, dum Rex foret. Principes Auftriaci affeclae, aut fervi, aut mortis filii.

Finitis demum fecundis pactionis hybernis, intrat Saxonicus Exercitus Silefiam. Cui Fridlandus numero armatorum apparatuque bis major obviavit, nec plane invitum, neque doli infcium Arnheimium ita inclufiffe dicebatur, ut fame necari potuiffet, fi ferro nolebat, nifi iterata fimulatae pacis fraude, aeftatem et Silefiam ambitioni Fridlandicae confumere etiam vifum fuiffet. Quare tanquam conclufae pacis Praecones vocantur ex Aula, et mittuntur Caefarei Commiffarii, veredarii ad Reges et Principes Europae currunt, nuntium pacis ad alios, fraudis ad alios deferunt. Ad decipiendum illos, ad hos in focietate confirmandum. Vtrimque caftris fe cedere fimulabant, iterumque et utrimque confulta iam pridem nova gravamina affingebant. Dresdae in typum ibant Fridlandi laudes, geftaque publice commendabantur.

tur. Iamque lippis et tonforibus perfpecta fraude, Caefar non nihil, fed caute, agere debebat. Sed regio prudentumque more fimulando non plane irritare, ut potius admonitionem, quam fufpicionem, crederet Fridlandus. Eo tamen nihilominus arrogantiae proceffit, ut eundem Caefareum ex Campi Magiftro bellici confilii Praefidem, Henricum Schlick, Comitem Paffauniae, in frufta diffecari iubere voluiffe iurarit, fi per unum diem adhuc in caftris manfiffet. An quia advertit, a Schlickio fraudem fuam adverti; an quia admonitus erat, ut de hoc facrae integritatis fideli viro fibi caveret. An vero territurus eos, tentaturusve, ad quos haec verba dicebat? O dignum Fridlando erga fuum Dominum refpectum. Neque in maiorem refpectum exhibuit Maximiliano Comiti a Trautmannsdorff, viro plane praecipuo, et fideliffimae finceritatis confiliario, cui pacis concludendae caufa (eo enim rem deveniffe Caefari perfuaferat Arnheimicus Fridlandus) una cum Imperialis confilii Affefforibus, Barone Hermanno a Queftenberg et Iufto Gebhardo I. V. D. ex Aula miffis, nihil, in quo momentum effet, communicavit. Imo et Caefaream Maieftatem rogavit, ne ullas hofti inducias concederet, quas tamen ipfe et ultro obtulit, et in has fraudes cum hofte convenit. Cefferunt tandem utrimque caftris, quafi pax effet, fed nova gravamina procul dubio iam ante concertata utrimque fibi iterum obtruferunt. Hoftilitatem non feriam oftentarunt amici hoftes. Et quia adverterunt, fraudem non obfcure adverti, hanc denuo nebulam excogitarunt. Fridlandicus Arnheimius Lufatiam petiit, quafi Bohemiam invafurus. Omnis fallaciae follis, profcriptus olim Comes Matthaeus a Thurn cum Tubaldo, Suedarum copiarum Duce, apud Steinam relinquuntur,

quae

quae (ex concerto) Arnheimico Fridlando praeda forent pariturae multisque fub utriusque fignis. Vt fic Caefari fufpicanti iterum fucus imponeretur, Mundumque murmurantem fpes finceritatis deciperet. Sane Steina fatalis fraudi locus videtur. Non inviti captivi, nec hoftiles hoftes Tubaldus et Thurnanus ad amicos hoftes impunes exinde remiffi fuere. Atque ut orta fufpicio omnino fuffocaretur, cefferunt non folum (ex pacto) aliqua Silefiae oppida, caeteraque contra publicatum, ex fecreto pacto, ab hofte retenta funt. Verum etiam ex Lufatia quafi fugit ante Fridlandi faciem Arnheimius. Campi Magiftro Holkio praeterea per Mifniam cum altero Caefareo exercitu devaftante obvia, Lipfiae occupatio permiffa eft. Neque caufa alia fcitur, cur ea totaque Mifnia relicta, in Bohemiam redierit, nifi ut arte ubique ageretur. Scilicet, ut Saxo ad confentiendum pacificis Arnheimicis confiliis cogi videretur, atque inde Caefareae Maieftati fiducia erga utrumque Impoftorem Fridlandum Arnheimicum, et Arnheimium Fridlandicum crefceret.

Erat Holkius natione Danus, vir impiger, Fridlandico humori aptus, cuius deinde mortem, non ex cordis lenitate, qua carebat, fed ambitus impatientia, quia, ut ipfe inquit, ob illius mortem tota propofiti machina mutanda foret, anxie planxit Fridlandus.

Anno profecto 1632. cum Pragae hyberna difpofuiffet Holkius, fequenti, inquit, anno fine onere ulterioris difpofitionis ad eadem redeundum erit. Obequitans alias cum amico, Comitis Michnae aedes confiderans, eas, inquit, cum caeteris fuis dominis (exulibus) fore reftituendas; fibique,

etfi

etsi vetante lege Caesaris, ne Acatholicus possideret immobilia, domum Pragae emit. Dum in Bohemia Misniac confinia teneret, hostium nemini saluas, quas vocant, guardias negavit. Regis Daniae filium, Rei tormentariae Praefectum, apud hostes non planxit dumtaxat mortuum, sed dum viveret, communicatis continuo literis direxit. Sed irruptio in Misniam, et occupatio Lipsiae, Regisque Daniae, Domini sui, cursor, quo vere, aut ficte, sub bonorum confiscatione in Daniam revocari dicebatur, quod parere nollet, suspicionem impedivere.

De Rege ipso non aliud suspicor, quam quod ei civitates illae, quae Caesareanis ad Oceanum adhuc parebant, quasi defendi non possent, ultro permissa sunt. Quod quando Generalatum resumsit, facturum se Fridlandus ei dixit, a quo credebat, in Aula scitum iri, sed causam addidit, ut ita neutralem Regem conservet rebus, quae Caesari salvari amplius nequirent. Ecquid Rex Daniae toties scripsit, misit, et arbiter pacis esse voluit, mirae sunt Machiavelli artes. Sed ad orbitam.

Iterum fallax pacis fama volabat, iunctis Exercitibus, Imperium se fore petituros, simulabant mundi impostores, et ad pacem compulsuros Principes et civitates liberas, omnemque externum hostem pulsuros.

Caeterum vocato interim tertio artis dolique socio Bernardo ex Saxonibus Waimariae Duci Ratisbona permittitur. Iurabat dolose Fridlandus, (alii putabant pro more praesumtuose) Bernardum contra civitatem nil hostile ausurum, sed solummodo frumentatum excurrere. Vnde nec Electori Bava-

Bavariae Fridlandus auxilia mifit, nec Bernardo difficile fuit, praeter Ratisbonam, magnum Danubii tractum, Auguftam et Monacum, magnasque Bavariae et fuperioris Palatinatus partes in fuam poteftatem redigere. Sic iuvabat ulcifci, fimul Bavari vires minuere, fuas per amicos hoftes augere. Ne tamen et hanc fraudem vel caecus palparet, et quia Imperator urgebat, fimulavit fuccurfum. Imperavit autem, quod exfequi vetuit, movere verfus hoftem, iterumque fiftere iuffit. Ipfeque tandem oftentator perrexit Chamum usque. Sed affumto frigoris praetextu, non fine murmure fidelium exercitus capitum, intentata re, ad confuetas Bohemiae ollas, fictasque pacis fraudisve telas, tanquam aranea redivit, atque in tertia hyberna, invitum exercitu, qui Bernardi et Ratisbonae fpolia fperabat, coegit. Ne tandem plane nihil feciffe videretur, exploratum mifit Chamum et oppidum fibi cedi petiit. Sed audito praefidiariorum (an forte ita iam ante concertato) refponfo, ut in campo Exercitum fuum Fridlandus oftendat, locumque oppugnet, tunc fe fore confulturos. Neque fine machinarum canone quidquam agi poffe, ab exploratoribus refciens, Pilfnam reverfus eft. Vnde Imperatoria Maieftas non aequam fidem facile coniecturans, iterum per Comitem Trautmansdorffium imperavit, omni excufatione fepofita, Bavaro contra Waimarium fuccurrere. Fridlandus vero, tardius iam effe, inquit, frigora incumbere; rem tormentariam in folo iacere; Legiones in ftativis effe, et pacem effe certiffimam. Ne tamen huius certitudinis certitudo peteretur, Viennam Dresda currit legatus Dux Iulius Francifcus, de nimia in pace concludenda Fridlandi duritie quefturus. Electores non credere, Imperatorem omnia petere, quae ille vellet: mitteret

teret fua Maieſtas Commiſſarios, pacem ab Electorum parte eſſe indubitatam, Pragae, dum tranſiret, publicavit. Atque hoc iam obtento etiam tempore, propius acceſſit tempus, ortaque ſuſpicio (quam videbant proditores) maturavit proditionem. Nec ſolum non admiſit alios ex Aula pacis Commiſſarios, rerum conſiliariorumque potens Dictator, ſed Viennam remiſit, quos abinde ex Sileſia fraudulenter in doli tegmen falſa ſpe detinuit. Comitem Strozzium interim, ne imperium Domini omnino deſpicere, nec velle Bavarum tueri, videretur, cum aliqua parte Exercitus miſit, non tamen animo iuvandi, ſed tegendae fraudis, ut hybernarent eae copiae in Bavaria, potireturque ea parte Ducatus, et Danubii oppida acquireret. Pacis concludendae diem deinde Leitomeritii indixit iterumque prolongavit. Donec foederibus ubique firmatis, etiam cum Domus Auſtriacae aemulis potentibus, quibus Domus potentiam quocunque interire, vel minui modo, ſufficeret, tragoedia ſecurius incipi poſſet. Conſcriptis ergo ab Imperatore Pragam Regni ordinibus, ut in tertia hyberna pro Exercitu alimenta rite imponerent, in invidiam Pilsnam vocatis exercituum Praefectis, reiectisque regias vices gerentium Procerum litteris, ob ſolius tituli, praetenſum errorem, quaſi familiariter nimis ſcripſiſſent gratioſo Duci et cognato, tributa diſtribuit Fridlandus ipſe, eaque duplicavit. Imo ad libitum cuiusvis reliquit omnia, totis tamen ſibi inviſis preſſisque opprimendis. Inſolentias quidem affixis mandatis inhibuit; ſed contra transgreſſores quaerentes nunquam audivit. Simplices ſalvas guardias paratis proceribus omnibus dare, modo ab accipientibus in perſonis illaeſi maneant, negavit Tyrannus. Honoribus, titulisque, quos per Caeſarem dare licuit, fictis et novis,

vis, ut plures caperet ambitiofos, alienisque divitiis aperte collatis devicerat iam plurimos militiae Praefectos. Hoftes in vota non minus aftutos, nec invitos traxerat.

Quando fimpliciores per complices ultroque fequaces, apertis contra communem Dominum calumniis, tectis prudentiores feduxit. Suafit quoque fuperbis, ut honores a Caefare, et Iloio, ut comitiis gradum peteret, additurum fe effe fuas preces. Quod deinde Caefari per fiduciarium disfuafit. Superbo nimirum Iloio caufam fuperbiae non effe addendam. Querebatur ille de repulfa. Fulminabat Fridlandus, nec interceffionem fuam a Caefare attendi, neque vulnera militum a Togatis aeftimari, odio haberi omnes ab iis, pro quorum laribus et focis diesque noctesque vitas fuas et fortunas exponant, calumniator arguebat. Schafgotfchio campi Magiftri dignitatem ultro promifit, et per Piccolomineum Rudolpho Coloredio deinde in Silefia contulit. Querebatur quoque ille. Ex aula ita fuiffe iuffum, ingemifcens refpondit Fridlandus. Mirum, inquiunt Iloius et Terzkius, quemadmodum Itali rem fuam agere fciant! Atque fic Schafgotfchio bilis, et inter utrumque aemulatio mota eft, ut dum alteruter forte fidem Caefari fervaturus effet, alter Exercitum in Silefia ad perfidiam cogeret. Ifolano Comiti, levis armaturae equitum Generali, perfuadere conatus eft, loco fuo paulatim fore fubftituendum. Nuntiaffe fe Caefari per Queftenbergerum, nec fe Generaliffimum effe velle, nifi Ifolanus Generalis maneat. Addidit Congiarium centum millium Talerorum imperialium, et fupra Fifcum affignari iuffit. Sed quia Fifcus eo tempore nullum Dominium habebat, vel ut eo magis caperetur Ifolanus, obtulit Terzkius

unum

unum ex fuis, et electionem conceſſit. Illos ſane cepit, quia ſuperbia unum, ſecta alterum trahebant. Sed Iſolanum Romana Religio Germanaque fides altius tollebant. Quin machaeria ſua (in publica Pilsnae menſa ex latere gladium apprehendebat) caſſaturum, quod calamo imprudenter cum aliis ſubſcripſerit, ſingulari cum zelo recepit. Atque ſic, aliisque mille dolis et artibus, omnibus in locis et dubiis caſibus, ita praevenerant Impoſtores, ut Fridlando illi Mahometico, cum Sergio ſuo et Mulionibus, rem ex voto ſucceſſuram, dubitare non permiſerit ingratiſſima ſuperbia. Quin malorum peſſimus Kinskius, amico, aliquando dubia moventi, reſpondere non eſt veritus, eo rem deductam eſſe, ut fallere nequaquam poſſit. Oſtentabat aliis Impoſtor Religionis libertatem, reſtitutionem Exulum, Divitias, Honores, Principatus, Regni ſucceſſiones, aliorumque aliis modis corda vel cepit vel ſollicitavit. Quibusdam Legiones contulit, quas iis, qui in Aula amabantur, vel ademit, vel ita tractavit, ut reſignarint. Novisque his Coronellis per Sergios deinde credulitatem et ſcrupulum movit, quod in Aula odio habeantur, quia eorum legiones et gradus merito adepti fuerint, qui ibidem in pretio habeantur. Auxit praeterea Exulum querelas, et Imperii Principum gravamina irritavit. Atque velut alter Abſolon (neque enim plus filio gratiarum a patre fieri potuit, quam huic a Caeſare) auxilia promiſit, et praeſentanea, quae in armis haberet, remedia. Dedit olim (numquam accepta) conſilia ipſe de Monarchia captanda, quae ſibi imperata fuiſſe calumniatus eſt. Fraudis inſcios aſtu ſollicitavit, inimicos ob Bannum et religionem exacerbavit, omnes ſeduxit re aliqua. Imo unicum a Caeſare ſibi datum Exercitum ſolvendi medium, (Fiſcum) togatos

velle

velle recipere. Quod tamen nec fomniarunt, nec potuiffent, fi voluiffent, quia is folus armis potens executionem in manu habebat. Fugavit ab Exercitu fufpectos ; Legiones eorum dedit aliis. Vnumque Iuvenaftrum bardumque blateratorem Terzkium octo omnino legionibus, cum Generalis Magiftri Equitum dignitate, praefecit. Huic quoque et Iloio rem et dolum commifit. Ipfique poft pocula praefertim multa contra Caefarem et Aulam plurima pro duce fuo et exercitu cum Kinskio perorarunt: facile inclinarunt faciles, fufpicantes fibique fufpectos confuderunt, potentia coëgerunt nolentes, compactisque et fubfcriptis fubdolis coniurationis legibus ad fua redire iuffi funt finguli. Prout in praecedentibus largius legi poteft. Sed hoc notandum eft, quod primae literae, quae fubfcriptae fuere, claufulam continuerint: *quamdiu Fridlandus in Caefareae Maieftatis fide permanferit, Caefarisque fervitia curaverit.* Sed bene iam potis (ducebantur quippe ftatim poft fubfcriptionem ad paratum eo fine convivium) fubiecta fuerunt alia ad fubfcribendum exemplaria, quod pluribus opus effet. Omiffam vero Claufulam cum non nulli adverterent, excufabat loquax Iloius, parus intereffe : fufficientem enim Caefareae Maieftatis mentionem in principo contextus fieri. Non nemo vero alius cum Terzkio dira imprecabantur iis, qui haec movebant; neque enim iam tempus difputandi effe, fed fubfcribendi. Paruere quoque viri boni, fefeque ad meliora fervarunt. Difcordiae five diffidentiae huius certior factus Fridlandus, poftero die univerfos fimul admifit, et ex fraudum pulvinaribus, iacebat enim ad maiorem commiferationem in lecto, dolores fuos anxius peroravit, quam pridie Iloius, et ob Colonellorum fufpicionem, maiorem fe refignandi caufam habere, quam ob Aulicorum iniurias;

rias; acquievit tandem, concertatis deprecatorum precibus, quas Iloius recitabat, iterabant complices, tacebant alii, èt ingemifcebant. Exinde Schaftenbergerum Generalis Magiftri Equitum dignitate collata Magiftro Comiti Campique Aldringerio, cui non fidebat, per Auftriam hybernanti oppofuit. Schafgotfchio vero omnem in Silefia poteftatem in Colloredi aequilibrium contulit. Reddiditque utrique Coniurationis fubfcripta exemplaria. Atque Gallaffium, Aldringerium et Collaredum iam fufpectos ad fe citavit, Piccolomineum vero, quem (usque ad mortem) fidelem praedixerant Aftrologi, cum omni imperatoria, ipfumque Aldringerium capiendi poteftate, in Auftriam fupra Onafum tandem mifit. Tranfitus verfus Italiam et Salisburgum ad fubfidia Caefari praecludenda, occupari iuffit.

Hifpanicas quoque copias aut ad vota trahere, aut caedere. Paffaviam, Linzium, aliaque in litore Danubii loca praefidiis munire, removere fufpectos, furrogare alios legionibus Tribunos, fe quaecunque petierint, femper fubmiffurum fubfidia, Schaftenbergerum fore pariturum, et erumpente vndique confpiratione, Caefarem cum domo Auftriaca captivum duci, aut necari oportere. Schafgotfchio vero in Silefia rem tormentariam Glogoviac in fuam poteftatem redigere; Troppaviam, Glazium, Lignizium, aliaque oppida praefidiis tenere, recenterque confcriptos Hungaros, qui in Moraviam venirent, caedere, nec ipfum parere, fi quae ex Aula mitterentur iuffa, nec parere quenquam permittere, imperavit. Quibus et fimilibus ita dispofitis, Aulae iterum perfuadere conatus eft maximus humani generis impoftor, capitis fui facta commiffione, pacem certam fore. Quem in finem
pro

pro contentando non nihil exercitu quater centena millia Imperialium Thalerorum infallibiliter sibi statim numerari petiit, et pro Ducatu Mechelburgensi sibi satisfieri; ut ita tempus rursus lucraretur, dum peteret, quod tam cito fieri non posse, ipse sciebat. Qua pacis fallacia denuo sparsa, variebatur locus et dies, et aegritudinem simulabat seductor. Imo mortem certiorem esse, quam vitam, chirothecarii Praga vocandi dicebantur, ut in pelles caninas Machiavelli feram (unicum sanitatis remedium) insuerent. Verum interim animi explorabantur, membrorumque mutilatio quibusdam, alii mors, domuique gloriosissimae, cum Imperatoria Regiaque Majestatibus, neces praeparabantur. Imo vero Regem Serenissimum Bavariaeque Electorem vinctos sibi adduci iussit, quando a fiduciario intellexit, Commissarios Linzium sub praetextu comitiorum mitti. Sed ideo fieri, ut Rex sub hoc praetextu cum Avunculo Bavariae Electore ageret. Redeunti quoque Schlissio Dresdam aiebat Kinskius, eo rem devenisse, ut pacem Caesar subscribat, vel pereat.

Diem tandem nonum Februarii pro altero conciliabulo nominabat Fridlandus. Queftenbergeri Instructionem et literas Caefareas, quibus 5000. Equitibus serenissimum Archiducem infantem et Cardinalem Ferdinandum Caesaris nepotem per Imperium in Belgium deducere iubebatur, pro scopulis calumniae assumpsit, quamvis eius discretioni omnia permisisset Imperator. Exaggeravit, quasi dividi vellent Togati Exercitum, et perire. Quare omnium legionum stipendia numerare, et pro solutione ad Aulam mittere proposuit. Ni stipendia obtineret, cuius ipse difficultatem melius scivit, universalem mutinationem incipere. Conveniunt ergo

ergo Pilfnam Colonelli, Confiliorum Socii, vel fic nonnulli crediti, aliique non obfcure fufpecti. Dimittuntur ftatim illorum quidam ad fuas legiones, fufpecti cum quibusdam alias retinentur. Dux Francifcus Albertus cum Exulibus Guilielmo Comite Kinskio, et Colonello Schliffio Dresdam adfunt. Caufam eminendi (fed caufam Fridlando pridem exploratam) fingit Arnheimius, quo abfente de pace et Armorum conjunctione nil poffe concludi, eo praefente, indubitata pax fpargebatur. Petebatur interea ad fraudem tegendam, ab Imperatore Legum politicesque peritus, et Imperialis aulici Confilii Senator Doctor Iuftus Gebhardus remittebatur. Sic ars arte ludebatur. Sapiebantque Fideles fideliterque agebant, atque Imperatorem undique monitum vehementius movebant.

Adeoque vigefima quarta Ianuarii 1634. Fridlandi exauctoratio five Bannus Viennae fubfcriptus eft. Quo diplomate ultro ignovit omnibus Caefarea clementia ad fubfcribendum coniurationi dolo feductis, Fridlando cum duobus aliis excepto. An forte unus alterve ex tribus, quatuorve Antefignanis, dum finguli fe putari non crederent, oblatam veniam non defpiceret, et coryphaeum defereret, addiditque fua Majeftas imperium Gallaffio, Aldringerio, Marradae, Piccolomineo, Colloredo, Goetzio, et Suifio interea obediendi, donec alius Generaliffimus legaretur, fidemque Colonelli legionumque praefecti Matthiae Comitis Galaffii Vicelegati manu fubfcriptis Diplomatis copiis, fpondere iubebantur.

Comes Aldringerius, cum iam pridem fufpicatus fuiffet, ut dictum eft, refignare volebat. Auxiliarium Hifpanorum, poft Ducis Feriae mortem, Gene-

Generalatum ambire non nulli putabant. Sed negabat Fridlandus et Pilſnam citabat ſuſpectum. Ille autem aegritudinem ſimulans, Comitis Marradae ditionem ingreſſus, in villa quadam cunctabatur. Fridlandus magis factus ſuſpicioſus, quaſi honorificaret, per tria diverſa itinera currus et tibicines, qui eum velociter adducerent, miſit. Aldringerius Travenbergam ad Marradam ſe recepit. Eſt Travenberga Arx fortiſſima, uno ſolo milliari Budovitio in promontorio ſita, quam Comes Marradas ut ſuam totamque viciniam ſuo milite tenebat. Hoc, tanquam ſuis conſiliis contrarium aegre ferens Fridlandus, a Marrada Arcem licitatus eſt. Videbat nimirum, hanc Arcem niſi in ſuam poteſtatem redigeret, et Marradam cum ſuis amoveret, paſſus in utramque Auſtriam Crumlovii, Budovitii, Trebonae, et Taborii ſe non fore potentem. Sed cum plus, quam alias petiiſſet, pro Arce offerretur, in ſuſpicionem intravit Marradas, et vendere recuſavit. Donec fraus erumperet, Aldringeriusque accederet, (cum jam cum Piccolomineo ibi fuiſſet) Comes Matthias Gallaſſius ad perſuadendum, et quaſi medendum infirmo affini, aſſumto ſecum medico, a Fridlando miſſus, ipſe quoque Frauenbergae maneret. Reliquerat Gallaſſius, ut minor foret ſuſpicio, familiam ſuam Pilſnae, domumque pro Aldringerio parari iuſſit, et magnam omnigenus Victualium proviſionem Praga advehi.

Tertius quoque Campi Magiſter, comes Piccolomineus, cui Fridlandus plurimum fidebat, tum quia externus et impiger miles eſt, tum quia ſibi ſemper fidelem agnovit (quamdiu ipſe fidelis manſit) fidelemque moriturum, Arioli agebant, ne Gallaſſius ab Aldringerio (aperte iam contrario) detineatur, dubium movit, acceptoque mandato,

ut

zur Geschichte Wallensteins.

ut equitatum in Auftria fuperiori hybernantem quantocyus adduceret, Frauenbergam et ipfe tanquam ad fidelitatis afylum, Auftriacaeque falutis portum, ex Pilsnenfi perfidiae officina avolavit. Dividebantur Provinciae, advocabatur Baro Suifius, et Pragae praeficiebatur, cum iam Caefaris imperium eo praemiffum fuiffet, uti quoque ad legiones fingulas, in Silefiam, Moraviam, Auftriam, et Bavariam copiae miffae fuerunt, Taborioque et Budovitio fortiffimis oppidis provifum, pergit Gallaffius in Auftriam, Aldringerius in Danubii partes fuperiores, Piccolomineus vero, prout convenerat inter eos, cum quatuor millibus equitum contra perfidos Pilsnam verfus ex fuperiori Auftria feftinavit. Gallaffius Imperialium exercituum vice legatus, vi fupradicti Caefarei Diplomatis, fingulis praeterea legionibus Pragam movere, aliis loca fibi commiffa tueri, imperavit, nec Fridlando, Iloio, aut Tertzkio amplius obedire. Addidit Caefarea Maieftas fingularia fingulis, quos fideles fciebat, legionariis imperia, et per curfores duplicata transmifit, atque Colonello Iohanni Wanglero Luxenburgo in abfentia Beckii, qui Pilsnae rem Caefaris agebat, Pragam commifit, a Gallaffio iam ante Baroni Svifio commendatam. Sed ante horum caeterarumque legionum adventum, Regias vices gerentium, Regni Procerum, Adami Baronis a Walditain, fupremi Burggravii, Iaroslai Borzitae Comitis a Martinitz, fupremi Regni (quem Aulae vocant) Praefecti, Friderici, Baronis a Talenberg, fupremi Regni cubicularii, Henrici Libfteinski Baronis a Kolowrat, fupremi Regni Iudicis, Guilielmi Popelii Baronis a Lobcowiz, fupremi Feudorum Aulaeque Regiae Iudicis, et Chriftophori a Wratislaw Equitis a Mitroviz, fupremi Regni Secretarii, providentia et fedulitate, Beckianarum

Mor-

Morvaldianarumque Legionum, et Waldſtainiana-
rum cohortum auxilio, poſt publicatum Caeſareum
diploma a ſuspectorum et perduellium incurſu ſecu-
ram redditam, Pilsna eodem tempore iuſſa plane
contraria, ſed itidem, ut ad 25. Febr. Pragam fe-
ſtinarent legiones, exivere. Paruiſſent profecto
multi alterutris imperiis, niſi in manu Dei forent
corda Regum, et iam prius, quod dictum eſt, Pragae
praeventum fuiſſet, Albis et Moldaviae paſſus in-
tercluſi, et fortiora oppida praeſidiis munita. In
quibus Balthaſaris a Mohra, Bekianae Legionis Vice tribuni, ab Aldringerio, qui Colonellum Pilsnae
ſciebat, literis admoniti, ſolers fidelitas multum
cooperata fuit. Tenebat interim Fridlandus triginta circiter ſupremos Legionum Praefectos Pilsnae incluſos, nec ulli, praeter Adami Erdmanni
Terzkii voluntatem, oppido excedere licebat. Volebat autem praeter nuperrimam ſubſcriptionem,
iterum manu et ſigillo obligare omnes, non minus,
quam hactenus parere ſibi, dum forte Caeſar ex
quorundam perſuaſione alia imperia mitteret. Scri-
berent autem omnes ſimul Caeſari, et Novationis
cauſam perquirerent. Quod Ioannis Beckii, ab eo
tempore, quo primae coniurationis literae ſub-
ſcriptae fuerunt, potius mori, quam in fide pro
Deo et Caeſare minimum vacillare reſolutiſſimi, Germana fides et ſincera mens arguit, et manibus pe-
dibusque diſſuaſit commilitonibus, Iloio imperterrite denuntiante, ſe non pariturum, petere dimis-
ſionem ex oppido, et ſocios ſperare. Quare mu-
tato ſtilo, tanquam in prioris (in Paraeneſi memo-
rati) ſcripti expoſitionem et ſyncerationem, lectus
eſt facilior conceptus. Si noſcatur, quidquam contra fidem erga Deum, Domumque Auſtriacam at-
tentari, ut nemo nec hoc, nec illo in ſcriptis ſa-
cramento amplius obligaretur. Videbant iam pro-
dito-

ditores, quantum poſſent, ſed tamen hoc melle ſuſpenſos inclinatosque animos tenere ſperabant, donec hoſtium adventu aperte auderent. Quaſi vero ad eos ſolos ſapientia perveniſſet, nec ullus amplius quicquam ſalis haberet. Dum haec ita Pilsnae negotiabantur, deferebantur Travenberga per Bohemiam in Sileſiam, et ad alia loca, quo oportebat, nova Caeſareae Maieſtatis imperia. Atque Pragae quam primum, ut dictum eſt, publicata fuere, erexerunt aperte (uti iam triduum caute diſpoſitum proviſumque fuerat) Legiones Bekianae, cum Morvaldiana, et Wallenſteinianis 4. cohortibus arma et vexilla, pro Caeſare, contra Fridlandum. Vrbem, Albis, Moldaviaeque vada et pontes cuſtodivere, ne ſuſpectae quaedam, praeſertim Tertzkii Legiones, perrumpere poſſent. Taborium quoque cum 200. militibus ad praeveniendum Dragonariorum Colonello, quem Fridlandus mittebat, feſtinaverat iam ante Beckianus Capitaneus Preisgen, ſic Aldringerio aliquot diebus ante publicationem privatis litteris iubente. Nec dum haec ſciebantur Pilſnae, etſi iam Colonelli Deodati cum legione fuga Glatovia verſus Budovicium conſtaret, cum Fridlandus ſupra memoratum ſcriptum cum 30. aliis manu ſigilloque firmaret. Inde excogitata alia fallacia, qua Ludovicum Marchionem Gonzagam, et Ioannem Beckium, Luxemburgum, Pilſnae detineret, illum Equitum, ob familiae cum Caeſare coniunctionem, amoremque inter Equites, hunc peditum Legionarium, ob nationis ſinceritatem, ſingularem fidem, animoſitatem, viſamque cum Caeſari fidelioribus non ſolum familiaritatem et vehementiam cum timidioribus, ſed etiam, quod imperterrite multa pro Caeſare, et contra Fridlandi geſta ſvadere et diſſuadere auſus fuerit, Legione vero ſua Pragam teneret. Opus, inquit Iloius, Duci eſſe

esse quatuor Legionum Tribunis, qui in Caesaris fideique Catholicae securitatem, minoremque suspicionem (quando quidem Ducis acta cavillari quidam velint) tractatui Ducis cum hoste assistant, ut eos eligat, concio iubet; sed prae caeteris Gonzagam et Beckium Duci placere, quibus Domus Austriaca et Romana Religio satis fidere possint.

Negat uterque, manere se posse. Atque Beckius militem Caesareae Maiestatis, non iuris politicesve huius peritum se, ait. Instante Iloio, si adesse cogatur, cogi tamen se non posse, ut verbo adstipuletur rebus, quas non intelligit, respondit. Si tandem ut mutum testem (quod insinuare videbatur ille) voluerit, plane se nolle, nisi a Caesare imperetur, quod praeter professionem illius sit. Gonzagam quoque nulla excusatio iuvit, etsi legionem foret resignaturus. Ambobus enim imperavit Iloius, caeteros Tribunos ad suas Legiones redire posse, et servitia Ducis et Exercitus attendere debere. Abiere statim ex cavea alacres alii, fidentiores aliquamdiu mansere, in fraudem non nulli.

Ioannem Wanglerum, Luxemburgum, Teuffenbachianae Legionis Vicetribunum, qui primus Coniurationem in Aula Caesarea per literas detegerat, tum legionis valor, tum Tribuni (qui Caesari a latere intimisque consiliis Fridlando obstare iam tum videbatur) singularis fides, tum expertus in Consiliis et progressibus, pro Caesare, patrisque senioris Ioannis inter seniores Colonellos fervor suspectum reddebant. Vnde non sine veneni suspicione gravissime decubuit, sed convalescens cum aliis etiam Pilsna dimissus est. Beckius deinde a Fridlando vocatus, insuetis rituum honorumque et verborum lenociniis mulciebatur. Pragam, inquiebat

quiebat poftridie, quae erat vigefima tertia Februarii dies, (praemiferat iam, qui viam pararent, et regnum) fe iturum. Ibi Beckium cum fua legione fore manfurum, melioremque caeteris femper habiturum conditionem. Rediret; poft fudatorium, quod ingrediebatur, pluribus agendum effe. Sperabat nimirum Pragae mutinationem *) tuto incipere fe poffe, prout eodem non minus fibi electas legiones citavit, quam Gallaffius, in fide cognitus. Vel fi non fuccederet, propofuerat Zittaviam ire, ubi Arnheimium et Schafgotfchium (quem non dubitabat Exercitus in Silefia effe potentem) vicinos haberet.

Dum fudabat emaceratum ambitione et vindicta corpus, aliam fudoris caufam nuntiabat Terzkius, qui Pragam praecurfurus, in medio itinere iuniorem Colonellum Sparrium obviam habuit, et legiones Pragae in armis effe, ab eo refcivit. Furit furibundus, fed tandem aliquando in vanum, Fridlandus, et fugam ftatim parat. Terzkius inftar Bacchi flaminis in civitate difcurrit, omni platearum coeno fe tanquam porcum inficiens. Nae viam fibi in alio loco bacillis, quos more Calviniftico manu ferebant, uti Confilii impotes, inclinato capite terram quatientes cunctabantur Iloius et Kinskius. Chorealem ille levitatis faltum (more gallico) addidit. Hic *Monela*, *Monela*, iteravit. Erat autem Monela apud Gallaffium famuli comici ibidem praefentis nomen, quafi diceret Kinskius, Gallaffius nobis fucum impofuit. Pararunt ea nocte omnia ad abitum, pofteraque die quae erat 23. Febr. vocato Gonzagae Marchioni ftatum fuae Familiae, et per nuperam Mantuae occupationem a

Cae-

---

*) *Ammutinamento*, feditionem. Patet ex ifta et aliis vocibus phrafibusque hominem Italum fuiffe huius fcripti auctorem, forfan a Piccolomineo mercede conductum. *M.*

Caefareanis illata damna, et quas calumniator vocabat iniurias, ob oculos pofuit, utique fecum ad maiorem fortunam velit, ad monuit. Negavit Gongaza, quod Caefareae Maieftati iuramento obftrictus maneat, et negotia, ob quae iam pridem in Italiam ire defideravit, omnino expedienda fibi fint prius, quam aliud quidquam agat.

Vocato deinde Ioanni Beckio ad congreffum ftatim bis digito minatus eft, et repetiit: *Tu me decepifti.* Bis ille conftanter ait, nihil fe promififfe, ergo nec decepiffe. Ac fi nefcirem, tertio inquit ille, in omnibus congreffibus te moviffe, quantum Caefari obedire conveniat, tuusque tibi Vicecolonellus Praga non fcripfiffet, quemadmodum ibi agatur. Hoc quoque negavit. Non enim fcripferat, fed per Nuntios et antequam Pragam difcesfiffet, convenerant, ut quod Caefari et Reipublicae expedire cognoverit Vice-Tribunus Balthafar a Mohra, hoc ageret. Litteras fuas, quos forte fcribere cogi poffet, non attenderet. Illud autem confeffus iterum fatebatur, confcientiam fibi et praeftitum iuramentum adhuc idem imperare, Imperatoriae Maieftati parendum effe. Non potuit, quin laudaret viri imperterritam conftantiam inconftans tyrannus. Verum, inquit, te nihil promififfe, fed alii promiferunt, et deceperunt. Ire poteris, sed craftinum Pilfnae expecta. Quia valerofum te militem et apertum Germanum virum femper cognovi, potero et ego inter Fortunae Equites in pofterum fatorum aufpicia fequi. Tandem circa horam nonam, confcenfo cum Iloio Terzkio et Kinskio curru, Egram fugit. Plus rififfe in hoc abitu (fed plane coacte) et plus fimulatae animofitatis monftraffe dicitur, quam alias unquam. Multos fecretarum litterarum fafciculos tum Pilfnae, tum in Mies, tum Egrae deinde combuffit. Pilfnae con-

zur Geschichte Wallensteins.

contra Caesari fideles defensio commissa est Bernardo Hämerle, Ducis Iulii Henrici Vicetribuno, quem cum Sparrio, rei tormentariae praefecto, Pragam festinantes revocavit Fridlandus. Iusserat iam Sparrius equos pro re tormentaria et sarcinaria avehenda Pilsnam properare. Sed alii Pragam transire non sunt permissi, alios Rockenzanii offensos secum Pragam reduxit Beckius. Plurimos nihilominus Sparrius Fridlandi fugitivi sarcinis avehendis obtinuit. Ipseque cum Duce Iulio Henrico usque in Mies secuti cum Fridlando ea nocte mansere. Pragam et Viennam citatis equis cucurrit Dux. De Sparrio, rei tormentariae praefecto, uti veniret, Pragae agebatur. Vigesima quarta die Februarii, qua Pragam cogitavit ingredi, Egram intravit, et vigesima quinta sequenti, qua intentum suum Pragae se assecuturum non dubitavit, Egrae confossus est immanis Fridlandus. Prandio exceperat Terzkius Iloium, Kinskium, Buttlerium, Gordonium, et alios. Ad coenam in Arcem invitabantur, vel semet invitabant ad Gordonium omnes. Buttlerius Dragonariorum Colonellus fugientem Fridlandum Pilsna comitatus fuerat. Egrae commendabat Gordonius Terzkianae unicus Legionis Vicetribunus, cuius Vigiliarium Praefectus erat Leslius. Hibernus ille et Catholicus, hi Scoti Heroes, et acatholicae religionis erant. Ostendit Buttlerius commilitoni et conterraneo Gordonio suo, quid expediat Reipublicae et honori proprio: vivos, aut mortuos tradi debere perduelles, et fugaces proprii Domini siccarios. Conclusit cum Leslio. Negavit aut timuit non nihil Gordonius, donec hac eadem 25 Februarii, vocatis ad se, multa de Austriaca (quam vocabat ingratissimus mortalium) ingratitudine calumniatus fuisset Iloius. *Clave,* inquiens, *aurea, aut equo claudo, compensare Princi-*
pes

pes Auſtriacos diuturna militum officia. Dominium ſi addant, *ſignum eſſe mortis ſecuturae: Ducis Fridlandi liberalitatem mundo conſtare ; Eum poſſe et velle illis benefacere, ut turent, iuſſa Caeſaris amplius ſe nolle recipere.* Negarunt quidem, ſed inſtitit Iloius, et Kinskius : *Nihil eos habere, quod ſub Caeſaris poteſtate ſit. Externos eſſe; a Duce opes et honores ſperent.* Tandem dilationem obtinuere. Interim Egrenſi Senatui poſtero die frequens in curia conventus indicebatur, ut in verba Fridlandi iurarent. Nolentes rotis, palis, gladiis, diverſisque aliis cruciatibus tam diu fore luituros, donec deſint, qui reluctentur. Quod crudele mandatum eo magis Gordonium etiam movit, quod videret curſores ad Waimarium, Arnheimium, Coburgenſem, Birckenfeldium, aliosque Rebellium anteſignanos excurrere, et Francofurtum ad Moenum mitti, qui Oxenſternium, Svecorum Magnum Cancellarium, informet, et Galli Regis Legatum Pragam venire perſuaderet. Idem ſibi, quod civibus ominabantur, niſi Caeſaris fidem eiurarent, neque ſe Deo rationem fore reddituros, ſi eam Civium ulterius ſtatim ituram lanienam, etſi ſibi periculum nullum foret, permittant. · Deo feruntur, (et ſanc neſcii quaſi ſui) ad mactandum perduelles reſolvuntur. Moriendum profecto potius ipſis erat, cum iuſtitia et honore, quam vivendum cum dedecore et maiori vitae periculo. Nam naturalis erat vitae et famae defenſio, quia utrumque in praeſentiſſimo periculo videbant, etſi caeſareum diploma, quod a Gallaſſio tamen acceperant, non vidiſſent. Ibatur ergo ad Coenam, et, cum appoſitis iam bellariis, Fridlandi, Electorum Saxoniae, et Brandenburgiae, Ducum Francisci Alberti, et Bernardi Waimarii, Oxenſternii, omniumque, quos illi bene intentionatos vocabant, ſaluti

liba-

libarent Proditores, illi Caefarei Maieſtati voverunt, damnasque illos eſſe iuſſerunt fideles, dictoque affuerunt Executores, et perfidiam voce arguentes, ferro vindicarunt. Praeceſſerat nuper aliud ſanitatis poculi plane novum genus. Dum feria quadam ſexta in circulum porrecto ex cuſpide cultri bolo carnis aſſae, praeſumtoque bibit Kinskius in ſanitatem Ducis Fridlandi, et eorum, qui eum ſequantur. Nolebant nonnulli Eccleſiae violare praeceptum: hos ridebant alii, et alacres idem faciebant. Atque quod vafer Kinskius quaerebat, omnium mentes et affectus, qui fiducia digni forent, ex diſcurſibus et actionibus perſpexit. Terzkius vero, uti et alias inter pocula idem dixiſſe fertur, ſumto bolo et hauſtu, ad infernum ſe cum Fridlando ire velle ait, non ſolum ſpargere ſanguinem pro ipſo et fortunas, ſi ita ſors tulerit. O veriorem Aſtrologis Terzkium vatem! Ne nullam illi virtutis ſpeciem infuiſſe putaremus; hic vates evaſit, et voti compos. Quando ergo tres nominati Heroes, non ſolum proditionis, ſed etiam inculpatae tutelae cauſa, in necem proditorum iuramento iam ſe obſtrinxerant, rem etiam Buttlerii Vigiliarum Praefecto Geraldino ſiderunt. Ipſeque et aſſenſit ſtatim, et ſex Executores animoſos fortesque iuuenes obtulit. Vnde et tres alii Capitanei in arce excubantes, detecto propoſito, in iuramentum aſſumendi videbantur, ne tumultum futurum mirati inconſulte quicquam agerent. Deductis itaque ad coenam proditorum famulis, datoque ſigno, irrupere ſtrictis gladiis Hiberni, Scoti ſeu Angli, ſive veri divinae iuſtitiae Angeli contra malos Angelos, humani Luciferi Fridlandi Aſſeclas, atque intra ſeptimam et octavam horam veſpertinam trucidarunt quatuor illa Proditorum ſcelera, Iloium, Terzkium, Kinskium et Neumannum. Erat Neumanmannus olim Fridlando a fecretis, inde fub Holckio equitum Capitaneus, iam etiam coniurationis, aliarumque fecretiorum literarum, callidae haerefeos et perfidiae faber. Informatis, et in fide firmatis exinde Vigilum in Arce Cohortibus (quas confiliorum infcius tumultus turbabat, fed confcii Capitanei continebant) apertisque civitatis portis, 100. Butleriani Dragonarii intromiffi platearum angulos occuparunt. Obfiderunt quoque Butlerius et Geraldinus hofpitium Fridlandi, produétisque taedis ftipatus invafit aedes Capitaneus Ebrox, *) ruptaque cubiculi ianua, (quam confcientia urgente, ipfe iam Fridlandus intus occluferat) etfi cubicularius digito os compefcens, ne Ducem dormientem irritarent, obviis nueret, conclave ingreffus Ebrox trepidantem et inclinantem dorfo ad menfam, uti nudus (praeter imam tunicam) ex lecto furrexerat, nec ad Ebrogis increpationem (*Tune, perfide proditor, Caefaream Militiam ad hoftes traduces, et Regnum Bohemiae ambis?*) ullum verbum refpondentem lancea transfixit immaniffimum, tanquam alterum inter homines Luciferum, totiusque humani generis ingratiffimum Vafallum. Involutumque ftatim cadaver tapete ad angelos fuos ad arcem vexere. Direptaque Fridlandi, Iloii, et Neumanni, quae obvia erat, fupellectili, caeteram ad eandem arcem detulerunt. Terzkii et Kinskii, qui fimul habitaverant, hofpitio intacto, omnia uxoribus, quae praefentes erant, relicta funt. His ita feliciter peractis, caufas et gefta vicinis praefidiis denunciarunt, et in fide confirmarunt, miffusque eft Leslius ad Gallaffium, atque inde ad fucceffum Imperatoriae Maieftati referen-

*) Walterus Devereux; M.

ferendum. Transvecta sunt tandem cadavera in Mies, nuper a Caesare Iloio oppignoratum oppidum. Neumannus sub patibulo sepultus est, caeteri ob foetorem in terram leviter dimissi, exspectant sententiam, aut extremum iudicium.

Clementissima illa Caesarea clementia (quae semper mallet contra se nescire facinora, quam punire) ignovit statim non nullis incarceratis, vel arrestatis, et cognitam aliorum perfidiam, quod capite fracto, amplius nocere posse non omnes viderentur, dissimulavit, gratiisque fidem redimere potius censuit piissimus Imperator, et gratissimum cum Iulio Caesare genus veniae putavit, nescire, quod quisque peccasset. Bis nimirum victor (armis et virtute) occidit inimicos, dum pepercit; acquisivit amicos, dum extulit. Sic L. Marcellus Brantium transfugam beneficiis reconciliavit, non poena cohibuit; acrem militem hosti ademit, sibi iunxit. Vnde frustra quaeritur: Cur Caesar non castiget omnes merentes, nec publicet machinationes fraudesque et insidias omnium? Iam pridem enim mundo vota Caesarea Bonitas hoc cohibet. Molesque nimis gravis foret, et apertorum inimicorum nimis fortis catena. Ecquis viveret, si Iupiter semper torqueret fulmina in merentes? Frenum est dissimulatio, quo laxato, omnes aperte agerent hostiliter, qui hactenus sperant latere suam malignitatem; vel fugerent, mundumque involverent. Vno verbo dicam, dissimulare qui nescit. Ecquid enim iuridicos Processus quidam aut imprudenter aut malitiose pro Posteritatis fide desiderant. Quasi vero historiae sacrae ipsiusmet scripturae, T. Livii, aliorumque historicorum, aliter narrarentur, quam hae paginae; sciebant, inquiunt, illis temporibus omnes omnia, et universali scientiae Posteros non credere, nefas foret. Sed unde hoc

hoc fcis, quod fciverint omnes? Imo vero, quae multi Hiftorici fcribunt (non dico de Moyfe, cui fides credere iubet) aliquot feculis ante eos gefta fuere. Quae autem hic de Fridlando dicuntur, et Affeclis, cui bonae mentis Patriotae tum ex propria notitia et experientia, tum ex Proditorum actionibus et fcripturis mundique oculato teftimonio, atque tot aliis hoc libello clariffimis enarratis fignis, et fole clarioribus actibus et eventibus (qui eventus ipforummet dementium magiftri effe folent) non inftant? Nifi quis affectus labe caecus, vel confcientiae tabe infanabilis negare maluerit, quam cum bonis omnibus Soli lucem tribuere. Sufficere videtur, in flagranti deprehenforum alios occubuiffe, alios in carcere teneri, ne factiofi factiones, quod incipiebant, factitent. Imo nihil mihi dubii relinquitur, poenitere Caefaris fanctitatem: ob nimis publicam facinorum certitudinem, iuftitiae fatisfacere aliquantulum debuiffe, nec omnia innatae pietati tribuere potuiffe. Ecquem latet, quam aequo femper animo omnium iniurias, hilarique vultu tulerit facratiffima Maieftas, et honoribus donisque ultro cooperuerit? Et fane multi facerent iterum, fi fe feciffe crederent. Foretque caftigare unum et irritare decem, contra coelum fpuere, in fe ipfum recafurum phlegma. Verum quidem eft, hoc quoque nocere fubinde, atque fic nuper bonum optimumque iterum venditum fuiffe Imperatorem; fcit tamen Deus tempora, finceritatem non deferet, et Monarchiam dabit, cui voluerit.

Hic tandem Fridlandici Seiani finis fuit, tanquam pulveris, quem projicit ventus a facie terrae: ut, qui plusquam Timurlanicam altero die Egrae incepturus erat tyrannidem, Egrenfium fupplicus

pliciis caeteras urbes et Provincias territurus, (dum nimirum omnia perdidissent, dumtaxat vitam deditione servarent) in sanguine suo, velut venabulo tactum animal rationale sine ratione, omnium stultissimus Tyrannus, sapientissimi Salomonis pompae aemulator, perierit. Sane prae omnibus potentia et opibus, honoribus et dignitatibus, nulli unquam mortalium tam facile collatis, cum auctus esset, adeo superbivit, ut plus quam mille capita (praeter lixas et colonos, custodum vigilumque cohortes, quibus omnibus cum 1072 èquis, praeter hominesque equosque, quos in album referre non audebant, in Bohemia assignabantur alimenta) in aula sua numeraverit. Hic talis ex Barone (habito pro non nihil mente capto) factus comes, exinde S. R. Imperii Princeps; Dux paulo post cum mero imperio, in Bohemicis suis plusquam quinque millionibus aestimatis possessionibus. Numerabat autem in Bohemia sola Vasallorum sive Agricolarum 10257; exceptis, qui Regni tributa non pendunt, vel in Album collati non fuerunt. Megapolitaniae vastissimum Ducatum in Imperio deinde etiam obtinuit, et tandem Sagani et magnae Glogoviae Ducatus in Silesia, taceo potentiam, qua in Regnis et Provinciis haereditariis Austriacis adeo pofluit, ut in omnibus, quae mens suggessit, appetitus vel furor imperavit, steterit pro ratione voluntas. Hic, inquam, tot tantorumque beneficiorum immemor, eo perfidiae processit, ut Augustissimo Caesari, largitori omnium, domuique eius gloriosissimae, et Bonis omnibus interitum, et necem machinari ausus sit. In hoc peior esse Lucifero, quod ille Altissimo prae angelis voluerit esse similis; hic inter homines altissimo suoque tanquam creatore enecato, prae hominibus voluerit esse altissimus. Hunc in finem Pragensium Martyrii jam
pridem

pridem defignatio fciebatur, qua quisque morte periturus, vel queis membris mutilati profcribendi erant finguli, nifi in manu Dei effent corda Regum, et ingrata nimis immanitas corda immifericordium etiam quorundam fimul cum caeteris bonis tetigiffet. Atque hoc fine Deo factum non credo, quod Pragae plurimi iique, quibus tyrannus erat infenfiffimus, perfidiam viderint, et vitae fuae timuerint, nullus tamen fugam capeffere cogitarit. Captus praeterea eft, et Egram ductus Dux Francifcus Albertus, Electoris Saxoniae Campi Magifter et Agnatus, qui Pilfna Ratisbonam miffus, Waimarium cum Exercitu in Bohemiam celerare perfuaderet. Monitus erat ab Iloio, ut Egram redux feftinaret, quod eo Fridlandus fe reciperet; fed et ipfe Iloio refcripfit, et comites tubicinemque obvios petiit. Has literas intercepere perfidorum Executores, et obvios mifere fuos. Fidebat ille tanquam Iloicis comitibus, Caefaream Maieftatem conviciis exagitabat, viris fidelibus Caefari, et bonis mortem, omniaque dira non minus quam in illis ad Iloium literis, quibus mortem et capitum fractionem tanquam perfidis, qui perfidiae non affentientes Imperatori datam fidem fervabant, minatus eft. Miraque de conjuratione dixit, et captivum fe ducenti Comiti recenfuit. Sed ubi iam propior factus, urbi captivum fe effe intellexit, et Fridlandum cum Affeclis mortuum, tremuit, et quam primum Vicecapitaneo Mofero aureorum ungaricorum decem millia, unum Dominium in Saxonia, et promotionem apud Saxonem obtulit, fi dimitteretur. Negantem rogavit, ne ad urbem duceretur, eandem fortem, quam actorum comites fortiti fuerant, procul dubio pertimefcens. Quae omnia omnibus, et fingula fingulis, pleraque vero etfi publice conftent, ipfique generales militiae

Prae-

Praefecti et Legionum Tribuni agitata, machinata, conclusa, sibi promissa et persuasa, bona fide non minus recitent, quam ex nefariis Iloii ad eosdem Pilsnae habitis perorationibus, et a coactis fraudulenterve seductis simul cum siccariis subscriptis coniurationis litteris, tum etiam, ex interceptis hinc inde Iloii, Terzkii et Ducis Francisci Alberti Epistolis, sine dissimulatione appareant; atque Complicium in Iudicio confessiones, eorumque iuratae relationes, quibus cum frustra et in suum caput Fridlandus in fraudem egerat, minutim omnia dicant; Vox tandem Populi, quae dicitur vox Dei, nihil praeter Tyranni dolos prae se ferant, eosque eventus demonstrarit. Taceo monumenta, quae studio adhuc prudenterque reticentur. Taceo Silesiam amico hosti permittendi, Comitemque Marradam, malis consiliis minime aptum, hosti tradendi animum iam tum habuisse Fridlandum, cum Anno 1632 eidem debiliores copias ibidem subderet, copiisque apud Stainam parcere convenisset, dum Marradas occubuisse vel captus sciretur. Non tamen desunt, ut supra dictum, ipsique, qui vel consilio, vel congiario, vel affectu, aut tandem ignorantia caeci, lucem negant Soli. Quorum in gratiam plura dico. In familiari Pragae congressu et inter pocula (in vino est veritas) iam pridem negavit quidam Generalis traductae militiae Praefectus, Caesarem se nosse, Fridlando se servire, imo religionem suam, cuius iam ipse ministros Pragae habebat, reducendam esse, ad quod concedendum, Caesarem cogendum fore. Etiam alii non tacere ausi sunt. Ex domo, inquit alius, Austriaca nunquam amplius videbitur Imperator. Piccolomineo quoque (cum usum confidentius aperiret Fridlandus) ardui conaminis difficultates, domusque Austriacae potentiam, et Romanae Religionis

gionis intuitum, ob oculos ponere volenti, *Aftra*, refpondit ille, *cogere, fauftaque omnia praefagire, eo iam rem loci effe, ut dubia audire nolit*, fed fortunam vel cum 1000. equis tentare debeat et placeat.

Quare cum de Terzkii octo legionibus aliisque quibusdam, hoftiumque auxiliis certum fe crederet, arbitrium mundi affumere aufus eft, ut fufpenfos teneret, aut in vota fecum traheret, quod ftultisfimus hominum Regnis et Principatibus beare volebat. Bohemiae Dynaftarum ditiones, et comitatus, Principatus et Regna alibi affignavit, atque Pontificis Nepoti Regnum Neapolitanum, Sabaudiae Duci Montemferratum cum titulo Regio, Magno Florentiae Duci, praeter Titulum Regis, Rempublicam Lucenfem, cum omnibus in illo maris littore hactenus Hifpanico, ut ait, iugo preffis Portubus et Oppidis; Cremonam Mantuano Duci in oblati Montisferrati compenfationem, Burgundiam et Lotharingiam ea conditione Galliarum Regi, ut Alfatiam cederet, partem Silefiae Regi Poloniae; fi acceptare renuerit, Vafallos Calviniftos contra eum effe irritandos, (fed ne plura hic dicam) Adamo Erdmanno Terzkio Moraviae Marchionatum, Glogoviae et Sagani Ducatus Comiti Matthiae Gallaffio, Comitatum Görzenfem Comiti Rudolpho Colloredo, Comiti Piccolomineo Glazenfem Comitatum cum Bohemiae Cancellarii Comitis Slavatae vaftis ditionibus, aliaque affignavit aliis. Omnibus vero fpem fecit; et apud fe iam deftinavit capitaneis, eorum omnia bona, qui Caefari fideles fuae tyrannidi non forent affenfuri. Poffeffionem accipere non nullis imperavit, et Glogoviae Saganique reditus in pofterum Gallaffio reddere, eique parere, Belgio vero libertatem indulfit. De Mediolano dubitavit, nec Venetis nec Sabaudo,

baudo, ob nimium augmentum potentiae affignare aufus. O vanum hominem! Caftella in aëra fabricantem, qui fummos Principes virosque Catholicos perfido Ariolo et atheo ficcario fifuros omnes credidit. Ecclefiam, refpondit (hoc dubium moventi) reftitutione bonorum Ecclefiafticorum augebo, et hos viros omnes in vota traham. Quafi vero cor mendax Deum lateret, qui fcrutatur renes. Si omnia enarrata perfidiae argumenta nondum fufficiunt, audiantur plura. Pacis tractandae locum nominari fibi petenti Saxoniae Electori Electionem permifit Imperator, in Aula, vellet Viennae, aut Pragae, coram Generaliffimo. Quando Fridlandus non folum praeter Caefaris mentem, Suecorum Duces etiam ad hanc vocationem, advocavit, fed apud Electorem elaboravit, ne in Aula, Iefuitis nimis dedita, fed Pragae, tractaret fecum. Se enim arma in manu habere, quibus pacem cogat, de qua ipfe et Impérii Principes gavifuri fint Nec tamen hoc pacis amore, fed fraudis tegendae caufa factum effe, quis dubitare poteft?

Dato interim Francifco Alberto, Arnheimio, Kinskio, aliisque hoftium et Exulum capitibus libero veniendi, redeundi, et quaecunque voluerint in Bohemia, et apud Caefareum Exercitum negotiandi, feu molliendi, falvo conductu, Wilhelmum eundem Kinskium, emigrantium Exulum coryphaeum, Gallorum Suecorumque confidentiis praefecit. Elaboraverat iam pridem poft exauctorationem ftatim fuam, per profcriptum Matthaeum olim Comitem a Thurn, Berolini, commorantem, cum Rege Sueco et Brandeburgiae Electore, cum Duce Saxoniae per Arnheimium confidentiam. Petiit autem ab illis 5000. Equitum, 10000. peditum, fufficientem rem tormentariam, cum experto praefecto, et Comitem a Thurn pro suo Vicelegato. Conscripturum se etiam 15000. Militum propriis sumtibus, quorum omnium Capitaneos et praefectos ad manum habere, Regnoque Bohemiae, Moraviae et Austriae facile potiturum esse, pollicitus est, dummodo reversalibus certus foret de titulo Ducis Mechelburgi, de ditionibus in Bohemia, et omnibus iis, quae occupayerit. Arrisit propositum Sueco. Imo ad Regiam se libenter adiuturum dignitatem, affirmavit. Quam spem subsequens clades Lipsiana adeo auxit, ut iam lustrationes in Moravia assignarit Fridlandus, et Diplomata eum in finem conscripserit. Ad promovendum vero intentum ibat Suecus in Imperium, Tillium plane deleturus. Saxo in Lusatiam, Teuffenbachium adventantem, et utraque provincia potiuntem, in fugam acturus movebat: adeo victoria Lipsiana eorum animos extulerat. Sed superis nescio quid visum, quod Tillius, cum posset vincere, Suecum aggredi prohibitus sit. Et Teuffenbachius cum omnes Lusatiae urbes cum forti Budissino obtineret, hostemque caedere posset, revocatus fuerit. Ambitio sane Fridlandica haec requirebat. Vnde fraude agere, quam aperto Marti cursum permittere consultius visum est, ne, dum Tillius et Teuffenbachius superiores forent, a Generalatu Fridlandus excluderetur; si Succus et Saxo vincerent, societas proditoris repudiaretur. Longus nimis forem, si omnia perfidiae consilia, argumenta, gestaque recenserem. Sunt enim iam enumerata adeo palpabilia, ut nemo vir bonus dubitare possit; obstinati quamvis vel conscii non nulli plura desiderent. Dico autem iterum, mansuetissimo Imperatori nondum placere publicare ea, quae non omnibus pluribusve iam prius constant; regnandi rationem temporumque statum politice non

per-

permittere. Et quid opus pluribus documentis? Viris vere bonis, qui affectu carent, haec sufficiunt. Sophista soli lucem, Iudaeus Christo veritatem negarent. Sane adeo perversa sunt, quae actitata, ut Duci Francisco Alberto Dux Bernardus Waimarius credere potuerit, omnes Caesareanos Capitaneos fidem eiurasse, Fridlando adhaerere, nec inter tot Colonellos inveniri virum, suo Domino fidelem. Id quod ille persuadere conabatur. Praeter haec per Schliffium Colonellum exulem idem Dux Franciscus Albertus praesidiis Saxonicis in Silesia mandavit, ut cum Schaffgotschio corresponderent. Praecesserat autem tubicen cum credentialibus, ad Schafgotschium, ut venturo Schliffio, quae referret, crederet. Verum uterque captus est, et perfidia detecta. Pilsna Bernardo Hämerle, Ducis Iulii Henrici Vice-tribuno, commissa est, eamque pro Fridlando contra Caesareanos defensurum se recepit. Iloius fiduciario in Austriam superiorem scripsit, ut equitum Legiones Egram festinarent. Si nequirent, vel concitatis rusticis negotium ibidem facesserent, vel Ratisbonam ad Waimarium, quo cum iam accordatum esset, pergerent. Fridlandus quoque ipse Pilsna discessurus Gordonio Egram scripsit, ne ullius alterius in posterum, quam suis, Iloji et Terzkii iussis, pareret, mitteretque sibi obviam Leslium, imperavit, cui deinde in itinere rem narravit. Factionis vero contra se capita esse Reges Philippum Tertium, et Ferdinandum Tertium. Querebatur quoque de Caesareo diplomate publicato, cuius illi copiam, postquam Pilsna iam discesserat, Hämerle miserat.

Birckenfeldium vero et Waimarium Duces, praeter Saxoniae et Brandenburgiae Electores, sibi cum Exercitibus praesto futuros: Schafgotschium in Silefia, capto Coloredo, Exercitui pro fe imperare, multasque Legiones fuas brevi fe Egrae habiturum coram; rectaque deinde viam Auftriam petiturum, et iniurias (quas proditor iuftam fententiam vocabat) vindicaturum; Ilojum vero in Franconiam miffurum, ut ea ibidem loco et praefidia in devotione retineret.

Ilojus quoque ipfe in ultima Butlero-Gordiana coena non erubuit effutire, intra triduum maiorem Fridlandiae Ducis, nuper fervi, modo abfoluti Domini, Exercitum futurum, quam unquam in Imperio vifus fit: brevique fe fuas manus in fanguine Auftriaco lavaturum. Adeo haec certa etiam in Silefia habebantur, ut Schafgotfchius non dubitaverit, novam Silefiae regnandae formam in fcriptis formare.

Verum tandem unus inftar omnium teftis fit Freibergerus, eiusdem Schafgotfchii Vicetribunus, Troppaviae praefidiarius. Cum Samuelis Schneideri Commiffarii ope a ftatibus Provinciae magnam fummam pecuniae coëgiffet, citavit eos, et plerosque armata manu in civitatem adduci curavit. Vocatamque deinde in forum militiam, decimum octavum annum fe Caefari gratis fervire, modo fibi dira et laqueum minari criminatus, verbis fuis Fridlando iam tandem facto abfoluto Domino iurare, aut perfuafit, aut coëgit.

Quarta nempe die Martii Fridlandum in vivis adhuc credens, fuumque Colonellum fine vinculis, convocatis in Arcem civibus, formam iuramenti praelegit, quo electo Caefari Galliarum Regi, electo Bohemiae Regi Fridlando, Haeredi Regni Sueciae, duobus Saxoniae, et Brandenburgiae

Electo-

Electoribus Imperii Principibus, et Statibus confoederatis iurare iubebantur. Idemque Troppaviae Statibus sub Arresti, carceris, et laquei comminatione denuntiavit. Finxit denique, quasi a Troppaviae, Ratiboriae, et Iaegerndorffiae Principatuum ordinibus accordatae fuissent, ·publici Diplomatis subscriptas litteras, earumque plurima magno Troppaviae Sigillo auctorata in caeteris Silesiae Principatibus divulgari curavit, quibus tyrannidem austriacam excutere admonebantur. Caesareanis commeatum et transitum negarent, enecarent, ubicunque possent, Religionem iuvarent, omnemque opem Fridlandicis praestarent. Imo cum Tubaldo convenit, ut 1500. equites ipse adduceret, et a Caesare missum Goezium, iunctis viribus aggrederentur. Perversus vero Schneiderus sub ferri et ignis comminatione praesidium recipere non ex se ipso praesumsit imperare. Quae omnia pluraquē talia etsi adeo certa sint, ut lippi et tonsores, pueri, foeminae, et plane stulti per plateas recitent, studiumque enervandi potius, quam defendendi viderint, deplorarint hactenus, et nolentem vincere Fridlandum iam tum ore publico detestati sint omnes, fugeritque, detectis demum machinis, Pilsna Egram proditor ipse, terrarumque orbi perfidiam sole clarius ostentarit, et aperta tandem tyrannide praesumserit, quod huc usque artibus et dolis egerat. Non tamen adhuc desunt, et inter eos Fridlando olim fidentiores, eorumque amici, vel etiam non satis consulti aliqui horum auditores, qui posterorum fidem disputare audent, quasi vero tot sacrarum profanarumque literarum, de tyrannis et perfidis Historiarum sigilla habeantur certiora. Et quae hic non aequa fide contra rationem et oculatam mundi scientiam omniumque bonorum, sive publicam veritatem quidem negare

non

non audent, pro Pofteris tamen nefcio quae adhuc iuridica documenta requirunt. Vereor autem ego, ne et horum non pauci catenam perduellium dumtaxat indirecte, vel aperto affectu, verbali, literalive adftipulatione, quae in hoc crimine fufficiunt, aucturi forent, fi, ut illi volunt, omnia fecreta evolvi deberent. Tace, inquiebat Princeps quidam, fuo Miniftro, (dum exauctorationis fuae caufam perquireret) ne dum caufam omnem dixero, cruci te addixero. Ideoque etfi Iudices harum rerum tot futuros effe, quot legerint, multaque multis difplicitura non ignorem, fcio tamen etiam, quod qui fine affectu fuerint, fine affectu me fcribere, uti vidi, audivi, experientia didici, ab aliis fide digniffimis habui, et quae in ore publico feruntur, non negaturos. Iudex vero corruptus, five affectu pro Reo, vel contra Iudicem rei, five amicitia, dono, aliave ulla re, nollet corrumpentem noxium defenfum, deprehenfo autem clementiam quam iuftitiam accommodari mallet. Si tandem contemnendus fuerit, mallet ferendae fententiae abeffe, quam ingratus videri. Hinc eft, quod non pauci remanent, qui horrendae Soleque clariori Fridlandicae tyrannidi fidem minui, quam remote dumtaxat ad tantam potentiam adiuvando, tyrannidi caufam dediffe, torquent, et non nihil excufant, quod omnino negare non audent.

Faxit vero omnipotens, qui omnia fe fcire, Regumque et gloriofiffimae Auftriacae praefertim Gentis fingularem protectionem cordi habere, tum in aliis retro actis faepiffime occafionibus, et in his durantibus in primis contra Invictiffimum Piiffimumque Victorem Ferdinandum II. Roman. Imperatorem, fedecim annorum civilibus bellis, tum ante
omnia,

omnia, in hoc hominumque Deumque contemtore Ariolo Fridlando, eiusque perfidiae Affeclis, cum auxilium humanum proclamatum effet, miraculis manifeftavit. Etenim vero fic faepe Deus mergi permittit Bonos, ne fubmergantur; fed ut gratias et victorias ex coelo recognofcant, neque humanis viribus quidquam adfcribant, quod Deo debetur. Faxit, inquam, idem Deus, ut optimi fanctiffimi Imperatoris univerfi perduelles et hoftes ita pereant. Pereantque cum ipfis, qui calumniari non ceffant, et colorare malunt tyrannorum perfidiam, quam fidelium aequo oculo in luce videre fidem. Tyrannum negant, vel non effe probatum, garriunt, qui rerum fafciumque potens, vel bonos ad necem perfecutus eft, vel in ultimum fupplicium fuaeque tyrannidis ftabilimentum, militari interim licentia ad extremam inopiam redactos vivere permifit, vel fovit faciliores, ut perverteret, civiumque fanguinem cum medulla exfugit. Imperio Germanico, Auftriacis praefertim Provinciis gentique Auguftiffimae flagellum natus, licet defenfor appareret, fceptrum ambivit fui Domini, eumque falfis criminationibus apud Exercitus et Imperii Principes improbe traduxit, quique vaftum mare infeftavit, omnemque Auftriacam ftirpem mergere properabat, damnato, qui cymbo in vitae forte fuftentationem litus aliquando legerit, vel incautus verbo Maieftatem laeferit. Vt vero, fic me Deus adiuvet, nunquam rebus Auftriacis melius effe potuit, quam dum peffime effe, tot iam annis alternatis vicibus alternatim per novos femper hoftes aut perduelles (Reges aut Principes) erumpentibus foederibus, Terrarum orbis fruftra credidit. Boni timuere, mali fperavere. Sic pietatis et iuftitiae funiculis Deum novit Davidicus Ferdinandus in vota trahere: ut Salomonico Ferdinando

nando legitime certantis coronam et pacem deberi, ipfi hoftes et perduelles cum Pharaone obdurato faepe corde et videre fe, et Deum Romano-Catholicum et Auftriaco-Imperialem effe, non raro quidem per iocum, fed vere exclamarint: Eia ergo infracti animis Auftriaci Principes, et Ecclefiae columen piiffime victor Imperator. Hoftes veftri dant caufam, et ultro promovent, quod nolunt, dant enim fubfidia, qnae vovent, ut male vertant, crinibus vos trahunt ad eam, quam metuunt, Maieftatem. Tandem bona caufa triumphabit, ut infallibilis, ftabilisque demum maneat, legitime certant corona Regiaque pietas et iuftitia, lucrum et fulcrum Monarchiae, Auftriaca tolerantia, Imperii et Ecclefiae, vel invito Acheronte, et renitente terrarum orbe, columen perenne.

Anno 1634. m. Martio.

V.

V.

ALBERTI FRIDLANDI
PERDVELLIONIS
CHAOS,
sive,

INGRATI ANIMI
ABYSSVS:

Das ist:

Außführlicher und gründlicher Bericht
Der vorgewesenen Friedtländischen und
seiner Abhaerenten abschewlichen Prodition,
was es damit vor eine eigentliche Beschaffenheit gehabt, und was vor bos-
hafftige Anschläg allbereit obhanden gewesen:

Alles aus denen einkommenen glaubwürdigen Relationen, Original-Schreiben, vnd andern Briefflichen
Urkunden, sowol auch deren biesfalls verhaff-
ten gethanen gütlichen Auffagen, iedermänniglich zur Nachricht verfaßt,
zusammen gezogen,

vnd

Auff sonderbaren der Röm. Kayf. Mayest. Allergnädigsten Befehl in offenen Truck gegeben
von Albert Curtius.

Wiewol bei benen, der Röm. Kay. May. Pag.
Unserm Allergnädigsten Herrn (wie jeder- 2.
mann bekanndt) abgenöthigten, nunmehr in das
siebenzehende Jahr hero, sowol im Heil. Römischen Reich, als Deroselben angehörigen Erb-
Königreichen, und Landen, geführten schweren
Kriegen, sich viel redliche tapfere Helden und Rit-
tersleuth herfürgethan, welche nach Ehren ge-
trachtet, für der Kayf. Manest. vnd deß Heil. Römischen Reichs Hochheit, vnd deß geliebten Vat-
terlandts Heyl, vnd Wohlstand, zu erhalt, und
Conservirung Kayserlicher Cron, und Scepters,
Ritterlich gestritten, vnd also durch ihre dapfere
Heroische Thaten, ihre zu Gott, vnd ihrem von
Gott vorgesezten höchsten Haubt, dem Römischen
Kaiser, iederzeit getragene allerunderthänig, be-
stendig, und pflichtschuldigste Trew, und Devotion
zu bezeugen, vnd der Welt erkennen zu geben,
vor dieselbe, zu ihrem immerwehrenden, vnd vn-
außlöschlichen Ruhm, vnd Lob, Ihr Edels Blut
vergossen, auch dadurch ihren Fürst- Graf- Herr-
vnd Ritterlichen Geschlechtern, bei der wehrten
und lieben Posteritet, einen ewigen, unsterblichen
guten Namen erworben, und hinderlassen: So
haben sich doch auch darunter etliche böse Machia-
vellische Monstra, vnd Subiecta befunden, welche ihres Lehrmeisters böser listigen Arth, vnd
Natur nach, aller Teutschen Erbarkeit, ja sogar
ihrer hoch vnd thewer geleister Pflichten, vnnd
Aydts, allerdings vnd genzlich vergessen, sich bloß
auß Antrieb, einer bei Menschen zuvor nie er-
hörter

hörter Ambition, und Ehrgeizes, so weit verleiten lassen, daß sie sich von geraumer Zeit hero, allerhand böser, arglistiger, vnd höchstgefährlichster heimlicher machinationen, vnd Praticken beflissen, und ihnen dahero nichts mehrers angelegen seyn lassen, als sich per fas et nefas selbsten, wie sie nur gekönnt, groß zu machen, vnnd darunter, weder ihres Allergnädigsten auch Edelsten Bluts nicht zu verschonen, bedacht gewest seyn. Als sich dann wider aller Menschen Vernunft, vnd Gedanken, zuvorderst aber wider Allerhöchstgedachter Ihrer Kayserlichen Mayest. gnädigst zuversicht, vnd gehabtes höchstes Kayserl. vertrawen, zugetragen, vnnd erfolgt, daß dero gewester Feldthaubtmann, Albrecht Wenzel Eusebius von Wallnstein, ꝛc. Nach dem Ihre Kayserl. May. denselben, mit vnd neben seinen Conspiranten, vorhero mit vielen grossen Kayserlichen Gnaden begabt, auch alle und iede, von angeborner Kayserlicher güte wegen, auß geringern, in höhern, als Respect Graffen, Herrn, vnd Fürsten Standt erhebt, dieselbe mit unterschiedlichen Herrschaften, Graffschafften, Fürstenthumb, und Landen würklich und dergestalt liberaliter begnadet, als einigen getrewen hohen Offizieren, oder Dienern, so grosse Gnaden iemahl widerfahren weren, dessen allen aber doch ganz ungeachtet, das Haubt sowohl, als seine Aydtvergessene Adhaerenten, die Bosheit, unzeitige Rach, vbermuth, und leidige Hoffarth, so weit allerdings ergriffen, vnd eingenommen, daß sie sich auch gelüsten lassen, vnnd understehen dörffen, der Kays. May. Ihrem allergnädigsten Kayser und Herrn, von dem sie so viel grosse Gnaden empfangen, mit dero eignem Kayserlichen Schwerdt, und Kriegsmacht, nach dero Cron, und Scepter, Königreich, vnd Landen zu streben,

Pag. 3.

streben, vnd (welches nach dem Vntrewen Phoca
nie gehört worden, noch dergleichen in Historiis
zu finden) dero von vielen Seculis hero löblich vnd
milt regierendes Ertzhauß (wann es der liebe Gott
nicht wunderbarlich verhüttet hette) zu vertilgen,
sich, wie verlauten lassen, also auch ins Werk zu
richten vnderstehen wöllen.

Nach dem nun, durch sonderbare Schickung
Gottes, iezt angedeuter, deß von Walnstein, oder
Friedtländers gefaßter böser Vorsaz, vnd ärgere,
als Catilinische Conspiration, vnd Anschläg, wun-
derbarlicher weiß entdecket, vnd dahero diesem
allen vor Augen geschwebten zuvor gleichsamb ge-
genwertigem grossen Jammer, vnd Elend vorzu-
kommen, wider diesen Haubtverräther, vnnd seine vndankbare Abherenten mit der zu Eger, durch
die daselbsten Commandirende Obristen vnd Befelchshaber, ihren Anbten vnd Pflichten nach,
vorgenommene vnnd vollstreckte Execution, auff
maß und weiße, wie in dieser Relation an seinem
Ort weiter außgeführt, verfahren worden, Ge-
stallt dann alle vernünfftige Rechten, zuvorderst
aber auch des H. Röm. Reichs Sazungen, in dergleichen Criminibus Proditionis, Perduellionis,
et laesae Maiestatis, notorijs, actu permanen-
tibus, wie diese vnwidersprechlich gewesen, vnnd
wo die Rei zum Standt Rechtens nicht leichtlich
zu bringen, oder sonsten wegen des Verzugs das
allgemeine Wesen in gefahr stehen müste, einigen
andern Proceß, oder Sentenz, als allein die Execution selbsten, quae hic instar Sententiae est,
nicht erfordern, einem jedwedern auch bißfalls erlaubt, contra publicum hostem Patriae, vornemblich aber geschwornen Kriegs-Offiziren,
Obristen und Commendanten die Execution vor-

neh-

nehmen. Bei diesem allem aber, zuvorderst Ihre Kayſ. May. vnnd iederman seythero vernehmen müſſen, daß der alſo eylends, wider ſolche Verächter vnd Conjuranten, ergangener geſchwindter Execution halber, vnderſchiedliche ungleiche, vnnd unwahrhafftige Dißcurß, aller Orten fürgehen, ia ganz boßhafftige Judicia hierunden temere geführt, wol auch hochverbottene famos gedicht in offenen Druck ſpargiert, vnd ohne ſchew herumb getragen werden, als ob das Haupt dieſer ſchändlichen Conspiration, ſampt deſſen Abhaerenten mit ſo geſchwinder Execution vbereylet, ja ſo gar ein Gewalt angethan, vnnd groß vnrecht geſchehen, darneben auch Ihre Kayſ. May. vnd dero Hauß einer vnerhörten, Barbariſchen vndanckbarkeit zu beſchuldigen kein abſchewen tragen.

Derenthalben vnd damit jedermänniglich, hohen, oder Niedern Standts, den eigentlichen Grund, vnd wahrhafte Vrſachen erfahren vnd wiſſen möge, warum nemblich in flagrantiſſimo Perduellionis, Proditionis, et Laeſae Majeſtatis crimine, mit dieſem Meinendigen Conſpiranten dergeſtalt verfahren, alſo haben mehr allerhöchſtgedachte Ihre Kayſ. Mayeſtaet ein ſonderbare hohe, leuger vnvmbgängliche Notturfft zu ſeyn ermeſſen, auch endlich befehlen müſſen, daß der ganze Verlauff mit warheitsgrund, auß denen einkommenen glaubwürdigen, vnd vnwiderſprechlichen Documenten, hierüber geführter vnd examinirter Zeugen, auch bei der Sach ſelbſt Intereſſirter ſo Schrifft, als Mündtlich gethanen gutwilligen Ausſagen, intercipirten, vnd andern, ſo wol bei dem Haupt ſolcher Conſpiration, als deſſen

Pag. Complicibus gefundenen Schreiben, fideliter
4. herauß gezogen, vnd zu Jedermanns eigentlichen
wiſſen-

zur Geschichte Wallensteins. 209

wissenschafft, auch zu handhabung Ihrer Kayſ. May. ergangenen Juſtiz, in offenen Druck gegeben werden ſolle, damit ſich auch ein ieder hiebei ſelbſt in acht nehmen, vnd von denen bißhero geführten boßhafftigen ſchädlichen Diſcurſen, vnnd ohne das hochverbottenen straffmäſigen Gedichten vnd Famos-Schrifften zu hüten wiſſe.

Wie nun dergleichen Machinationes nicht ſo geſchwind vnd in der eyl zu werck gerichtet werden mögen, ſondern meiſtentheils lang zuvor vorbedacht vnnd praeparirt zu werden pflegen, alſo befindet ſich auch, daß mit dieſer hochgefährlichen Prodition gedachter Friedländer ſchon lang viel Jahr ſchwanger gegangen, dann nach dem die Römiſche Kayſerl. May. das H. Römiſche Reich, vnd Deroſelben getrewe Chur-Fürſten vnd Stände, der geweßne König in Schweden Guſtavus Adolphus feindlichen bezogen vnd angefallen, demſelben aber noch vor ſeinem Auszug von etlichen ſeinen Adhaerenten, in denen vber ſolche Impreſa gehaltenen Berathſchlagungen, die Gefahr ſeines vorhabens, ſonderlich aber die Kayſerliche Macht vnnd damalen aller Orten florirende Waffen, welche ſelbiger zeit gantz Pommern, Mechelburg, Hollſtein, vnd die mehreſten Balthiſchen Seeporten innen gehabt, vmbſtändiglichen remonſtrirt worden, ſo iſt doch ſchon dazumahln, als auß einem glaubwürdigen Teſtimonio einer Fürſtlichen Perſon beigebracht, vnnd durch allerhand gehabte heimbliche verſtandt vnd vntergeloffene Tractaten, von dem geweſnen Kayſerlichen Generaln vnd Feldt-Hauptmann dem von Friedland dergeſtalt verſichert geweſen, daß er ſich daher nicht allein nichts zu befahren, ſondern noch wol aller beförgerung vnd Aſſiſtenz zu getröſten gehabt, alſo daß,

O wann

wann dieses nicht gewesen, er sich etwa nimmermehr vnderstanden, eine solche Impresa fürzunehmen, oder aber des Reichs-Boden anzufallen, inmassen solches nachmalen auch die darauff gefolgte Effectus selbsten bezeuget, indeme er Friedländer, nicht allein die Pommerischen Insulen vnd Meerhafen sehr schlecht providirt verlassen, sondern auch sich selbst weit von denen örthern in Schwaben, ob man zwar von deß gemelten Königs in Schweden bereitschaft vnd Kriegsverfassung damahln allbereit gewisse nachrichtung gehabt, begeben, dahero dann erfolgt, daß nicht allein die Rügische vnnd Vsedomische Insulen ohne einigen Widerstandt alsbald verlohren, sondern bald anfangs der König in Schweden der Vesten Statt Stettin in Pommern vnd anderer vornehmen Ort mehr ohne allen Widerstand sich bemächtiget.

Demnach aber auf starkes ansuchen der Churfürsten, er Frieslandt an dem Churfürstl. Collegialtag zu Regensburg 1630 deß Generalats entlassen, hat er also bald darauff arglistige böse Anschläg für vnd an die Hand genommen, an Ihre Kayserl. May. vnd dero Hauß von Oesterreich, wie auch etlichen Chur- vnd Fürsten sich zu rechnen, derenthalben alsbald mit dem proscribirten alten Heinrich Matthesen, der sich Grafen von Thurn genennt, Mündt- und Schriftlich nacher Berlin correspondirt, seine geleiste Dienst vnd Merita auff das allerhöchst exaggerirt vnd herentgegen der Kayserl. May. vnd Dero Hauß die gröste vndankbarkeit zugemessen, daß auch ihme von Thurn in mehre Weg zu viel geschehen, vnnd er zu allem dem, was er fürgenommen, verursacht worden were, mit diesem anhang, daß diese seine deß Generals schmächtliche Abdankung dem König von Schwe-

Schweden nur zum besten gereiche, indeme er durch
diese Occasion, demselben seine Dienst, darzu er
vorlengst begierig, erwelsen könnte: Endlich auch
durch diß mittel deß von Thurn (welcher sich dann Pag.
hierunter fleissig gebrauchen lassen) mit dem Kö- 5.
nig selbsten dergestalt in vertrewliches vernehmen
gerathen, daß demselben er angetragen, wie er
resolvirt seye, ihme unter die Arm zu greifen, vnd
sein vorhaben exequiren zu helfen, wann der König Jhme wollte 15000 Mann, als 10000 zu Fuß,
vnd 5000 zu Roß, neben einer ansehnlichen Artilleria vnd Munition, auch darüber einen Generaln von der Artilleria, vnd den von Thurn zum
General Leutenandt zugeben, so wollte er die andern hohe Offizierer selbsten bestellen, vnd noch
15000 Mann darzu auff seine eigne Spesam auff
den Fuß bringen, damit Böheimb und Mähren
einnehmen, vnd sodann den Kaiser selbsten in
Wien belägern, doch sollte der König dahingegen
sich gegen jhme Friedland verreversiren, daß ihme
der Titul, Herzog zu Mechelburg, zu seinen Leb-
tagen verbleiben, auch an seinen Güttern in Böheimb nichts gemindert, vnd was er ferner ero-
bern würde, ihme gelassen werden, vnd er damit
zu disponiren macht und gewalt haben sollte: Als
nun von dem König er Frieblandt nicht allein dessen alles genugsamb versichert, sondern noch dies
darzu versprochen gewesen, wann er jhne gar zu
einem König machen könnte, daß er der König
an aller seiner möglichkeit nichts wollte erwinden
lassen, vnnd Jnmittels die Leipziger Schlacht eingefallen, der König darauff, in ansehung dieser
Impresa, auf die Kayserliche Erbländer, in das
Reich, das Sächsische Volck aber gegen der Obern
Laußniz gangen, vnd alle Artilleria vnd Munition
von Stettin die Oder herauff commandirt, alles

Volck

Volck zu Roß und zu Fuß vnder seine gewisse Regimenter vnd Commendanten ausgetheilt, vnd alles in bereitschaft gewesen, hat Friedland gewolt, der damalig Sächsische Feldmarschalck Arnheimb solte auf die Kayserliche Armada gehen, auff selbige Treffen, und Trennen, damit er sodann das flüchtige Volck, nach dem alles zu seinen Diensten, bekommen möchte: Zu dieser Impresa haben noch andere 10000 Mann in Mähren sollen geworben werden, immassen die Patenta vnd Musterpläz auch bereit ausgetheilt gewesen. Als aber Arnheimb etwann dem glück nicht trawen wöllen, sondern gegen Böheimb, alldorten die Winterquartir zu nehmen, vnd sein Volck zu erfrischen, sich gewendet, hat Ihne Friedlandt selbsten auff einem Schreibtaffelblat nacher Prag, dahin er sonsten wol nicht kommen were, beruffen, vnd also versichert, daß er der Statt ohne verlust einiges Manns solte mächtig werden, wie solches nachmalen auch beschehen.

Nach diesem hat er auff dem Terzkischen Schloß Kawniz, vier meil wegs von Prag ein zusammenkunfft, vnter dem Schein, vom Frieden mit dem Arnheimb zu handlen, angestelt, vnd daß der vorbemelte alte von Thurn den Schweden, vermögen solte, daß er sich auch darzu bewegen liesse, in der wahrheit aber hat hierunder die vorgemelte Impresa abgeredt vnd zu Werck gerichtet werden sollen, wie dann Friedlandt noch allzeit dieser meynung gewesen, Arnheimb solte auf die Kayserliche, welche damalen um Limburg gelegen, treffen, und zu solchem Ende den Kayserlichen Herrn Feldmarschalcken von Tieffenbach, etc. auff alle weiß zu persuadirn, sich bemühet, sein unterhabendes Volck in die Winterquartir zu verschicken vnd auszutheilen,

zur Geschichte Wallensteins.

theilen, deme wann er gefolget, der Feind alsbald unversehens darauff gerucket, alles leichtlich hätte trennen, vnd zugleich auch die Quartier occupirn, vnd weiter fürtringen können: Als aber Arnheimb auch dahin kommen, vnd in die 4. stund allein mit ihme geredt, hat er denselben zu einer ganz andern Intention, vnd dahin persuadirt, daß er Friedland auf alle weiß dahin trachten solle, damit ihme die Kayserliche Armada wider vntergeben werde, dann er alsdann die beste gelegenheit hätte, nicht allein sich zu rechnen, sondern auch seine Fortunam mit mehrer sicherheit (weiln dem König von Schweden nit zu vertrawen) auff den höchsten Grad zu bringen, welchem Rathschlag der Friedländer gefolgt, die Schwedische Correspondenz, vnter dem Vorwand, daß die zeit allbereit versäumet, auch seine Intentiones entdeckt zu seyn, im argwohn begriffen, für dasselbige mahl plötzlich aufgestoßen, darauf ihme bald hernach das Generalat mit grösserer Vollmacht, als er zuvor gehabt, weil er sich andergestalt nicht einlassen wöllen, wiederumb anvertrawt worden.

Pag. 6.

Was er nun darauff in denen Kayserlichen Erblanden für eine ansehnliche Armadam, mit allerhand nothwendigkeiten vnd zugehörungen, zwar nicht mit geringer Beschwerung Ihr Kays. May. Erb Königreich vnd Länder, auff den Fuß damahln gebracht, ist iedermänniglich gnugsam bekanndt: Deßgleichen, wie selbige nachmahlen aller Orten dirigirt und gebraucht worden, also, daß es nunmehr bey mäniglichen, der auß oberzehltem des Friedländers boshaffte Intention vermerckt, nit vnbillich das ansehen gewinnet, daß auch diese so starcke Werbungen vnd andere Kriegspraeparationes allein zu gänzlicher außmergelung vnd abmattung

tung beß Hochlöblichen Hauses von Oesterreich, den nothleiden den Catholischen Ständen aber zu einer eytlen vergeblichen Hoffnungmachung, nach langem erwarten aber zu gewisser Desperationsverursachung gemeint gewesen.

Anfänglich, als im Martio beß 1632. Jahres Weyland Herr Graff von Tilli See. den Schwedischen Feld-Marschalck Horn bey Bamberg geschlagen, darauf der König in Schweden sich mit ganzer Macht von dem Rhein- und Maynstrohm herauff in Francken vnd gegen Bayern gewendet, haben Ihre Churf. Durchl. von Bayern demselben zu begegnen, vnd der Orten ab- vnd wiederumb zuruck zu treiben, mit welchem auch der ganze Thonawstrohm were versichert worden, durch viel vnterschiedliche Abschickungen vnnd bewegliche Schreiben einen Succurß begert: welcher zwar von dem Friedlandt auch vielfältig versprochen, mit balb anfangs gethanen erbieten, wie daß er schon 5000 Reuter effective zum fortzug commandiret hette: Es ist aber nachmalen das allerwenigste, vnd so vbel bestelt auch so spat erfolgt, daß man sich des wenigen, so hinaus kommen, nichts, oder doch gar wenig bedienen können: Immittels hat der König vber den Lech in Bayern durchgetrungen, Augspurg, München, vnd andere vornehme Päß vnd Orth mehr weggenommen, vnnd so weit vorgebrochen, daß er auch Ingolstatt attaquirt, vnnd gar herunter gegen Regenspurg gesetzt, in meynung, diese Statt in der Furi auch wegzunehmen, vnd dardurch Ihre Churf. Durchl. vnd das damalen bey sich gehabte Volck bei Ingolstatt, dahin Ihre Churf. Durchl. in Hoffnung beß erwartenden Succurß, mit denselben desto leichter zu conjungiren, sich retiriren müssen,

müssen, einzuschliessen: Endlich aber ist dieser Succurß ganz und gar abgeschlagen, vnd noch darzu der Herr Graff von Aldringen mit dem her, aussen gewesten Kays. Volck in Böheim erfordert worden, mit dem fürwandt, er Frieblandt wölle zuvor die Sächsische Armada vertilgen, alsdann hinaus ins Reich kommen, oder zum wenigsten den König in Schweden dadurch wiederumb in Sachsen zuruck ziehen: Darauff doch anderst nichts erfolgt, als daß er mit dem Sächsischen Feldt- Marschalck Arnheimb alsbald zu seiner Antrettung widerumb vergebentliche Tractatus angefangen, vnd nachmalen fort und fort continuirt, entzwischen das Volck, darvon er doch in Ansehung der Tractationen, desto leichter einen guten Theil entrathen können, auff einen hauffen bei sich behalten, vnd nachmahlen Prag wiederumb occupirt, allda, ob er schon Occasion gehabt, alles deß Feinds darinnen gelegenes Volck weg zu nehmen, so hat er es doch dem Feind zu einer Cortesia, Ihrer Kays. May. und dem ganzen gemeinen Wesen zum höchsten Schaden, wie solches nachmalen der Außgang bezeugt, fortgehen lassen, ja obwoln verhero schon Accordirt gewesen, daß es ohne Wehr, auch Sack und Pack abziehen sollen, so hat er doch hernach selbsten, zu bezeigung seiner sondern Gnad, nicht allein dieses alles, sondern auch noch darzu dasjenige, was der Burgerschaft vnd denen Stätten abgenommen vnd abgetrungen worden, wie auch die Kirchenschäz, wider der Geistlichen vnd Bürgerschaft starkes lamentiren, mit zu nehmen bewilligt, auch diejenigen Soldaten, welche zuvor auf der Kayserlichen seiten gedient, ob sie wol selbsten wider vmbzutretten willens gewesen, nicht annemmen wollen, also alda den Feind nichts schwächer ge-

Pag. 7.

macht,

macht, vnd immittels herauſſen in dem heiligen Reich alles verlohren gangen.

Als er nun dergeſtalt den ganzen Frühling vnd guten Theil des Sommers in Böheim zugebracht, endlich auch von den Sächſiſchen bey Leutmeriz gantz und gar vnverſehen abgelaſſen, da er doch vielmals die gelegenheiten gehabt, ſelbige auffs Haupt zu ſchlagen, vnnd darüber im Julio hinauß in das Reich gangen, ware erſt bei der mit Ihrer Churfürſtl. Durchl. in Bayern erfolgten Conjunction dieſe Reſolution, alsbald conjunctis viribus auff den Feind zu gehen, vnd denſelben zum ſchlagen zu neceſſitiren, wie dann damahlen die Kayſerliche Armada vber 40000. Mann effective des ſchönſten beſten Volcks, ſo man erwünſchen vnd mit Augen ſehen ſollen, ſich erſtreckt. Es hat ſich aber er Friedtland bei ſo gut erzeigter occaſion alsbald geändert, vnd ſeine Meinung dahin geſtellt, man ſolle ſich gegen dem Feind mit dieſer ganzen Macht logiren, dardurch köndte er eingeſchloſſen, vnnd deſſen Caballeria, mit benehmung der Fourage, in kurzer Zeit ruinirt werden: vngeacht nun ihme genugſamb remonſtrirt worden, daß nicht vonnöthen, dieß ſeits viel Volcks, gegen des Königs ſchwächere Armadam zu halten, weil man dadurch nur die Zeit, occaſion, und Volck verliehren, entzwiſchen aber der Feind im Elſaß vnd anderer Orten, durch vnterſchiedliche Corpora prozediren wird, daß auch bei ſolchem ſtilligen, diſſeits für eine ſo mächtige Anzahl Volcks, mit Proviant vnd Fourage eben ſo ſchwehr fortzukommen ſeyn, vnd alſo, wo man vermeint den Feind zu conſumiren, die Conſumption guten theils vnſers ſelbſt eignen Volcks. erfolgen werde, ſo iſt er doch nichts deſto weniger

auff

auff dieser seiner Opinion verharret, vnd darauf in die 11. Wochen mit der Armada still gelegen: auß welchem erfolgt, daß die Armada mercklich, vnd zwar umb viel Tausend Mann abgenommen, der Feind aber Zeit und Luft bekommen, sein Volck aller Orten herbey vnd zusammen zu bringen, vnd sich zu verstärcken, welches man doch auch gar wol verhüten, vnd manchesmahl, aller Officierer vnnd General Personen meynung nach, ein guten Streich thun können.

Dieweil dann dergestalt dem Feind ohne einige Verhinderung zugelassen gewesen, sich im Angesicht dieser Armada so starck zu machen, als er nur gekönnt und gewolt: Als hat er letzlich vnser Läger selbsten angefallen, doch aber durch Göttlichen Beystand mit grossem Verlust abgetrieben worden, vnd sein retirada in grosser Confusion vnd Vnordnung nehmen müssen: Dabey obwoln alle hohe Offizir für gut befunden, sich dieser occasion zu bedienen, vnd bei solcher des Feindts vnordnung darauff zu setzen, immassen dann auch alle von dem Feindt bekommene Gefangne ausgesagt, daß man den Feindt damaln auffs Haupt hette erlegen können, so ist doch gleichwol gantz nichts beschehen. Ob aber solches auß Prodition vnd bösem Vorsatz, oder auß solchen Vrsachen beschehen, daß der Friedländer a dolo purgirt werden köndte, Inmassen dann etliche wol der meynung gewesen, daß wegen mangel Proviants es nicht wol thunlich gewesen, den Feind zu verfolgen, lest man, so viel diese Geschicht anlangt, an seinem Orth gestelt seyn. Als sich auch darauff der König bei Fürth logirt, vnd man gesehen, daß seine Cavalleria allda grosen Mangel leidet, auch sich hernach deß Feindts Armada allbereit mit grosser

Pag. 8.

Forcht zu retiriren angefangen, ist abermalen
die schönste gelegenheit gewesen, jhme vnter sein
retirabam zu kommen, man hat sich aber auch dieser occasion ganz nichts praevalirt, vngeacht doch
Friedlandt zuvor selbsten offt fürgewendt, welcher
Theil vor Nürnberg erstlich einen Fuß welche, der
seye verlohren.

Nach diesem marchirt der König auff Windsheim, vnd die Kayserliche Armada auff Koburg,
bald hernach wendet sich der König von Winds-
heimb wider zuruck nach Bayern, vnd recuperirt
daselbsten Rain, nichts desto weniger hat Friedlandt vermeint, Ihre Churf. Durchl. solten mit
jhme in Meysen gehen, dadurch inmittels der König Dero Landts vnnd deß völligen Thonawstrohms
sich desto leichter ohne widerstand bemächtigen, vnd
auch gar einen Fuß in das Land Ob der Enß, bey
damaliger vorgeweßner Bawren Rebellion, hette
setzen können.   Dieweiln aber Ih. Churfürstl.
Durchl. Dero Land und Leut nit lassen wollen, vnd
der Feld-Marschalck Herr Graff von Pappenheim
Seel. gleich damalen mit 12000. Mann auß Nider Sachsen im Anzug gewesen, Als hat man sich
verglichen, daß Herr Graff von Aldringen neben
Ihr. Churf. Durchl. mit seinem vnterhabenden
Volck in Bayern gehen, vnd alda dem Feind begegnen, entgegen aber der Herr Graff von Pappenheim immediate von Ihme Friedlandt depen-
diren solle. Als man sich hierauff getheilt, und
das Volck in die Ober Pfaltz angelangt, ist dem
Herrn Graven von Aldringen alsbalden ein Ordinanz zukommen, mit dem Kays. Volck nicht vber
die Thonaw zu gehn, inmassen er dann auch jenseits damit liegen blieben: Dahero gegen dem
von Pirckenfeldt, welchen der König mit einem
Corpo

Corpo in Bayern hinderlaſſen, nichts können fürgenommen werden. Nachmalen bekombt der Herr
Graff von Aldringen ein andere Ordinanz, weiln
Friedlandt des Herrn Graven von Pappenheimbs
nunmehr verſichert, als möchten ſich Ihre Churfürſtl. Durchl. mit Ihme Herrn Graven von Aldringen zu Newſtatt vnterreden, wie das Volck
zuſammen vnnd an den Feindt zu führen ſein möchte, kompt die Ordinanz, durch welche der Herr
Graff von Aldringen ſampt dem Kayſ. Volck gegen Eger commandirt wird, darauff er ſich alsbald ſeparirt, vnd zu Ingolſtatt wider vber die
Thonaw gangen: Bald darauff ändert es ſich
wiederumb, vnd wird Herr Graff von Aldringen
wiederumb an Ihre Churfürſtl. Durchl. gewieſen,
dahero er ſein Volck zu Newburg wider vbergehn
laſſen, ſich mit Ihrer Durchl. conjungirt, vnd
darauff für Rain gangen, folgends auch Thonawerth zu attaquiren, inmaſſen ſolches vorhero für
gut befunden vnd abgeredt geweſen. Als nun der
Friedländer von dem König in Schweden gantz
außgeſetzt, vnd ſich mit der Haupt Armada in
Meyſen begeben, auch daſelbſten ſein Winterquartier nunmehr fein ruhig zu haben vermeint, iſt
der König ihme bald ſtarck nachgezogen, vnd ſich
zu Naumburg logirt, allbar, ob zwar der Friedtländer gute gelegenheit gehabt, mit vnnd neben
dem Pappenheimiſchen vnd Gallaſſiſchen Volck
den Feind ſelbſt anzugreiffen, hat doch Friedlandt
vermeynt, es müſſe ſich auch der Feindt nach ſeinem Kopff richten, vnnd gleichfalls mit Ihme einen ſtillſtandt halten, alſo das, wie ihme der Feindt
am allernechſten zugerukt, er den Herrn Graven
von Pappenheimb, welchen er kurz zuvor ſo ſtarck
citirt, vnd mit groſer vngelegenheit deſſen Volcks,
auch mit weniger gefahr der Vntern länder an
der

Pag. 9.

der Weser, herauff erfordert, von sich gelassen. Worauff dann der König, welcher solche deß Friedländers sicherheit für einen Defect seiner Armaden gehalten, ihme nacher Lützen vnter die Augen gezogen, und weil Friedländer einige Kundschafft damahlen nicht bestellt, also unversehens auff Halß kommen, daß es an einem wenigen gehangt, daß nicht die ganze Kayserliche Armada vom König vberfallen vnd auffs Haupt vertilgt worden: Ob nun zwar Friedländer daselbst stand gehalten, auch durch Dapfferkeit der Kays. Armada, welche zwar des Feinds seiner nit zu vergleichen gewesen, das Schwedische Volck mit grossem Verlust, auch ihres eignen Königs, das Feld quittirt, so hat doch Friedländer sich dessen nicht gebraucht, sondern das Feldt vnd durch deß Feindts Abzug erhaltene Wahlstatt selbst aufgegeben, seine eigene und die vom Feind gewunnene ansehnliche Artilleria im stich gelassen, und ganz vnversehener weise die Flucht genommen, vnnd den ganzen Last der Winter-Quartier dem Königreich Böheimb vnd andern Ihrer May. Ländern widerumb vber den Halß geschüttet. Welches er dann zwar mit diesem vermeint zu beschönigen, daß deß Feinds Armada auch nach dem Treffen der seinigen zu starck gewesen, er sich auch besorgen müssen, daß Ihme nicht etwa der Paß vnd Retirade in Böheim von dem Feind abgeschnitten wurde, welches aber zu der verständigen Soldaten, so dieser Schlacht selbst beygewohnt, judicio heimb gestelt wird.

Nach dem man nun, wie obgemelt, für Rain, mit dem approchiren nahent hinan kommen, Batterien gemacht, Schiffbrucken geschlagen, und alle Praeparatoria verfertiget, worburch man diesen
Ort

zur Geschichte Wallensteins.

Ort hiernechst wegnehmen, den Feind der enden entweder schlagen oder vertreiben, auch dem damahl hoch betrangten Elsaß, vnd darinnen liegenden vornehmen Plätzen, als Benfeldt vnd andern, Lufft machen können, da kombt nach vorgegangener Schlacht bey Lützen vom Friedlandt durch Schreiben deß Herrn Graff Galassen Ordinantz, der Herr Graff von Aldringen solle alsobald ohne einigen geringsten Auffhalt mit dem Kayserlichen Volck nacher Böheimb rucken, also hat man die Belägerung Rain mit Spott vnd Schandt auffheben, vnd abziehen müssen, da doch der Friedlandt damahln gantz kein Noth gehabt, sintemalen der Feind nach bemelter Schlacht bei Lützen nicht allein schon das Feldt quittirt gehabt, sondern noch selbigen Abendt der Herr General Wachtmeister Rainach mit 5000. Mann frischen Volcks, nicht weniger bald darauff der Herr Graff Gallas, so damaln mit einem Corpo zu Kemnitz gelegen, zu jhme Friedlandt hette stossen können, weiln er auch folgendts allein denen Winterquartirn in Böheimb zugezogen, vnd nit gedacht gewest dem Feind ditzmal weiter Testa zu machen, so hat er bey solcher gestalt deß Aldringischen Volcks vmb so viel weniger vnnd zwar gar nicht vonnöthen gehabt, inmassen solches hernach lange Zeit vmb Eger ohne einige Frucht still gelegen.

Pag. 10.

Anno 1633. Als er zu Prag mit auffrichtung einer newen Armada wiederumb vmbgangen, vnd derentwegen alles Volck abermahlen beysammen behalten, hat sich inmittels der Horn vnd Panier conjungirt, vnd insgesambt auff den Herrn Graffen von Aldringen (deme allein für seine Person mit demjenigen wenigen Volck, welches der Herr Graf Montecuculi auß Schwaben herunter gebracht,

bracht, bey Ihrer Churfürstl. Durchl. in Bayren, zu verbleiben erlaubt gewesen) zugangen, derohalben, obwohlen unterschiedlich umb Succurß beweglich geschrieben, sonderlich weiln der Friedlandt sich nunmehr deß Pappenheimischen Volcks gantz und gar gebraucht, so hat er doch nur etlich wenig gar schwache Regimenter geschickt, und sich dabey expresse vernehmen lassen, daß er solches darumben thue, damit Ihre Churfürstl. Durchl. kein rechtes Corpus mehr zu ihrer selbst disposition bekommen, sondern ihme allein die direction verbleibe, wie er dann dem Herrn Grafen von Aldringen und seinem unterhabenden Volck die Hand allzeit also gebunden, daß er nichts fürnehmen dörffen; Deßgleichen hat auch Hertzog Bernhardt von Weymar under dessen in Francken ein newes Corpus, welches gar leichtlich verhindert und anfangs zertrennt werden können, gesamblet, und damit auch sich nacher Bayern begeben, zu dem Horn gestossen, und also mit gesambter Hand den Herrn Grafen von Aldringen herein an die Yser getrieben, darauff er zwar wiederumb etliche Regimenter geschickt, doch aber dabey expresse Ordinanz geben, nichts gegen den Feindt vorzunehmen, sondern nur defensive zu gehen, dann er inner 14. Tagen den Feind in Schlesien schlagen, oder jagen wolle: Anstatt dessen aber, daß der Feind geschlagen oder gejagt werden sollen, ungeacht mit der schönsten Armada er dahin angezogen, ist nichts anders erfolgt, als das langwierige stilligen bey Schweinitz, ein Anstand über den andern, und die abermalen vergebliche Friedenstractaten, den ganzen Sommer hindurch, darunter, obwoln er unterschiedlich auff das beweglichst ersucht worden, dem Herrn Grafen von Aldringen heraussen doch die Hand zu eröffnen, damit der Orten dem

Feind

Feind was möchte begegnet werden, so hat er sich doch darzu keineswegs verstehen wöllen, also daß nachmalen gar Ihre Kay. May. selbsten den Obristen St. Julian derentwegen zu ihme abgeschickt, bey deme er zwar Ih. Kay. May. geantwortet, daß er den Herrn von Aldringen schon an Ihre Churf. Durchl. gewiesen, er hat aber alsbald deß andern Tags, nach deme der Obrist St. Julian von jhme hinweg gereist, jhme Herrn Grafen von Aldringen durch den Herrn Graf Galassen auffs new anderst schreiben vnnd Inhibiren, auch vorhero mündtlich durch den Feldmarschalck Leutenandten von Schafftenberg andeuten lassen, er solle seiner Ordinantz nachkommen, dann im gegenspiel wölle er jhne nit perdoniren, wann jhne schon der Römische Kayser perdonire. Deßgleichen hat Ihrer Kay. May. er auch durch Dero Hof-Kriegs-Raths-Praesidenten, Herrn Graff Schlicken sagen lassen, der von Aldringen habe schon allen Gewalt, welches Ihre Kay. May. auch also Ihrer Churfürstl. Durchl. versichert, nichts desto weniger aber hat er demselben gantz andere vnd widrige Ordinantzen ertheilt, vnd dardurch Ihrer Kay. May. Kayserliches Wort verschimpfft vnd eludirt, ja sich verlauten lassen, wann bemelter Praesident nur noch etlich wenig stund geblieben were, daß er jhne hab wöllen auff stucken hawen lassen, derowegen daß gantze werck dergestalt bestelt gewesen, wo sonsten ein Corpus gelegen, welches anderer Orten gegen dem Feindt was hette tentiren mögen, hat er demselben die Händ gebunden, daß er nichts fürnehmen dörffen, er aber allezeit das meiste Volck bey sich behalten, vnd gegen Ihrer May. Feinden, nur allein mit den Sächsischen stillstandt vnd Tractaten gemacht, durch welches die Sächsischen selbsten,

Pag. 11.

wie

wie auch sonsten der Feind, aller anderer Orten, welcher im widrigen denen Sächsischen nothwendig succurriren müssen, gesichert, vnnd jhme lufft gelassen worden, in ander weg seine stattliche progressus zu thun, vnd sich eines vnnd andern Orts, daran jhme gelegen, zu bemächtigen. Auß welchem erfolgt, daß erstlichen Bayrn vnd die Pfaltz mit dem langwirigen den gantzen Sommer continuirenden stilligen wiederumb auffs eusserst ruinirt, drey veste viel importirende Heuser, Anchstätt, Pappenheimb, vnd Lichtenaw, wie auch die Statt Newmarck, (welche orth alle sich vorhero gegen dem König vnd dessen gehabter viel sterckerer Macht erhalten) auß mangel deß von Friedlandt verbottenen entsatzes, verlohren gangen, hingegen der Feind im Elsaß einen Ort nach dem andern weggenommen, Preysach beängstiget, gar biß nacher Lindaw vnd Costnitz gangen, vnd sich des gantzen Schwäbischen Craises bemächtiget: Also hat man auch die Entsezung mit Hammeln, weiln kein anders mittel gewest, mit gefahr versuchen müssen, darüber Herr Graff von Grontzfeldt geschlagen worden, deme man doch wol zeitlich lufft machen, und den Feindt in Nider Sachsen divertiren können, wann man nur etwas diversion in Francken angestellt hette, zu welchem end der Holcka gar zu nechst an der Hand gewesen, welcher gleichfalls fast den gantzen Sommer ohne verrichtung bey Eger still ligen müssen, vnd dannoch von Francken auß, auff jeden fall, sich zeitlich an Ort vnd End wider hette wenden können, wohin es die Nothdurfft erfordert: Als der Feind die Statt Newmarck belägert vnd eingenommen, hat sich der Holcka zwar mit dem Herrn Graffen von Aldringen in der Pfaltz conjungirt, vnd weiln der Feind mit groser Confusion abgezogen, haben beyde selbst

für

für gut vnnd practicirlich befunden, diese Statt wieder zu recuperiren: Es hat sich aber der Holcka mit diesem entschuldiget, daß er sich auß Ordinantzen deß Friedlands lenger von den Böhmischen Gräntzen nicht abwesend befinden dörffe, als er in 3. Tagen hin vnd wider marchiren köndte, wie er dann auch also bald vnverricht wider zuruck gezogen.

Als nun hierauff der Hertzog von Feria mit dem Spanischen Volck wider all deß Friedlands Vermeinen vnd Intention (sintemalen er noch vorhero den Obristen Deodati zu Ihrer Durchl. dem Herrn Cardinaln Infante nacher Maylandt abgeschickt, selbigen auff alle weiß zu disponiren, daß er dieses Volck nicht herauß ziehen lassen wollte, oder aber, da er je dieses nicht erhalten köndte, auff das allerstärckste dagegen zu protestirn, mit fürgeben, weiln sonsten im Teutschlandt kein Fried, welchen er bereit in seinen Handen hab, zu erlangen) auß Italia ankommen, haben Ihre Kayserl. Mayestät dem Herrn Grafen von Aldringen Ordinanz geben, mit seinem Volck, darzu auch Ihre Churfürstl. Durchl. fast dero gantze Cavalleria sampt etlichen Regimentern zu Fuß vnd der Artilleria hergeben, demselben entgegen zu gehen vnd zu conjugiren, vnd sodann insgesambt Costniz zu liberiren, vnd Preysach zu entsetzen, welches auch geschehen: Dieweiln dann hierdurch Bayern vnnd der Thonawstrohm entblößt worden, als hat der Feindt darauff alsbald ein starcke Diversion vorgenommen, in deme er nemblichen von Thonawerth ohne einigen widerstandt gar nacher Regenspurg herunter gangen. Nun haben Ihre Churfürstl. Durchl. die vorhin so starck vertröste, vnd versicherte Hülff zeitlich genug durch Schreiben

Pag. 12.

ben vnd Abschickungen ersucht, vnnd mehrers nicht, dann nur 3000 zu Fuß vnd 20 zu Pferdt gebetten, Ihre Kays. Mayest. auch selbsten jhme Friedlandt beweglich geschrieben, vnd durch 7 abgeschickte vnterschiedliche Curier begert, er solle den Herrn Graff Galassen zum Succurß heraus schicken: Es ist aber, vngeacht deß in Schlesien nach denen zerschlagenen Tractaten erfolgten glücklichen Succeß, bey deme dergleichen Succurs gnugsamb vnd gar zeitlich hette erfolgen können, ganz nichts zu erhalten gewesen, mit fürwenden, er köndte keinen Mann entrahten, der von Aldringen solle succuriren, der doch, wie jhme schon zuvor remonstrirt, zu rechter Zeit nicht kommen können, auch damahlen selbst von dem Feind mehr als zu viel impegnirt gewesen: Vnd ob zwar endlich der Herr Gallas andeutung gethan, daß er mit 12000 Mann zu Roß und Fuß, darüber er auch gar ein specificirte Listam eingeschickt, heraus zu kommen erlaubnuß habe, vnnd daß er derentwegen seinen Zug, so viel Menschlich müglich befürdern wölle, so ist doch abermahlen nichts darauß, sondern er Herr Graff Gallas contramandirt worden, dahero auß mangel deß höchstnothwendigen Succurß, ist vnter dessen Regenspurg, Straubing, Chamb, vnnd andere Orth, auch fast der ganze Waldt in des Feindts Händen gerathen.

Endlich hat er sich zwar auff Ihrer Kays. May. öffters erholte Befelch erklärt, in der Person enßfertig herauß zu kommen, mit versicherung, daß er den Feindt, wo er jhne antreffe, schlagen wollte, worüber sich doch auch in die 14. Tag verzogen, biß er an die Bayerische Gräntz nacher Furth ankommen, von daselbst er zwar Chamb berennen lassen, inmassen auch alle hohe Officier

der

der meynung gewest, daß man solchen Ort mit gewalt angreiffen soll, weiln derselb nicht proviantirt, die Guarnisonen mehrern theils von Reutereyen, also sich bald ergeben, oder von dem Feind entsezt werden müste. Vnterstehe sich dann der Feind solchen Entsatz zu thun, habe man occasion mit jhme zu schlagen, wie dann hinach sich bezeigt, daß der von Weimar bereit zu vorhabender Entsatzung Chamb, zu Straubing vber die Thonaw gewest, vnd jhme Friedlandt selbsten in die Hand gangen were, er hat aber wider aller Kriegsverständigen gutachten nicht warten wöllen, sondern sich von Furth auß in aller eyl wider zuruck in Böheimb nacher Pilsen begeben, vnerwart einiger Antwort oder Befelch von Jhrer Kayſ. May. mit vorwandt, daß Arnheimb gegen Schlesien anziehe: Vnd ob er auch wohl dazumahln den Herrn Graffen Strozzi mit 24. Compagnien Reuttern an die Böhmische Gräntz gegen Bayern Commandirt, welcher zum wenigsten etwas verhindern können, als der mehrere Succurß hernach kommen, so ist doch auch derselbe vber vielfältiges abschicken nicht zu erlangen gewest, dann obwoln Friedlandt selbsten geschrieben, auch durch den Herrn Graff Galassen schreiben lassen, daß er schon alle Ordinanz, sich mit Jhrer Churfürstl. Durchl. in Bayern Volck zu conjungiren, so hat er doch heimblich diese Ordinantzen geben, daß er Strozzi bey Leib vnnd Lebens straff nicht vber die Böhmischen Gräntzen gehen soll, biß erst gar letzlich, als Friedlandt selbsten schon heraussen zu Pilsen gewest, zwar nicht sowol zu einem Succurß, als der Intention, die Winterquartier nachmaln in Bayern zu nehmen, Jnmassen solches die gemachte Winterquartier Verzeichnuß klärlich vnd in specie bezeugt, ob auch wol der Herr Feld Marschalck Graff von

Pag. 13.

Albrin-

Aldringen befelch gehabt, mit der Armada daroben in Preißgaw vnd selbiger enden zu bleiben, vnd die Winterquartier, so viel müglich, in das Marggraff- vnd Wirttembergische zu extendiren, so hat doch Friedlandt ganz andere Ordinantzen ertheilt, vnd ihme Herrn Graffen von Aldringen gemessen befohlen, das er Württemberg gantz verschonen solle, dannenhero erfolgt, weilen die Armada droben ohne beziehung Wirttemberg sich nit erhalten können, das sie wider herabwerths gegen Schwaben ziehen müssen, welchen Zug Friedlandt mit diesem noch ferners befürdert, indeme er den Herrn Graffen von Aldringen andeutten lassen, er solle sich auf einer seiten herab gegen dem Feindt avanziren, so wölle er Friedlandt auff der andern Seiten auffwerths auff den Feind gehen, damit man denselben einschliessen könne, ehe aber Herr Graff von Aldringen herab kommen, ist Friedlandt schon wiederumb zuruck in Böheimb gewest: Auß welchem ferners dieses kommen, daß die Aldringische und Spanische Armada wegen langen vnnöthigen hin- und herziehens vnd starcken Travaglirens in einen sehr vblen standt gerathen, inmassen allein von denen Spanischen etlich tausend Mann zu grund gangen. Nichtweniger, vngeacht Ihre Kayf. May. selbsten für höchst nöthig befunden, daß dem von Weimar ohne weitters verlengern ernster widerstandt gethan werde, und derentwegen jhme gemessene Ordinantz ertheilt, also balden auff den Weimar zuzuziehen, sich auch dabey lauter erklärt, daß dieses Ihr endtlicher zuverläßlicher willen seye: So hat doch er Friedlandt, solches im geringsten nicht in acht genommen, sondern just das Widerspiel gethan, das Volck ohne alles Ihrer May. vorwissen vnnd von deroselben vnerwart einiger disposition oder verordnung, nur

gleich)

gleich) für sich selbst eignes gefallens in die Quartier geschickt, vnd in die Länder propria Authoritate außgetheilt.

Als er auch vernommen, daß Ihre Kayſ. May. dero Geheimen Raht den Herrn Grafen von Trautmanstorff befelch geben, derentwegen jhme zuzuſprechen, hat er alſo bald dieſes zu eludiren, vnd damit er fürzuwenden hab, wie ſolches nunmehr zu ſpat, alle Stuck von den Rädern legen laſſen, vnnd die Regimenter ſchon hin vnd wider verſchickt gehabt. Deßgleichen, als ſich auch vnterdeſſen ein occaſion praeſentirt, allein mit Hilff der in das Landt ob der Enß ankommenen Regimentern den Feindt an der Thonaw zuruck zu treiben vnd zu ſchlagen, vnd darumben, Ihre Kayſ. May. auch ſelbſten, durch Schreiben vnnd ſchickungen dem Commendanten ſelbiger Regimenter Baron de Suys gemeſſene Ordinantz gegeben, mit demſelben gegen dem Feind zu avanciren, vnd ſich daran niemands hindern oder irren zu laſſen, inmaſſen er zu ſolchem ende ſchon zu Paſſaw angelangt, ſo ſein doch demſelben allba von dem Frieblandt alſo bald 2 Currier zukommen, mit Ordinanz, daß er Baron de Suys alſo bald widerumb, in die Winterquartier rucken ſolle, beyneben auch andeuten laſſen, daß er jhme den Kopff für die Füß legen laſſen wolle, wann er des Kayſers, vnnd nit ſeinen Ordinantzen, pariren werde, dannenhero ſelbiger dieſem auch alſo nachkommen, vnd dadurch auch dieſe occaſion zuruck geſtelt worden, Frieblandt aber hat hernach jhme de Suys wiederumb geſchrieben, es gereiche jhme dieſes, daß er nemblichen mehrers ſeine als Ihrer Kay. May. Ordinantz in acht genommen, zu ſondern

Pag. 14.

P 3   bern

dern gefallen, vnd wölle es vmb jhne zu erkennen nit vnderlassen.

Welchergestalt die den ganzen Sommer durch gewehrte Friedenstractaten in Schlesien abgeloffen, vnd was dabey für ansehnliche Occasiones, dem Feind, so auch durch die starcke grassirende Infection vnd Hungersnoht fast für sich selbst consumirt gewesen, gänzlich seine Armada auffzuschlagen, vnd zu vertilgen (dessen Ihre Kay. May. er auch vielmalen durch Schreiben vertröstet, aber nachmalen nicht gethan) mit fleiß auß handen gelassen, das ist auch nunmehr menniglich bekandt. Darben diß sonderlich zu mercken, daß er vorhero durch Schreiben vnd mündtliche Werbungen bey Ihrer Kay. May. nicht mehrers gesucht noch gebetten, als man solte doch nur keinen Anstandt oder Suspensionem Armorum von Hoff auß bewilligen, deme aber zuwider hat er nachmalen selbsten anders nichts gethan, als einen stillstandt vber den andern gemacht, vnd zwar nicht allein ohne Ihrer Kay. May. bewilligung, sondern auch gar ohne alles deroselben vorwissen, vngeacht auch einige Friedens Puncten niemalen verglichen gewesen, so hat er doch jederzeit nur auff die Coniuncstur der Waffen, vnd derselben Directorium getrungen, sich derselben nach seinem belieben zu gebrauchen, vnd vnter dem schein vnd Titul deß Friedens nachmahln seine böse falsche Intentiones hindurch zu treiben vnd zu stabliren, wie dann dieses allbereit im vorhaben gewesen, auff die erfolgte Coniunctur, vnter dem praetext, alle auswendige Nationes von des Reichsboden abzutreiben, zum allerersten die Spanischen vnd das lothringische Volck, vnd was sonsten Ihrer Kayserl. May. etwann für Hülffen haben können, mit gutem

tem oder aber mit gewalt abziehen zu machen, vnd zu solchem ende conjunctis viribus auff sie zu gehen.

Nachdeme auch Ihre Kays. May. dero vornehme Commissarios in Schlesien abgeordnet, hat er denenselben von seinen vorgehabten Tractaten nichts eigentliches communicirt, wie er dann Ihrer Kays. May. selbsten nur lauter generalia, vnd daß bey der vorgehabten Handlung nichts anders, als wegen zusammen stossung der beyden Armaden, ohne einige andere verbündtliche condition, tractirt worden sey, vnd dieses zwar auch erst vber 4 ganzer Monat notificirt, vnter welcher simulirten Friedens Tractation er dann vnzahlbare Päß vnd Repäß außgefertiget, darduch fast menniglich von dem Feindt zu der Kayserl. Armada herüber kommen, selbige auskundschafften, vnnd allerhand negotiiren können, durch welches Commercium dann auch die giftige Infection in das Kays. lager gebracht, welche viel von der Kays. Soldatesca hingerichtet, vnd die herrliche Armada nicht wenig geschwechet. Vnd ob sich woln endtlich die Tractatus eusserlich zerschlagen, vnd er darauff in Laußnitz vnd in die March gerucket, so hat er doch einen weg als den andern jmmer zu seine Practicam continuirt, auch zu solchem ende den Haupt Rebellen, aber doch seinen alten vornehmsten Confidenten, den bey der Steinaw gefangenen alten von Thurn, als welcher seine sachen bey denen Schwedischen negotiirt, ohne welche er letzlich gesehen, daß sich die Conjunctur nicht practicirn werde, (den er auch inmittels gar wol tractirt, vielmals mit jhme in seiner Kutsch herumb geführt, vnd sonders zweiffel alles mit jhme abgeredt vnd beschlossen) sampt viel andern mehr,

Pag. 15.

mehr, vnd noch darzu mit einer verehrung wiederumb loß gelassen.

Dieweiln nun Ihre Kayſ. May. auß etlichen der jetzt erzehlten particular Vrſachen (dann von denen mit Schweden heimblich gepflogenen Correſpondenzen, als auch zu Khamnitz mit dem Arnheimb gemachten Anſchlägen, bey Lebzeiten deß Friedlandrers, Ihre Kayſ. May. das geringſte nicht vernehmen können) bewegt worden, auff ſeine Actiones ein wachtſambes Aug zu haben, ſonderlich aber wegen der abermahligen Winterquartier, die wiederumb in Böheimb vnd denen Erbländern genommen werden wöllen, wie auch deß zuruckzugs, vnd deroſelben an den Thonawſtrohm zum hefftigſten zutringenden gefahr halber, ſorgfältig zu ſeyn, vnd aber eben vmb dieſelbige zeit er Friedlandt Ihrer Kayſ. May. Hoff-Kriegs Raht, Herrn Gerhardten von Queſtenberg, Freyherrn, etc. eben der Winterquartier halber zu ſich erfordert, wie nicht weniger bald darauff Ihrer Kayſ. Mayeſt. ſeine vrſachen vnd bewegnuſſen, warumben er ſich wiederumb zuruck nacher Böheimb gewendet, vberſchrieben, als haben höchſtgedachte Ihre Kayſ. May. vorgedachten Herrn von Queſtenberg, Freyherrn, etc. mit gewiſſer Inſtruction zu jhme abgefertigt, vnnd demſelben remonſtriren laſſen, wie ſchwerlich es bißhero mit ſolchen Winterquartirn in dero Erbländern hergangen, wie dieſelben auff ſeine des Friedtlandrs ſelbſt eygene vnterſchiedliche vnd erſt gar newlich gegebene vertröſtungen, daß ſie dieſes laſts vberhoben werden möchten, dahin bewogen worden, daß ſie ſich deſto ſtärcker in dem Seckel angriffen hetten, dannenhero vnd weilen es allerhand nachdencken verbrſachen möchte, wann ſie

anjetzo

anjetzo wider die beschehene Assecuration vnd Kayserliches Wort belegt werden sollten, als hetten sie selbsten auff andere mittel, da die Exercitus vberwintern vnd jhren vnterhalt, mit deß Feindts mercklichen Abbruch, herentgegen dieser Landen respirirung vnd längerer ersparung, auff den eussersten Nothfall, möchten haben können, gedacht, vnd demselben darüber ein gewisse verzeichnuß mit vberschickt, doch aber alles zu seiner selbst eignen discretion, vnd mehrerm nachdenken, etwann darauff, oder aber sonsten auff einige andere erträgliche Manir, wie das Werck zu richten seyn möcht, nachzudencken, denselben anheimb gestellt, beynebens aber auff den fall, da er ja auff seiner Intention, die Erbländer mit Quartirn zu onerirn, verharren wollte, andeuten lassen, daß er der Quartier halber in mehrermelte Erblandt keine Ordinantzen außgeben solle, ehender jhrer Kayserl. Mayest. er nicht vorhero seine habende Intentiones klar vnd außführlich notificirt habe, damit nach erforderter nothwendigkeit die sachen berathschlagt, vnd alles mit rechter Ordnung tractirt möge werden, vnd köndten Ihre Kayserliche Mayestät Ihro dißfalls dero hohe Authoritet vnd Händ keineswegs sperren lassen, bevorab, weiln Ihr wie auch dero Ertzhausses eygenes Interesse hierunter zum allermeisten behaffte, vnd deroselben, wie auch dero Landen, nicht so viel schaden beschehen würde, da allerseits die Feind mit dero Volck angegriffen, vnd daselbst verlust leiden sollte, als wann die Erblandt dergestalt ruinirt solten werden.

Als nun jhme Friedlandt dieses also fürgetragen, beynebens auch noch ein anders Schreiben zukommen, darinnen anbefohlen gewesen, vn- Pag. 16.

gehindert seiner eingeschickten Motiven vnnd genommenen zuruck Zugs nacher Böheimb (welchen er mit andern in der Marck Brandenburg fürgefallenen diversionen vnnd besorgenden einbruch deß Knirhausen in Böheimb beschönigt) die Armada also balden wiederumb gegen Passaw vnnd dem Feind: zu wenden, selbigen zuruck zu treiben, vnd zu verfolgen, wie nicht weniger für Ihre Durchl. den Herrn Cardinaln Infante, selbigen nacher Niderlandt zu conducirn, durch die Spanische 6000 Pferdt begert worden, welches Ihre Kayſ. Mayeſt. doch zu seiner selbst eignen discretion, vnd wann es wol sein kan, gestellt, hat er dahero vrsach vnnd gelegenheit genommen, mit seinen lengst zuvor gefasten bösen Consilien vnnd vorgehabten Machinationen außzubrechen, vnd weiln jhme an der Armada vnd gewinnung derselben vornembsten Commendanten am allermeisten gelegen gewesen, derentwegen er noch bißhero seine boßhafftige Anschläg nit zu werck stellen können, als ist er dahin bemühet gewesen, vber diejenigen, die er jhme durch allerhand mittel vor anhängig gemacht, noch mehrere, vnd vornemblich, die aller vornembsten auff seine seiten zu bringen, vnder andern sonderlich bem Herrn Grafen Piccolomini seine Intentiones dahin entdeckt, weilen man an dem Kayserlichen Hoff gegen der Soldatesca so gar vndanckbar vnd Tyrannisch verfahre, dieselbe ohne einige gedancken der Bezahlung allein zu ruinirn gemeint seye, er auch für seine Person auff allerley weiß mortificirt wurde, vnd abermahlen in sorgen stehen müsse, mit Despect abgedanckt zu werden, auff daß er nun an seinen Ehr vnd Reputation nicht etwann weiter ein Verkleinerung leide, were er entschlossen, sein Heil vnd Glück zu versuchen, zu solchem ende mit denen

vor-

vornembsten vnd auß dem gantzen Exercitu ausser, wehltisten Troppen mit dem Feindt sich zu conjungirn, vnd sobann insgesambt die Oesterreichische Erbländer zu bekriegen, biß er selbige, wie auch Ihrer Kayf. Mayest. selbst eigene Person in sein Macht vnd Gewalt gebracht, vnd das ganze Hauß von Oesterreich, nicht allein in Teutschland, sondern auch aller anderer Orten, wohin dessen Monarchia vnd Herschung sich bißhero erstreckt, völlig vnnd von der Wurzel vertilgt vnd außgerottet habe, dannenhero, vnd damit jhme besagter Piccolomini auch beypflichte, hat er ihme vnterschiedliche Dignitäten auch vornehme Herrschafften vorgetragen vnd verheissen, vnd ob jhme zwar dagegen vom Herrn Graffen Piccolomini opponirt vnd zu Gemüth geführt worden, wie dieses ein sehr schweres vnd weit aussehendes Werck, daß auch die Kayserliche und deß Hauß Oesterreichs macht, sonderlich in Spanien vnd andern Orten, nit so gar gering zu schätzen, und sich so leicht nicht würde vberwältigen lassen: So ist er doch nichts desto weniger auff seinem vorhaben halßstarrig verblieben, mit vorbilden, wie daß in wichtigen Sachen nur der Anfang und erste Hoffnung schwer, vnd daß bey dergleichen Anschlägen, so allein auff gut wagen beruhet, vnd da am verzug die gröste gefahr hafftet, dergleichen Difficulteten gar nicht zu beobachten, seine Sachen auch nunmehr dahin kommen weren, daß er sich nothwendig dem glück vertrawen müsse. Dannenhero, zu noch mehrerer erhöhung seiner Condition vnd Standts, bey so erwünschter, in handen habender occasion vnd gewissen auß dem Gestirn erscheinenden himmlischen Warzeichen, er eigentlich entschlossen, da er anderst nicht köndte, auch allein mit 1000 Pferden sein Heil zu versuchen, vnd wohin ihne das

glück

Pag. 17.
glück selbsten führen und leiten thäte, die Hand zu strecken, welchen muth vnd löwenhertz jhme dann seine Astrologi gemacht, welche jhne eingebildet, daß solche directiones vnd positiones vorhanden, daß für jhne der Himmel voller Geigen hienge, vnd jhne gleichsamb die Planeten selbsten auff den Königlichen Thron zu sitzen anreitzeten.

Vnd damit er bey der Militia auch einen Anhang habe, vnnd sein Authorität bey vnterschiedlichen desto mehrers gründen möge, als hat er dem Adam Erdmann Tertzka, seinem Schwägern, das Generalat von der Caballeria auffgetragen, und zu vnterschiedlichen malen etliche vnterschiedliche Regimenter vntergeben, wie dann derselbe eben umb diese Zeit 5 Regimenter Küriffirer, 2 zu Fuß, vnd 1 von Tragonern commandirt, auff welche er Friedlandt sich am allermehrsten verlassen, und darauff seine gantze Hoffnung bey dieser seiner Rebellion gebawet, so ist er in dem vnersättlichen Ehrgeitz vnd darauß erwachsenden boßhafftigen Vorhaben so weit vertiefft gewesen, daß er auch gar keine gedancken mehr von einem zweiffelhafftigen Anschlag sich in den Sinn weiter kommen lassen, ja der blinden Begierlichkeit sich endlich also ergeben, daß er sich auch deß arbitrii gleichsamb der gantzen Europae anmassen dörffen, ihrer Päbstischen Heiligkeit Nepoti einem hat er das Königreich Neapoli in seiner Einbildung assignirt, dem Hertzogen von Savojen gab er neben dem Königlichen Titul Montferrat, also auch dem Groß Hertzogen von Florentz mit gleichmäsigen Königlichen Titul die Rempublicam Lucensem mit allen Meerporten vnd zugehörungen, welche von dem Statu Senensi die Spanischen jhnen vorbehalten,

zur Geschichte Wallensteins.

halten, vnnd auff diese weiß hat er auch andere Herrschafften vnd Status, welche bißhero entweder vnter der Spanischen Tyranney, (wie er es titulirt) oder Protection gewesen, auff andere Herrn transferirt; allein wegen deß Status von Maylandt ware er noch zweiffentlich, was damit für ein disposition zu machen, in Betrachtung, solte er denselben dem Hertzogen von Savoja, oder aber der Venediger Herrschafft zueignen, er sich besorgt, es möchte eines oder deß andern Macht zu groß werden. Dem Hertzogen von Mantua aber hat er zur recompens für Montferrat Cremona designirt, vnd dieses ist er vorhabens gewesen, alles zugleich zu disponiren, damit zu bestimpter Zeit vnd gegebenen loß die Spanischen auff einmahl auß gantz Italien verjagt, auch keine mittel mehr zu restirn vbrig seyn solten. In welchem allem zwar er jhme von solchen hohen Cronen vnnd Potentaten eine eytele vnnd seinen vnmässigen Begierlichkeiten gleichförmige Einbildung gemacht, als wann solche Häupter auff eines Verräthers gar nicht vermuthlichen glücklichen Außgang, dergleichen hochwichtige Veränderungen zu bawen vnnd ins Werck zu richten, sich wurden vberreden, vnd persuadiren lassen.

Als dagegen auch opponirt, daß dieses wider die Catholische Religion sey, vnnd weil gleichwol derselben die mehrsten vnd vornehmbsten Capita bey der Armada zugethan, daß zuwider vnd gegen jhrem Gewissen dieselben jhme Friedlandt hierinnen nicht leichtlich beypflichten wurden, hat er, die Catholischen in ruhe vnd bey gutem willen zu erhalten, die Hoffnung gemacht, wie er entschlossen, denen vorigen vnnd alten Possesforibus die Geistlichen Gütter, welche die Vncatho-

catholischen bißhero innen gehabt, vnd vsur-
pirt, wiederumb zu restituiren.

Pag. 18. Nach diesem seynd seine Gedancken gewesen, dem König in Franckreich Burgundt vnd Lutzemburg zu verlassen, doch dergestalt, daß selbiger dargegen die im Elsaß occupirte Orth wiederumb einräumen sollte, die andern Niderländischen Provincien aber haben in jhre freye Libertät gesezt werden, und dabey verbleiben sollen: Damit er jhme auch die nechst gelegene König und Potentaten verbündig machte, ist er vorhabens gewesen, der Königlichen Mayestät zu Poln, selbige auch auff sein seiten zu ziehen, einen guten Theil von Schlesien zu offeriren, da sie aber darein nicht willigen wollten, wider sie die Calvinisten auffzuwickeln, vnnd solche desidia zu erwecken vnnd zu soviren, daß von bannen wider ihne einiger hilff man sich nicht zu befürchten. Was dann die Commendanten bey der Soldatesca anbelangt, hat er seinen Schwager Adam Erdtmann Tertzka mit dem Marggraffthumb Mähren, den General Leutenandt Herrn Graff Galassen mit dem Herzogthumb Glogaw vnnd Sagan, sambt allen deß Herzogen von Eggenberg Güttern, den Feldt Marschalcken, Herrn Graff Colloredo, mit der Graffschafft Görtz zu belehnen vorgeschlagen, dem Herrn Graffen Piccolomini die Graffschafft Glatz mit allen deß Graffen Slavata Güttern würcklich attribuirt, bereit auch befelch geben, weiln seine Compagnien ohne das der Orthen in denen Winterquartiren gelegen, selbige zu occupiren vnnd in Posseß zu nehmen, deßgleichen auch schon verordnet, daß alle Ministri vnnd Officirer in dem Glogawischen vnnd Saganischen an den Herrn Graffen Galassen, welcher dazumahl in Schlesien commandirt, angewiesen,

wiesen, vnnd hinführo alle Einkommen zu seinen deß Graffen Gallassen handen gelieffert werden sollen: Auff diese weiß hat er auch alle andere Capitänen vhnd Befelchshaber auß denen Erb Landen, vnd Ihrer Kayserl: Mayest. getrewer Räht und Miniſtrorum Güttern zu remunerirn verſprochen. Immittels aber, und weiln er mit dieſen gedancken und Vorhaben vmbgangen, und eben vmb dieselbige zeit bey Ihrer Kayserl. May. Hertzog Frantz Julius zu Sachsen Lawenburg newe Friedtshandlungen geworben, und diese Reſolution erlangt, daß Ihrer Kayserl. Mayest. nicht zuwider, die Friedens Tractaten an die Handt zu nehmen, und daß derohalben dem Churfürsten zu Sachsen bevorstehe, ihre Abgeordnete entweder an den Kayserlichen Hoff, mit Ihrer Kayſ. May. selbsten, oder nach Prag, und mit dero Feldhauptmann zu tractirn, abzuschicken, hat er alsobalden zu Dreßden, wie auch bei denen Schwedischen, (da er doch dergleichen General Friedenstractation anzufangen einigen gewalt niemaln gehabt) mit höchster Verschimpff- und Verkleinerung Ihrer Kayserl. Mayest. dahin negotijrt, daß mit deroselben selbsten sie nit tractirn solten, mit offenem Vorgeben, daß der Kayserl. May. nicht zu trawen, seytemahlen sie gar zu Pfäffisch, von denen Jesuitern und Spaniern regirt, vnnd was sie zusagten, nicht halten wurden noch könndten, solten viel mehrers mit jhme tractiren, als welcher die Macht vnnd Waffen in seinen Händen, und entschlossen sey, mit denenselben einen Frieden, dessen sie sich zu erfrewen haben würden, einzugehen, vnter diesem aber nichts anders gesucht, als wie er, vnter dem Schein des Friedens, die vornehmsten Häupter von Ihrer Kayſ. May. Feinden, zu sich nacher Pilsen vermögen, seine gefaste

böse

böse Vorhaben mit ihnen zu communiciren, die völlige Conjunction. beyder Theyl Waffen wider Ihre Kayſ. May. vergleichen, und folgends gar zu Werck richten möchte, und jhme darunter das

Pag. 19. völlige und abſolutum arbitrium Pacis et belli aſſumirt, wie dann unter dieſer Zeit vnterſchiedliche, von denen Emigranten, auß dem Königreich Böheimb, vnter allerhand particular fürwandt, deßgleichen Hertzog Frantz Albrecht zu Sachſen Lawenburg, denen auch der Sächſiſche General Leutenandt Arnheimb (darzu der Paß und Repaß bereit vberſchickt geweſen) folgen ſollen, vnter dem ſchein der Friedrshandlungen zu Pilſen ankommen, vnnd hat der Wilhelm Kinßky dieſe vertröſtung allbereit mit ſich bracht, wie daß der Schwediſche Cantzler Ochſenſtirn neben denen andern Confoederirten zu aller hülff vnnd befürderung ſich erklärt und offerirt hätten. Welcher nachmahln auch die gantze Zeit zu Pilſen verblieben, alle Französiſche und Schwediſche Correspondentzen geführt, mit dem Friedtland alles in höchſtem Vertrawen berahtſchlagt, und demſelben, auch nach deſſen wiſſentlichen Exauctoration vnnd genommener Flucht nacher Eger, und biß zu dem Todt beharrlich adhaerirt.

Demnach aber Ihrer Kayſ. May. befelch, daß der Churfürſtl. Durchl. in Bayern theils das in Oeſterreich Ob der Ennß einquartirtes Volck, deßgleichen auch theils auß Böheimb zu hilff ziehen ſollen, und dann die für Ihr Durchl. Herrn Carbinaln Infante von den Spaniſchen begerte 6000. Pferdt bey dem Friedtländer allerhandt widrige gedancken erweckt, vnd in dieſe ſorg geſtellt, daß dergeſtalt jhme alle kräfften benommen, und er

als-

alsdann desto leichter von seinem Charigo *) wiederumb abgesezt werden möchte, hat er, sich vnnd seine sachen desto mehrers zu versichern, vnter dem schein vnd praetext eines feindtlichen Einfals, die hin vnd wider in die Winterquartier gezogene Regimenter widerumb zuruck gefordert, vnd die Obristen vnd Commendanten auff den 11 Januarii des 1634 Jahrs abermahlen ohne alles Jhrer Kayserl. Mayestät vorwissen oder erinnern, zu sich nacher Pilsen beschrieben, entzwischen aber rumores spargiren lassen, als wann er das Generalat resigniren vnnd sich selbsten retiriren wolte, allein zu diesem end, damit jhne hernach die General Personen vnnd Offizier, deren er schon etliche zur handt gehabt, wiederumb erbitten, vnd er bergestalt Vrsach gewinne, in sie zu setzen, daß sie sich gegen jhme, bey demselben zu stehen, verbinden solten. Vnd weiln etliche noch vor dem außgeschriebenen Tag dahin ankommen, die andern Confidenten, denen er diß Werck vorhero schon alles vertrawt gehabt, auch vorhero allda gewesen, als hat er durch den Illo vnd Tertzka, als seine vornembste Instrumenta, vorhero deliberirn vnd negotijrn lassen, was denen andern Commendanten auff den bestimmten Tag offentlich zu proponirn vnd vnter was für praetext dieselben zu seinem willen vnnd Intent zu vermögen sein möchten, damit er bergestalt vollendts der ganzen Armada, auff welche alle sein Hoffnung principaliter gestelt gewesen, versichert seyn möchte.

Nicht weniger ist auch mit etlichen vornembsten Commendanten, an denen das meiste gelegen gewesen, absonderlich tractirt worden, selbige wieder

---

*) Carica, Charge.

der Ihre Kayſ. May. anzureißen, und dagegen Ihme Friedlandt anhängig zu machen, ſonderlich aber mit dem Herrn Grafen Iſolani, deme dieſes fürgemahlet, daß Ihre Kayſerl Mayeſtät dem Herrn Palfi die newe Werbungen in Hungarn dergeſtalt auffgetragen, daß ſelbiger nachmahlen vber alle leichte Pferdt und auch die Croaten commandirn, vnd alſo er Iſolani von ſeinem bißhero gehabten Commando entſetzt werden ſolle, allein wolle er Friedlandt darein keineswegs bewilligen, habe derentwegen allbereit mit dem Herrn von Queſtenberg geredt, auch Ih. Kayſ. May. ſelbſten geſchrieben, daß, wann er Herr Graff Iſolani ſeines Charigo privirt werden ſolte, er Friedlandt auch weiter nicht mehr verbleiben wolte, vnnd damit dieſem allem deſto mehr ſchein geben wurde, ſeind gar Schreiben fürgebracht, vnd wie daß noch in ſelbiger Nacht derent wegen ein eigner Curir ankommen were, fürgetragen worden, da doch in der warheit vnd an jhme ſelbſten nit das geringſte geweſen. Nachmahlen hat man ihme auch ein Gut von 10000 Thalern offerirt, und weilen ſogleich von denen confiſcirten, derentwegen er an den Cantzler Elzen, als welcher die Confiſcationes dirigirt, verwieſen worden, keines vorhanden geweſen, hat jhme der Tertzka eines auß den ſeinigen, nach ſeinem ſelbſt eigenen belieben, zu erwehlen anerbotten.

Pag. 20.

Als nun auff den beſtimmbten Tag, den 11. Januarii, die Commendanten vnnd Obriſten zu Pilſen zuſammen kommen, hat er jhnen durch den Illo in ſeinem Quartier anfänglich die Queſtenbergiſche Inſtruction, wie auch obvermeltes Kayſerliches Schreiben, und dann, daß 6000 Pferdt für Ihre Durchlaucht den Herrn Cardinaln Infante

fante von denen Spanischen begehrt wurden, gantz
verkehrt, und mit sondern List zu seinem Intent
fürtragen vnd proponirn lassen, zu consultiren, ob
müglich, die Winterquartier ausser der Erbländer
zu nehmen, Item die Statt Regenspurg bey da,
maliger Winterszeit wider zu recuperirn, und dann,
ob thunlich vnd rahtsamb, die 6000 Pferdt von
der Armada wegzulassen: Dieweil nun die für,
nehmste Vota, was man gern geschlossen haben
wöllen, schon vorhero vnterbawt, die Proposition
auch darnach formirt gewesen, als ist das Conclusum vmb so viel desto leichter erfolgt, daß we,
der eins noch anders thunlich, vnnd dieses solche
sachen, die allein zu ruinirung der Armada ange,
sehen weren, welches Illo alsbalden dem Fried,
landt referirt, und als er wiederumb zuruck kom,
men, darauß die Occasion genommen, die zum
schein vorgehabte resignationem offentlich vorbrin,
gen zu lassen, mit sonderbarer boßhafftiger auß,
führung, die Commendanten wider Ihre Kays.
May. zu verhetzen, mit diesem Eingang: In-
gratis seruire nefas: die Commendanten und
Obristen sollen auß solchen jhme Generaln besche,
henen zumuhtungen abnehmen, wie von dem Kay,
serlichen Hoff vnmügliche ding, jhme auffgetragen,
und wann er nicht gleich alsbald parire, so suche
man ihne zu verfolgen, wie dann die Spanischen
jhme bereit mit Gifft beykommen wollen, welche,
nachdeme sie nunmehr die Kayserliche Räth und
Ministros auff jhre Seiten gebracht, mit allen
krafften dahin trachten, wie sie mit dem nechsten
den König in das Feldt bringen, selbigen nach,
mahlen jhres gefallens herumb führen, sie aber
die völlige dispositionem der Waffen vnter sich
bringen mögen, durch welches sie nichts anders
vorhetten, als hierunter die rechte Fundamenta

Ihrer Monarchiae in diesen Ländern zu befestigen, die teutsche Freyheit auffzuheben, und das h. Römische Reich, wider die alten Privilegia, jhnen erblich zu machen, dannenhero diese jhre gedancken und Vorhaben hindurch zu bringen, und jhne Friedlandten zu enervirn, hetten Ihre Kays. May. vnter scheinbaren praetexten befohlen, den mehrern theil der Armada in Beyern zu schicken, vngeachtet der vorhandenen harten Winterszeit, und daß wissentlich, wie hart und vbel selbiger Churfürst die Soldatesca zu tractirn pflege, daß auch allein eben zu diesem und die 6000 Pferdt für Ihre Durchl. den Herrn Cardinaln Infante, selbigen von Maylandt biß nacher Niderlandt, einen so weiten weg zu convoyren begehrt worden,

Pag. 21. so sey in denen Kayserlichen Erb Landen weder Volck noch Gelt mehr zu bekommen, der Kayser sey nur ein Raub der Jesuiter, welche durch jhre gewöhnliche betrug, vnter dem schein der Religion, alles Gelt, so auffbracht wurde, verschicken, so weren auch der Kayserlichen Räth und Ministrorum gedancken allein dahin gerichtet, wie sie Ihrer Kays. May. Gemüth und Hertz auff andere sachen wenden, auff daß sich die Ministri immittels deß absoluti Imperii gebrauchen mögen, steckten beynebens voll des Geitz und aller böser Begierligkeiten, wie sie dann alle Contributiones, auß denen Ländern, welche für die Soldatesca bewilliget, an sich ziehen, und also der armen Soldaten sauren Schweiß zu Ihrer Hoffarth anwendeten, anjetzo suchten sie noch darzu mittel und Gelegenheit, wie jhnen solten die Hälß gebrochen werden, wo die Soldaten hinkommen oder Quartier begehren, wolte mans nit haben, thäten als wanns Türcken, Teuffel oder Tartarn weren, daß also nirgends nichts zu hoffen, und wann man gleich

viel

viel verspreche, so wolle mans doch nicht halten.
Dieweiln dann er Frieblandt dieses alles wol wüste, und dabey sein Ehr und Reputation, welche
er mit seinen acht vnd zwantzig Jährigen Kriegs
Diensten erobert, hoch periclitirte, er auch der
Soldatesca, in dem, was er vielmahls verspro‑
chen, nicht mehr zuhalten könte, weiln jhme ent‑
gegen nicht zugehalten, und an dem Kayserlichen
Hoff, auch mit denen Confiscationibus, welche
vorhero jhme, dardurch die redlichen Soldaten jh‑
rer dapffren Dienst zu recompensiren, eingeraumbt
worden, in andere weg disponirt wurde, als seye
er entschlossen zu resigniren, und die Armaba zu
quittirn, seiner gesundheit desto besser abzuwarten,
ehe, daß er mit schimpff widerumb (als jh.re dann
allbereit ein solches spiel durch den Neiot vnd vn‑
danckbarkeit angerichtet) von newen abgesetzt vnnd
verstossen werde, doch habe er dieses jhnen Com‑
mendanten vnnd Obristen vorhero fürtragen lassen
wollen, hierüber auch dero wolmeinen und trew‑
hertziges Mitleiden zu vernehmen, dabei er dann
Illo sein bedencken also baldt angeheffet, sie Com‑
mendanten sollen gleichwol bey sich selbsten beden‑
cken, was jhnen von des Hertzog Abzug für Ge‑
fahr und Schaden zustünde, sie hetten die Regi‑
menter und Compagnien meistentheils auff sein
des Frieblands zusprechen auß' jhrem eigenen Se‑
ckel gerichtet, dergestalt wurden sie nicht allein
dafür nichts, sondern auch für Ihre so gar getrew
geleiste Dienst einige Bezahlung oder recompens
nicht zu hoffen haben, vnnd nichts anders als rui‑
nirte Cavallier seyn, derowegen ja der beste raht
seye, bey dem General vmb Continuirung seines
Generalats mit allem fleiß anzuhalten, worauff
also baldt ein gemeines Geschrey worden, daß
man den Hertzogen nicht lassen, sondern densel‑
ben

ben, lenger bey jhnen zu verharren, erbitten soll, inmassen stracks von einer Abordnung tractirt, auch bald zu werck gerichtet, dieweilen aber er Friedlandt auff seiner simulation verblieben, und noch weiter gebetten sein wöllen, die abgeordnete aber entzwischen alles widerrumb zuruck gebracht, sein sie zum andern mahl zu jhme abgeschickt, darauff er sich dann erst erklärt, noch ferners bey der Armada zu verbleiben, umb zu sehen, was Deroselben hinführo für ein Vnterhalt vnnd Bezahlung wurde verschafft werden.

Als nun Illo neben den andern Abgeordneten diese Resolution zuruck gebracht, und theils der Commendanten darauff weggangen, hat er in beyPag. sein der vbrigen ferners proponirt, weiln Fried-
22. landt auff so starckes ersuchen und bitten nur jhnen den Commendanten zum besten, sich resolvirt, noch lenger bey der Armada zu verbleiben, so seye sein begeren, welches auch aller billigkeit gemäß, daß man sich hingegen auch gegen jhme verobligire, darauff die Formulam solcher Obligation und Verbindnuß, welche vorhero von dem Naumann schon gerichtet und zu Papier gesezt gewesen, und nachmalen vnterm dato deß 12 Januarii verfertigt worden, herfür gebracht und abgelesen, wie nemblichen er Friedlandt wegen vielfältig empfangener disgusti, zugezogener hochschmerzlicher Injurien, vnnd wider jhne angestellter gefährlicher Machinationen, so wol verweigerter, nothwendiger, vnentberlicher vnterhaltung der Armada, die Waffen zu quittirn, vnd sich zu retirirn gänzlich entschlossen gewesen, doch aber auff der Commendanten durch den Illo und andere 4 Oberste beschehenes ersuchen und bitten, solche seine zu der resignation eingeführte bewegliche Motiva so weit zuruck gesetzt,

zur Geschichte Wallensteins. 247

gesetzt, daß er sich noch ein zeitlang, bei der Armada zu verbleiben, und ohne jhr, der Commendanten außtrückliches vorwissen und willen, von denselben und der Armada sich nit zu begeben resolvirt, daß sie sich hingegen samentlich und ein jeder insonderheit am krässtigsten an statt eines Cörperlichen Aydts verpflichten und verbinden, bei demselben Erbar und getrew zu halten, auff kelnerley weiß von demselben sich zu separirn und zu trennen, noch trennen zu lassen, besondern alles das, was zu seiner und der Armada conseruation gereicht, neben jhme eusserster müglichkeit zu befürdern, und bennebens und für denselben alles das jhrige, biß den letzten Blutstropffen vngesparter auffzusezen, wie sie dann auch, im Fall einer oder der ander jhres mittels diesem zuwider handlen und sich absondern wolte, sambtlich und ein ieder insonderheit den oder dieselben, wie trewlose, Aydts vergessene Leuth zu verfolgen, und an dessen Haab und Gütern, Leib und Leben sich zu rechnen schuldig und verbunden sein sollen und wollen. Darinnen aber auch sonderlich diese Clausula begriffen gewesen, so lang er Frieblandt in Ihrer Kays. May. Diensten verbleiben, und zu befürderung deroselben Diensten sie gebrauchen würde, es ist aber dieses alles mit fleiß auff einem vormittag gleich vor dem Essen tractirt worden, damit immittels die Zeit gewunnen, vnnd Illo darauff alle Commendanten bey dem vorhero schon zugerichteten Panckel bey sich behalten, da dann der vorhero abgelesene Schluß wiederumb ungeschrieben, die vorbemelte substantial Clausula außgelassen, und nach auffgehobener Tafel, da die mehresten mit dem Wein ziemlich beladen gewesen, zum vnterschreiben fürbracht, darüber sich zwar anfangs, sonderlich wegen der außgelassenen obvermelten Clauſul, ein widerwillen vnd Tumult erhebt, doch aber alsbald durch deß Illo zuſprechen, welcher es mit dieſem entſchuldigt, daß ohne das in dem eingang der Kayſerlichen Dienſt gedacht, vnnd an einem par Wort nicht ſo viel gelegen were, und daß deß Tertzka Inſolenz und vermeſſenheit, welcher diejenigen, ſo es mit dem Frieblandt nicht halten wöllen, für Maynendige Schelmen vnnd anders außgeruffen, weiln die getrewen Commendanten geſehen, daß allda weder Zeit noch Orth viel zu widerreden oder zu difficultirn, wiederumb geſtilt, und alſo ſelbiger Schluß, nach deß Illo und Tertzka Exempel, und der andern General Commendanten, auch von den andern anweſendten Officirn, weil ſolches vnter gewaffneter Hand vnd entblößtem Degen nit wol zu verweigern geweſen, unterſchrieben worden.

Pag. 23. Demnach aber Frieblandt dieſen widerwillen und verweigerung vernommen, hat er des andern Morgens alle Commendanten wiederumb für ſich erfordert, und jhnen ſelbſten die Vrſachen ſeiner geſchöpfften Reſolution, von der Armada abzuziehen, mit einer empfindlichen Oration vorgetragen, auch alles dasjenige, was den vorigen Tag der Illo proponirt, mit viel mehrerem Eyffer, und noch beweglicher repetirt, ſonderlich aber daß dasjenige, was von Hoff auß begert, fürnemblich wegen Jhrer Durchl. deß Herrn Cardinal Infante, ſolche ſachen weren, wanns ein Schuler Jung begerte, er werth ſeye, daß man demſelben darumb mit Ruten ſtraffen ſolte, und ob er ſich zwar deß vorigen Tags auff jhr erſuchen und anlangen reſolvirt, noch lenger bey jhnen zu verbleiben, ſo habe er doch an jetzo mehr Vrſachen, als vor niemahln, auff ſeiner erſten Reſolution zu verharren, alldieweiln er vernehmen müſſen,

daß

zur Geschichte Wallensteins. 249

daß allerhand Difficultäten bey Vnterschreibung
deßjenigen, welches er allein zu seiner eignen si,
cherheit begehrt, movirt worden.

Auff welches die Commendanten ab, und in
der Ante-Camera wiederumb zusammen getret,
ten, jhne nochmahln ersucht und gebetten, er wolte
dasjenige, welches den vorigen Tag von etlich
wenigen in einem Trunck fürgangen, nicht so hoch
beobachten, allbieweiln sie anjetzo alle in der nüch,
tern deß einhelligen Willens, solchen Schluß zu
approbirn vnnd zu ratificirn. Worauff wiederumb
etliche Exemplaria, weiln in dem Ersten, theils
des Weins halben, theils aber mit fleiß, die Na,
men also geschrieben gewesen, daß mans fast nicht
erkennen können, vnterschrieben, und dergestalt
außgetheilt worden, daß ein Exemplar bey dem
Eltisten Commendanten deß Fußvolcks, das an,
dere bey dem Eltisten der Reutterey und das dritte
bey denen Croaten verbleiben sollen.

Dieweiln auch die Commendanten von der
Aldringischen Armada, deßgleichen auch von dem,
jenigen Corpore, welches noch in Schlesien ver,
blieben, jhrer nicht viel zur stell gewesen, als ist
ein Exemplar dem von Schafftenberg, (deme zu,
gleich eben denselbigen Tag das General Comman,
do vber die Cavalleria und das Aldringische Volck
in Oesterreich auffgetragen) und dann dem Hanß
Vlrich Schaffgotschen, gleichfals Generaln von
der Cavalleria, (deme das völlige Commando in
Schlesien übergeben) auch eines eingehändigt wor,
den, mit befelch, selbige Armaden und Volck
gleichfals zu diesem Schluß zu persuadirn, und
selbigen vnterschreiben und approbirn zu ma,
chen.

Ob nun woln in diesem Schluß, arglistiger weiß, vieler empfangener disgusten und zugefügter Injurien in genere meldung beschicht, so ist doch der Vngrundt und das lautere widerspiel der gantzen Welt bekandt und männiglich wissend, mit was allerhand gutthaten, Gnaden, Freyheiten, Hochheit, Digniteten, als nit bald einen Menschen dessen Standts beschehen, von Ihrer Kayserl. Mayest. er von Friedlandt begabt worden, was auch für ansehnliche Summen Gelts, zu Vnterhaltung der Armada, demselben obermacht, und er sonsten auß denen Contributionen zusammen gebracht, das seynd die Erbländer, und das gantze Röm. Reich Zeugen, deme auch, in einnehmung der Contributionen, oder auch abwendung der einmal vbergebenen Confiscationen, so wenig einiger Eintrag beschehen, daß auch die Kays. Kammer den wenigsten Heller dem Friedländer nicht entziehen, noch, wann sie gleich gewolt, andersthin wenden können, weil er allein die mittel zur Execution in händen gehabt, zu geschweigen, einiger Kays. Minister sich in Gedancken ziehen können, von solchen Contributionen und Confiscationen ohne Consens deß Friedlandters sich zu bereichen, dannenhero dieses alles, als falsche, erdichte, und betriegliche Einbildungen gewesen, zu Ihrer Kays. May. höchsten Verkleinerung, einig und allein dahin angesehen, von deroselben die getrewen Generaln, Obersten und Officier verhast und abwendig, und dagegen jhme anhängig zu machen, sich jhrer und der gantzen Armada zu seinem gefaßten boßhafftigen Intent zu gebrauchen, vnder dem Schein und Titul deß Friedens sich mit allen offenen Feinden zu conjungirn, und unter dem Schein und Titul der nothwendigen Vnterhaltung und hinterstelligen Bezahlung,

Pag. 24.

sich

sich der Erb Königreich und Landen, wie auch aller getrewen Räht und Diener Güter zu einpatronirn, und dergestalt jhre Kays. May. von Land und Leuthen zu vertreiben, Cron und Scepter Anbbrüchiger weiß jhme selbst zuzueignen, und dero gantzes Hauß gäntzlich außzurotten.

Als er nun dergestalt mit denen Commendanten sein Intent erlangt zu haben vermeint, und aber die fürnembste Häubter, als der General-Leubtenandt Herr Graff Gallas, der Feldmarschalck Herr Graff von Aldringen, auch der Feldmarschalck Graff Coloredo, an welchen allen jhme am allermeisten gelegen, nicht zur stell gewesen, als hat er dieselben auch nacher Pilsen erfordert, sie gleichfals zu seinem Vorhaben zu disponirn, oder sich auff den widrigen fall jhrer Personen zu bemächtigen, und damit inmittels die andern Confidenten der Orten seine sachen und allbereit gehabte befelch desto besser negotijren möchten, dahingegen hat er den General von der Cavallerie, den von Schafftenberg, mit völligem Commando zu der Aldringischen Armada in Oesterreich unter der Ennß, den Schaffgotschen in Schlesien, mit gleichmäßigem General Commando, und das Volck zu seinem anhang zu disponirn, und alles in guter Bereitschafft zu halten, den Herrn Graffen Piccolomini aber in das Landt ob der Enß abgefertigt, mit befelch, erstlich alle Päß und Ort gegen Saltzburg zu occupirn, damit kein Hülffen auß Italia mehr herdurch kommen köndten, weiln all andere Ort, dannenhero Ihre Kays. May. etwas Volck zukommen mögen, allbereit von dem Feindt occupirt gewesen, deßgleichen, wann die Zeit seyn wird mit dieser conjuration aller Orten öffentlich außzubrechen, den Herrn Graffen von Aldringen

auff

auff alle weg beym Kopff zu nehmen, entzwischen alles Volck von jhme abwendig zu machen, und wo müglich, auch das Spanische mit gutem auff sein seiten zu bringen, oder, da er solches nicht erlangen möchte, sie mit offener macht zu überfallen, zu welchem endt, und damit er Graff Piccolomini dieses alles desto leichter effectuirn köndte, hat er jhme versprochen, allezeit mehr Volck, und so viel vonnöthen sein würde, nach zu commandirn, wie dann eben darzu der Schafftenberg mit dem Volck in vnter Oesterreich jhme parirn sollen, darzu er Jhme Graffen Piccolomini auch allen Gewalt und Vollmacht eingeraumbt, einen jeden Obristen, welcher jhme für den Friedlandt suspect fürkommen möcht, zu cassirn, und die Befelch und Regimenter andern zu vbergeben, weiter hat er jhme anbefohlen, Passaw, Lintz, Krembs, seinem gutbeduncken nach, zu besetzen, und also die zunechst an der Thonaw gelegene Ort in guter sicherheit zu erhalten, und vollends sich mit aller Macht gegen Jhre Kayf. May. zu wenden, selbige zu fangen, und nach occupirter Statt Wien aller Ort und Enden zu verfolgen: In Schlesien hat Schaffgotsch ein Befelch gehabt, nicht allein

Pag. 25. dasselbe Volck zu gleichmässigen Abfall zu disponirn, sondern sich auch aller vornembsten Orth, als Troppaw, Glatz, Neiß, Lignitz, sampt der Artilleria zu Groß Glogaw, zu bemächtigen, das Volck alles in guter Bereitschafft und zu dem Fortzug, wohin das Commando gehen würde, fertig zu halten, sonderlich aber auff die Hungarische newe Werbungen, (sintemalen Friedland zu Pilsen schon gewußt, daß dieselben damahlen starck im Werck gewesen) wol Achtung zu geben, und da was auß Hungern oder Mähren kommen sollte, auff dasselbe zugehen, und zu schlagen; sonderlich
aber

zur Geschichte Wallensteins.

aber ist aller obbenannten General Offizirer Befelch gewesen, nicht allein für sich selbsten diesem allem, so letzo angezeigt, fleissig nachzukommen, sondern auch dieses jhren vntergebenen Commendanten und Obristen zu befehlen, keiner einigen Ordinanz vom Kayserlichen Hof auß zu pariren.

Entzwischen ist er Friedlandt Vorhabens gewesen, den Kayserlichen Hof mit allerhand listen, und vornemblich vnter dem Deckmantel weiterer Friedenshandlungen, mit guter Hoffnung, die er auch für gewiß außgeben, daß er seinen Kopff, wann solche nicht glücklich fortgehen sollten, verlohren haben wollte, zu intertenirn und zu speisen, wie er dann zu mehrerm Schein, auch wiederumb einen Kayserlichen Rath zu jhme fürderlich solcher Tractation halber zu schicken, inständig begert, dessen Assistenz er sich bey der Handlung gebrauchen mögte, beynebens aber 400000 Thaler in Abschlag seiner Schuld jhme also baar zu erlegen zu begeren, weiter auch inständig anzuhalten, den Soldaten die würckliche Bezahlung zu leisten, und jhme selbsten für das Herzogthumb Meckelburg, welche er für seine angewandte Vnkosten bey diesem Krieg hiebevormals angenommen, darüber auch investirt worden, Satisfaction zu leysten, damit er also, weiln er wol gewußt, daß solches in kurzem nicht köndte praestirt werden, seine vorhabende Defection hierdurch desto mehr außschmücken, die Zeit gewinnen, vnter diesem aber mit den Feinden das ganze Werck vergleichen möchte, darauff er alsdann vmb den Frühling, wann es Zeit zu Feld zu ziehen, mit seinen Machinationibus, vnd bösen Anschlägen, offentlich herfür brechen, und Ihre Key. May. und dero

dero Hauß aperto Marte verfolgen, und wider dieselbige graſſirn wollen.

Als er auch umb dieselbe Zeit von Lintz auß von seiner Correspondenten einem aviſirt worden, wie Ihre Key. May. in das Land Ob der Enß zu Commiſſarien Ihre Fürſtl. Gn. den Herrn Biſchoffen zu Wien, den Herrn Graff Kevenhüllern, und den Herrn Graffen von Loſenſtein deputirt, und daß ſolches unter dem Schein allda dem Landtag beyzuwohnen, in der Warheit dahin angeſehen were, mit dem Churfürſten in Bayern und dem Spaniſchen Volck zu correſpondiren, und vermittels deſſelben Paſſaw, Lintz und andere Orth an den Thonawſtrohm zu verſichern, wie auch das gemeine Geſchrey gehe, daß die zu Hungarn und Böheimb Kön. May. ſelbſten mit dem nechſten folgen würden, (ob zwar ſolches lauter eytele Diſcurſz und Muthmaſſungen geweſen) ſo hat er doch alsbald auß böſem Verdacht und verwundtem Gewiſſen dahin Befelch geben, vorbemelte Herrn Commiſſarios, ja auch Ihre Königl. May. ſelbſten, wann ſie daſelbſten ankommen möchten, in gefängliche Verhafft zu nehmen, und damit zu ſtatuirn, was die Occaſion und ſeine Dienſt erfordern würden.

Pag. 26. Deßgleichen iſt auch der immittels nacher Dreßden, zu dem Churfürſten von Sachſen, der Friedens-Tractaten halber, auff deß Kintzky Vorſchlag vnnd Zumuthen abgeſchickte Antonius Schlieff zu Pilſen wiederumb angelangt, und als ſelbiger ſeine Verrichtung bemeldtem Kintzky allererſt referirt, hat dieſer jhme lauter angedeut, wie daß die Sachen in ſeinem Abweſen ſich weit verändert, und nunmehr in gantz andern terminis begriffen,

begriffen, Friedlandt habe schon eine andere Resolution gefaßt, die gantze Kayserliche Armada were nunmehr in seiner Handt, erwarte nur des Arnheimbs Ankunfft, wolte den Frieden schliesen, der Kayser confirmire denselben oder nicht, ja man werde den Kayser, da er den geschlossenen Frieden nicht confirmirn wolte, von Land und Leuthen vertreiben, und als jhme von dem Schliessen dagegen opponirt, daß Chur-Sachsen so leicht nicht glauben, noch dem Friedlandt allein dagegen trawen, und Ihre Kayß. May. benseits setzen würden, hat er ferners so weit heraus gebrochen, Chur-Sachsen werde solches in der That erfahren, oder aber des Reichs Freyheiten besser bedencken müssen, und werde sich auff die letzt Friedlandt mit Frabckreich und Schweden conjungiren, und sie alsdann nach Chur Sachsen nicht viel mehr fragen.

Dieweiln dann jhne Friedlandt die andern General-Personen, denen er sich offenbahrt und alles vertrawt, und darunter fürnemblich der Herr General Leudtenandt Graff Gallas, wie auch der Herr Feld Marschalck Graff Piccolomini, von diesem seinem boßhafftigen Vorhaben und mehr als barbarischen Tyranney keineswegs abwenden können, vngeachtet sie jhme manigfältig seine hohe Digniteten und Würden, darinnen er sich befunden, und hergegen die böse Belohnung, welche denjenigen, so an jhrem Herrn Mayneidig und Andtsbrüchig worden, so wol bei Fieunden als Feinden fast jederzeit widerfahren, remonstrirt und zu Gemüth geführt, und daß er sich selbsten in derjenigen Hände nicht praecipitiren solle, deren Trew er noch nicht versichert, bey nebens aber bei sich selbsten betrachten, wie starck sie mit jhrer
Ehr

Ehr und Reputation hiebey interessirt, und mit was hohen Andtspflichten der Kayserl. May. sie verbunden, als haben sie zwar anfangs vnter sich selbsten allerhandt Consilia communicirt, wie diesem Vnwesen fürzukommen und zu remediren seyn möchte, allbieweil sie bey sich selbsten, so wol jhrer eygnen Person, als auch der gantzen Armada und deß gemeinen Wesens halber, welches dardurch gar leichtlich in ein grose Gefahr und Confusion hette können gesetzt werdtn, noch dazumahlen nicht für rahtsamb befunden, mit dergleichen wichtigen Sachen etwan vnzeitig außzusprengen, zumahlen jhnen wol bewußt, in was hohen Credit der Friedländter bey der Kays. Manest. were, welche jhme auch, vber so viel Muthmassungen und Vrtheil vber dessen Actionen, jedoch ein solche vndanckbare Andtsvergessene Verrätherey nicht leicht zumessen würden, doch aber nochmahln, damit nicht etwann auß dem Verzug grössere Gefahr entstünde, und wol gar die Medicin zu spath gereicht würde, haben sie alles in der höchsten Still an Jhre Kays. Manest. vmbständig berichtet, welche nach empfangenen vnterschiedlichen gleichförmigen Relationen, mit denen aller Orthen die facta vberein gestimpt, und darüber gehabten geheimben Consultationen, demnach sie deß Friedländers oberzehltes Vorhaben, und theils allbereit zu Werck gesetzter Verfassung halber keinen Zweifel mehr machen können, in Anmerckung jhre selbst eygnen Person, und dero gantzen Hausses eusserster Gefahr, und des gantzen gemeinen Wesens

Pag. höchsten praeiudicii, auch für Augen schweben-
27. den Verlusts vnnd Ruin dero angehörigen Erbkönigreich und Länder, sich dahin resolvirt, und vnderschiedlichen dero vornemben Kriegs-Commendanten Befelch auffgetragen, daß sie, auff alle
thunliche

zur Geschichte Wallensteins.

thumliche Weiß und Weg, jhne Friedlandten, wie auch seine fürnehmste zween Abhaerenten, den Illo und Tertzka, in gefängliche Verhafftung und an ein solches sicheres Orth bringen solten, allda er gehört werden, und sich vber alles dieses gnugsamb defendiren und purgiren möge, oder <u>doch sich seiner lebendig oder todt zu bemächtigen</u>, biß wichtige Werck auch dextre, vnnd mit solcher Fürsichtigkeit moderirn und anstellen, damit Ihrer Kayß. May. Intention erreicht, das gemeine Wesen, wie auch die Reichs Constitutiones, dero Kayserliche Authoritet, und ihr hauß, für dem machinirten Vntergang conservirt würden. Vnd damit dieses nicht etwann bey der Armada und denen Ländern neue motus erweckte, haben sie dem Herrn General Lieutenanten, Graff Galassen, beynebens ein offenes Patent vnterm dato 24 Januarn, an alle General Befelchshaber, Obriste, Obriste Lieutenant, etc. und andere hohe und niedere Offizier zu Roß und Fuß mit vberschickt, denselben die mit dem Friedlandt, alß gewestem General Feldthauptmann, auß hochwichtigen und tringenden Vrsachen fürgenommene Veränderung notificirt, und sie, auß Kayserlicher Macht, aller Obligation, mit welcher sie gedachtem Friedlandt als Generaln verbunden gewesen, erlassen, hingegen geordnet, daß sie jhme dem General Feldt Lieutenant Herrn Graffen Galassen entzwischen und so lang, biß solches Generalat wiederumb bestelt, allen gebührenden Respect, Folg und Gehorsamb leisten sollen, ohne einige Verweigerung oder Hinderung, so lieb jedwederm, die schwere Vngnadt, und dabey in Rechten außgesezte Straff und Pöen zu entfliehen. Ob sie zwar auch vernommen, daß etliche Kriegs Obriste vnd Officier bey der den 11. Januarn zu Pilsen angestellten Versamblung etwas weit gegangen, und mehr, als von Rechtswegen gebürt, sich eingelassen, jedoch aber, weiln sie beynebens auch befunden, daß ihnen ein anders ein gebildet und vortheilhafftiger Weiß vorgehalten, als es billich bey der mit Ayd vnnd Pflichten deroselben so hoch verbundenen Soldatesca geschehen sollen, als hetten sie, damit deßwegen niemandt zu vnverantwortlichen verzweiffelten Consiliis sich verleiten liesse, sich dahin gnädigst erklärt, alles, was diß falls vorgangen, nachzusehen und gantz zu vergessen, ausserhalb, daß auß solchem Perdon, neben dem gewesenen Generaln, noch zwo andere Personen außgeschlagen, als welche sich zu diesem Werck als Rädelsführer vor anderen gebrauchet, darbey alle hohe und nidere Befelchshaber und andere Soldaten versichert, wie sie bißhero der Kayserlichen Gnaden vnd Danckbarkeit gegen alle diejenigen, so deroselben trewlich gedient, der gantzen Welt bekandt gemacht, sie auch ins künfftig dahin allergnädigst gesinnet weren, so viel jmmer müglich vnnd erschwinglich seyn wird, an deroselben nichts ermangeln zu lassen, wie sie auch ohne das beflissen, daß an nothwendigem Proviant und Vnterhaltung dero getrewen Kriegsheers nichts ermanglen, sondern mit Nothwendigkeit versehen werden solle.

Es hat sich aber damahln allerhandt erheblicher und wichtiger Bedencken, theils daß man der gantzen Armada in Gefahr gestanden, und man nit gewußt, wohin ein oder anderer Obrister inclinirt seyn möchte, theils auch, daß die getrewe Kayf. Commendanten noch keinen einigen sichern Pag. Ort gehabt, da sie sich colligirn vnd im Nothfall 28. retcrirn könten, vnd vmb anderer Vrsachen mehr, sich sogleich nicht thun lassen wöllen, diese Ihre May.

May. gefaßte Resolution alsobalden zur Execution zu stellen vnd zu publicirn, dannenhero, und damit hierdurch der Herr General Leutenant Graff Gallas mehr Zeit vnd Gelegenheit erlangen, immittels auch alles bey dem Volck hin vnd wider nothwendig disponirn, vnd mehrer Commendanten an sich gewinnen möchte, hat er den Friedlandt dahin persuadirt, weiln bey der vorigen Zusammenkunft der auffgesetzte Schluß, in sein des Herrn Graffen Gallassen Abwesen, mit zimlicher Vnordnung vnnd etlicher Widerwillen vnterschrieben worden, daß dahero nicht viel auff denselben zu bawen, es sey dann, daß er in seinem beysehn in einer völligen Versamblung von allen widerumb ratificirt werde, derhalben auff den 9 Februarn widerumb eine newe Zusammenkunfft aller Commendanten außgeschrieben worden, bey derselben ist Frieblandt Willens gewesen, die Officirer vnd Soldatesca desto mehr wider Ihre Kays. May. vnd bero Hoff verbittert zu machen, annotirn zu lassen, was man einem jedwedern Regiment, insonderheit von der Zeit an, da er der Armada widerumb vorgestanden, noch restire, vnd darauff solches alles nacher Wien zu schicken, und die baare Bezahlung zu vrgirn, hierdurch eine offene Meutination vnter der Soldatesca zu erwecken, vnd dieselbe desto eher zu dem Abfall zu vermögen.

So hat er auch auff das allerärgste exaggerirt, wie von Ihrer Kay. May. die Land-Contributiones und Confiscationes jhme entzogen, und dieselbe vnter die Hof Officirer vnd Räthe (welche er vnnützer Gedancken Ministros titulirt) außgetheilt wurden, dahero er entschlossen, alsbalden die Obristen würcklich in die Possessß der fürnembsten Kayserlichen Räthen vnd Diener Güter zu inmittirn, mit welchem er allein dahin gesehen, darauff der Commendanten Gemüther desto mehr zu gewinnen, vnd seine vorhabende Anschläg zu stabilirn, jhme affectionirt vnd anhängig zu machen.

Als nun hierauff der Herr Graff von Altringen seiner selbst eygenen darbey verstrenden Gefahr halben nacher Pilsen nicht kommen, sondern mit allerhand Entschuldigungen von einer Zeit zur andern cunctirt, vnd der Herr Graff Gallas abgenommen, daß auß diesem aussenbleiben Friedlandt was suspicirn möchte, hat er daher diejenige Vrsach, welche sich gleich selbst praesentirt, in deme nemblichen jhme der Friedlandt selbsten angemuthet, sich zu dem Graffen von Altringen zu erheben, vnd selbigen als seinen Schwager nacher Pilsen zu vermögen, darzu er seine eygene Carotzen dargeliehen, arripiert, vnd dergestalt von Pilsen hinweg nacher Frawenburg, gleichsamb dem Herrn Graffen von Altringen entgegen, abgereist. Als er aber dahin kommen, vnd sich erstlich mit dem Don Balthasar de Maradas, nachmahlen aber in dem nechst abgelegenen Dorff mit dem Herrn Graffen von Altringen vnterredt, alles mit einander conferirt vnd consultirt, vnd darauff vom Volck, so viel sie nur gekönnet, zu jhrem Willen gebracht, Budtweiß vnd Thabor für Ihr Kayserl. May. besetzt, vnd in Krafft des vberschickten Patents, die Ordinantzen, darinnen er alle Obriste von dem Gehorsamb, mit deme sie bis dahin an den Friedlandt gewiesen, liberirt, hin vnd wieder außgetheilt, hat er sich gar nacher Lintz begeben, selbiger Orthen auch alles in Ordnung gestelt, Passaw vnd andere Orth versichert,

vnd

zur Geschichte Wallensteins.

und die Obristen der verdächtigen Regimenter so Pag. lang vmb, und bey sich behalten, biß er selbige 29. nacher Wien zu schicken, sich allda zu purgirn, Befelch bekommen.

Eben auß dieser Occasion, daß der Herr Graff von Altringen nicht allein nicht kommen, sondern auch der Herr Graff Gallas außgeblieben, hat Herr Graff Piccolomini, welcher vorher wegen deß new außgeschrieben Tags schon widerumb zu Pilsen angelangt, ein Vrsach genommen, sich davon zu machen, dem Friedlandt diesen scrupulum mouirt, weiln Herr Graff von Altringen sich nunmehr außtrücklich widersetzig und vbel affectionirt erzeiget, so sey zu besorgen, daß er dem Herrn Graff Galassen, weil selbiger auch nicht wieder komme, nicht etwa nach dem Leben strebe: Dahero Friedlandt jhme durch den Tertzka Befelch geben, daß er sich alsbald nach Lintz verfügen, und alldorten alles Volck zu seinen Diensten zusammen führen solle, auff welches er auch mit des Friedlandts eygnen Gutschen von Pilsen hinweg, und folgends widerumb zu dem Herrn Graff Galassen nacher Lintz kommen, der jhne dann alsbaldt mit 3000 zu Pferdt und dem Bredawischen Regiment wiederumb gegen Pilsen zu commandirt, damit er eylends, und der Baron de Suys, (welcher von dem Herrn General Leutenant Galassen Befelch gehabt, sich alsbald nacher Prag zu wenden, die darumb gelegene Regimenter, wie auch selbige Statt, für Ihr. Kays. May. zu versichern) bey Frawenburg wiederumb angelangt.

Dieweiln dann auß dem, daß nicht allein der Herr Graff von Altringen, sondern auch der General Leutenant und der Herr Graff Piccolomini außgeblieben, inmittels auch der Spanische Residänt Doctor Augustinus Nauarra, wie nicht weniger der Obriste Deodatti, welcher sein Volck gegen dem Feindt liegen gehabt, zu Pilsen heimlich durchgangen, sein Regiment auß den Quartirn zusammen geführt, und seinen Zug ohne alle Friedländische Ordinanz angefangen, den nachmalen der Herr Graff Piccolomini mit dem Volck schon vmb Horaschowitz in der Bereitschafft angetroffen, und aus vielen andern Sachen mehr der Friedlandt gemerckt, daß seine Machinationes außgebrochen, und etwas gegen jhne obhanden seyn müsse, hat er alsbaldt Ordinantz geben lassen, weder deß General Leutenants Graff Galassen, noch Graffen von Altringens, noch deß Don Balthasars, noch Piccolomini, wie auch sonsten keiner einigen andern Ordinantz, ausser seiner selbst eygenen, deß Illo und Tertzka, zu parirn, zugleich auch zu den nechstgelegenen verwahrten Orthen, Budweiß, Thabor, ꝛc. geschickt, selbige samt dem darinn gelegenen Volck (deme aber bereit die Befelch Ihrer Kays. May. ein wenigs zuvor vorkommen) in sein Sicherheit zu bringen, vnd dann alle Regimenter in höchster Eil, vnter dem Schein, als wann der Feind auff das Königreich Böheimb zu ziehen und einbrechen wolte, nacher Prag commandirt, alda alles Volck längst auff den 23 Februarn zusammen geführt werden sollen, dahin er auch selbsten in eygner Person kommen wöllen, mit demselben und insgesambt von Ihrer Kays. May. zu einem Schein die Bezahlung zu begehrn, darauff seine biß anhero gehabte Anschläg zu entdecken, und sodann die total Meutination für sich zu Werck zu richten, oder aber, da dieses jhme nicht angehen sollte, wie er dann selbsten darob gezweiffelt (allbieweilen er schon gemerckt, daß der

Gene-

General Leutenant bereit vorkommen, vnnd schon alles für Ihre Kayserl. May. wider jhne disponirt habe) sich nacher der Sittaw zu wenden, allda er, wegen seiner selbst eygnen nahent gelegner Länder vnnd Güter, und daß der Arnheimb nahe an der Pag. Handt, sich mehrers sicher zu seyn, vermeynt, wie er sich dann auch gäntzlich auff das Volck in Schlesien, als würde dasselbe gar gewiß alles zu seinen Diensten und bereit zusammen geführt seyn, verlassen.

30.

Deßgleichen ist den 18 Februarn in der Nacht Hertzog Frantz Albrecht zu Sachsen Lawenburg mit Friedtländischen Paß nacher Regenspurg zu Hertzog Bernhardten von Weimar abgereißt, selbigen, mit Fürweisung deß mit der Soldatesca den 2 Januarn verfertigten Schluß, dahin zu disponirn, alsbaldt sein Volck an die Böhmischen Gräntzen zusammen zu führen, und sich mit den Friedländischen Truppen zu conjungiren, wie nicht weniger die vbrigen Schwedische auch dahin zu vermögen, daß sie sich gleichfalls zu diesem Vorhaben und Conjunctur, vnter dem Schein eines Friedens, verstehen sollen, es hat aber der von Weimar solcher Legation nicht trawen wöllen, vermeynend, daß der Hertzog Frantz Albrecht von dem Friedländter selbst betrogen were, weiln er sich nicht einbilden könnte, daß eine gantze Armada und so viel ansehnliche Cavaglieri dermassen an jhrem Herrn Anbtbrüchig werden köndten, mit diesem Elogio deß Friedländers, daß benenjenigen, so an Gott nit glauben, auch kein Mensch trawen könndte: Item ist auch eben selbigen Tag, als Hertzog Frantz Albrecht von Pilsen verreyset, ein Böhmischer von Adel, Wentzel Rabenhaubt, nacher Franckfurt zu dem Schwedischen Cantzler Orenstirn

stirn, und allda residirenden Frantzösischen Ambassadorn Monſ. Fequiern, mit Brieffen von dem Kinsky, und einem Friedländischen Paß, für ermelten Fequiern, entweder selbsten in eygner Person, oder doch durch Abgeordnete nacher Prag zu kommen, abgefertigt, und dann der Antonius Schlieff, den 19 February in die Schlesien zu dem Schaffgotschen verschickt worden, mit einem Schreiben an den Feldtmarschalcken Herrn Graffen von Colloredo, und offenem Patent, daß die in der Marck Brandenburg und Marggraffschafft Laußnitz gelegene Reuterey, unter dem Schein einer Elargirung und Refrischirung in die Winterquartier in Schlesien geführt, und deß Schaffgotschen völliger Disposition untergeben würden, sie auch allen seinen Ordinantzen hinfüro pariren sollen, Item mit einem Creditiv von dem von Friedlandt an den Schaffgotschen, demselben seine hierunter habende Intention mit mehrerm zu entbecken, dem der Hertzog Frantz Albrecht noch vor seinem Abreysen auch einen Paß und dann drey verschlossene Ordinantzen an die in Schlesien, als auff dem Thumb zu Preßlaw, zu Brieg, und Oppeln, gelegene Commendanten, von Dato an, mit dem Generaln von der Cavalleria, dem Schaffgotschen, weiln derselbe Commando in Schlesien absolute bekommen würde, zu correspondirn, und einer und der andern Notturfft wegen, sonderlich aber wegen denjenigen, so sein Schaffgotschens, Befelchen und denen Friedens-Tractaten zuwider seyn wollten, oder was sich sonst dergleichen ereignen mögte, mit jhme zu communiciren, und demselben so weit, doch seines Herrn Dienst ohne Schaden, zu assistirn, mitgegeben, mit welchem allein er Schlieff unterwegs zu Prag angehalten, und in Arrest genommen worden. Ungeachtet

geachtet nun dieses alles also fürgangen und bestellt gewesen, so hat er doch nichts desto weniger die zu der andern Zusammenkunfft, welche sich inmittelst biß auff den 20 Februarij verzogen, beschriebene Officier und Commendanten, so viel deren in Pilsen anwesend gewesen, wiederumb für sich erfordern lassen, und jhnen selbsten fürgetragen, wüßten sich zu erinnern, welchergestalt vor diesem auff jhr Bitten und Ansuchen er sich erklärt, vnangesehen seiner vielfältig empfangener disgusten, und wider jhne angestelter Machinationen, und dahero vorgehabter Resignation, noch länger bey jhnen und der Armaba zu verbleiben, sie auch dahin ermahnet und bewogen, daß sie die Recruten und Armaturn inmittelst auß dem jhrigen verlegen und zu Werck richten sollen, dafür er, solches auß dem seinigen wieder zu erstatten, Bürg worden. Nun seye entzwischen eine Veränderung fürgangen, in deme der Graff Altringen mit seinem Volck auß dem Reich in Oesterreich gezogen, dahero nunmehr einige Contributionen nicht zu hoffen, so blieben die Steyerischen auch dahinten, dieweiln er dann nicht gern mit seinem Versprechen stecken bleiben wolte, als habe er sie erfordet, sich mit dem Feld Marschalcken Illo zu vnterreden, was für Mittel an die Handt zu nehmen, damit disfalls ein jeder das seinige haben möchte, habe zwar auch den Graff Altringen darzu beruffen, der seye aber nur biß nacher Frawenburg kommen, und entschuldigte sich seiner Kranckheit, und ob er auch wol den Graff Galassen nach jhme geschickt, so bleibe doch derselbe, wisse nit, auß was Vrsachen, auch auß, verhoffe doch, sie werden sich noch einstellen: Für eins: So höre er, für das andere auch spargirn, daß der Obriste Deodatti mit seinem Regiment auffgebrochen, wisse nicht wohin,

Pag. 31.

und daß ihrer viel in denen Gedancken begriffen, den jüngst gemachten Schluß auch dahin außdeuten, als wolle wider Ih. Kay. May. dero Hoheit und die Catholische Religion er etwas anfangen, darzu seye er aber nunmehr zu alt worden, allein werden zu Hoff viel Sachen begert, die von dem Röm. Reich nicht köndten consentirt noch gut geheissen werden, dahero seye er nun dem gemeinen Wesen zum besten willens, einen Frieden zu machen, und damit auch sie darumb wüßten, werde ihnen der Feld Marschalck Illo die Tractations Puncten fürhalten, und wolle allezeit etliche Obristen dabei haben, verhoffe aber bennebens, sie werden bey ihme halten, wie er bey jhnen zu verbleiben auff ihr so starckes Anhalten sich bewegen lassen, wolle jedwedern sein Contentamento geben, dann sollte er sich ihrer annehmen, vnnd darvon einen Spott zu gewarten haben, were er zu alt darzu, vnnd würde von ihnen nicht weniger, dann von Hoff, vbel recompensirt, auch welches er vnter bemeltem Dato deß 20 Februarii zu einem eusserlichen Schein, ein andere Formulam einer Obligation denen anwesenden Obristen vorhalten, und von denselbigen außfertigen lassen, darinnen diese Protestation begriffen, daß wider Ihre Kayſ. Manest. dero Hochheit, vnnd Catholische Religion, deren sie, die Obristen, selbst mehrentheils zugethan weren, das geringste zu verstatten, weniger selbsten zu practiciren, jhme niemahln in die Gedancken oder Herz kommen, im Werck aber, daran dann dem Friebländer am meisten gelegen, haben sie sich de novo wieder verbinden müssen, mit jhme und beysammen biß auff den letzten Blutstropffen, zu halten, allem dem, was vorhin verschrieben, mit Darstreckung Leib, Ehr, Guts vnnd Bluts würcklich vnnd ohne einige Widerredt vnnd

Behelff

Behelff nachzukommen, dahero, wann er die Soldatesca, entweder, wegen so baldt erfolgter Bezahlung, oder von der Kayserl. Mayest. außgeschlagenen Friedens, (wie er dann auff diese Fundamenta vornemblich seine Rebellion gegründet) erstlich zu einer Defection gebracht, die Außlegung bey jhme selbst würde gestanden seyn, vnnd bey seinen Abhaerenten, was gegen der Kayserl. May. dero Hochheit, wie nicht weniger die Religion, seye, oder nicht, daß also dieser anderer Reverß zu nichts anders von dem Frieblandt angesehen, als die vorige dardurch etwas zu glossiren, ob zwar solche Glossa bey Verständigen jhne nur weiter suspect gemacht, daß sie seiner jnnerlichen Intention gar nicht gemäß, weil er eben dieselbe Clausulam, in welcher Ihrer Kays. May. vnnd beß Hauß von Oesterreich Dienst, wie obvermelt, reservirt worden, in der vorigen Obligation und Verbündnuß gar nicht leyden wollen, die praemissae auch so wol erster als anderer Verschreibung, als auch der Mündliche Vortrag, so bey den Reversen beschehen, und mit höchster Verunglimfung der Kays. May. und unerweißlichen Calumniis erfüllet gewesen, einige Ihrer May. Dienst gemessene Conclusion nicht inferiren können, sondern grabt das Contrarium, als maynayndigen Abfall und offene Rebellion, zumahlen da solche Verbündnuß der Soldatesca Ihrer Kayserl. May. und dem allgemeinen Wesen zu gutem vermeynt, es derselben im wenigsten nichts bedürfft, sondern die Armada sich ohne dieselbe jhrer Aydt, Pflicht und Schuldigkeit ohne das zu verhalten würden gewußt, auch für eine grosse vnleydenliche Injuri billich angezogen haben, daß sie vnverschulter Weiß in Verdacht der Infidelitet, vnnd deßwegen gleichsamb ein newer Aydt und Obligation solte auffgetrungen

Pag. 32.

trungen werden. Demnach aber hierauff alsbald vnterschiedliche Commendanten nacher Prag voran gereyst, und vnter denselben sonderlich auch der Terzka seine jenseits der Moldaw gelegene Compagnien gegen Pilsen zusammen zu führen nach Rokhazan kommen, und allda Brieff gefunden, darinnen er berichtet worden, wie daß immittels der Baron de Suys das vmb Prag gelegene Volck allbereit auf Ihrer Kay. May. Seiten gebracht, selbige Statt jnnen habe, und daß Ihr Kay. May. Patenta vnterm des 18. February, darinnen der den 12. January gemachte Schluß als ipso iure nichtig und null, cassirt, der Friedlandt exautorirt, und für einen mainendigen Rebellen declarirt, allda bereit offentlich publicirt, und daß auch Leutmaritz schon in Ihrer Kay. May. Devotion sey, hat er sich alsbald wiederumb zurück nacher Pilsen gewendet, und dessen allen den Friedlandt berichtet, welcher bey solcher Confusion und vnversehener Veränderung sein voriges Propositum, sich nacher Prag zu begeben, auch nothwendig einstellen müssen, und dargegen die Stadt Eger erwehlet, welche Statt von einem Tertzkischen Regiment von Außländern præsidiirt, deren er, vornemlich auch auß Persuasion deß Tertzka, jhres Obristen, am allermeisten versichert zu seyn vermeynt, weil dieselbe im Reich am wenigsten zu verliehren, noch auff die Keys. May. ausser Ehr, Redlichkeit und geleysteter Pflichten, welche aber auch die gebohrne Vnderthanen offt hindan setzen, zu sehen gehabt, und derentwegen alsbaldt an alle Regimenter Ordinantzen ergehen lassen, vngehindert der vorigen, sich alsbalden vnd in Angesicht nacher Eger zu wenden, und darauff selbsten den 22. February, (nach dem er vorhero die Statt Pilsen dem Bernhardt Hämerl Obristen Leutenant vnter dem Alt Sächsischen Regiment, befohlen, und
burch

durch den Illo Ordinantz ertheilen laſſen, daß er
ſeines Obriſten gantzes Regiment zu ſich hinein in
Pilſen nehmen, auſſer deß Friedlandts oder ſein
deß Illo außtrucklicher Ordinantz, weder Herrn
Don Balthaſars, General Lieutenant Galaſſens,
noch Graff Piccolomini Ordinantzen keineswegs
pariren, und ſo lieb jhm ſeine Ehr, dahin bedacht
ſein ſolle, den Platz euſſerſt zu manuteniren, wie
man ihne dann, da er feindtlichen angegriffen werden ſollte, ohne Succurß nicht laſſen würde) wie
ein flüchtiger, nur mit der Hoffſtatt und etlichen
ſeinen vornembſten Abhaerenten vnnd mit des Hertzog Julij Heinrichens zu Sachſen Lawenburg
wie auch ſo viel deß Tertzka Compagnien, deß O-
berſten Buttlers Tragonern, und 200. Mußquetl-
rern, auch von deß Hertzog Julij Heinrichens Regiment, zu ſeiner Convoy, von Pilſen ſich begeben,
vnnd ſelbigen Abend zu Mieß angelangt, von dannen auß der Illo ſeinen Auffbruch alſobald in das
Landt Ob der Enß, ſeiner meynung nach, einem
deß Friedlandts Confidenten aviſirt, mit dieſem andeuten, wann ſelbige Regimenter durch Böheimb
biß nacher Eger durchzukommen ſich nicht mehr ge-
trawten, ſo habe man ſich allbereit ſo weit mit Hertzog Bernhardten von Weimar verglichen, daß
wann ſie die Thonaw hinauff paſſiren wollten, ſolcher Paß verſtattet werden ſollte, oder aber ver-
meinten ſie der Orten eine diuerſion mit Hilff der
Bawren zu machen, werde ſolches zu ſeinem belieben geſtellt.

Demnach auch die gantze Artilleria mit aller
Munition und Pagagi zu Pilſen in ſolcher eyl verbleiben müſſen, als hat er auch den General Zeug-
meiſter Sparr, welcher mit dem Hertzog Julio
Heinrichen von der Prager Reiß auch wiederumb

zu

Pag. 33.

5.

zu ihme zuruckkommen, alsbald mit Ordinantzen geschickt, dieselbe hinach zu bringen, es hat aber der Herr General Leutenant Gallas auch in diesem allbereit die fürsehung gethan, daß alle Pferdt vmb Pilsen nacher Prag weggenommen worden, dahero, wie auch, weiln die zu der Artilleria gehörige Officier und Personen, sonderlich aber der Oberste Leutenandt Veit Kützing bereit heimlich diesen Verstandt gehabt, nichts mehr können fortgebracht werden, biß alsbald darauff der Obrist Davigni mit etlichen Regimentern, und der Obrist Deodati mit dem seinigen, und dann letzlich auch der Graff Piccolomini alda angelangt, vnnd die Statt sampt aller Artilleria, Munition, und hinderbliebenen Pagagi in jhren Gewalt gebracht, also hat er auch noch zuvor den 18. February, durch schrifftlichen Befelch den Obersten Lieutenandten Gordon, von Eger nacher Pilsen beruffen, und weiln er deß Volcks in der Laußnitz, deme der Oberste von der Gloß commandirt, nicht allerdings versichert gewesen, demselben, alsbald er ankommen, mit vielen Complementen deß verstorbenen Obersten Böheims Regiment, welches zur Sittaw gelegen, gegeben, mit dem befelch alsbalden dahin zu gehen, vnnd allborten alle diejenigen, die bereit da sein oder noch hinkommen werden, zu commandiren, als aber er Cordon den 22. February widerrumb zu Eger ankommen, in meynung alda abzudanken, und alsbald nach der Sittaw zu reisen, hat er den 23. hernach in der Nacht 3. vnterschiedliche Ordinantzen empfangen, daß er von Eger nit auffbrechen, sondern allda verbleiben, commandiren, und keiner Ordinantz pariren solle, sie sey von wem sie wolle, als sein deß Friedlandts vnnd Marschalckens Illo oder des Tertzka, deßgleichen daß er auch den Obersten Wachtmeister Letzle dem Friedlandt

zwi-

zwischen Mieß und Eger entgegen schicken soll, welches den andern Tag hernach beschehen, und hat er letzte dem Friedlandt den 24. bey Plan begegnet, dahin er den 23. Abends und folgendts den 24. zu Eger angelangt.

Vnterwegs hat er Friedlandt wider seinen vorigen brauch und mit mehr Caeremonien, als er sonsten gepflegt, in einem langen Discurß jhme letzte alles dasjenige erzehlet, was zu Pilsen fürgegangen, wie er sich retiriren wolle, aber von denen Commendanten wiederumb erbetten, in den gemachten Schluß, nur denenselben zu gutem, vnnd weil man viel gefährliche Sachen bey Hoff wider jhne machinirt, sich selbsten damit in Sicherheit zu stellen, eingewilliget, derentwegen anjetzo ein Confusion vnter der Armada entstanden, dabey Ihre Königliche May. und anderntheils die Spanische faction die Häupter wären, endtlich damit concludirt, wann Ihre Kay. May. jhne Friedlandt ferner für ihren Diener und General nit haben wollen, so begehre er sie auch ferners für keinen Herrn zu haben, sondern werde hinführo selbst Herr sein, hab Geld und andere Mittel genug, ein Armada auff den Fuß zu bringen, und da er auch keins hette, sein andere gute Leuth, die jhne nicht verlassen werden, viel Oberste vnter Ihrer May. Armaden werden sich eine zeitlang gut Kayserisch erzeigen, aber mit ehister gelegenheit sampt den Regimentern zu jhme stossen, Arnheim vnnd Frantz Albrecht sampt jhrem Volck sein zu seiner Devotion, werde innerhalb 4. Wochen mit einer solchen Armada, dergleichen er noch niemalen gehabt, nach Oesterreich rucken, und Ihrer May. selbsten zu wissen machen, daß sie ihme vnrecht angethan, in dem sie den Spaniern und jhren Confoederanten

Pag. 34.

ten mehrers als ihme geglaubt, und daß sie nur selbsten vrsach sein, daß er gegen sie endlich die Waffen ergreiffen müssen, verhoffe vnfehlbarlich gar in kurzer Zeit seltzame Zeitungen auß Oesterreich zu hören, Interim wolle er sich nach Eger begeben, biß seine gute Freundt sich versammlet.

Nach dem er nun den 24. Februarij zu Eger angelangt, hat er alsbald auß dem Joachimsthal vnnd dero Orten die Besatzungen abzuführen anbefohlen, damit des Feindts Troppen desto freyer und sicherer nach Eger durchgehen mögen, mit denen er sich alsbald conjungirn wollen, dahero, als solches von dem ankommenden Volck der Oberster Buttler, Oberste Leutenandt Gordon, und Oberster Wachtmeister Letzle verstanden, haben sie mit einander berathschlagt, was ihnen bey dieser vorstehenden gefahr zu thun, vnnd erstlich vermeint, das sicherste zu seyn, den Friedlandt in Arrest zu nehmen, und solches alsbald I. Kayß. May. zu dero fernern Verordnung vnterthänigst zu berichten, inmittels und als in selbiger Nacht vmb 11. Uhr ein Curir von Prag ankommen, hat er Friedländer den Obersten Wachtmeister Letzle zu sich beruffen, und demselben die Stattpforten zu eröffnen anbefohlen, und als er von demselben die Brieff empfangen, vnnd die darinnen eingeschlossene Kayß. Patenta, welche der Herr General Gallas aller Orten außgeschickt, gesehen, hat er alsbald bemelten Letzle zu sich in sein Zimmer kommen lassen, und seinem bereit formirten Concept nach, dessen er sich auch ferners entdeckt, weiln nunmehr kein mittel einiger versöhnung, und derowegen kein zeit zu verlieren, als erfordere die höchste Notturfft, seine sachen zu stabilirn, daß er deß Feindts Volck mit dem allerehisten in Böhelmb einlasse, und zu dem

Pfalz

Pfalzgraffen von Pirckenfeldt, als nechst gesessenem, schicke, jhme mit 2000 Pferden und 1000 zu Fuß zu succurirn, und demselben die Päß deß Königreichs Eger und Elnbogen einraume, Item daß er auch alsbald den Illo abfertige, Cronach und Forchheimb in sein gewalt zu bringen, wie nicht weniger dahin zu tractirn, damit jhme die Veste Blassenburg zu einer sichern retirada möchte vergunt werden, also hat er auch erzehlet, wie jh- me Friedlanden der Schaffgotsch auß Schlesien geschrieben, daß er 2000 zu Fuß und 400 Pferdt zu seinen Diensten habe, die Stadt Lintz einnehmen, und den Colloredo, sein Friedlandtes befelch nach, beym Kopff bekommen werde: so seyn auch eben diese Nacht, nemblichen den 24. Februar. von dem Hertzog Frantz Albrechten Schreiben einkommen, daß Hertzog Bernhard von Weimar in alles eingewilliget, was Friedlandt begert, doch werde er noch selbsten mit jhme wegen der Conjunction der Waffen reden, deßgleichen ist auch der Cantzler Johann Eberhardt Sohn zu Eltz eben daselbst zu dem Marggraffen von Culmbach abgefertiget worden, den er nach Erinnerung seiner bereit beschehenen exauctoration dahin ersucht, erstlichen, jhme Friedlandt zur vertrewlichen Conferentz Zeit und Ort zu benennen, an welchem er sich sicher mit wenigen Comitat begeben köndte, andern daß er Marggraff einen gewissen Abgesandten (darzu vor andern der Oberste Muffel benannt) nacher Eger abfertigen wollte, deme er Friedtlandt erbietig, weiln auch der Chur Sächsische General Leutenandt Arnheimb dahin kommen würde, und wann Hertzog Bernhards von Weymar, zu deme Hertzog Frantz Albrecht verreiset, ebenmäsig gewärtig, was vorgehen würde, und dieser sachen weitere vmbständt, zu communiciren, und gegen dem Ab-

Pag. 35.

gesandt-

gesandten in mehrerm sich zu expectorirn, bennebens auch für das dritte, wann er Frieblandt bei gedachtem Marggraffen gewesen, wäre er bedacht, sich folgents zu dem Schwedischen Reichs Cantzlern, wie auch zu dem Französischen Ambasciatorn zu erheben, und sich mit ihnen dieser sachen halber zu besprechen.

Dieweilen dann auß bießem der Leßle gesehen, wie Frieblandt alles zu praecipitirn vorhabens, und daß bey solcher Augenscheinlichen gefahr still zu sitzen jhnen nicht verantwortlich seyn möchte, hat er sich alsbald in das Schloß zu dem Obersten Buttlern und Gordon verfügt, und jhnen eines und anders referirt, da dann der Buttler dem Leßle das Kayserl. Patent, und die von dem Herrn General Leutenanten Galussen innmittelst darüber empfangene Ordinantz fürgewiesen, darauff alle 3. sich entschlossen, die Rebellen, als welche innerhalb 2. Tagen mit dem Feindt, der auch schon gar nahendt an der Handt gewesen, sich zu conjungirn resolvirt, solches auch zu verhindern kein anders sicheres mittel wär, als gegen solche offene und durch obgedachte von jhnen geführte verrähterische Anschläg, noch vielmehr aber daselbst zu Eger gemachte anstellung, entdeckte Verrähter und Beleidiger der höchsten Mayestät, handt anzulegen und vom Leben zum Todt hinzurichten, sich auch mit einem Cörperlichen Jurament zusammen verbunden, ehender Leib und Leben bey dieser eussersten gefahr in Ihrer Kayß. May. Diensten zu lassen, als von dieser Ihrer Resolution abzuweichen.

Deß andern Tags darauff, als den 25. Febr. hat Friedlandt vormittag mit dem Illo, Tertzka, und Kintzky raht gehalten, ohngefähr vmb 10. Uhr

zur Geschichte Wallensteins.

Vhr aber hat der Illo die vornembsten 3. als den Obersten Buttlern, Gordon und Leßle zu sich erfordert, und jhnen auß befelch des Friedlandts fürgehalten, was gestalt deß Hauß Oesterreichs gebrauch wäre, jhr getrewe Diener etwa mit einem vergulten Schlüssel, oder einem schönen Degen, etwa mit einem krummen Roß zu recompensirn, und im fall, da sie jemanden eine Herrschafft oder etwas mehrers geben, seye es ein Zeichen, daß er nicht mehr lang zu leben habe, dann darnach werben sie jhme vergeben, oder ursach suchen, umb den Kopff zu bringen, er der General habe alleweil mittel gesucht, die Armada, welche so wol gedient, zu contentirn, welches die Vrsach seiner vngnad zu Hoff seye. Verspreche aber jhnen allen dreyen, dafern sie bey jhme halten, vnnd einen Anbt thun werden, deß Kayßers Befelch nicht mehr zu parirn, sondern mit jhme im gutem und bösem beständig zu verharren, daß er jhnen nicht allein dasjenige, was Ihre May. jhnen schuldig, bezahlen, sondern mit seinen eignen Güttern unnd grösseren Commendamenten in Kriegswesen remuneriren wolle.

Darauff seye jhme geantwortet, daß sie zwar Soldaten von der Fortuna weren, vnnd thäten dieselbe annehmen, woher sie auch käme, allein stundte jhnen gleichwol noch im weg jhr Iuramentum, welches sie Ihrer Kay. May. geleist hetten, und nicht so liederlich, als Ehrliche Leuth hindan setzen könnten, damit nun Illo jhnen diesen Scrupulum benehmen möchte, hat er jhnen ferners fürgemahlet, wie daß Friedlandt jhr General sey, vnnd weiln er sie von dem Jurament, welches sie anstehendt machte, absolvir, als weren sie damit auch Ihrer Kay. May. weiter nicht mehr verbunden, ben, auff welches diese drey einen verzug begert, ob vielleicht Ihre Kayß. May. und der General sich vnterdessen mit einander vergleichen möchten, dagegen Illo wiederumb replicirt, die sachen weren nunmehr so weit kommen, daß keine accommodation mehr geschehen könne, und daß der General gantz und gar resolvirt seye, keinen Herrn mehr zu haben, vber welches sie biß den nechsten Tag, damit sie sich hierinnen resolvirn möchten, vmb auffschub gebetten, so ihnen auch ertheilt worden, entzwischen hat er Friedlandt auch Befelch geben, deß andern Tags hernach alle Burger zu Eger auff das Rathhauß zu erfordern, und selbige mit betrohung Spiessens, Henckens, Prügelns, vnnd andern seinen gewöhnlichen anerbieten, zu compellirn, wider Ihre Kayserl. May. ihme zu schwören.

Als nun vorbenandte 3. Obersten und Commendanten dieses abermahlen gesehen, seynd sie widerumb zu raht gangen, was gestalt sie ihre hievor geschöpffte Resolution zur Execution bringen möchten, und weilen darbey gar leichtlich ein Meutination zu besorgen gewesen, als haben sie für das beste Mittel befunden, daß der Obristleutenandt Gordon den Illo, Tertzka, Kinsky, und den Rittmeister Neumann (welcher in diesem gantzen Tradiment das Cantzler Ampt vertretten, und deß Tertzka in sachen, dahin sein Ingenium nit erstreckt, Consiliorum Director gewessen) zu sich in die Burgg auff den Abendt zu Gast geladen, gegen dem Abendt vngefehr vmb 5. Uhr haben sie ihr verhaben auch deß Buttlers Obersten Wachtmeister Geraldin offenbahrt, der selbiges nicht allein alsobald approbirt, vnnd sich darzu mit einem gleichmäsigen Jurament verbunden, sondern auch

offe-

offerirt, 6 tapffere Soldaten zu ordnen, welche
diese Execution verrichten sollen, deßgleichen haben sie es vber ein Stundt hernach noch andern 3.
Hauptleuthen, Irrländern, von dem Buttlerischen
Regiment, und einem von dem Tertzkyschen Pestalutzen genant, vmb mehrer sicherheit wegen entdeckt, die sich auch alle mit jhrem Cörperlichen Jurament darzu obligirt, vnnd dieselbige Nacht in
der Burg die Wacht gehabt. Nachdeme nun dieses alles also bestelt gewesen, und die 4. eingeladenen vmb 6. Vhr in die Burg kommen, und
man zu Tisch gesessen, sein auch 30. Buttlerische
Soldaten hineingeführt, darunter die 6. welche
die Execution thun sollen, mit dem Obersten
Wachtmeister Geraldino zu nechst in eine Cammer, die vbrigen aber für die 2. Thürn deß Zimers, darinnen die Mahlzeit gewesen, damit sich
nicht etwa der Rebellen Diener opponirn möchten,
gestelt worden, bey welcher Mahlzeit sich dann die
Rebellen noch mehrers herauß gelassen, sonderlich
aber ihren Trunck auff deß Friedländers gute Intention, deß Friedlandts und seiner Confoederirten, und dann sein des Friedlands, als nunmehr
selbst Herrens, und nicht mehr Generaln oder Dieners, gesundtheit angestellt. Nach auffgehobenen
Speisen, und als man das Confect auffgesetzt,
hat der Oberste Wachtmeister Lesle das Zeichen
geben, die auffzug Brucken zu sperren, alle Schlüssel zu den Thoren zu sich selbst genommen, und
durch einen Jungen dem Geraldin sagen lassen,
daß nunmehr kein Zeit zu verliehren. Darauff
die 6. Soldaten durch die Thür zunechst des Tisches in das Zimmer hinein getretten und geruffen,
Viuat Ferdinandus, auff welches die vorgemelten
alle drey alsbald jhre Degen gezuckt, und die Rebellen alle vier niedergemacht worden: Auff diese

Pag. 37.

voll-

vollbrachte Execution, so ohngefehr zwischen 7. und 8. Uhr geschehen, hat sich der letzle alsbald herauß in die Statt auff den Platz verfügt, vmb zu vernehmen, ob und was derentwegen allbereit allda für reden und rumores wären, vnnd wie solche Execution auffgenommen wurde, und weilen er befunden, daß die Wachten zu den Wehren geloffen, wegen zweyer Mußquetenschuß, so auff jhne letzle selbsten in der Burgk von der Wacht allda bey dem Thor beschehen, die vermeint, daß er auch einer von den Rebellen were, als hat er jhnen die vorgeweste prodition, und was derentwegen allbereit in der Burgk fürgangen, auch was noch mit deß Frießlandts Person fürzunehmen, entdeckt, und begert, Ihrer Kayß. Majest. nochmalen zu schweren, und mit jhnen in dieser sachen zu halten, zu leben und zu sterben, darein sie alsbald consentirt, darauff der Oberst Wachtmeister die Statt Thor eröffnet und 100. Dragoner vom Buttler hineingelassen, hin und wider in der Statt zu reitten, damit der Rebellen Abhaerenten und Diener nichts wider die Soldatesca attentirn möchten; Welches letzle dann nachmahlen, daß nemblich alles in guter Ordnung, und kein Meutination zu beförchten, dem Obersten Buttler und Gordon in das Schloß avisirt, darüber er Buttler mit seinem Obersten Wachtmeister Geraldin herauskommen, und alsbald das fordere Thor gegen dem Platz bey deß Frießlandts Quartier occupirt, und das hindere mit 15. Soldaten besetzt. Doch ist nochmalen consultirt und disputirt worden, welches besser sey, den Frießlandt gefangen zu nehmen, oder aber vmbbringen zu lassen, dieweilen aber der Illo ober dem Essen vermeldt, daß der General inner 2. Tagen ein solche Armada werde zusammen bringen, dergleichen er niemahls gehabt:

Vnd

Vnd der Neuman gesagt, weiln Ihre Kayſ. May. die Teutſche Freyheit alſo vntertrucken zu laſſen begehren, ſo verhoffe er für ſein theil noch ſolche revange zu haben, daß er ehiſtes ſeine Händt in der Herrn von Oeſterreich Blut waſchen wolle: Als iſt bey voriger Reſolution, denſelben vmbzubringen, es nochmaln verblieben, bevorab weiln auch der Feind mit ſeinem Volck ſchon gar nahend an der Hand geweſen, auff welches dann ein Irrländiſcher Capitán, Namens Deveroux, neben andern 6. Hellepartern hinauff in des Frieblandts Loſament ſich begeben, und deſſen Zimmer zugeeylet, und weiln gleich durch die Ante Cameram der Aſtrologus herauſsgangen, iſt er Hauptmann ſampt ſeinen Mitgeſellen ohngefähr zwiſchen 9. und 10. Vhr zu jhme in das Zimmer hinein getretten, den Friebländer vom Bett, weil er wegen des gehörten Tumults der Wacht zuruffen wollen, auffgeſtanden, und nahend bey dem Fenſter in bloßem Hemmet gefunden, den er mit dieſen Worten angeſchrieben, biſt du der Schelmb, der das Kayſ. Volck zu dem Feindt vberführen und Ihrer Kayſ. May. die Cron von dem Haupt herunter reiſſen wollen, derowegen muſt du anjetzo ſterben, doch aber noch was wenig zuruck gehalten, ob er vielleicht noch was reden wurde, darauff er Frieblandt kein einiges Wort gemeldt, ſondern nur die Arm außgeſpannt, den ſtoß von dem Capitán mit der Parteſan vorn in die Bruſt empfangen, zu boden gefalln, und in ſeinem ſelbſt eigenem Blut verſtorben. Vnd dieſes iſt das endt, welches dieſer Frieblandt für ſein vnerhörte barbariſche vndanckbar, vnnd trewloſigkeit, die er an ſeinem Herrn, der jhne alſo hoch erhebt und ſo groß gemacht, erwieſen, juſto Dei Judicio genommen, an welchem billich alle, ſo dem Ehrgeitz dermaſſen ergeben, daß ſie

Pag. 38.

keine schandt, vngerechtigkeit vnd Meinandt nichts achten, sondern jhrer Begierlichkeit stockblind hindurch gehen, ein Exempel nehmen, vnd das discito justitiam moniti, et non temnere diuos, fleissig beherzigen, nit weniger auch diejenige sich spiegeln sollen, welcher der in Göttlichem Wort verbottener Astrologiae sich ergeben, vnd jhr Glück vnnd Unglück nicht der Göttlichen Providenz, sondern gantz heidnischer Gottloserweiß den Himmeln, vnnd Gestirn zumessen, er Friedländter neben dem quod sua cuique Deus est dira libido, auff solche Astrologische entelkeit so viel gebawet, daß er nit allein alle seine actiones darnach angestelt, sondern auch Königreich vnd Scepter nunmehr in Händen zu haben vermeint, darbey aber nichts, als ein ewigen Schandfleck, so alle seine so mühseelig erhaltene grandeza auff einmal zu boden gestürzt, vnd jhme allein dahin gedient, damit sein vntrewes falsches Gemüt desto mehr in de rganzen Welt bekanndt würde, in seine Gruben gebracht.

Nach vollbrachter Execution haben der Buttler, Gordon vnd Leßle alsbald die Cantzley versperrt, die Schlüssel zu sich genommen, vnd den Todten Cörper in sein Leßle Kutschen legen, vnd zu den andern in das Schloß führen, wie auch alle seine bey sich gehabte Mobilien vnd Gezeug dahin in verwahrung bringen lassen, der Buttler vnd Gordon aber haben dieses, was fürgangen, wie auch die Vrsachen, warumben sie solches fürnehmen müssen, alsbald in die nechst herumb gelegene Quartier avisirt, vnd derselben Commendanten vermahnet, daß sie auff sich wohl achtung geben sollen, damit sie nicht etwa von dem Feind, auff die noch vorhero von dem Friedländer ge-

machte

machte Anschläg, vberfallen würden, beßgleichen haben sie auch alsbaldt des andern Tags den Obersten Wachtmeister Leßle zu dem General Leutenandt Galassen abgefertiget, demselben alles zu referirn, von deme er hernach gar nacher Wien abgeschickt worden.

Immittels und nach diesem verlauff ist Hertzog Frantz Albrecht zu Saxen Lawenburg widerumb an der zuruck Reiß von Regenspurg gewesen, vorher aber den von Illo auß Pilsen zu jhme nacher Regenspurg geschickten vom Adel, Gebharden Mölck, durch den er alles deßjenigen, was nach seinem Abreissen allda fürgeloffen, und wie jhre sachen stehen, schrifftlich berichtet worden, widerumb mit 2 Schreiben, einem offenen, und einem heimlichen zuruck zu dem Illo nacher Eger geschickt, vnnd denselben deß Weymarischen Succurß, wie auch daß alles selbiges Volck bereit im Anzug sey, vertröstet, und weiln er jhme einen Trompeter nacher Pfriembdt entgegen zu schicken begert, als ist solches von dem Buttler und Gordon beschehen, die jhme in deß Frieblandts und seiner Adhaerenten Namen, mit dem allerehisten nacher Eger zu kommen, angemahnt, beynebens aber alsbaldt einen Rittmeister damalen Leutenandten, Namens Moser, mit etlichen Pferdten entgegen commandirt, jhne dergestalt einzuholen. Welcher biß nacher Türschenreuth gangen, alba er verstanden, wie bereit Quartiermeister allda gewesen, und daß deß andern Tags etliche Regimenter von dem Feindt allborten ankommen sollen. Indeme er nun vmb dieselbe gegendt ein Zeit lang gehalten, und endlich von weitem ein Parthey gehen sehen, hat er auff dieselbe zugesetzt, und weiln gedachter Hertzog Frantz Albrecht dabey gewesen,

Pag. 39.

hat er sich selbsten alsbald zu erkennen geben, und wie das er Freundt seye, dem Rittmeister, damahln Leutenandt, zugesprochen, darauff weiln dieser jhne alsbald anzuhalten und sein vorhaben zu entdecken sich zu schwach befunden, und von allen Orten ein stärckere Troppen vom Feind besorgen müssen, die Waffen nider zu legen seinen Reutern befohlen, ober welches der Hertzog gefragt, wer jhme mit dieser Parthey commandirt, Item ob der von Friedlandt, Illo, Tertzka, zu Eger ankommen, auch wie viel Regimenter sie bey sich hetten, und als jhme der Leutenandt geantwortet, daß der Tertzka jhne commandirt, der Friedlandt aber mit 8 Regimentern, denen noch 4 folgen sollen, ankommen were, hat er solches mit frewden vernommen, und ferners vermeldt, nun wäre alles gut, der Friedländter werde sich zweiffels ohne mit Landtsperg, Franckfurt an der Oder, Großglogaw, Troppaw und Pilsen wol assecurirt und versichert haben, nun werden sie sich mit einander conjungiren, weilen allbereit 6000 Pferdt von Hertzog Bernharden von Weymar, und 4000 von Chur Sachsen im anzug, welche alle, wohin sie der von Friedlandt commandiren wird, parirn werden, damit wollen sie dem Kayser und seinen Pfaffenknechten, als dem Galassen und Piccolomini, schon begegnen. Vnter wehrendem fortreiten hat er noch ferners erzehlt, was vor ansehnliche Kriegspraeparationen, als von den Frantzosen und anderer Orten wider Ihre Kays. May. gemacht werden, was vor ansehnliches Volck auß Niederlandt im anzug seye, nunmehr hetten sie die Reichs Stätt auch in jhren Händen, und mit denen Kayserlichen werde man, in erachtung aller vmbständt, gar bald zu recht kommen: als sie nun dergestalt zu nechst Waldt Sachsen fort passirt, und

und er Leutenandt vermeint, Zeit zu seyn, daß er deß Hertzogen könne mächtig und versichert seyn, hat er sich ein wenig zurück gehalten, seinen Reutern befohlen, auff jhne wol achtung zu geben, wann er seine Pistoln gegen den Fürsten rucken werde, sie dergleichen thun sollen, und darauff alsbald für den Hertzog widerumb für passirt, und sich mit seiner Pistolen gegen jhme praesentirt, befragendt, ob er sich im guten gefangen geben wolle, oder nit, weilen er sich selbsten in denen bißhero geführten Discursen genugsamb Ihrer Kayſ. May. Feind erklärt, auff welches der Fürst jhne alsbald ermahnet, solle innen halten, mit vermelden, daß er solches weder bey seinem Obristen, vielweniger bey dem von Friedlandt werde verantworten können, als er aber darauff vernommen, daß Friedlandt, Illo, Tertzka, und alle diejenigen Rebellen, so wider jhre Undtspflicht gegen Ihre Kay. May. sich vergriffen, in Eger allbereit nidergemacht worden, ist er ober solche Relation sehr erschrocken, und hat umb Quartier gebetten: doch aber nochmalen im fortreiten sich sehr bemühet, wie er diesen Leutenandt auff seine seyten bringen, oder durch allerhandt cunctirn sich wider loß machen möchte, mit versprechen, bey seinem Fürstlichen Glauben nicht allein 10000 Ducaten alsbald zur Ranzion zu erlegen, sondern auch ein gut, so jhme unlengst von Chur Sachsen verehrt worden, einzuraumen, und jhne bey Ihrer Armada also zu avanzirn, daß er die Zeit seines Lebens genugsamb versehen und accommodirt seyn sollte. Dieweiln aber dieses alles nichts verfangen, und er gesehen, daß es anders nicht seyn könne, hat er sich endlich darein ergeben, und vermeldet, er sey einmahl des Kaysers Feindt, und darüber allein gebetten, er Leutenandt wolle jhne nicht

Pag. 40.

nicht nacher Eger, dann er sich befürchtet, möchte allda wie die andern tractirt werden, sondern in seine Quartier, und folgends zu dem General Leutenandt Herrn Graffen Galaſſen ſelbſten führen, vngeachtet aber deſſen, weiln er Leutenandt auß Eger von vorbemeldten dreyen commandirt geweſen, hat er denſelben dahin vberliefert, geſtalt dann auch dieſes Hertzogen gute meynung auff deß Friedländers ſeiten auß ſeinem an den Illo auß Regenſpurg vnterm dato den 24 Februarÿ abgangenen eignen Handbrieff, nachfolgenden Innhalts mit mehrerm zu vernehmen:

Wolgeborner Herr. Sein Schreiben habe ich empfangen, höre vngern, daß die Sachen nicht alle ſo gehen, wie ich wol gehoffet, hat aber nichts zu bedeuten, wir wollen, wils Gott, den Meyneidigen Vöglen ſtattlich die Hälße brechen, Ihre Lieb Hertzog Bernhardt laſſen dero gantzen Armada an den Gräntzen zuſammen kommen, kompt auch noch ſonſten ein groſſes Volck auß Thüringen und der Orten, ſo habe ich auch an den Churfürſten und Herrn General Leutenandt geſchrieben, eylends das Volck an den Gräntzen zuſammen zu führen, welches alles in wenig Tagen geſchehen kann, alſo daß wir den Vöglen genug gewachſen ſeyn werden, wegen Pilſen, bitte ich gar hoch, ſich deſſen wol zu verſichern, noch zu dem Hämerle einen zu legen, der von keinem, als vom Hertzogen dependirt, ſo wol Franckfurt, Landsberg, und die Orter in der Laußnitz, weil ſich die Vögel ſolches mit Prag vnterſtehen dörffen, förchte ich, ſie werden nicht feyren, an alle Oerter dergleichen zu ſchreiben, hoffe aber nicht, daß ſie alle vom Hertzogen auſſetzen ſollen, ich will meinen Weg gegen Eger zu nehmen, und im Fall der Hertzog, oder
von

von denen, die mit jhme halten, da seyen, auch hinkommen, bitte aber mir auff Pfreimbt einen Trompeter zu schicken, damit ich sicher gehe, und nit erdappt werde, ꝛc.

Deßgleichen ist auch in Wien den 18 der Schafftenberg, und in der Schlesien den 24 Februarn der Schaffgotsch in verhafftung genommen worden, und hat dieser alsbald nach dem zu Pilsen auffgerichten Schluß, auff den Fall der Conjunction der Armaden, die hernach gesetzten Puncta und Memorial vber das Landt Schlesien, was für eine forma Regiminis in demselben angestelt werden sollen, von eigner Hand auffgesetzt, nemblichen:

Was denen von Preßlaw vorzutragen. Was jhnen zu bewilligen. Was von jhnen zu begehren. Wie es mit jhrem Volck gehalten werden soll. Welchergestalt die Handlungen ins künfftig zu versichern sein. Wie es mit den Kayserischen Gesellen soll gehalten werden. Wer die Cammer verwalten soll. Was bey den Fürsten von Lignitz und Brieg, wie auch Oelß und Bernstatt anzubringen. Was von jhnen zu begehren. Wie jhre Orth sollen besetzt werden. Ob jhr Volck sie behalten sollen. Wie das Ober Ampt zu bestellen. Wie ein guter Vorrath an Geldt gemacht werden möcht. Wie die Anlagen zu machen. Wie selbige zu continuiren. Ob Volck im Landt wird bleiben müssen. Wie viel und an welchen Orten. Mit was vor Manier das Landt wegen der streiffenden Partheyen und der Gartbrüder in sicherheit zu erhalten. Wie die Compacta mit Polen zu verändern und zu schliessen.

Pag. 41.

Und

Vnd gleich den Tag zuvor, als er gefangen worden, nemlich den 23 Febr. vmb 5 Vhr nachmittag hat er Schaffgotsch nachfolgendes Schreiben an den Tertzka auß Ohlaw nacher Pilsen in Ziffern abgehen lassen:

Hochgeehrter Herr Bruder. Seine drey Schreiben hab ich wol empfangen, eines geschrieben ohne datum, die andern zwey mit Caractern, eines vom 10, das andre vom 18. vmb 5 Vhr. Das Schreiben an die Guarnisonen muß vergessen worden sein, habs nicht bekommen, was mir der General Leutenandt Gallas schreibet, ist beyliegendt, darauß der Herr Bruder vrtheilen kann, daß ohne Ihrer F. Gn. absonderlichen und schrifftlichen Befelch, daß sie wider an mich gewisen werden, ich jetzo bey dem Volck nicht sonders viel außrichten kann, vor dem seind sie wol alle gut auff vnser seiten gewesen, jedoch hoffe ich, sie sollen auch wol wider darzu zu bringen sein. Ob nun wol gestalten sachen nach mit Manier ich selber jetzo dahin nicht kann, nichts desto minder will ich alle Anstellung machen, damit auch also, so viel müglich, Ih. Fürstl. Gn. wille vollbracht werden möge. Mein Volck habe ich gewiß alles in guter Devotion biß dato, hoffe sie auch wohl also zu erhalten: Das Landt wird auch alles thun, was man begehren wird, wenn man nur mit Manier mit ihnen vmbgehen thut: Biß dato habe ich, eben der vrsachen halber, mit denen von Preßlaw durch die Finger gesehen, wie er dann auß meiner Antwort an den Collorebo sehen wird, was ich gut gemacht, hat deß Colloredo procedere wieder verderbt; jetzo nachdem ich deß Herrn General Leutenandts Schreiben empfangen, so hieben folget, lasse ich zwar nichts passirn, jedoch lasse ich gegen ihren Bürgern nichts sonderliches

zur Geschichte Wallensteins.

ches vornehmen, bit, was weiters Ih. Fürstl. Gn. wolle, mich zu berichten, wie auch, wie weit Ih. Fürstl. Gn. wollen, daß mein Commando gehen solle. Glatz habe ich stärcker besetzen wollen; was der Oberst Leutenandt an mich schreibt, und was ich weiters verordnet, ist beigefügt. Neiß und Troppaw ist besetzt, will mich auch schon weiter derer Orten versichern; der Herr Bruder schreibt von Oppeln, halt es soll Troppau seyn, das Volck in Lignitz kan ich nicht machen abziehen, der Colloredo sey dann weg, weil er höhere Charge als ich bedienet, so bald er auffgebrochen, will ich ihnen Ordre schicken. Vmb Glogaw und die Artilleria allbort hab ich die gröste Sorg, weil deß Colloredo Regiment darinnen liegt, die Regimenter will ich schon in der verfassung halten, daß man auff den Fall sich deren bedienen kann; wie vnsere sachen jetzo stehen, bitte ich umb Nachricht, insonderheit wie die Tractaten mit dem Churfürsten und den Schweden stehen, dann sein wir da richtig, hat es mit den andern kein noth, sehr gut wäre es, daß ich es bald wissen köndt, und müste es deß Feinds Guarnisonen von den ihren notificirt werden, damit desto sicherer man gehen, und dem, was etwan aus Mähren oder Hungarn kommen wolt, begegnen möchte. Ich bitt, der Herr Bruder verliere kein Zeit, wann was vorgehet, und avisire mich, vnd mit eignem Currier, diß orths soll gewiß kein Fleiß, Mühe und Arbeit gespart werden.

P. S. Daß der Deodati fort ist, mache mir viel gedancken, er hat es vor sich allein nit gethan, ist zeit die Augen auffzumachen, und nicht zu feiern, was man thun will, warumb der

Arn-

Arnhelmb so lang außblieben, bitt ich nachricht, wie. Ingleichem, wo der Marche hingehen wird.

Es ist aber allererst nach diesem eines theils effectus dieses vorgewesenen Tradimets fürnemblich zu Troppaw außgebrochen, allda das Schaffgotschische Regiment vnter dem Obersten Leutenandt Albrecht Freybergern gelegen, und hat in dem Werck der geweste Commissarius Samuel von Lilienfeldt, sonsten Schneider genannt, das Directorium geführt. Dann erstlichen die vmbgesessenen Ständt und fürnembsten Landtsassen er Schneider mit scharpffen ausgeschickten Patenten und betrohungen, als wann Ihrer Kays. May. Dienst es erforderten, in rei veritate aber zu vorhabender Machination ein starcke Summa Gelts von ihnen herauß zu pressen, und sie in allem zu ihrer Intention zu nöthigen, hinein in die Statt citirt, Pag. und als selbige theils erschienen, theils aber nach 42. und nach mit gewalt eingeholt worden, hat der Freyberger das Volck den 2 Martii auf dem platz zusammen geführt, und ihnen offentlich fürgetragen, er hab dem Römischen Kayser nunmehr 18 Jahr gedient, anjetzo, da er vermeint, Gnad und recompens zu haben, solte er mit dem Strick belohnet werden, ey so wöll er nicht mehr dem Römischen Kayser dienen, und die Soldaten werden ihme demnach vor einen Obersten annehmen, und wie in einem, also im andern, gebührlich gehorchen, darauff den Degen gezuckt, und gesagt, nun ihr Soldaten, Viuat Friedlandt, bey dem will ich leben und sterben: und ihme selbige alle, wie auch das Böhmische Regiment Dragoner, und dessen Oberster Leutenandt Engelhardt, von newen schweren lassen, sich darauff der Statt und aller Plätz versichert, vnd zu fernern feindtlichen Thaten

ten fertig gemacht, deffen auch deß Feindts Commendanten zu Oppeln, und folgendts anderer Orten mehr, vmb alsbald jhnen zu affiſtirn, und ſich mit zu conjungirn, erinnert worden, wie dann bereit zwiſchen jhnen verglichen geweſen, daß der Schwediſche Commendant Dubaldt ſelbſten mit 1500 Pferden zu jhnen ſtoſſe, und ſoll dann alsbald auff das Kayſ. Volck vnter dem Oberſten Götzen gehen, ſelbiges trennen, und gar aus Schleſien verjagen wollen; zu dieſem iſt den 4 Martÿ die Burgerſchafft in das Schloß erfordert, und erſtlichen dem Rath alles Ernſts eingebunden worden, jhren Aydt zu ändern, und daß ſie nunmehr dem newerwählten Römiſchen Kayſer, ſonſten König in Franckreich, dem von Frieblandt, als erwahltem König in Böheimb, den Königlichen Schwediſchen Erben, beyden Churfürſten zu Sachſen, und Brandenburg, auch denen Confoederirten Städten und Ständten deß Reichs ſchwören ſollten, welches Jurament hernach auch benen Landſtänden zugemuthet, und durch Arreſt, harte Gefängnuß, Bedrohung deß henckens und andere erſchröckliche Marter mehr herauß genöthiget werden wollen.

Damit dis Werck auch vmb ſo viel deſto mehr außgebreitet, und auch andere nechſtgelegene Oerter und Länder, ſonderlich aber Mähren, darein mögte gezogen werden, iſt ein auffrühriſch abſchewliches Patent, darinnen die gantze Intention dieſer boßhafftigen Rebellion begriffen, verfaßt worden, welches mit der Troppawiſchen, Ratiboriſchen und Jägerndorffiſchen fürnembſten Ständen Namen, als wäre ſolches von jhnen, an ſtatt der geſambten Ständt in Ober Schleſien auffgerichtet,

tet, vnterschrieben, mit der Statt Troppaw Insigel, als wann ein wahres Original vorhanden, (welches doch niemahln gewesen) vidimirt, so weiter aller Orten publicirt werden sollen: Inmassen auch das Schreiben an die Statt Ollmütz sampt denen dahin gemachten Ordinantzen von jhme Schneidern auch bereit verfertiget gewesen. Vnd seyn sie in diesem jhrem Vorhaben, auch nach deß Friedlandts Todt, noch so lang verharret, biß der Feld Marschalck Leutenandt Götz mit einer ziemblichen Anzahl Kays. Volcks für die Statt geruckt, und die Rebellen sich endlich mit Accord in Ihr Kays. May. Devotion wider ergeben, und ist vorgemelten Patents diß der Innhalt:

Demnach nunmehr notorisch und Weltkundig, daß die Röm. Kays. May. klar und schnurgleich, den hochverpönten und beschwornen Reichs Abschieden zuwider, die Evangelische Religion gantz und gar außzurotten, und eintzig und allein die Catholische passirn zu lassen, gesonnen, auch wegen der Evangelischen Gütter vor lengst Ihrer Fürstl. Gn. Herrn Generalissimo, Hertzogen von Friedlandt, die Confiscation anbefohlen, darauff auch das h. Sacrament empfangen, solches zum wirklichen Effect zu setzen, und keineswegs darvon abzustehen:

Pag. 43. Wann dann wegen solchen thätlichen gewalts und vnrechten beginnen, das gantze h. Röm. Reich, neben allen Churfürsten, sich zum öfftern darüber beschwert, und vmb remedirung bey der Röm. Kays. May. vnterthänigst angehalten, haben sie doch dasselbe, welches jhnen Gott der höchste selbst gegeben, nit erhalten oder erlangen mögen, derohalben

halben alle die Evangelische, als zum theil auch etliche Catholische Churfürsten, nothdringentlich vervrsacht worden, die in Gott ruhende Königl. May. von Schweden vmb Schutz ihrer Religion und erhaltung der Vralten Privilegien vnd Teutschen Freyheit anzuruffen, und mit dero in Verbündtnuß sich einzulassen; ob nun zwar männiglich vermeinet, Ihre Kays. May. würden dermahl eins den erbärmlichen und gantz elenden Zustandt im Röm. Reich behertzigen, und von dero vnbillichen Intention gnädigst abstehen, gestalt Ihre Fürstl. Gn. der Herr Generalissimus Hertzog von Friedlandt eintzig und allein dahin geziehlt, das Röm. Reich wider in den Standt zu setzen, und bey Ihrer Religion und Privilegien zu erhalten, so erweisets doch der Augenscheinliche und je länger je mehr betrübte Zustandt, daß durch flehentliches vnnd erbärmliches vnterthäniges Bitten nit das geringste zu erhalten gewesen, derohalben hochtrungentlich das h. Röm. Reich nebens denen Churfürsten vervrsachet worden, sich mit Ihrer Königl. May. von Franckreich, Großmächtigen Herrn Ständen der vereinigten Niderländischen Provintzen, und Schwedischen Armeen zu confœderiren, zu welchem Ihre Fürstl. Gn. &c. der Herr Generalissimus Hertzog von Friedlandt auß hochwichtigen vnnd erheblichen Vrsachen selbst gestossen, als auch das gantze Königreich Böheimb vnnd ander Erbländer mehr.

Wann vns dann gleichfals gebühren, und obliegen will, zu manutenirung des h. Röm. Reichs Abschiedt, als erhaltung vnserer Privilegien, welche vnsere Vorfahren mit ihrem Blut Ritterlichen erworben, gleichfals den letzten Blutstropffen daran

daran zu setzen, und nunmehr die samentlichen Stände im gantzen Hertzogthumb Schlesien sich dahin verglichen, damit einmahl der offt gewünschte und gesuchte Fried möchte wieder restabilirt werden, als ersuchen und ermahnen wir underschriebene, an statt der samptlichen Ober Schlesischen Stände, alle Hohe und Nidrige, Graffen, Freyherrn, Edelleuthe, Prälaten, Stände s. s. hiemit, weil 5 gewesene Kayserliche Regimenter, als Schaffgosch, Tertzkisch, Martinizisch, Böhmisch und Wallensteinisch, allhier zusammen gestossen, welchem noch 6 Regimenter, neben Breßlawischen, Briegischen und Orpellischen Succurß, inner wenig Tagen anhero folgen, und gleichfalls der Churfürstl. Sächsische General Leutenandt von Arnheimb mit einer starcken Armada, wie auch der Schwedische General Dubaldt mit einer gleichmässigen starcken Armee von Franckfurt anhero zu uns marchirn, daß männiglich von den Herrn Ständten in Schlesien von dato an denen, so sich Kayserl. nennen, nit das geringste, es sey an Proviant oder Quartiern zu willen sein, sondern dieselben mit Fewer und Schwerdt als unser ärgste Feinde, zu verfolgen, hergegen den Friedländischen und dessen Conföderirten allen guten willen und beförderung zu erweisen, und daß die samptlichen Herrn Ständte von der Ritterschafft in Ober Schlesien anhero zu uns stossen, so viel reissige Pferd und bewehrte Knechte, als immer müglich, mit zu bringen, auch Proviant hero zu verschaffen, und neben uns zu stehen; hergegen sollen sie hinwider in gebührlichen Schutz genommen werden, wofern aber ein oder die andere Stat in Schlesien solches nicht thun solte, von den Gütern verlauffen, oder mit dem wenigen Rest deß

Kay-

Kayserl. Kriegsvolcks halten, und solchem den geringsten Proviant, es sey auff Kossel, Ratibor oder Neyß schicken würde, der solt mit Fewer und Schwerdt von uns verfolget werden. Es erfordert die sonderbare Notturfft, daß auffs schleunigst die Statt Troppaw mit Proviant versehen werden muß, als wollen die nechste Herrn Stände so viel Mehl, Saltz, Korn und Vieh, als immer müglich, anhero verschaffen, damit die angedrohete Execution gegen solche nit möchte effectuirt werden, die Kayserl. Herrn Officier aber zu Roß und Fuß, wie auch gemeine Reuter und Knecht, werden hiermit gleichfals von uns gebührlichen erinnert und gebetten, nach erfahrung dessen sich zu uns anhero zu begeben, solle jedem sein Antritt- und Lauffgelt, so hierzu 60000 Reichsthaler parat beyhanden, gegeben werden; gleichfals soll es mit der Ritterschafft, so beliebet würcklich zu dienen, gehalten werden, wird also jedes ehrliebendes Gemüth solchem nachzuleben und vor schaden sich zu hüten wissen. Damit sich aber auf begebendem fall niemandt mit der unwissenheit entschuldigen könne, haben wir diß offene Patent durch 20 gleichmässige vidimirte model publiciren, und unter unserer Handt und Insigel außfertigen lassen, geschehen den 3 Tag Marty, Anno 1634.

Das Schreiben aber an die Statt Ollmütz ist nachfolgender gestalt gestellt und von dem Schnelder unterschrieben gewesen:

Pag. 44.

Was im h. Röm. Reich, zu erhaltung unserer alten Privilegien so wohl als Restabilirung des Edlen lengst gewünschten Friedens, für eine mu-

T 3   tation

tation sich ereignet, und wessen sich die Herrn Stände in Ober Schlesien resolvirt, dasselbe geruhen dieselben auß der Beylag mit mehrerm zu ersehen. Wann dann ein Regiment Dragoner neben 200 Pferden und 300 Mann zu Fuß auff Ollmütz marchirn sollen, die Statt, zu ihrem selbst eigenen besten, vor Ihr. Fürstl. Gn. den Hertzogen von Frieblandt, als dessen Confoederirten zu besetzen und zu manutenirn, als ersuche ich die Herrn gantz dienstfreundlich, obspecificirte Soldatesca nit allein gutwillig einzulassen, sondern jhnen alle befördersame Assistentz zu leisten, im fall aber sich die Herrn widrig erweisen sollten, haben sie anders nichts als Feuer und Schwerdt von uns zu erwarten, welches ich denselben im Namen Ih. Fürstl. Gn. beß Herrn Generalissimi Hertzogens von Friedlandt und dessen Confoederirten hiermit anmelden sollen.

Schneider, mpria.

Vnd ist dieses kürtzlich der Verlauff dieser hochgefährlichen und fast vnerhörten probition, welche vielmehr auß Göttlicher Vorsehung, so dann bißfalls zu handhabung jhres Gesalbten vornemblich wider aller verständigen Menschen Vernunfft, nach dem die Conspiranten allen vortheil für sich gehabt, divertirt und verhindert worden, vmb welche Gnad auch der Göttlichen May. billich alle deß hochlöblichen Hauses von Oesterreich getrewe Vnterthanen, vornemblich dann auch alle gehorsame Reichs Ständte inniglichen Danck zu sagen, deren dann vnterschiedliche, auch außwendige Fürsten und Potentaten Ih. Käy. May. guthertzig gratulirt, bey welch-

welchem man einem jedweden, der nit gäntzlich
in Haß und Neidt gegen mehr höchstgedachter
Kayſ. Mayeſt. und Dero Hauß erſoffen, wie
auch der werten Poſteritåt das Vrthel fällen
låſt, ob bey ſo beſchaffener bewanntnuß und für
Augenſtehender euſſerſter gefahr Ih. Kay. May.
anders, als beſchehen, verfahren, ſich auch und
die reliquias deß Röm. Reichs und jhres glorwürdigen Ertzhauſes, welchem die letzte mina
allbereit gegraben geweſen, und gleich jetzo fallen ſollen, conſerviren können oder mögen, und
ob nicht diejenige ihre boßhaffte gifftige affectus
allzuſehr an Tag geben, welche bey ſo offenba-
rer perduellion und Verrätheren die Kayſerl.
Mayeſt. einer Injuſtiz, Ehrliche Obriſten und
Cavallier aber, ſo zu rechtmeſſiger Execution
wider dieſe Rebellen ihre Ritterliche Handt dar-
geſtreckt und ihren Andten vnnd Pflichten nachkommen, eines Meuchelmords zu beſchuldigen
ſich nicht entferben. Daß aber ſolches auß lauter böſer paſſion herflieſſe, und alſo bey ver-
nünfftigen und zu der Gerechtigkeit geneigten Ge-
müthern keines Beyfals, auff ſolche freventliche
Judicia, ſich zu beſorgen, erhelt auch vornemblich daher, daß eben dieſer Friedländer, ſo lang
er in Kayſerl. devotion verharret, und ſeinem
Generalat mit trewen vorgeſtanden, für das
gröſte monſtrum naturae vorgemahlet, nunmehr aber durch Andtbrüchigen vndankbaren Abfall von ſeinem Kayſer und Herrn die Confiſca-
tion verdienet, deme auch gantz Teutſchland
parentirn ſolle, welche zwar ſich zum wenigſten
deß hochvernünfftigen Heyden dicti erinnern ſollen, Amo proditionem, non proditores,
wann ſie ja ihre feindtliche Intentiones gegen

dieſes

dieses hochlöbliche, von dem h. Reich in die 350 Jahr so hoch meritirte Hauß, noch nicht gäntzlich auff eine seiten setzen können. Der gutherzige Leser hat ohne zweiffel in dieser Relation zu finden, was etwa bißhero gedacht:
Den gifftigen Spinnen ist keine Rose so
edel und tugendhafft, daß sie nicht
darauß ein Gifft machet.

III.
Beyträge
zur
Geschichte
des
berühmten kaiserlichen Generalissimus
Albrechts,
Herzogs von Friedland.
Von
C. G. von Murr.

Die Familie der Waldstein *) ist sehr alt. **) Sie bekleidete das Erbschenken-Amt in Böhmen. Anfangs schrieb sie sich von Ralsko, sodann aber nach einem also benannten Schlosse, von Wartenberg, welcher Name nunmehr mit der einen Linie, worauf das gedachte Erbschenkenamt geruhet, abgestorben ist. Inzwischen hatte Zdenko, aus einer andern Linie, welcher 1236 mit Tode abgegangen, unweit Turnau, in einem Walde das Schloß Waldstein erbauet, wovon seine Nachkommen den noch üblichen Namen der Herren, und endlich Grafen, von Waldstein, oder Wallenstein, angenommen. Aus diesen ist sein Urenkel Johannes, wegen seiner 24 Söhne, welche er dem Könige Ottokar in Böhmen zugeführet, berühmt. Sie theilten sich aber hierauf in die Mährische und Böhmische, und diese wieder in drey Linien, von welchen die älteste bald ausgegangen, und die jüngste, in der Person Maximilians, der ein Coätaneus mit unserm Wallenstein war, in den Reichsgrafenstand erhoben worden. Die mittlere, mit dem Zunamen von Arnow, stifftete Stenko, der bis 1525 gelebet, und durch seinen Sohn, Georg, zum Großvater Wilhelms geworden, der unsern Wallenstein gezeuget hat.

So-

---

*) Es ist bekannt, daß dieses der eigentliche Namen dieses berühmten Geschlechts ist.

**) Speneri Opus Herald. Imhofii Notit. Procerum Imp. Joh. Hieron. Lochners Sammlung merkwürdiger Medaillen, Achtes Jahr 1744, S. 379.

Sowohl Wilhelm von Waldstein, Herr zu Herzmanicz, als seine Gemahlinn Margareta von Smiecziczky, *) waren Protestanten.

Albertus Wenzeslaus Eusebius Waldstein, insgemein Wallenstein genannt, der am 14ten September 158⅔ zu Prag gebohren ward, zeigte schon in seinen ersten Jugendjahren auf der Fürsten-Schule zu Goldberg in Schlesien, unter seinem Lehrer, dem Cantor Fechner, **) einen sehr unruhigen, gebieterischen Geist, so daß seine Aeltern ihn von da im J. 1599 auf die hohe Schule nach Altdorf schickten, nebst einem Hofmeister und Bedienten, allwo sie im August ankamen. Sie wurden am 29sten August (nicht September, wie Wagenseil ***) hat) also in die akademische Matrikel eingeschrieben:

Albertus a Waldstein, Baro Boh.

Iohan. Heldreich, praeceptor Görlicensis Lusatus.

Wenceslaus Metrouski fam.

Sowohl in des seel. Hrn. Geh. Raths Johann Heumanns von Teutschenbrunn, meines unvergeßlichen seh-

―――

*) Dieses Haus war auch eine Linie von Waldstein. Wenn die eigenen Namen der Menschen einen Grund in der Muttersprache haben, (schreibt mein böhmischer Freund) so müßte man die Mutter unsers Wallensteins Miesyczky (von Miesyc, Mond) schreiben. Wirklich giebt es noch viele Böhmen, die Miesyczy heißen.

**) Im J. 1627 erinnerte sich Wallenstein dieses Mannes, der ihn öfters nachdrücklich gestraft hatte, und ließ ihn durch einige Soldaten von Goldberg abholen, und in das Hauptquartier bringen. Er dankte dem zitternden Greisen für seine scharfe Disciplin, beschenkte ihn reichlich, und ließ ihn mit guter Begleitung wieder nach Goldberg fahren.

***) Exercitationes sex varii argumenti. 1687. 4. p. 206.

zur Geschichte Wallensteins.

lehrers, rechtsgegründeter Vorstellung der bey der Nürnberg. Universität zu Altdorf hergebrachten Jurisdiction in causis criminalibus. S. 53; als auch im zwenten Stücke des ersten Bandes des histor. diplomatischen Magazins (Nürnberg, 1780. gr. 8.) S. 223. u. f. lieset man folgende Auszüge aus den akademischen Annalen, welche von der Ausgelassenheit des sechszehnjährigen Wallensteins zeugen.

Den 7 Dec. 1599 klagte Herr D. Schopper propter nocturnas actiones ante aedes suas. Die Thäter dieser Action sind gewesen, nach viel gehabter Mühe, Freyherr von Waldstein, Sebisch, Ieroslaus Secolinski, Ioh. de Lopes, et Famulus Socolinski, qui aufugit.

Den 9 Jan. 1600 Erschienen Baro a Waldstein und Gotthardus Liuo, welcher von dem Barone im Fuß gestochen worden. Darauf sie vereiniget worden, und hat Baro dem uulnerato die Schäden ausrichten müssen.

Den 14 dieß wurde Baro a Waldstein, qui famulum suum Ioh. Reheberger loris mirum in modum tractasset, quia otiosus per fenestram in forum prospectauerat, verklaget, und weil er ihn so unmenschlich gezeichnet, der Knab nach Nürnberg ad DD. Scholarchas geschicket. Hierauf den 19 dieß ist der Herren Scholarcharum Befehl erfolget, daß Baro deswegen der Academie 30 fl Straf geben und sich mit des Knaben Freundschaft vergleichen soll. Baro beschwert sich dessen, vorwendend, der Knab wäre unfleißig gewesen,*) erboth sich, das Arztlohn auszurichten,

---

*) Weil er immer auf dem Markt zum Fenster hinaus gesehen. Er müsste also erst nachher auf den untern Saal gezogen seyn, allwo er die Fürerische Stube bewohnt haben soll. Allein die Sage hat mehr Grund, daß er vorne im Ludwellischen Hause auf dem Markte, wo jetzt das Fichtnerische steht, gewohnt hat. Proinde, nemo potro uocare debet in dubium, schreibt Wagenseil, (Exercitat. V, pag. 207.) Fridlandiae Ducem in hac Academia substitisse, nihil enim uerius: atque, ceu aetate apud nos prouectiores, a suis parentibus accepere, habitauit in anteriore parte aedium, quas antehac Ludvuellianas uocabamus, quaeque solo, ob uetustatem, aequatae, meliores, quod bene uortat, nunc consurgunt.

ten, und den Knaben zu einem ehrlichen Handwerk zu verlegen, und die zuerkannte Straf zu bezahlen.

Hanß Bauerns Metzgers Weib begehrt an statt des Knabens 100 fl. vor die Schmerzen. Den Balbier und der Herren Straf hintangesetzt.

Endlich hat sich D. Baro mit seines famuli Beyständen, als Hanß Vestner, Schneider, und Hanß Bauern, Metzger, verglichen, und vor alles hinweg 45 fl. zu geben versprochen, darvon soll sich der Knab verkosten und den Balbier vergnügen. Mehr 3 Thaler vor seinen Lohn, dann ein Kleid, dafür er geben 4 fl. welchen Vertrag sie beederseits angenommen, und damit zufrieden gewesen, auch allbereit 5 fl. daran empfangen.

Den 3. Febr. ist der Ueberrest uff die 5 fl. bey dem Herrn Rector deponirt worden, mehr vor das Kleid 4 fl. dann 3 Thaler Liedlohn, welche des Hansen Bauern Weib uff ihr heulen und weinen sind zugestellet worden.

Den 9 Febr. hat Herr Rector uff des Hrn. Pflegers Bewilligung des Jungen Schwester 4 fl. geben.

Den 17 Mart. hernacher ist uff Befehl des Herrn Pflegers der Ueberrest Christoff Ambergern, Burgern und Becken, als des Knaben verordneten Vormünden, zugestellt worden, deswegen er die Academie quittirt.

Da Baro bey des Fuchsen Ableib das seinige gethan, und sonst vielen Muthwillen verübet, worüber er im Arrest gehalten, und ihme das consilium abeundi gegeben worden: so wendete er sich deshalben ad Magistratum Noricum.

Dieses Schreiben, dessen auch Herr Professor Will *) erwähnte, habe ich oben S. 127 aus dem Originale, das mir gefälligst mitgetheilt worden, abdrucken lassen. Es ist vom 20 Januar, 1600, und man sieht daraus, daß der junge Walbstein Stadt, oder höch=

---

*) In seinem Entwurf einer Geschichte des Antheils der Stadt Nürnberg an dem 30jährigen Kriege; im fünften Stücke der Altdorfischen Bibliothek der schönen Wissenschaften, S. 436.

höchstens Hausarrest gehabt habe. Das Schreiben ist vermuthlich von Wallensteins Hofmeister Heldreich aufgesetzt, denn vom ersten ist nur die Unterschrift, die ich auf der Kupfertafel gesehen.

Das Mährchen, als ob Wallensteins Hund dem altdorfischen Carcer den Namen gegeben hätte, ist bereits von Wagenseil in der angeführten Exercitatione quinta, S. 204 widerlegt worden. Dennoch haben der sel. Buder, in seiner Geschichte des dreyßig jährigen Krieges *) und Hr. von Schirach in seinem vortreflich geschriebenen Leben Wallensteins **) diesen falschen Umstand nachgeschrieben: „Wallenstein störte die Ruhe „der Universität. Eben lies damals der Rector ***) „derselben ein neues Carcer bauen, und zum Schrecken „bekannt machen, daß es den Namen desjenigen füh„ren sollte, welcher, wegen seiner Vergehungen, zuerst „in dasselbe würde gesetzt werden. Wallenstein hatte „bald Gelegenheit, der erste zu seyn, der die Strafe „des Carcers verdiente. Als ihn aber die Pedelle in „dieses Gefängniß bringen wollten, blieb er, unter ver„schiedenem Vorwande, am Eingange etwas stehen, „stieß seinen kleinen Hund ins Carcer, und schloß die „Thüre zu. Nun, sprach er, muß das Carcer nicht „Wallensteins, sondern des Hundes Namen führen." Weil dieses Carcer (man weis die Ursache nicht) noch manchmal der Bärenkasten genennt wird, so hat man obiges Mährchen noch mit dem Zusatze versehen, daß der Hund Wallensteins Bär geheißen habe. Allein damals hieß das Carcer von Gabriel Stumpfstein, der zuerst 1576 hineingesperrt wurde, Stumpfel. Hatte im

leben

---

*) Seite 40, Anmerk. 79.
**) In der Biographie der Deutschen, V Theil, S. 24.
*** Es bekleidete damals Nikolaus Taurellus diese akademische Würde.

Leben Gustav Adolphs *) hat diese Sage auch; aber noch mehr muß man sich wundern, daß im neuesten Leben Wallensteins **) dieses elende Mährchen wiederholet worden ist.

Man trägt sich mit einer andern Sage, die mir aber höchst unwahrscheinlich vorkommt. Wallenstein soll schon in Altdorf mit dem Gedanken, Fürst, oder gar König in Böhmen zu werden, umgegangen seyn. Sollte der starrsinnige, unbändige sechszehnjährige Jüngling in Altdorf so gedacht haben, allwo er an Ruhm, Wissenschaften, und ernsthafte Dinge so wenig dachte, daß ihn seine Aeltern noch im April des Jahrs 1600 von da abziehen liesen? Er wurde hierauf Page am Hofe des Markgrafen von Burgau, eines Sohnes Erzherzogs Ferdinands von Innsbruck. Als er 1604 von einem hohen Fenster herabstürzte, ohne Schaden zu nehmen, entschloß er sich, durch Hofleute und Pfaffengeschwätze dazu aufgemuntert, die päpstliche Religion anzunehmen. Von dieser Epoche an muß man die Entwickelung von Wallensteins Talenten anfangen. Er fühlte in sich Hang zu den Wissenschaften, und nun suchte er im J. 1606 seinen Geist durch Reisen durch Deutschland, England, Holland, Frankreich und Italien aufzuklären. Er blieb zuletzt eine geraume Zeit in Padua, und legte sich daselbst besonders auf Staatskunst und Astrologie. Die letztere war damals ein Lieblingsstudium und Steckenpferd der größten Männer. Leider! war diese läppische Astrologie Schuld an Wallensteins Tode: denn diese machte ihn sicher, und ver-

---

*) 2 Bandes, S. 68.

**) Im zweyten Bande der Leben und Bildnisse großer Deutschen. Herausgegeben von Anton Klein. Mannheim, 1787. fol. S. 2, und in der Octavausgabe, a. d. 54sten Seite.

verursachte, daß er in Eger dem Gordon, Buttler und
Lesley Zeit und Raum ließ, ihren Mordanschlag aus»
zuführen, wovon ich unten mehrers sagen werde.

Es lehrte damals der große Galilei die mathema»
tischen Wissenschaften in Padua. Ihn besuchte auch
Wallenstein, so wie etliche Jahre nachher sein künftiger
Gegner.*) Durch Galilei lernte er auch Keplers Ver»
dienste kennen, der ihn aber, nach dem Geschmacke
damaliger Zeit, nicht von dem Hange zur Sterndeu»
terey heilenwollte, oder konnte.

Die Astronomie und Mathematik wurde auch da»
mals von Andrea Argoli, einem berühmten Manne,
und Ritter von San Marco, gelehret. Er war aus
Tagliacozzo im Napolitanischen, gebürtig, und starb
1650 bey hohem Alter. Er schrieb gute astronomische
Bücher. Sie heißen:

Tabulae primi mobilis. Romae, 1610. 4. Sie
wurden in Rom 1667 in zween Quartbänden wieder
aufgelegt. Ephemerides ab. a. 1621 — 1640; Ro-
mac, 1621. 4. Tabulae secundorum mobilium,
Patauii 1634. 4. Pandosium sphaericum. ibid. 1644.
4. Recus. ibid. 1653. 4. Ephemerides ab A. 1648
—1700. Romae, 1647. 4. Auch diese wurden in
Lion, 1677. in Quartformat wieder aufgelegt.

Besser wäre es gewesen, wenn Wallenstein die
Vorlesungen dieses Mannes gar nicht besucht hätte.
Denn

---

*) Im J. 1610 befand sich der große Gustav Adolph,
als Graf von Südermanland, zu Padua, unter den Zu»
hörern dieses unsterblichen Mannes. s. Jagemanns
Magazin der italienischen Litteratur und Künste, VII
Band, S. 59.

Denn von ihm ließ er sich in der Astrologie unterrichten, welche die ganze Zeit seines Lebens ihm zu einem Leitfaden seiner Entschlüsse diente. Im übrigen war er unendlich aufgeklärter, als damals bey Adelichen gewöhnlich war, und verlachte heimlich alles Pfaffengeschwätz. Seine Toleranz legte er nachher sattsam an Tag, da er in Glogau eine evangelische Kirche baute. Die Mönche hielt er immer für unnütz oder überflüssig, that ihnen aber doch nichts zu leide. Er redete verschiedene Sprachen, und las die wichtigsten Schriftsteller der Geschichte und Staatskunst.

Erste Gemahlinn Wallensteins.

Nach seinen geendigten Reisen, wohnte er einem Feldzuge in Ungarn bey, wie aus seiner Lebensgeschichte bekannt ist. Da der Erzbischoff von Prag sein grosser Gönner war, heurathete er 1610 eine zwar alte, aber sehr reiche und vornehme Wittwe. Ihre hefftige Liebe und Eifersucht veranlassete sie, ihm einen Liebestrunk beyzubringen, dessen Schädlichkeit aber durch seine starke Leibesbeschaffenheit nach und nach überwunden ward. Im Jahre 1614 starb sie, und er erbte alle ihre Güter, und Verlassenschaft; ein ungeheures Vermögen, welches ihn in den Stand setzte, seinen großen Talenten gemäß zu handeln, und seine Ruhmbegierde, durch Kriegsthaten sich empor zu schwingen, ungehindert zu befriedigen, wie dieses alles seine Geschichte darlegt, zu welcher diese Beyträge als Erläuterungen dienen, zugleich aber andern, welche Wallensteinische Urkunden, (dergleichen in schlesischen, östreichischen und böhmischen Archiven noch viele sind) ans Licht bringen können, Fingerzeige seyn sollen, daran zu arbeiten, damit nach und nach die Wahrheit desto offener am Tage liege.

zur Geschichte Wallensteins.

Wallenstein ließ seine Gemahlinn prächtig in der Gruft zur rechten Seite der Kirche der von ihm gestifteten Kartause zu Waltitz bey Gitschin *) beysetzen. Auf dem zinnernen Sarge ließt man folgende böhmische Aufschrift, deren Mittheilung und Uebersetzung ich so wohl dem jetzigen Herrn Grafen von Waldstein zu Duchs im Leutmeritzer Kreise, als auch Herrn Professor Grassolt in Eger, zu verdanken habe.

Leta Panie 1614. 23 Brzezna, w'Nediely kwietnau, rano okolo Hodiny sedme slowutna, Panj Panj Lukreczye z Waldsteinu rozena Nekyssowa z Landeku Panj na Wssetinie, Lukowie, Rymniczy, a Miloticy, w Wssetinie Zamku w Kristu Panu zywot swu'g dokonala, w tomto Mystie slawneho, z mrtwych Wskrzissenj oczekawa.

Gegyzto duffy Pan Buch myloftiw rac'z bytj.

Im Jahre des Herrn 1614 den 23 März, am Palmsonntage früh gegen sieben Uhr, hat die ansehnliche **) Frau Frau Lukrezia von Waldstein, gebohrne Nikessinn von Landek, Frau zu Wschetin, Lukow, Rymnitz, und Mylotitz auf dem Schlosse zu Wschetin in Christo dem Herrn ihr Leben beschlossen. An diesem Orte erwartet sie eine herrliche Auferstehung.

Ihrer Seele sey Gott der Herr gnädig!

---

*) Im Königinngrazer Kreise. Diese Stadt gehöret jetzt dem Grafen von Trautmannsdorf.

**) Das Wort slowutna wird heutiges Tages in einer andern Bedeutung genommen.

Eine nützliche Stiftung Wallensteins.

Herr Hofrath von Rieger ließ in Prag vor drey Jahren Nachrichten von Studentenstiftungen in Böhmen drucken. In diesem Buche, das in wenigen Händen ist, kommt folgende sonderbare Stelle vom Wallenstein vor, welche seiner Denkungsart Ehre macht.

Albert Wenzel Eyseb von Waldstein, Herr auf Wschtin, Schloße Lukow, und Rymnitz, seiner Mayestät des römisch. Kaisers ꝛc. Kämmerer, Kriegsrath, bestellter oberster Befehlshaber der ganzen Armee, und damals des Königreichs Böhmen Gubernator, errichtete 1622 den 7 Jänner, und 1626 den 15 Octob. aus einer, wegen eines von der Todesstrafe losgesprochenen Juden, erlegten Geldstrafe, bey dem vormaligen Pragerkonvikte eine Stiftung. In der Stiftungsurkunde, die in böhmischer Sprache verfaßt ist, wird die ganze Geschichte nach einer alten Uebersetzung auf folgende Art erzählt: Es wurde mittelst einer allgemeinen kundgemachten Verordnung unter Lebensverlust verboten, daß Niemand (sey er ein Christ, oder Jud) den Soldaten ohne Wissen, und Bewilligung ihrer Hauptleute, von den zum Verkauf gebrachten, und in der Unsicherheit, ob es nicht Jemanden weggenommen worden, verbleibenden Sachen etwas abkaufe. Da nun diesem Verbot ein Jud mit Ankauf eines gestohlenen Teppichs von Goldstücke übertreten, und sich hierinn nicht ausreden konnte, mithin in die Strafe des Lebensverlustes fiel: wurden von Ihro Gnaden Herrn Gubernator im Jahre 1622 am 7 Jänner aus allen geistlichen Orden, wie auch aus den Pragerstädten zwo Amtspersonen samt dem Sekretär, dann andere vornehme, und ansehnliche Leute vorgeladen, und die Judenältesten

zur Geschichte Wallensteins.

sten vor dem Regimentsschultheiß vorgestellt, wo sodann Ihro Gnaden H. Gubernator anzudeuten geruheten, daß einige große Herren ansehnliche Fürbitte für die Juden eingelegt, und die Juden selbst in Geheim (um die Gerechtigkeit, und Person Ihro Gnaden durch Geschenke sich hold zu machen) für Erhaltung des Juden beym Leben 10000 fl. zu geben sich anheischig gemacht haben, Ihro Gnaden aber als ein gerechter Mann, der da nicht will, daß Sr. k. k. Mayestät übergangen werde, und dieser ansehnlichen Herren Fürsprache doch ein Genügen geschehe, weil an dem Tode eines Juden wenig gelegen ist, geruheten von gegenwärtigen sowohl geistlichen, als andern Herren ihr Gutdünken zu begehren, ob nicht durch die Lebensbegnadigung eines Juden vielen zum ewigen Leben verholfen werden könnte, wenn diese Summe von den Juden angenommen, und auf ewige Zinsen gelegt würde, von welchen erstens die jüdische, und so nach die christliche Jugend zum Nutzen des Königreichs Böheim auf ewige Zeiten unterhalten werden könnte. Alß dieß gute Vernehmen Ihro Gnaden des Hrn. Gubernators von Allen belobt worden, geruhete selber den Juden anzubefehlen, daß sie diese Summe auf ihren Schultern in das altstädter Rathhaus tragen, damit dergestalt ihr Verbrechen allgemein kund werde, und sie sich vor dem zu hüten wissen, was ihnen künftig bei Verluste des Lebens verboten wird: welche in die Strafe verfallene Summe in die deposition der obern Kanzley der Altstadt Prag aus dem Smirczitzer Hause über die Prager Brücke durch die Stadt in zehn abgetheilten überbundenen Säcken per 1000 fl. von folgenden Juden: Jakob Munke, Ezaias Liberle, Joseph Raby, Michl Zige, Izachas Laprzik, Samuel Toche, Raby Emgko, Sentl Rolach, Markus Kregczy, Herschl Gippen, und

U 3 zween

zween Bedienten der Judenältesten Jakob Lama, und Moses Lemele getragen, und erlegt worden ist.

In dem oben S. 129 gelieferten Schreiben Wallensteins vom 4 März, 1628, an Herrn Markgrafen Christian von Brandenburg-Kulmbach *) wird Hanns Christoph Muffels gedacht. Dieser war im J. 1634 Obrist, und Wallenstein setzte in ihn so großes Zutrauen, daß er sich von diesem Fürsten ausbat, er möchte ihn zu sich nach Eger abfertigen, um seine Maaßregeln wegen einer Conferenz, die er mit dem Markgrafen zu haben wünschte, mit ihm verabreden zu können. **)

* * *

Zum Jahre 1630 oben auf der 36sten Seite muß ich noch aus handschriftlichen Nachrichten beyfügen, daß der Herzog von Friedland dazumal in Nürnberg in der TobiasPellerischen (jetzt Bäumlerischen) Behausung am alten Weinmarkte logirt habe, ***) wo nachher 1649 Ottavio Piccolomini, sein Vertrauter und Liebling, aber auch der Entdecker seiner Absichten, wohnte.

* * *

Merkwürdig ist es, daß Wallenstein auch so gar bey dem so wichtigen Punkte seiner Abdankung 1630 die

---

*) So wohl dieses, als das darauf folgende eigenhändige Schreiben hat mir der ruhmvolle Herr geheime Regierungsrath und Oberarchivar Spieß aus dem Plassenburgischen Archive mitzutheilen, die Gefälligkeit gehabt.
**) S. oben S. 273.
***) Es wurde ihm bey dem rothen Rößlein eine Küche aufgeschlagen, weil er ein großes Gefolge bey sich hatte.

zur Geschichte Wallensteins.

die Gestirne um Rath fragte *) und astrologische Grillen glaubte, Er, der damals schon so aufgeklärt dachte, wie man jetzt denkt, **) konnte sich mit einer so läppischen Lügenwissenschaft, der Astrologie, abgeben!

Seine

---

*) Ehe noch Graf Wertenberg und Freyherr von Questenberg ihn zu Memmingen im Namen des Kaisers, zur Niederlegung seines Commando zu bereden anfiengen, nahm er (weil er bereits von seinem Vetter Grafen Maximilian von Wallenstein die kaiserliche Resolution erfahren hatte) von der Tafel eine lateinische Schrift, darinn seine, des Kaisers, und des Kurfürsten in Bayern Nativitäten geschrieben stunden, und las sie ihnen selbst vor, mit Vermelden: „Ihr Her„ren, aus den Astris könnet ihr selbst sehen, daß ich „eure Commission gewußt, und daß des Kurfürsten aus „Bayern Spiritus des Kaisers seinen dominirt, daher „kan ich dem Kaiser keine Schuld geben, wehe aber „thut es mir, daß Sich Ihre Majestät meiner so we„nig angenommen, ich will aber Gehorsam leisten." Khevenhiller, Annal. Ferdinand. T. XI, S. 1134. Diese Abdankung war in allem Betrachte, schädlich, wie die Folge zeigte, da man das Jahr darauf den Herzog flehentlich bitten mußte, das Generalcommando wieder zu führen. Andere, die weit unter seinen Verdiensten waren, bildeten sich hernach mehr ein, als der Herzog von Friedland, z. E. Hanns Ulrich, Fürst von Eggenberg, († 14 Oct. 1634) von welchem ich aus meiner geschriebenen Sammlung Forstnerischer Briefe (Hr. le Bret hat sie nicht alle heraus gegeben) eine hieher gehörige Stelle in einem Briefe Christoph Forstners an Matthias Bernegger, aus Mömpelgard vom 30 November 1633 hieher setze: Egenbergius, uiuum cadauer, non minora, quam Wallensteinius, praemia se meritum ratus, Wirtenbergicum Ducatum non minus imprudenter, quam improbe sperare audebat, Lotharingiae Duci Electoratus Saxonici spes facta erat.

**) Dieses sieht man aus den 1633 vorgeschlagenen Friedenspunkten, die man bey Khevenhillern, T. XII, S. 581 und bey den Wallensteinischen Biographen nach-

Einige seiner vertrauten Freunde.

Johann Kepler.

Der große Kepler († den 15 Nov. 1630) hielt sich im J. 1620 u. f. zu Sagan bey Wallenstein auf, und ließ allda einen Theil seiner Ephemeriden drucken.

Kepler kann fast unmöglich aus Ueberzeugung die Astrologie getrieben haben. Es war bey ihm Bedürfniß, weil ihm seine medicinische Praxis nicht viel eintrug, sich durch Prognostika, bey drey Kaisern, Rudolph I., Matthias, und Ferdinand II, in deren Diensten er stand, und insonderheit bey dem Herzoge von Friedland, Geld zu verdienen, und dieses Steckenpferd der damaligen Großen *) zu reuten. Zwar seine Theorie von Himmelskörpern, daß sie durch gewisse mächtige Intelligenzen belebt, und bewegt würden, konnte ihn verleiten, den Irrthum zu erweitern, und ihren moralischen Einfluß auf Glück oder Unglück, und auf Handlungen der Menschen auszudehnen, so daß er sich selbst die Nativität stellte, auch so gar die Gestirne um Rath fragte, als er im J. 1613 sich ein 18jähriges schönes

nachlesen kann. Daß damals die Aufklärung noch sehr gering war im h. römischen Reiche, beweiset unter andern des sonst so klugen Grafen von Khevenhiller ernsthafte Erzählung, (Annal. Ferd. T. XI, S. 1412) daß der Teufel im J. 1630 sichtbarlicher Weise in Gestalt eines Mannes von 50 Jahren in einer Kutsche und mit vielen Dienern, in der Stadt Mailand herumgefahren, sich für einen Fürsten Mammon ausgegeben und die Pestilenz curirt habe!!

*) Richelieu fragte oft den Medicus Johann Baptista Morin († 1656) wegen seiner Wissenschaften in der Astrologie, um Rath.

schönes Frauenzimmer *) zur zwoten Gattinn erwählte. Vielleicht würde in unsern Zeiten dieses Mittel, wegen künftiger Hörner, manchem leichtgläubigen Bräutigame vorzuschlagen seyn? Der astrologische Ruhm Keplers stieg vollends zum höchsten Gipfel, als er durch sein im Kalender vom J. 1618 gestelltes Prognostikon des siebenfachen M **) den in besagtem Jahre sich ereigneten Tod des Kaisers Matthias errieth. Als der Arzt Philipp Feselius mit Recht die Astrologie gänzlich verdammte und lächerlich machte, schrieb so gar der sonst so große Kepler das Büchlein: Tertius Interueniens, d. i. Warnung an etliche *Theologos, Medicos, Philosophos*, sonderlich *D. Phil. Feselium*, daß sie bey billiger Verwerfung des Sternguckerischen Aberglaubens nicht das Kind mit dem Bade ausschütten, und hiemit ihrer Profession zuwider, handeln. ***) War es also ein Wunder, daß unser Wallenstein Keplern günstig war, wenn er ihn nicht auch schon als Gelehrten geschäzt hätte? Aus seinen von Hanschen 1718 herausgegebenen Briefen ****) sieht man, daß er

---

*) Sie hieß Reutingerinn, und war Vater- und Mutterlos bey der Frau Gräfinn von Stahrenberg aufgezogen worden.

**) Man brachte aus diesen sieben Buchstaben die prophetischen Worte heraus:
Magnus Monarcha Mundi Matthias Menſe Martio Morietur.

***) Auch in Keplers noch ungedruckten Briefen kommt manches von der Astrologie vor, wie mir Herr Prof. Kraft 1778 aus St. Petersburg meldete. S. mein Journal Kunstgeschichte und zur allgemeinen Litteratur, 17 Th. S. 337, 338.

****) Epiſtolae I. Kepleri et M. Berneggeri mutuae, kamen zu Straßburg 1672. 12. heraus. Sie sind meist aus Linz, Tübingen, und Sagan von 1613—1630 geschrieben.

er sich mit der Astrologie gegen Hunger und Dürftigkeit geschützt habe. Durch Wallensteins mächtige Verwendung hofte Kepler die 12000 Gulden kaiserlicher Besoldungsrückstände zu erhalten. Als aber jener sich weigerte, und die Summe nicht für liquid hielt, reisete Kepler 1630 selbst auf den Reichstag nach Regensburg, um bey dem Kaiser um die Auszahlung anzuhalten, wurde aber am $\frac{5}{15}$ November durch ein Katarrhalfieber weggerafft.

Und nun muß ich bey dieser Gelegenheit eine Klage wiederholen. Seit den Verwüstungen des dreysigjährigen Krieges, weis man nicht einmal auf dem Regensburgischen Kirchhofe Keplers heilige Ruhestätte mehr zu finden!! Ich war doch durch meine 1769 heraus gegebene Ermunterung an die Deutschen, Keplers Handschriften zum Drucke zu befördern, so glücklich, daß sie endlich 1774 nach St. Petersburg kamen, allwo sie von Katharina der Grossen der kaiserlichen Akademie der Wissenschaften geschenkt wurden; obgleich bisher noch nichts herausgegeben worden. Aber was sollen Ausländer von uns denken, wenn sie hören, daß meines Freundes, Herrn Prof. Ostertags *) patriotischer Gedanke, Keplern ein Monument im Wohnsitze des deutschen Reichstages zu errichten, fruchtlos gewesen, so daß er mir im May vorigen Jahres mein dazu bestimmtes erstes goldenes Scherflein wieder zurück schickte! O tempora! O Germani! Könnte man denn nicht Voltairs erhabenen Gedanken mit 150 Ducaten ausführen? Elevez un gnomon sur sa cendre, et que le soleil remis par lui
à sa

---

*) Keplers Monument in Regensburg. An Hrn. Hofrath Kästner. Regensb. 1786. gr. 4.

à sa place le salue tous les jours à midi de ses rayons.*)

Allein ich muß leider sagen:
Der braucht kein Monument, der Geistern Wonne gab:
Drum lassen ihn die Körper ohne Grab.

Auch bey manchem Nürnbergischen reichen Geizkragen konnte ich nichts ausrichten. Sie hinterlassen lieber ihren Mammon der Ausstreuung und dem Hohngelächter undankbarer Erben, und Nepoten. Aber der gute Geschmack ist eine Gabe der Götter, welche den wenigsten Reichen zu theile wird.

Sollten sich denn nicht einige Herren Exjesuiten, die es thun können, z. E. ein Hell und Denis, entschließen, dazu beyzutragen? und Herr Nicolai würde völlig beschämt werden, wenn P Frank in München nur einmal die Helfte seiner jährlichen Einkünfte dazu gäbe. Fiat! Wer unverheurathet ist, und Ueberfluß hat, muß doppelt geben.

Gianbattista Seni.

Dieser Astrolog war aus Genua gebürtig, und beständig um den Herzog, so daß er ihn von Wien zu sich berufte **) und mit nach Eger nahm. Seni suchte ihn noch etliche Minuten vor seiner Ermordung zu überzeugen, daß die ihm drohende Gefahr noch nicht vorüber sey, wie wir bald sehen werden.

Giovanni

*) Oeuvres de *Voltaire*, Tom. 87. pag. 34 de l'Edition en petit 8.

**) Il commandoit a Pironi, Florentin, son Confident, d'aller a Vienne pour attirer à son service Giovan Battista Seni, Genois, qui y enseignoit l'Astrologie, et cet

Giovanni Pironi,

ein guter Ingenieur, aus Florenz, war sein Hofmeister. Wallenstein liebte die Italiener vorzüglich: eben dieses war die Ursache, daß er Piccolomini so sehr begünstigte, und ihm seine Absichten, dem Kriege ein Ende zu machen, entdeckte. Der Herzog handelte hierinn sehr unvorsichtig, daß er dem schlauen Italiener traute.

Johann Eberhard Sohn zur Ela, ein Protestant,

war sein Kanzler. Er wurde nebst Seni in Eger gefangen genommen und nach Wien gebracht. Der letztre kam bald wieder los, der erstere aber nahm 1635 am Neujahrstage in der Jesuiterkirche auf dem Hofe die katholische Religion an, und wurde begnadigt.

von Zbubna.

Als Gustav Adolph von Nürnberg abgezogen, schickte er den Grafen von Salm zu dem Zbubna, und ließ ihm sagen, er sähe gern, daß er zu Wallenstein reise, und ihm zu verstehen gäbe, daß er die Tractaten mit ihm, dem Könige, wieder anfange.

Johann Tiburtius Rotwa,

Propst zu Leutmeritz. S. *Bohuslai Balbini* Epitome historica rerum Bohem. Lib. VIII pag. 58.

Jarislaus Sesina,

von Riesenburg (polnisch Prabutha) im Königreiche Preußen gebürtig, ein böhmischer Emigrant. Man lese

cet ami l'ayant ammené à vingt cinq talers de gages par mois, il lui dit, que cette lesine ne lui plaisoit pas, et qu'il avoit honte d'avoir des Sçavans à si bon marché. Ainsi il donna à Seni quatre cens talers pour son voyage qui étoit de dix licues, un carosse à six chevaux, et deux mille talers d'appointement par an, payés par avance. *De Prade* Hist. de Gustave Adolphe; à Paris, 1693. p. 132.

lese die merkwürdige Erzählung des Grafen Khevenhillers, im XII Theile, seiner Annal. Ferdin. S. 1110 u. f. *) Als er sich wieder beym kaiserlichen Hofe eingestellet, erhielt er Pardon.

* * *

Ausführliche Nachricht von der Ermordung Wallensteins und seiner Freunde in Eger am $\frac{14}{24}$ Februar, 1634.

Als ein Zusatz zu dem, was oben S. 277. u. f. davon zu lesen ist, muß ich den Bericht des Thomas Carve, **) der bey dem Buttlerischen Regimente, und nachmals beym Obersten Walter Deveroux, Feldcaplan war, voran schicken.

De morte Wallensteinii reliquorumque Proditorum Tertzky, Ilo, Kinsky, & Nyeman Tribuni-Equitum.

Egram custodiebant tunc temporis Dominus Ioannes Gordon locum tenens in legione Comitis Terzky, eiusdemque vigiliarum præfectus Losle, optimi ambo Cæsarique in paucis fidelissimi milites: Qui cum multa de proditorio animo Wallensteinii non obscuris rumoribus, sed apertissimis indiciis passim

---

*) Der Verfasser des Lebens und Thaten des Generals Wallenstein, Breslau, 1783. gr. 8. hat S. 49. alles, was Khevenhiller meldet, übergangen.

** Itinerarium R. D. *Thomae Carve* Tipperariensis, Sacellani maioris in Legione Colonelli D. Walteri Deveroux; cum Historia facti Butleti, Gordon, Lesly et aliorum. Editio tertia auctior et correctior. Moguntiae, 1640. 12. Pars I, Cap. XI. pag. 94 - 111. Diese seltene Schrift war den meisten Biographen Wallensteins unbekannt, auch sogar dem neuesten, in Hrn. Prof. Anton Kleins Leben und Bildnissen grosser Deutschen, II Band, wo S. 43. u. f. der Mörder Wallensteins immer Devoreux heißt.

paſſim ferri audiſſent, multum de veritate rerum
exploranda ſolicitabantur. Agebat tunc Wallenſteinius Pilſnæ, auideque aduentum Galaſſi, qui Al-
dringerum ſecum adducere Fridlando promiſerat,
in horas imo momenta operiebatur; voluebat interim inter ſpem metumque quid facto opus foret,
ſi forte dicti duo militum Duces in fide Cæſaris per-
ſiſterent, & an nihilominus proditorios conceptus
effectui dare poſſet. Optimum tandem ratus, alios
ſibi interim armorum præfectos, quâ auctoritate,
quâ humanitate, quâ etiam promiſſis conciliare, atque in ſuum ſenſum pertrahere. Negotium itaque
orditur a Gordono, quem Egra Pilſnam euocatum
perhumaniter accipit, multaque de ciuitatis ſibi in
abſentia ſui Ducis Tertzky, creditæ cura, munitione, militum fide, et fortitudine rogat, eique Legiones aliquas in Sileſiam cum imperio ducendas vl-
trò benigne offert, patientiam interim habeat in
tres quatuorue hebdomadas, quo interim tempore
neceſſaria ad iter prouideat diſponatque. His ita
conſtitutis Egram denuo dimittit. Altero mox di-
luculo Loslium, cui iam ex amici cuiusdam litteris
de Fridlandi technis aliquid innotuerat, curriculo
ad ſe euocari iuſſit. Loslius vix tertiam ab vrbe
horam abierat, cum ecce tibi Wallenſteinium lecti-
ca incubantem, habet obuium, in cuius comitatu
ducenti pedites, et quingenti equites, omniaque
impedimenta præfecto Butlero ducebantur. Comi-
ter ſalutatum Loslium, primo congreſſu rogat Fridlandus, qui nouorum de hoſte iis partibus ſpargere-
tur? cui cum prolixe reſpondiſſet Losle, de ſe quoque ſuisque machinationibus quid vulgi ſermone
ferretur, intelligere voluit, hic cum ſe tantum obi-
ter & in genere de offenſo Duci Cæſare audiſſe di-
xiſſet, ſubiecit Wallenſteinius, itaque a me diſces
in particulari & punctatim vniuerſa, ſimulque retulit,

tulit quam Cæsaris Consiliarii mira in suum caput cuderent, eoque iam rem esse deductam iniquissimis maleuolorum consiliis, vt a pridem oblata & ægre acceptata, Generalatus dignitate nunc iterum cum ignominia deiiceretur: in suum vero locum substituendum Hungariæ Regem, Ferdinandum III. Cæsaris filium natu grandiorem, Iuuenem nec ætate, nec viribus, nec consilio satis maturum. Post multa tandem in Cæsarem Austriacamque domum multo cum stomacho egesta conuicia, Loslium Egram præmittit, sui aduentus & omnium dictorum Gordono nuncium. Loslius nil cunctatus, vt primum Egram attigit, nihil potius sibi esse debere duxit, quam vt Gordonum conueniret, & de omnibus quæ dicta actaque essent, certiorem redderet, dein vna cum Gordono in occursum Wallensteinii Egræ iam approximantis iret, humaniterque intra mœnia deduceret. Quæ res Fridlandum maximopere delectauit, eoque minus, quod exteri seu Scoti seu Iberni essent, de his ducibus, sicut & de Butlero habuit suspicari: Ideoque humanissime in domum suam honoris causa inuitatis, omnem rerum statum, multa cum exaggeratione iniuriarum a Cæsare sibi illatarum denuo exposuit, arguens Cæsarcam aulam, noxiis Hispanorum suasionibus nimium perniciose regi, hinc sibi nil consultius videri, quam vt ea domus per Germaniam stirpitus euellatur, orbique vel sic innotescat alios etiam esse, qui Imperium recte possint administrare; habere nunc se ad manum media, queis tota ista tragœdia compendio & sine magno tumultu absoluatur; Neminem enim vnum esse qui sibi remoram iniicere possit, vel velit: Hortari proinde omnes vna, & singulos seorsim, vt sua posthac sequantur iussa, & a suis partibus fideliter stent, se quidem haud difficulter reperturum, quo singulorum fidem magnifice pro merito remuneretur.

tur. Quod si tamen quisquam ipsorum dubitaret suas partes sequi, libenter annuere, vt alio quo vellet commigraret. Facile erat ex hoc & similibus discursibus arguere, in quem finem res omnis declinaret, dissimulandum tamen erat, ne qua ante tempus sine fructu fieret medicina. Quapropter Losle suo quidem nomine hoc duci responsum reddidit. Fateri se & iam pridem agnouisse quid posset Ducis Gratia, maxime apud exteros: se quidem ex Scotia in Germaniam commeasse nominis sui amplificandi gratia, ideoque nullius stipendia renuere, nisi forte quæ soluerentur Regis sui naturalis impugnandi causa. Proinde si Sacramento Cæsari dato exsoluatur, se cuiuis alteri militaturum fidelissime, nec videre se quorsum sub tali Duce arma detrectet, cuius prolixa beneuolentia iam annis plusculis fuisset cognita; se igitur quantum ad se, suosque istic socios: spondere id facturum quod sibi suisque esset gloriosum. Quo quidem responso totum Fridlandi animum sibi deuinciuit. Reddebat tamen ambiguus hic discursus non parum perplexum Butlerum, & cum ambos comites ab orthodoxa sciret dissentire fide, metuebat plurimum vt se a Cæsare ad Fridlandum abripi vanis persuasionibus sinerent. Vale itaque accepto omnes simul abierunt attoniti. Cum vero inter ambulandum Fridlandici sermonis incideret mentio, dissimulauit Butlerus animum suum, finxitque se partes Ducis non omnino repudiare; & vt sociorum vicissim exploraret animos, & nunquid Fratres mei, ait, putatis rem optime Fridlandicis imperiis contra Imperatorem administrandam? quin igitur & nos eius sequamur iussa? Cui fidenter & absque simulatione Gordon: Malim ego quidem gloriosam pro meo Cæsare, cui Sacramento obligatus seruio, oppetere mortem, omnemque, quem corpore diffusum circumfero, sanguinem fundere,

quam

quam datam violare fidem, ei quem a paruulo puero dilexi tenere, patriaque difcedens omnia deferui, vt ipfi tam in profperis quam aduerfis fidum præftarem feruitium, a cuius latere, ex quo milito, nunquam difceffi, nec difcedam pofthac, quoad vitalis fpiritus hos deferet artus. Vobis integrum efto, quam vultis fequi factionem: hoc mihi conclufum, a qua fententia nec ipfa me Suadela dimouebit. Hic Butler tantam in extraneo conftantiam obftupefcens, animum fuum fimiliter aperuit, fimulque educens e pera literas fibi a Gallaffo nuper miffas, quibus militare imperium per Cæfarem Fridlando abrogabatur ob proditoria confilia non ita pridem detecta. Inter hæc & fimilia duæ facile elabantur horæ, cum ecce tibi literæ offeruntur a Francifco Alberto Saxoniæ Duce ad Fridlandum, quas ipfe Loslius (quem penes illa tunc erat cura) detulit, legendasque a Fridlando obtinuit. Summa fcripti hæc erat. Bernardum Wimarienfem copias fuas iuxta pacta iam prope coniunxiffe iamque in certum locum, a Wallenfteinio ipfi nominatum, progredi cœpiffe, nil fe porro dubitare quin Wallenfteinius decem peditum & quatuor equitum millia his adiuncturus fit. Birckenfeldium vero cum quatuor millibus Palatinatum iam effe ingreffum, nec nifi duabus Egra leucis abeffe. Rogare proinde Fridlandum, vt fibi centum equites, qui faluum conductum Egram ad fe praeftent, mittat, habere enim quæ fecreto cum folo Duce tractaret; ftatuiffe autem fub horam nonam matutinam poftero mane coram adeffe. Lectis literis, quidquid Wallenfteinius peftilitatis hucusque intimo corde abdiderat, coram Loslio euomuit, qui caute ad omnia refpondit quod ad rem videbatur, confilia etiam noua fuggeffit promouendæ proditioni accommoda. Interea ne momentum cunctatus, ad Gordonum fe tranftulit, cui quam periculofa agitarentur

rentur confilia, libere detexit, addens nil quidquam expectandum effe cum de fama propria, ac incolumitate Cæfaris agatur. Butlerum igitur in focietatem confultationis accerfunt, qui vna ftatuerunt malo effe potentem medicinam admouendam, etiam vel fuo vel Fridlandi admifto fanguine. De hinc de mediis differuerunt, vt totum malum fimul tolleretur, ne qua truncatum folum pulluraret iterum. Prima erat fententia, in quam omnes iere, effe ad proditores fingulos certos etiam ablegandos milites, qui vinctos fecure in munitum primo locum, poftea ad Cæfarem abducerent. Mutarunt tamen paulo poft id confilii in melius, ftatueruntque iurati omnes, morte proditores plectere. Opportune autem cecidit, vt Baccho tunc fierent folennia annua. Gordono igitur impofitum, vt Butlerum ad cænam inuitaret. Hic fibi fumeret Fridlandi complices et proditionis Architectos Terzky & Ilo, cui non inuitus paruit Gordonus, et Butlerum ad cœnam rogauit, ad quam ifte fe condixiffe præfentibus tunc forte proditoribus afferuit, qui fe quoque conuiuatores vltro obtulere, & fub vefperam Kinsky & equitum tribunum Nyeman (qui a fecretis fuerat in toto hoc proditionis negotio) vna fecum adduxerunt in arcem, quam infidebat cum forti præfidio Gordo. Antequam vero ad cœnam conuenirent, delegere ex fidiffimis militum pauculos, quos gloriæ focios effe commode poffe putabant. Ex his fuit Robertus Geraldinus, vigiliis præfectus in legione Butleriana & Waltherus Deveroux Tribunus, quibus ad arcem per pofticum datus eft aditus, commiffumque vt fub finem cœnæ triclinium ingreffi confoderent quos Cæfari infidos reperiffent. Edmundus Borcke Capitaneus cum centuria militum iuffus eft obire compita, & prouidere fedulo ne qua tumultuaretur in vrbe. His ita
con-

conſtitutis inter ſcyphos in ſanitatem Ducis Saxoniæ tunc cum Cæſare diſſidentis præbibitum eſt, quem hauſtum miratus Butlerus abnuit, negans ſe in ſanitatem hauſturum alterius quam Cæſaris, cui fidem iuratus addixiſſet. Atque hoc modo inter pocula ſeu conuiuas potius ortum eſt diſſidium. Interea dicti duo Duces per diuerſa oſtia conuiuii locum ingrediuntur hinc Geraldinus cum ſuis, inde Deveroux cum ſuis, ſtrictis vtrimque enſibus, ſucclamantes, viuat Ferdinandus II, viuat domus Auſtria, quantæ ex inſperata hac proditoribus commotione, ortæ ſint turbæ, facile eſt cogitare, cum alii menſam cum Bellariis ſubuertere, alii ad arma proſilire, alii clamores ciere. Ilo nil cunctandum ratus, cum manibus fideret, ad enſem ex vicino clauo pendulum, proruit, vt ſe opponeret aduerſariis, ſed fruſtra: in ipſo conatu vitam cum gladio ponere compulſus eſt. Inde contra Tertzky actum, qui per varia vulnera mortem admiſit, ſimiliter & alii. Inter has turbas Tribuno Deveroux dum paſſim cæſim punctimque rem ſtrenue agit, enſis per medium ruptus, & cum contra Wallenſteinium adhuc ſibi eundum eſſet, commode reperit haſtile acutius, quod pro gladio deferens, in domum Proditorum principis non lento gradu feſtinauit: inter procedendum cum iam propylæum attigiſſet, vni militum ſoluitur ſclopetum, quod incautius manu verſabat, id tamen nil quidquam turbauit in domo. Ingreditur itaque ante omnes iam ſaepe nominatus Capitaneus Deveroux, cumque parum ſuſpenſo gradu perſtreperet, monetur a famulo ad oſtium Ducis excubante, vt modeſte incedat, ne qua Duci decumbenti moleſtiam cieret. Cui Deveroux, non eſſe iam illa tempora, quibus a turbis vacet, nunc perſtrependum eſſe, ſimulque oſtio cubiculi appropinquans obſeratum reperit, cumque clauis,

quem

quem famulus a cubiculis abduxerat, non effet ad manum, ter fummo impetu in oftium pedem illifit, irrito tunc quidem conatu, itaque ad auxiliandum ex militibus fuis fortiffimum acciuit, vna fimul incurrens, nec tunc quidem perfregit, ad quintum denique impulfum Deveroux folus feram perrupit, gradumque in conclaue promouens, primo afpectu petiit, effetne ipfe Imperii & Cæfaris proditor? Sed refponfi loco nil tulit, nifi labiorum commotionem, fine articulata voce. Hic non ftatim feriendum effe Wallenfteinium putauit, fed expectandum potius tantillum, dum fe ad Deum conuerteret, fignaque contriti animi ederet, cum vero nil quidquam obtineret, in indufio, ficut tunc erat, haftili per ilia infixo fidentiffime confodit, ex quo ictu Wallenfteinius quam mox concidit, animamque per vulnus emifit. Ita orbis probrum Cæfarisque infamis proditor, iuftiffima Dei manu vindice, fcelus fuum digniffima morte luit. Cauete Duces eius ingredi veftigia, ne confimili morte pœnas pendatis.

Huius Tragœdiæ Actores feu fpectatores potius fuerunt e militibus Butlerianis triginta circiter inter quos duo Scoti, vnus Hifpanus reliqui Iberni, qui vna cum Deveroux cadauer mortui tapete obuoluerunt, carrucæque impofitum, quam mox ad arcem deduxerunt. Nec mora in fcripta feu Cancellariam Fridlandi indagatum eft, currus aliaque eius bona in tutum locum conuecta. Poftero mane Butlerus omnes in vrbe Colonellos adiit, eos etiam qui tunc forte pro mœniis tentoria fixerant & ftatiua tenebant Wallenfteiniique noxias ftrophas, ob quas iuffu Cæfaris morte multatus fuiffet, pluribus aperuit, omnesque ad fidem Cæfari denuo iurandam feruandamque ferio hortatus eft, quam illi fe interiectu corporis ac vitæ præftituros receperunt. Dein
ex-

expediuit centum equites selectos, qui Francisco Alberto Saxoni, iuxta pridianas ad Wallensteinium datas literas comitatum in vrbem præstarent. Hi nil cunctati reperunt in via quem volebant humaniterque primo salutatum variis colloquiis sustentarunt. Cum vero propius vrbem accessissent, militum ductor Saxoniæ duci ait. Quid si Tuam Celsitudinem Butlerus Viennam Austriæ ad Cæsarem captiuum mitteret? ad quæ verba attonitus alter respondet, se id quidem haud vereri, cum ad Wallensteinium Legatus iret, a quo saluum conductum obtinuisset non multo ante. Cum vero detectam proditionem sublatosque e medio proditores audiuit, Comiti suo mille ducatos frustra obtulit, vt se remitteret ad suos liberum, quod Cæsareus miles negauit fieri posse. Inter hæc in vrbem deducitur, & paucis post diebus Viennam vna cum totius tragœdiæ decursu; Ipseque Butlerus paulo post omnibus recte constitutis cum Walthero Deveroux eodem perrexit, Cæsaremque tunc forte precibus in templo vacantem adiit, cui Cæsar ad primum conspectum, Deus conseruet & benedicat dilectum nobis caput Butlerum nostrum. Finitis postea sacris, ad se domum in secretius conclaue inuitauit, vbi pro fidelitate sibi impensa collaudatum variis mactauit præmiis, & primo quidem Archiepiscopo Viennensi (qui tunc forte præsens erat) insignem torquem auream porrexit, quem Butleri collo cum amplissima benedictione nomine Cæsaris imponeret; dein ipse Imperator numisma Iconis suæ ex purissimo auro porrexit; hoc, inquiens, feres in Cæsaris memoriam, quem vna cum tota eius domo incolumem seruasti; erit occasio cum tuam fidem pro merito remunerabimur. Simulque Comitis titulum impendit, & sibi a cubiculis posthac futurum claue aurea oblata renunciauit: & ne nudum titulum ferret,

ret, multas terras in Bohemiæ regno adiunxit. Dedit quoque aliam torquem auream aliosque honores detulit Capitaneo Deveroux: nec minora præmia Losle reseruata sunt, cuiuis vero Capitaneo viginti florenorum millia numerata pecunia assignata sunt. Gordon interim sibi aliquantisper expectandum ratus, ne videretur Cæsari pro terris potius, & bonis quam gloria, & honore, seruitia præstitisse, Egræ substitit; qui tamen postea a Cæsare ex Tertzky terris plurimas accepit. Aeterna sane memoria digni sunt Gordoni qui strenuam semper & fidelissimam Germaniæ operam, toto hoc turbarum tempore pro Cæsaris incolumitate exhibuerunt. Optimus porro Imperator, ne animæ Wallensteinii & complicum iratus videretur, tria missarum millia Viennæ celebrari voluit.

Die Veranlaſſung zur Ermordung iſt aus obigen Schriften, inſonderheit aus S. 272 u. f. bekannt.

Nie habe ich glauben können, daß die drey Verräther Wallenſteins (die ihm doch meiſt ihr Glück zu verdanken hatten) Buttler, Gordon und Leßley *) ſich Be-

*) Es wird Lesly ausgeſprochen. So muß ſein Name geſchrieben werden, und nicht, wie gewöhnlich, Lesle. Der Jeſuit Tafferner nennt ihn ſeinem Buche: Cæsarea Legatio etc. *Leslie*. Er war am 9 Jänner zuvor mit ſeinem ſchottiſchen Regimente durch Nürnberg marſchirt. S. oben S. 74. Wallenſtein hatte dieſem Obriſtwachtmeiſter Lesley auf dem Marſche noch zu Plan ſein Vorhaben kund gemacht, welches er hernach ſo gleich bey ſeiner Ankunft in Eger dem daſigen Commendanten und Obriſtlieutenant Johann Gordon entdeckte, ſo wie beyde dem Obriſtlieutenant Walther Buttler, welche, ob gleich Gordon ſein ganzes Glück dem Herzoge von Friedland zu verdanken hatte, ſich ſogleich zur vorhabenden Mordſcene verabredeten.

zur Geschichte Wallensteins.

Bedenkzeit ausgebetten haben, als ihnen der Feldmarschall Christian Illo *) bringend zumuthete, Wallenstein mit Leib, Leben und Blut beyzustehen. Dieses hatten 50 Officiere bereits in Pilsen gethan, mit folgenden Worten:

„Es sey hiemit jedermänniglich kund: Nachdem „wir Endesunterschriebene Generalen und Oberste ver„nommen haben, daß Seine Durchlaucht, Albrecht, „Herzog zu Mecklenburg, Friedland, Sagan und „Großglogau ꝛc. bey sich beschlossen hätte, die oberste „Feldherrnstelle gänzlich niederzulegen, weil ihm seine „Neider und Feinde bey Hofe täglich neue Fallstricke „legen, und der Kaiser dem Heere den nöthigen Un„terhalt reichen zu lassen, sich weigere; da Wir nun „wohl einsehen, wie nachtheilig diese Abdankung nicht „nur Seiner kaiserlichen Majestät, sondern auch dem „gemeinen Besten, und besonders dem ganzen kaiser„lichen Heere, seyn würde, denn hievon hänget der „gänzliche Verfall der Armee ab; und da wir zugleich „überzeuget sind, daß unsre ganze Hofnung von diesem „einzigen Haupte, dem wir bishero in allen Gefahren „gehorsam und getreu waren, bestehe, und all unser „Glück in der Abdankung dieses großmüthigen Heer„führers zugleich grose Gefahr laufe, weil er der ein„zige ist, welcher aus Gewogenheit gegen uns, auch „unsere treuen Dienste belohnen will, und kann: so „haben Wir nicht anders, als mit Schmerzen, den „Fall unsrer Truppen, in dem Falle dieses unsers Hau„ptes, empfinden und vernehmen können. Damit wir „also diesem Uebel vorkommen, so haben wir an den „Durchlauchtigen Herzog von Friedland den Feld„mar-

*) Er hieß auch Ilowsky, wo ich nicht irre, und war ein Pole, nach dem Okolsky in Stem. Polon. und Pufendorfs schweb. Kriegs-Geschichte.

"marschall Illo, nebst den vier tapfersten Obersten
"Mohrwai, Piedau, Losy und Zinnersam, ein=
"müthig abgesandt, sie möchten den Herzog durch
"Bitten von dem uns vorgetragenen, und fast schon
"beschlossenen Vorhaben, die Feldherrnstelle nieder=
"zulegen, abwenden, und ihm dagegen die vollkom=
"menste Treue unserer sämtlichen Truppen, ja unser
"ganzes Vermögen, mit unserm Leib und Blut ver=
"pflichten, wenn etwann anderswoher, den Soldaten
"zu unterhalten, ein Mittel verschaft werden könnte.
"Diese unsre Treue und aufrichtige Liebe gegen diesen
"unsern besten Vater, hat endlich so viel ausgewirkt,
"daß er unsre Bitte gewährt, und uns versprochen hat,
"das Heer, ohne unsre Einwilligung oder Wissen, nicht
"zu verlassen. Damit wir uns nun für diese uns er=
"wiesene Gnade dankbar erzeigen, so verbinden wir
"uns alle zusammen eidlich, daß Wir ihm treu blei=
"ben, und unser Leben bis auf den letzten Blutstropfen
"für ihn aufopfern wollen. Wir schwören auch auf
"das feyerlichste, daß Wir denjenigen, welcher wäh=
"rend der Zeit von diesem Versprechen und der Ver=
"bindung abweichen, und treulos werden sollte, mit
"Hindansetzung unsers Lebens und Vermögens, be=
"strafen wollen. Alles dieses unterschreiben und bestä=
"tigen wir ohne alle Zweydeutigkeit, List oder Betrug.
"Gegeben zu Pilsen, den 12 Febr. 1634."

Diese Schrift war von 50 Officieren unterzeich=
net. F. M. Pelzels Gesch. von Böhmen, II Th. S.
777, 778.

Wallenstein wußte bereits etwas davon, daß Pic=
colomini in Wien gewesen, und dem Kaiser alles ge=
sagt hatte, was er ihm aus unvorsichtigem Zutrauen
von seinem Plane in Pilsen entdeckte.

Die

zur Geschichte Wallensteins.

Die Feldherren, Gallas, Altringen, Colloredo, Piccolomini, und einige andere, waren unter allerhand Vorwande nicht zu Pilsen erschienen, und der Verschwörung nicht beygetretten. Ottavio Piccolomini eilte sogleich auf das schleunigste nach Wien, und kam bey der Nacht an, da der Kaiser schon schlief. Er ließ ihn wecken, und sagte ihm, daß sich Waldstein mit dem ganzen Heere wider das Leben Seiner Majestät verschworen habe, und daß die Truppen, welche in der Gegend von Wien stunden, bereit wären, die Stadt zu überfallen, und die ganze kais. Familie niederzumachen. Der Kaiser voll Schrecken, ließ bey anbrechendem Tage ganz Wien durchsuchen und alles, was Friedländisch zu seyn vermuthet wurde, in Verhaft nehmen. Piccolomini eilte nach Böhmen wieder zurück, mit dem Befehl, Waldsteins entweder todt oder lebendig sich zu versichern. Dieser, der hievon einige dunkle Nachrichten bekommen hatte, machte zu Pilsen Gegenanstalten, und die Obersten mußten sich aufs neu verpflichten, ihn nie zu verlassen. Er gab auch eine Erklärung seiner Unschuld heraus, und Adam Erdmann Trczka *) wurde abgeschickt, Prag zu besetzen. Als er nach Rockyczan kam, erfuhr er, daß es schon besetzt und daß Waldstein für einen Rebellen, und für vogelfrey erklärt worden sey. Er floh in der Bestürzung nach Pilsen zum Waldstein zurück, der den folgenden Tag nach Eger aufbrach. Pelzels Geschichte von Böhmen, dritte Ausgabe; Prag, 1782. gr. 8. S. 778 und 779.

Der schlaue Wallenstein wußte, daß nun alles auf der Spitze stehe, und seine Klugheit und große Erfahrung hatten ihn so wohl, als seinen Vertrauten

*) So wird dieser Graf böhmisch, insgemein aber Terzky geschrieben. Er war Wallensteins Schwager.

ten Illo, gelehret, daß es bey einem wichtigen Vor‑
nehmen heiße: Wer nicht mit mir ist, der ist wider
mich. Er würde ihnen gewiß keinen Tag Bedenkzeit
gelassen, und ihnen Arrest gegeben haben, da er oh‑
nehin wußte, daß sich die Scene in zwey bis drey Ta‑
gen gänzlich zu seinem Vortheil ändern werde. Butt‑
ler, Gordon und Leßley konnten, wie Hr. von Schl‑
rach *) richtig erwähnet, desto dreister dem Kaiser vie‑
les erzählen, da alle diejenigen, welche bey dem Ge‑
spräche gegenwärtig waren, getödtet wurden, und sich
nicht vertheidigen konnten. Wir müssen daher den
Geistern dieser Ermordeten Gerechtigkeit widerfah‑
ren lassen. Buttler, Gordon und Leßley stellten sich
also an, als ob sie einwilligten. Sie sahen selbst das
schreckliche ihres Vorsatzes ein, sich gegen ihren Wohl‑
thäter zu verstellen, und ihn und seine Freunde zu mor‑
den; allein das kaiserliche Interesse, und die Gewiß‑
heit einer großen Belohnung überstimmte ihre Empfin‑
dungen der Menschlichkeit und Dankbarkeit, und sie
faßten schon in der Nacht des 24 Februars **) den
festen Entschluß, den Herzog, und seine Vertraute mit
kaltem Blute meuchelmörderisch ***) umzubringen, wo‑
zu sie schon einen geheimen Wink hatten, da in dem
Patente Ferdinands befohlen war, ihn todt oder le‑
bendig zu haschen. †)

Gor‑

*) Im Leben Albrechts Wallensteins, Herzogs von
Friedland; im fünften Theile seiner Biographie der
Deutschen. Halle, 1773. gr. 8. S. 191.

**) Khevenhillers Annal. T. XII, p. 1154.

***) Niemand, der richtig denkt, wird läugnen, daß
es ein Meuchelmord war; ob gleich in dem so genann‑
ten ausführlichen und gründlichen Bericht (oben a.
d. 295sten Seite) dieses ein freventliches Judicium
genennet wird.

†) S. oben S. 177, 185 und 257. Lotichius rerum ger‑
man.

Gordon, welchem der Herzog etliche Tage zuvor des verstorbenen Obrist Böhmens Regiment gab, *) lud den Illo, Terzky, Kinsky und Rittmeister Neumann **) zum Abendessen auf die Burg, oder vielmehr luden sich alle selbst ein, als verbundene Freunde, über der Mittagtafel, ***) wie die Schrift Perduellionis Chaos, (S. 185. sagt. Daniel Macbonald, Edmund Borcke, (den einige falsch Birch nennen) und Brown, drey Hauptleute, Irländer, zween vom Buttlerischen, und einer vom Terzkischen Regimente, welche diese Nacht die Schloßwacht hatten, wurden von dem Mordanschlage benachrichtiget, †) und stimmten mit einem Eide dazu bey. Eine Stunde zuvor, ehe die Eingeladenen erschienen, ungefähr um fünf Uhr, entdeckten sie auch dem Obristwachtmeister Robert Geraldino vom Buttlerischen Regiment ihren Vorsatz. Dieser wurde nebst sechs zur Hinrichtung auserlesenen Buttlerischen Dragonern in ein Nebenzimmer geführt, in ein anders aber 24 Dragoner nebst dem Rittmeister Walter Deverour, so daß die zwo Thüren des Tafelzimmers gegen einander über besetzt waren. Die Soldaten

man. T. 2, L. 10. cap. 4. Gordon war ein Schottländer, und reformirt. Buttler und Lesley, den Carve Loske schreibt, waren Irländer, und katholisch.

*) Es lag in Zittau. S. 270.

**) Er führte als Wallensteins Vertrauter, die Feder bey der geheimen Correspondenz mit dem Herzoge von Weymar, Kanzler Oxenstiern und General Arnheim.

***) Kinsky hatte seine Freunde, nebst Gordon, Buttler, und Lesley zu Mittage tractirt. Hätten jene nur das mindeste gemerkt, so würden sie gewiß das praevenire gespielt haben. Es ist falsch, wenn im Theatro Europaeo 3 Th. S. 183 steht, daß noch drey andere Officiers dazu geladen gewesen.

†) Khevenhiller, T. XII, p. 1160. Theatr. Europ. 3 Th. S. 184.

baten hatten blos Partisanen und Degen, weil man sich der Feuergewehre nicht bedienen wollte, um keinen frühzeitigen Lärmen unten bey der Schloßwache zu verursachen, damit dem Herzoge *) nichts verrathen würde, ehe sie nach seiner Wohnung auf den Markt kämen.

Es mußten also acht Officiere das blutige Vorhaben. Wenn man die Liebe erwäget, welche die ganze Armee, vom Officier an bis zum gemeinen Mann, gegen den Herzog von Friedland trug, so muß man sich wundern, daß keiner von diesen, wenigstens Borck, Brown und Macdonald ihm einen Wink geben liessen. Sie würden unermeßlich von ihm belohnt worden seyn, da seine gewöhnlichen Verehrungen nie unter tausend Thalern waren. Ich vermuthe, daß unter diesen 8 Officieren einige gewesen, welche Anverwandte und Freunde unter den am 14 Febr. 1633 auf des Herzogs Befehl hingerichteten hatten, und vielleicht zog ihm diese Strenge den heimlichen Haß manches wackern Officiers zu. **)

Als

---

*) Er war auch eingeladen worden, allein seine podagrischen Umstände, und die Erwartung wichtiger Depeschen vom Herzoge von Sachsen-Weymar u. a. m. hielten ihn davon ab. Er gieng ohnehin nie zu Gastmahlen.

**) Extract eines Particular-Schreiben aus Prag, oder kurzer und glaubwürdiger Bericht, was gestalt Ihre Fürstl. Gn. von Wallstein, Kayf. Majest. General Feld Obrister, den 14 Februarij dieses 1633 Jahres nach Kriegs Process in 18 hohe und fürnehme Officirer, darunter ein Welscher Graf und ein Freyherr von Hofkirchen gewesen, durch den Nachrichter in der alten Stadt Prag, vor dem Rathhauß auf einer Bühne enthaupten lassen, der Ursachen halben, weil sie in Jüngster Schlacht vor Lützen nicht tapfer gefochten. 1633. Vier Quartseiten. Diese Schrift ist sehr rar, weil sich

ohnehin

zur Geschichte Wallensteins.

Als die vier eingeladenen Gäste gegen sechs Uhr sich zur Abendtafel setzten, *) und viel von ihrem Vorhaben bey vollen Gläsern gesprochen hatten, (s. S. 277) gab Lesley bey Auftragung des Confects das Zeichen zur Aufziehung der Schloßbrücke, nahm alle Thorschlüssel selbst zu sich, **) und ließ durch einen Jungen dem Major Geraldino sagen, daß nunmehr keine Zeit zu verlieren sey.

Auf diese Ordre trat Geraldino mit den sechs commandirten Dragonern durch die Thüre zunächst des Tisches, in das Tafelzimmer. Er hatte eine Partisane in der Hand, und schrie: Viva la Casa d'Austria! Es lebe das Haus Oestreich! Zu gleicher Zeit kam Rittmeister Deveroux zur Thüre gegen über mit 24 Dragonern herein, trat vor die Tafel, und fragte: Wer ist gut kaiserlich? Sogleich stun-

ohnehin solche Zeitschriften leicht zu vergreifen pflegen. Mir gefällt des Loredano Anmerkung über das Bezeigen der Officiere und Soldaten hiebey, sehr wohl: Non vi fù alcuno trà tanti Soldati, (schrieb er 1634) che egli haveva scelti alla difesa di se stesso per li più fedeli, che tentasse qualche novità, ò che mostrasse un minimo segno di dolore. Non sò, se atterriti dalla novità del fatto, ò pure intimoriti di se stessi non ardirono cosa alcuna. *Morte del Volestain descritta* (nel mese di Marzo 1634) da Gio: Francesco Loredano, Nobile Veneto. *Opere dell' Loredano*, in Venezia, 1653. 12. Vol. III, pag. 112; und in dessen Bizarrie academiche, Venez. 1662. 12. Parte I, pag. 268.

*) Mitten unter der Mahlzeit wurde den Bedienten der Eingeladenen unten ein Gemach zum Essen angewiesen, und die Verordnung so getroffen, daß keiner weder heraus, noch hinauf kommen mußte.

**) Warum that dieses nicht Gordon, als Commendant des Schlosses? Es scheinet, er habe sich selbst seines

stunden Gordon, Leslev und Buttler auf, und riefen: Vivat Ferdinandus! Vivat Ferdinandus! Jeder nahm ein Licht von der Tafel, und hielt es in die Höhe. Sie traten auf die Seite, und commandirten, worauf die Tafel von den Dragonern in einem Augenblicke umgeworfen, und Kinsky,*) der hinter dem Tische saß, alsobald durchstoßen und getödtet wurde. Illo lief nach seinem Degen, der an der Wand hieng; als er aber eben darnach langte, (s. oben S. 323) wurde er mit drey Stößen durchbohret.

Terzky erreichte seinen Degen, und stellte sich in einer Ecke des Zimmers zu löwenmüthiger Gegenwehr. Er schalt Gordon einen treulosen, schändlichen Kerl, der als eine feige Memme durch Wein, List und Betrug ihn und seine Freunde unterdrücke, foder-

hes Undankes wegen geschämt, zu agiren. So gar wagte er es nicht, mit in Wallensteins Quartier zu gehen, daher Loredano schreibt, daß er es gethan habe, o perche ricevesse horrore d'assistere alla morte di colui che l'haveva fatto grande : ò che venuto in riputazione di se stesso, non volesse arrischiarsi ad ogni periculo. Und vorher urtheilt er also: Qui non voglio considerare se quest' huomo fosse mosso dall' obedienza di Cesare, ò come ne discorrono molti, dall' interesse di se stesso. L'angustie della sua fortuna non potevano dilatarsi, che con un' azzione tanto più sublime, quanto meno creduta. *Opere* dell' Loredano, Vol. III, p. 107. 110.

*) Khevenhiller Th. XII, S. 1161 gibt ihm das Zeugniß, daß er ein starker, tapfrer und resoluter Cavalier gewesen. Wenn er aber sagt, er sey erschossen worden, so glaube ich, es sey ein Versehen, ob ich gleich weis, daß die Kupferstiche schießende Soldaten haben. Denn alle Umstände geben es, daß man durch Schießen außerhalb keinen Lärmen verursachen wollen. Hier galt Hauen und Stechen.

foderte ihn und Leßley heraus, focht mit Geraldino, und Deverour oder d'Everour, so daß diesem sein Degen entzwey sprang, erlegte zween von den Soldaten, und verwundete einen Spanier, Namens Lerba, tödtlich. Endlich mußte er doch unterliegen. Er fiel, bekam drey Dolchstiche ins Gesicht, und weil man ihm wegen seines Gollers von Ellenbshaut lange nichts anhaben konnte, und doch nicht schießen durfte, hoben die Mörder den Schöfel des Gollers oder Collets auf, und stachen ihn todt. Nach andern kam Terzky in den Vorsaal und ward von den Dragonern mit Musketen todt geschlagen, welches aber falsch ist.

Des Carve obige Nachricht, (S. 323) womit auch Khevenhiller *) übereinstimmt, ist unstreitig die richtige. Lorebano sagt, **) daß es Illo gewesen, der sich in der Ecke gewehret, zween Soldaten erleget, den Capitain Lerba, einen Spanier, tödtlich verwundet, und zehn Wunden empfangen habe; hingegen Terzky habe seinen Degen nicht erreichen, und wegen seines dicken
Collets

*) Annal. Ferd. Th. XII, S. 1161.
**) Opere, Vol. III, pag. 108. 109: Il Terzica non potendo esser ferito per la grossezza d' un coletto di Dante fù gittato a terra dalla moltitudine di soldati, et ivi ucciso di tre pugnalate nella faccia, e una nel ventre; non potendo ancora lui prevalersi del ferro. Illò risorto alle prime voci si ritirò con la spada nelle mani in un angolo della camera, chiamando il Gordone, Governatore d' Egra, perfido, e traditore di se stesso; sfidandolo con tanta intrepidezza, come s' havesse veduto un' Essercito in sua difesa. Gridava a che sorte di cena l' havevano invitato, e ch' erano indegni del nome di soldati coloro, che tentavano d' opprimerlo con gli inganni, non col valore. Riparò infiniti colpi, uccise due soldati e ferì mortalmente il Capitan Lerda, mà oppresso dalla moltitudine caddè morto trafitto da dieci spade.

Collets von Ellendshaut nicht verwundet werden können, sondern sey durch die Menge der Soldaten zu Boden geworfen worden, allwo er drey Dolchenstiche in das Gesicht, und einen in den Unterleib bekommen habe. Man sieht sogleich, daß der Correspondent des Loredano falsch informirt gewesen, und daß hier Illo mit Kinsky verwechselt worden ist. Graf Galeazzo Gualdo Priorato erzählet eben dieses, fast mit des Loredano Worten, in seiner Historia della Vita d'Alberto Valstain, Duca di Fridland; fol. 61.

Rittmeister Neumann, der vormals Wallensteins Secretair gewesen, retirirte sich, im Tumulte hart verwundet, über den Vorsaal die Treppe hinab, und erreichte die Küche oder Speisekammer; wurde aber auch von den unten aufgestellten Soldaten erstochen.

Dieser Mord geschah um 8 Uhr, in der Nacht am 25 Februar, alten Stils 1634 am Faschings Sonnabende. (S. 322) Tags zuvor trug sich das zu was, der Verfasser (muthmaßlich ein Italiener) des lateinischen Perduellionis Chaos oben a. d. 187sten Seite, von Kinsky und Terzky erzählet, und ihnen sehr verarget, daß sie und andere so freygeisterisch gewesen, an einem Freytage (feria sexta) Fleisch gegessen, und also dieses Kirchengebot der finstern Zeiten gebrochen haben, wobey Terzky, Wallensteins Schwager, gesagt haben soll, er wolle für ihn, wenn es seyn müsse, nicht nur Gut und Blut aufopfern, sondern auch mit ihm zur Hölle fahren.

Gordon und die andern verschlossen das Speise- oder vielmehr Mordzimmer, mit den todten Körpern. Lesley begab sich alsobald heraus in die Stadt auf den Platz, *) um zu vernehmen, ob und was derentwegen allbe-

---

* Es erhub sich um 8 Uhr ein gewaltiger Windsturm, der bis gegen Mitternacht dauerte, und die Ausführung dieser allbereit allda für Reden und Rumores wären, und wie solche Execution aufgenommen würde, und weil er befunden, daß die Wachten zu den Wehren, und zusammen gelaufen, wegen zweyer Musquetenschüsse, so auf ihn Leßley selbsten in der Burg von der Wache allda bey dem Thore geschehen, die vermeint, daß er auch einer von den Rebellen wäre, hat er ihnen den Verlauf, und was in der Burg vorgegangen, auch was noch mit des Friedlands Person vorzunehmen, entdeckt, und begehrt, Sr. kaiſ. Majestät noch einmal zu schwören, und es mit ihnen in dieser Sache zu halten, zu leben und zu sterben darein sie alle alsobald consentirt: darauf er Obrist-Wachtmeister die Stadt-Thore eröfnet, und 100 Dragoner von Butler hinein gelassen, hin und wieder in die Stadt zu reuten, damit der Umgebrachten Adhärenten und Diener nichts wider die Soldatesca attendiren möchten, welches Leßley dann nochmalen, daß alles in guter Ordnung und keine Meuterey zu befürchten, den Obristen, Buttler und Gordon, in das Schloß avisirt. Hierauf kam Buttler mit seinem Obristwachtmeister Geraldino heraus, und beſetzte alsobald das vordere Thor gegen den Platz bey des Friedlands Quartier, das hintere Thor aber mit andern 15 Soldaten. Es wurde nochmals consultirt, ob man Friedland gefangen nehmen, oder umbringen sollte; es blieb aber nochmals bey letzterem Entschluſſe.*) Ueber diesem Berathschlagen vergieng fast eine Stunde.

Gordon hielt inzwischen die Wacht auf der Burg, Leßley beſetzte den Markt, und Buttler eilte mit dreyßig

dieſer Unternehmung begünstigte. Theatr. Europ. 3 Th. S. 184.

*) Khevenhiller, Th. XII. S. 1161. 1162.

dreyßig Mann mit Hauptmann Deveroux dem Quartier Wallensteins zu. Deveroux, dem im Gefechte mit Terzky sein Degen in der Mitte abgesprungen, rieß einem der Soldaten im Schlosse seine Pike aus der Hand, und nahm noch 6 Hellebardirer zu sich.

Der Herzog *) logirte auf dem Markte im großen Pachhälbelischen Hause, von welchem ich hernach mehr zu sagen, Gelegenheit haben werde. Neben diesem Hause logirten beysammen sein Schwager, **) Graf Adam Erdmann Terzky (böhmisch wird Tertschka gesprochen) von Lippen (böhmisch Leypa) nebst Grafen Wilhelm Kinsky von Wchinitz ***) mit ihren beyden Gemahlinnen. (s. oben S. 188.)

Wal-

*) Er litt sehr an der Gicht, und hatte offene Füsse, so daß man den Brand befürchtete. Zu diesem Ende legte man täglich einige Pfunde frisches Rindfleisch über.

**) General der Cavallerie. Er hatte zur Gemahlinn Maximiliana, eine gebohrne Gräfinn von Harrach. Ihre Schwester Isabella Katharina war des Herzogs von Friedland Gemahlinn, und befand sich damals zu Bruck an der Leutha, im Lande unter der Ens, auf ihrem Schlosse, welches das Gräfl. Harrachische Haus jüngerer Linie allda hat. Sie waren Töchter Grafen Karls von Harrach. Terzky's einziger Sohn starb bald hernach an einem hitzigen Fieber, nicht ohne Verdacht, daß ihm auf einem Banquet Gift beygebracht worden. Mit ihm erlosch dieses Gräfliche Haus. Theatr. Europ. 3 Th. S. 266.

***) Er war ein Protestant, und zuvor Erbjägermeister von Böhmen, (jetzt haben diese Würde die Grafen von Clary und Altringen) Wallensteins alter Freund und Liebling. Er hatte die Schwester des Grafen Terzky zur Gemahlinn. Diese wußte das ganze Vorhaben des Herzogs, aber die Terzka wußte nichts davon. Khevenhiller, Th. XII, S. 1163. Der Kurfürst von Sachsen ließ zu Pirna die Wohnung des ermordeten Grafen Kinsky

Wallenstein hatte seinen Astrologen Seni (s. oben S. 315.) mit nach Eger kommen lassen. Er hatte sich bereits zu Bette gelegt. Sie hatten eben darüber disputirt, ob die Gefahr für ihn nunmehr vorbey sey, oder nicht? Der Herzog behauptete ersteres, so bündige astrologische Gründe auch Seni ihm aus der Constellation der Gestirne entgegen setzte. Welch ein Unglück, daß bey großen Männern alberne Meynungen so tief Wurzel fassen können! Aber, wie ich schon oben gemeldet habe, es war diese elende Sterndeuterey das Steckenpferd fast aller damaligen Großen. Konnte doch sogar noch in unsern Zeiten Friedrich der Einzige den Versuchungen zur Erforschung der Zukunft nicht widerstehen, wie Canonicus von Pauw den Ritter Zimmermann *) versicherte. Allein sein starker Geist, der nur an Wahrheiten der gesunden Vernunft Geschmack finden konnte, entdeckte bald, **) daß alles, was die Menschen aller Zeiten von der Astrologie und der Weissagungskunst haben glauben wollen, beynahe eben so ungereimt sey, als alle Religionssysteme der ganzen Welt. Seit uralten Zeiten verband man diese beyden Arten von Unsinn;

Kinsky durchsuchen. Man fand in derselben 30000 St. Ducaten, Wallensteinischen Gepräges, und 8000, die noch nicht geprägt waren. Der Herzog von Friedland hatte diese Summe erst vor kurzem aus Böhmen nach Pirna geschickt. Der Kurfürst zog sie ein. Es müssen fast alle diese Ducaten eingeschmelzet worden seyn, weil die Wallensteinischen Ducaten so selten sind, daß ich bisher noch keinen habe bekommen können. Besser hat es mir mit seinen Thalern geglücket.

*) s. dessen Fragmente über Friedrich den Großen, I B. S. 123, und 124.

**) Man sieht dieses in vielen herrlichen Stellen seines Briefwechsels, insonderheit mit Voltaire und d'Alembert.

sinn; immer glaubte die Imagination bis zur tiefsten Ueberzeugung!! was der gesunde Menschenverstand verwarf. Aber da auch Friedrich überzeugt war, daß man auf ganz vernunftwidrigen Wegen oft Wahrheiten entdecket, so wie die scheinbarsten Vernunftschlüsse gar oft zu grundfalschen Begriffen leiten: so machte Er alle Ihm mögliche Untersuchungen über diese zween große Gegenstände unsers Wahnsinns, und unsers Glaubens. „Alle, die sich für Astrologen aus„gaben, sagte er zu dem Minister von der Horst, so„gar alle Dorfpropheten (Dévins de Village) ließ „ich um Rath fragen: denn über solche Dinge erfährt „man nichts, weder von Kathedern, noch Kanzeln! — „Der Erfolg hievon war, daß ich überall nichts fand, „als Alteweibermährchen, und Unsinn!„

Seni war eben durch das Vorzimmer vom Herzoge weggegangen, als kurz hernach Devereux *) mit seinen sechs Hellebardirern in das Haus trat. Die Wache des Herzogs ließ ihn die zur linken Hand liegende Treppe paßiren, weil öfters Rapport abgestattet wurde. Als er sich eben der Stiege näherte, **) gieng einem Soldaten die Muskete los, wodurch Wallenstein, der eben hatte einschlafen wollen, aufgewecket ward, an das Fenster gieng, ***) um die Wache zu fragen, was es gäbe? Er vernahm das Heulen und Schreyen der Frauen Terzka und Kinska an den Fenstern des nächsten

*) Khevenhiller nennt ihn unrichtig Deucroix. Th. XII, S. 1162.

**) Ein Page mit einer goldenen Schaale Bier begegnete ihm, und wollte Lärmen machen, ward aber sogleich mit einer Pike durchstochen.

***) Daher entstund das falsche Gerücht, als habe er zum Fenster herab springen wollen, allein es wäre zu hoch gewesen. Er rief zweymal zum Fenster herab: Ist denn niemand mein Freund? Will mir niemand beystehen?

sten Hauses. Denn sie hatten bereits von ihren Leuten ihrer Herren Tod vernommen. Inzwischen näherte sich Deveroux mit seinen Mordgehülfen dem Vorzimmer, wo ihm der Kammerdiener Wallensteins, der bereits den Schlüssel des Schlafzimmers abgezogen hatte, mit dem Finger auf dem Munde zu verstehen gab, kein Geräusche zu machen, weil der Herzog schlafe. Er versetzte aber: Freund, jetzt ist es Zeit zu lärmen.

Deveroux klopfte nun wüthend an die Thüre, wozu der Kammerdiener den Schlüssel zu haben läugnete, und welche auch inwendig der Herzog inzwischen verriegelt hatte. Der Mörder und einer seiner Gehülfen suchten mit Füssen die Thüre einzusprengen. Es gelang ihnen beym fünften Versuche. Der Herzog stand an dem Tisch gelehnt, in blosem Hembe, wie er vom Bette aufgesprungen war. Wie groß muß sein Erstaunen gewesen seyn, als ihn Deveroux anschrie: Bist du der Schelm, der das kaiserliche Volk zu dem Feind überführen, und Ihrer kaiserl. Majestät die Krone von dem Haupt herunter reissen wollen? Derowegen must du anjetzo sterben. Unerschrocken stand Wallenstein da, ohne ihn einer Antwort zu würdigen. Du must sterben, sagte Deveroux noch einmal, und hielt etwas inne. Vielleicht mußte er Muth sammeln, wie mit Recht Hr. B. der Verfasser des Lebens und Thaten Wallensteins (S. 157) muthmasset, den wehrlos vor ihm stehenden großen General, vor welchem halb Europa gezittert hatte, niederzustoßen. Der Herzog bewegte blos die Lippen, breitete seine Arme aus, um seine Brust zu entblösen, und wollte vielleicht eben etwas sagen, als er vom Deveroux den tödtlichen Stoß mit der Partisane durch die Brust empfieng. *)

*) Die Pike, womit Wallenstein ermordet wurde, wird wohl Deveroux, als eine wichtige Sache, entweder aufbe-

Er fiel sogleich zwischen den beyden Fenstern zur Erde, und gab den Geist auf, ohne einiges Aechzen. Das Blut sprützte im Fallen an die Wand.

Alle, welche mit Deverour in das Zimmer gedrungen waren, stunden einige Minuten bestürzt da. Es waren beynahe dreyßig Buttlerische Dragoner, alle Irländer, bis auf zween, welche Schotländer gewesen, und einen Spanier.

Sogleich versperrten Buttler und Lesley die Kanzley, *) nahmen die Schlüssel zu sich, und liesen den Leich-

aufbewahret, oder sie gar mit nach Wien genommen haben. Sie könnte also, als Deverour 1639 in Prag starb, verkauft worden, und in die berühmte Kunst- und Gewehrsammlung Johann Andreas Viatis in Nürnberg gekommen seyn. Der seel. Prof. Rink kaufte sie in sein Gewehrkabinet, als eine grosse Seltenheit, und durch seinen Eidam, Hrn. von Glafen, wird sie wohl in die Dresdnische Kunstkammer verehret worden seyn. Man sagte, daß diese Pike in der Pfarrkirche zu Freudenthal (polnisch und böhmisch Brunthal) im Fürstenthume Troppau an der Gränze von Mähren, welches im J. 1764 fast ganz abbrannte, zu sehen sey. Allein man weis daselbst nichts davon. Solche Sachen vermehren sich, um Käufer oder Neugierige zu locken. So gieng es auch mit dem Degen und Kollet Königs Gustav Adolphs die man in Stockholm, Wien, Dresden und Aix zeiget, und wovon Wallin und Glafen eigne Abhandlungen geschrieben haben. Ein Franzos Cerisantes schrieb sogar über den in Aix gezeigten Degen Verse, die er in Stockholm der Tochter Gustavs, Königinn Christina, gedruckt überreichte. Und doch war dieser Degen nichts weniger, als ächt.

*) Zu gleicher Zeit nahm man alle Sachen in Feldmarschalls Illo, und Rittmeisters Neumanns Quartiere weg. Die Sachen der beyden Gräfinnen Kinsky und Terzky blieben unversehrt. Beyde Damen wurden nachher, nebst dem Herzoge von Sachsenlauenburg, und den Todtenkör-

Leichnam Wallensteins in einen rothen Fußteppich, der vor dem Bette lag, einwickeln, und in des Lesley *) Kutsche auf die Burg führen, in welchem er noch den ganzen folgenden Tag im Hofe liegen blieb, so daß man ihm, weil er ganz in der Kälte erstarrt war, die Beine biegen mußte, um ihn in den von Brettern zusammengeschlagenen Sarg zu legen. Seine Mobilien, und was nicht vorher auf die Seite gebracht worden, führte man ins Schloß zur Verwahrung.

Die Leichname des Wallensteins, Terzky, Kinsky, Neumann und Illo wurden nach des Illo Schloß nach Mieß gebracht, welches nicht lange zuvor vom Kaiser war an Illo verpfändet worden. (f. oben S. 189)

Das Haus, in welchem Wallenstein ist ermordet worden, steht nordwärts auf dem großen Markt-Platze in Eger, und ist vier Gaden hoch. Es gehörte damals dem Bürgermeister Pachhälbel. Nachher wohnten 1637 die Jesuiten so lange darinn, bis ihr nicht weit davon liegendes Collegium, auf dem Platze, wo zuvor das deutsche Haus gestanden, zur Hälfte neu erbauet wurde, welches sie erst 1706 bezogen haben. In dem Mordzimmer wohnte der P. Rector, bis 1706, und man lieset davon in der Historia Societatis Iesu in Bohemia eine Gespenstergeschichte. **)

tenkörpern, auf Pilsen, und dann nach der Neustadt abgeführet. Des Herzogs Hofmeister Gotthard von Schäftenberg, und seine zween Kammerherren, Konrad von Stahrenberg und Ehrenreich von Teufel, wurden mit Convoy begleitet, um sicher auf ihre Güter reisen zu können, weil Buttler wußte, daß sie nicht an des Herzogs Vorhaben Theil hatten. Khevenhiller, XII Th. S. 1163.

*) Es wird Lesly ausgesprochen, daher kommt es, daß er auch Leslie oder Lesle geschrieben wird.

**) Parte IV, Libro I, n. 68, pag. 105. 106: Iesuitis cesserat subinde in habitationem illa domus, in qua Waldsteinius

Im Jahre 1706 kaufte es Bürgermeister von Junker, *) Herr auf Oberkunreut für 4000 fl. besserte es schön aus, und amtirte in dem nämlichen Zimmer, in welchem der Herzog von Friedland erstochen ward. Man sah noch das Blut an der Mauer unterhalb dem einen Fenster **) bis zum Jahre 1757, da es der Commendant

nius interfectus est. Quarto circiter a Ducis caede anno R. P. Martinus Stredonius, Provinciae tum moderator, vir sanctimoniae opinione clarus, Egram venit, ad Nostros ex officio invisurus, divertitque ex designatione Praesidis loci in eo conclavi, quod sua morte Waldsteinius funestarat, ignorans illud spectris infestari. Quid viro religiosissimo nocte acciderit, proditum non est. Verum post cubitum maturissime sub dimidium horae quintae, peracto insigni sacrificio, cum a prandio (vt apud nos moris est) animum tantisper relaxaturus, inter Socios adstaret, intento minaciter in Superiorem digito, dixit: Nulli hoc deinceps Vestra Paternitas faciat, vt hospitem non praemonitum collocet in loco, spectris infesto. Nihil in posterum erit. Et ego prohibeo omnibus: nemo male loquatur de Waldsteinio. Stultus enim fuisset, si Regnum Bohemiae affectasset; cum sciret naturali cursu se vltra biennium vivere non posse; et pedibus ex gangraena laboraret, quae aliquot libras carnis bubulae quot diebus absumsit.

*) Wie mir mein Freund, der ruhmvolle Hr. Abbé Anton Grassolt, Lehrer der Rhetorik zu Eger, dem ich sehr viele Nachrichten zu danken habe, schreibt, so hatte dieser Bürgermeister in diesem Hause einen italienischen Heerberger, der Johann Bevilaqua hieß. Diesen hatte er im Verdacht, als habe er allda einen verborgenen Schatz gehoben, so daß Bevilaqua, dessen Ehefrau nachgehends des jähen Todes gestorben, einen Reinigungseid schwören mußte.

**) In einem alten Gemälde von der Ermordung Wallensteins, welches Hr. Bürgermeister von Limbeck in Eger besitzt, hat es drey, so wie im Merianischen Kupferstiche (im Theatro Europaeo, Th. III, S. 184.)
zween

mendant, Hr. General Güldenhof, abkratzen, *) und überweißen ließ. Denn es kam nachher dieses Haus an die Stadt, und dienet jetzt zur Wohnung der Herren Stadt- und Festungs Commendanten. Der jetzige Hr. Commendant, der auf Güldenhof folgte, Hr. General von Müffling, ließ das ganze Zimmer ausmalen, und bewohnt es.

Wie Minetti, der damals lebte, in seinen handschriftlichen Nachrichten erzählet, verkroch sich theils bey der Massacre Wallensteins das Hausgesinde, theils sprang es von oben herab in den Hof, und verletzte sich sehr, theils nahm es auf andere Weise den Reisaus, wobey mancher des Raubs nicht vergessen, und in die benachbarten Marcktstock-Häuslein viel Silbergeschirr, und andere Sachen gebracht, und allda, (weil die großen Häuser mit Soldaten und Reutern belegt waren) vertuschten, welches einige nicht, andere aber in der Stille gern angenommen haben.

Tags darauf, am 26 Februar (alten Stils) wurde Herzog Franz Albrecht von Sachsenlauenburg **) der eben aus Regensburg nach Eger zu Wallenstein eilte, und vom Herzoge von Weimar Briefe hatte, vom Lieutenant Melchior Adam Moser mit List gefangen, und in die Stadt gebracht.

zween Fensterstöcke. Anitzt hat dieses Zimmer, wegen der gemachten Veränderungen, nur ein Fenster.

*) Sonderbar! die Jesuiten ließen das Blut; und ein Soldat fand ein Grauen daran.

**) Er starb noch in eben diesem Jahre in seiner Gefangenschaft zu Wien am 16 October.

Buttler *) reißte sogleich frühe mit seinem Hauptmanne Deverour **) nach Wien ab, um dem Kaiser die ganze blutige Begebenheit mündlich zu hinterbringen, nachdem er vorher nebst Gordon und Lesley bey anbrechendem Tage die Kriegsbedienten zusammen rufen, und sie aufs neue dem Kaiser schwören lassen. So bald Ferdinand, der eben in seiner Hofkapelle war, den Buttler erblickte, reichte er ihm die Hand, berufte ihn in sein Zimmer, lobte seine Treue und geleisteten Dienste, und ließ ihm durch den Erzbischoff von Wien eine goldene Kette umhängen, an welche er ihm einen Gnadenpfenning verehrte. Er gab ihm den Kammerherrnschlüssel, ließ ihm den Titel eines Grafen ausfertigen, und etliche Güter aus des Terzky Confiscation assigniren. Gordon erhielt die Güter des Grafen Terzky im Königinngraßer Kreise. Eben dergleichen Güter, samt einer goldenen Kette, bekam Hauptmann Deverour. Von den andern Officieren, die sich hatten zum Unternehmen brauchen lassen, wurden jedem 20000 fl. baar ausgezahlt. Lesley bekam die ansehnliche Herrschaft Neustädtel im Königinngraßer Kreise, den Kammerherrnschlüssel, die Trabanten-Garde-Haupt-

---

*) Seine Gemahlin war eine Gräfinn von Fonbana, die er in Eger heurathete. Er starb bald hernach im August 1634. Carve Itinerar. T. I, pag. 71, 134.

**) Er galt so viel bey Buttler, daß ihm derselbe tausend Thaler vermachte. Er wurde am 6 September dieses 1634sten Jahres in der Nördlinger Schlacht durch eine Musquetenkugel verwundet, und wohnte mit der Buttlerischen Wittwe im Schlosse Wiesensteig, das dem Grafen von Holstein gehörte. Im Jahre 1635 bekam er das Buttlerische Dragoner Regiment, das ganz aus Irländern bestund, bey welchem Thomas Carve 4 Jahre Feldkaplan war, nämlich bis 1638. Carve Itinerar. P. I, pag. 58, 134. P. II, pag. 354. Obrist Walther Deverour starb in Prag, 1639.

Hauptmann-Stelle, und ein Regiment zu Fuß bey dem Könige aus Ungarn, Ferdinand, und bald hernach den Grafentitel. *) Die übrigen böhmischen Güter **) Wallensteins wurden also verschenkt: Graf Gallas († 25 Apr. 1647) bekam die Herrschaften Friedland

*) Er wurde nachher vom Kaiser Leopold als Bothschafter an die ottomannische Pforte gesandt. S. P. Pauli Tafferner, Soc. Iesu, Caesarea Legatio, quam mandante Imp. Leopoldo I ad Portam Ottomanicam suscepit perfecitque Dom. Waltherus S. R. I. Comes de Leslie etc. Viennae Austr. 1672. 8.

**) Die jährlichen Einkünfte des Herzogs von Friedland rechnete man auf drey Millionen Gulden. Seine böhmischen Güter, wo er über zwölf tausend Unterthanen hatte, waren schon allein über fünf Millionen werth (S. 191) Aus dem Rectificatorio von ganz Böhmen vom J. 1766, kann man das jetzige Verhältniß dieser Güter leicht ersehen, ob gleich die Steuer der Besitzer der Landtäflichen Güter (Extraordinaire Steuer genannt) seit Erhöhung der Biertaxe um ein Viertel gestiegen ist.

Friedland Herzogthum, im Burgunder Kreise zahlt	fl.	kr.
Grobetz Schloß, Flecken und Hruschow.	1415	54
Friedland Schloß, Flecken und Hayndorf Schloß.	8474	54
Neustadtl Fl.		
Ebersdorf		
Görlitzheim		
Wünschendorf.		
Wüstung.		
Grafenstein Schloß und Krottau Fl.	5545	59
Kratzau Fl.		
Lamberg Schl.	1141	57
Reichenberg Fl. Schl. und Neudorf.	6523	18

Diese

land und Schmirschitz, Altringer *) des Kinsky berühmte Herrschaft Töpplitz, Piccolomini Nachod, und Colloredo Oppotschna. †) Sagan behielt der Kaiser, der für die Ermordeten drey tausend Seelenmessen lesen ließ; vielleicht um sich mit ihren Geistern zu versöhnen,

Quasi laesi scirent ignoscere manes.

Die übrigen Mitschuldigen wurden zu Prag, Pilsen, Troppau ꝛc. auf das nachdrücklichste bestrafet.

Es

Diese Güter besaß Gallasch; jetzt hat sie sein adoptivus Graf Clam Gallasch.

Die Herrschaft Gitschin im Bidschower Kreise, Königgrätzer Kreises Antheile, war auch Waldsteinisch, gehört jetzt dem Grafen von Trautmannsdorff; zahlt

	fl.	kr.
	8457	47
Fürst Clary. Töplitz im Leutmeritzer Kreise	7679	14
Fürst Piccolomini. Nachod mit Eypel, Frumburg, Großskalitz, Kleinskalitz, Risenburg im Königgrätzer Kreise	8295	15
Fürst Colloredo Opotschna im Königgrätzer Kreise	11175	51
Graf Leßey. Neustadt im Königgrätzer Kreise	4231	29

Dieses zahlt nur die Herrschaft, ohne die Unterthanen, die ihr Ordinarium extra abführen.

*) Er wurde bald hernach den 22 Jul. 1634 in der Vorstadt von Landshut auf der Brücke erschossen.

†) Khevenhiller Th. XII, S. 1174. Man muß sich sehr wundern, wie B. der Verfasser des Lebens Wallensteins (1783. 8.) S. 165 schreiben konnte, die Geschichte habe nicht die geringste Nachricht aufbehalten, daß man an irgend eine Belohnung für die Unternehmer dieser wichtigen That gedacht hätte.

Es ist noch nicht ganz klar und ausgemacht, ob Wallenstein wirklich die Absicht gehabt habe, sich dem Hause Oestreich völlig zu entziehen? Denn daß er gar nach der Böhmischen Krone gestrebet habe, ist ein Mährchen, ob es gleich (oben S. 289) in des Curtius so genanntem gründlichen Berichte vorgegeben worden. Graf Franz Christoph Khevenhiller, der einzige Schriftsteller, der aus Archivurkunden, und Ministerialnachrichten seine Annalen Ferdinands des zweyten schrieb, ist sichtbar allzu parteyisch, und drehet alles zu Mißgunst des Ermordeten. Man darf nur lesen, was er selbst schreibt, *) um sich die Abneigung Khevenhillers gegen Wallenstein zu erklären: „Als auch „um dieselbe Zeit von Hof aus der von Friedland von „seiner Vertrauten einem avisirt worden, wie Ihr. „Kaif. Majestät in das Land ob der Ens zu Commiss„sarien den Grafen Franz Christoph Khevenhiller, und „den Grafen Georg Achat von Losenstein deputirt, „und daß solches unter dem Schein, allda dem Land„tag beyzuwohnen, in der Wahrheit dahin angesehen „wäre, mit dem Kurfürsten in Bayern und dem spa„nischen Volk zu correspondiren, und vermittelst der„selben Passau, Linz und andere Oerter an dem Do„naustrom zu versichern, wie auch das gemeine Ge„schrey gehe, daß der König aus Hungarn selbsten mit „nächsten folgen würde, ob zwar solches lauter Muth„massungen gewesen, hat er doch aus Verdacht dahin „Befehl gegeben, vorermeldete Commissarios, ja auch „den König selbsten, wann er daselbst ankommen möch„te, in gefängliche Verhaftung zu nehmen, und da„mit zu statuiren, was die Occasion und sein Dienst „erfordern würde: und haben beyde Grafen, Khe„venhiller und Losenstein, Glück gehabt, daß Graf Sal„las

---

*) Annal. Ferd. T. XII, S. 1144. 1145.

„las zwo Stunden eher, als sie, nach Linz ankom-
„men, und das Commando auf sich genommen. sonst
„alles schon bestellt gewest, sie gefangen zu nehmen,
„und mit zwey Compagnien Reutern nach Pilsen zu
„schicken."

Die zween spanischen Bothschafter zu Wien, Graf Oñate schrieb nach Spanien für, und Marquis Castaneda wider den Herzog. Don Navarro, der sich des Königes von Spanien halber bey ihm aufhielt, vertheidigte und lobte ihn. *)

So lange uns also Wallensteinische Papiere **) nicht bekannt gemacht werden, so können wir nichts anders glauben, als daß er, um durchaus Friede zu machen, sich der Sachsen und Schweden dazu habe bedienet, zugleich aber auch, als ein Mann, dem die von Oestreich angethane Beschimpfung einer zweymaligen Abdankung sehr wehe thun mußte, dem Kaiser habe zeigen wollen, daß es gefährlich sey, einen solchen Mann zu beleidigen.

Der

*) Khevenhiller Th. XII, S. 1110.

**) In der obigen lat. Schrift (S. 184) wird gesagt, Wallenstein habe so wohl vor seinem Abzuge von Pilsen, als auch unterweges in Mies, wo er am 23 Febr. über Nacht blieb, und hernach in Eger viele Fasciculn geheimer Briefe verbrannt. Man sagt, daß er alle seine Briefe von Wichtigkeit selbst geschrieben, auch daß er, da er gelehrt, klug und arbeitsam gewesen, alle seine Verrichtungen aufgezeichnet habe. Es würde sich vieles zu seiner Vertheidigung vorfinden. So viel ist richtig, daß er 1633 die Absicht hatte, einen ehrlichen aufrichtigen Frieden im Reiche zu stiften, und nachmals mit beyderley Armeen gegen den Türken zu gehen, und ihm alles wieder zu nehmen, was sie Europa entzogen haben. Also dachte Wallenstein schon 1633 wie Joseph 1788 dachte, und Katharina und Potemkin noch denken.

Der Hof selbst war noch im vorigen Jahrhunderte über Wallensteins angebliche Rebellion zweifelhaft.

Minetti, Rathsherr in Eger, der damals vieles Wallenstein betreffende, insonderheit aus P. Sergius Friedrich, eines Franciscaners, Chronik, aufgezeichnet hat, meldet in seiner Handschrift folgendes: „Als „Kaiser Leopold um das Jahr Christi 1673 durch Prag „nach Eger reißte, um alldort 36000 Mann, welche „hinaus in das Reich, gegen die Franzosen marschir„ten, zu mustern, zeigte ihm zu Prag ein Minister „den Wallensteinischen Palast,*) und nannte ihn das „Haus des Rebellen. Aber Leopold fragte ihn: „Weißt du es für gewiß, daß Wallenstein ein Re„bell war?"

Was für ein großer umfassender Geist war Wallenstein! Von einem bloßen Edelmanne schwung er sich zu einer Macht, die selbst Ferdinanden und dem Kurfürsten von Bayern Trotz both, und ihnen Furcht einjagte. Seinen Talenten und seiner Arbeitsamkeit war es zuzuschreiben, daß er das ungeheure Vermögen, welches ihm seine erste Gemahlinn hinterließ, der Kriegskunst widmete, am ersten die große und damals noch unbekannte Wissenschaft zeigte, Kriegsheere nicht nur bald aufzurichten, sondern sie auch während Feldzügen so wenig, als möglich, Mangel leiden zu lassen, sich durch große Strenge, aber auch durch große Belohnungen, Furcht und Liebe zu erwerben, und neben einem Tilly und Pappenheim sich so zu erheben, daß er der einzige Feldherr war, der dem großen Gustav Adolph die Spitze biethen, und sich mit ihm messen konnte. Wer weis nicht, daß der Verlust bey Lützen nicht Wallensteinen beyzumessen war? Daher ist die Strenge zu erklären, die er gegen einige Officiere zeigte, welche in Prag hingerichtet wurden.

Daß

---

*) Er ist nach dem Gräfl. Czerninischen der prächtigste.

Daß er ganz und gar dem Hause Oestreich, für welches er so lange Geld und Gut, Gesundheit und Ruhe aufgeopfert, dem er sein Glück, das aber auch Ihm so vieles zu verdanken hatte, abgesagt haben soll, das kann ich nimmermehr glauben. Innerliches Gefühl seiner Größe, heimlicher Groll über die erste Abdankung, und Rachsucht wegen der zwoten, die er bald merkte, mögen ihn zu den unerlaubten Schritten bewogen haben, welche aber damals der größte Staatsmann in der Welt begünstigte. *)

Der unbefangene Beobachter muß hieben freymüthig gestehen, daß durch den Frieden, der gewiß in einer Jahresfrist zu stande gekommen wäre, der Name des dreyßigjährigen Krieges ein non ens, und wenigstens 14 Jahre davon, nebst den darinn ausgeübten Menschenquälungen, Aufopferung des Lebens und Vermögens von hundert tausenden, und Millionen Scenen voll Jammer und Elendes in ein Nichts gefallen seyn würden. Gewissensfreyheit, dieser Balsam aufgeklärter Regenten, würde gewiß in Wien unter Ferdinand III schon im vorigen Jahrhunderte die tiefen Wurzeln gefaßt haben, wie vor kurzem unter Joseph, dem Verewigten, geschah. Eben so würde auch das Mönchswesen, und andere aus den Finsternissen der mittlern Zeiten sich herschreibende Vorurtheile, Aberglauben

*) *La Vie d'Armand Jean Card. Duc de Richelieu, par Mr. le Clerc T. II. à Amst.* 1714. 8. pag. 152: Quand la nouvelle de la mort de Wallenstein vint au Roi, il dit publiquement que tous ceux qui trahissoient leur Prince, méritoient un semblable sort. On le rapporta au Cardinal, qui étoit si faché de la mort de ce Général, qu'il ne pût s'empêcher de dire que le Roi auroit bien pû se passer de témoigner ses sentimens en public. Wallenstein avoit lié un commerce sécret avec le Marquis de Feuquieres, Ambassadeur du Roi en Allemagne et le Roi lui avoit promis de l'aider.

zur Geschichte Wallensteins.

glauben und Volkstäuschungen wohl schon im vorigen Jahrhunderte, mit dem Religionszwange, größtentheils aufgehöret haben. Der späte Westphälische Friede konnte nur das Nothwendigste in Ordnung bringen

Der Herzog war zu klug, als daß er den Papst für mehr, als einen Bischof in Rom hielt. Er liebte die Toleranz sehr, und beklagte sich oft, daß die Jesuiten Lamormaini und Weingärtner den allzu andächtigen Ferdinand regierten. *) Als der Herzog im May 1633 Generallieutenant Arnheimen **) und Obrist Burgdorfern im Lager Friedensvorschläge that, ***) und Burgdorfer sagte, daß die Jesuiten öffentlich statuirten, daß den Ketzern kein Glauben zu halten sey, versetzte General Friedland treuherzig, mit seinem gewöhnlichen Haus-

*) Jener war des Kaisers Beichtvater, und dieser sein Hofprediger.

**) Er galt sehr viel beym Wallenstein, unter welchem er im Dänischen Kriege 1624 gedienet hatte. Schon damals waren sie vertraute Freunde, so daß ihm Arnheim zugethan blieb. S. Arnheims (Arnims) Schreiben aus Boschwitz an Kurfürst Georg Wilhelm von Brandenburg vom 31 Oct. 1633 in der Berlinischen Monatschrift 1790. Febr. S. 113 u. f.

***) Sein hochstrebender Geist, der alles nach seinem Kopfe zu reguliren suchte, hatte die Absicht, den Kurfürsten von Sachsen vom schwedischen Bündnisse abzuziehen, und so vereinigt die Schweden aus Deutschland zu schaffen. Khevenhiller, Th. XII, S. 584. Es glückte auch wirklich nachher Kaiser Ferdinanden, durch den am 30 May 1635 geschlossenen Particular-Frieden, den Kurfürsten von Sachsen auf seine Seite zu ziehen. Man sagt, der kurfürstliche Beichtvater D. Hoe, habe zu Wien 12000 Rthlr. für seine Bemühung bekommen. Durch diesen Frieden kam die Ober- und Niederlausitz an Sachsen.

Hausfluche: Gott schänd, weis der Herr nicht, wie ich den Jesuiten so feind bin; ich wollte, daß der Teufel sie längst geholet hätte, und ich will sie alle aus dem Reich, und zum Teufel jagen. *)

Von der Ermordung Wallensteins und seiner Anhänger ist auf dem Rathhause zu Eger ein gleichzeitiges Gemälde, **) wovon Hr. Rathsmann Gabler daselbst eine Copey hat. Es stehen alle Namen der Personen accurat darauf verzeichnet. Andere solche Gemälde haben Hr. Obristwachtmeister von Diemar, Frau von Vetterle, und Hr. Bürgermeister von Limbeck daselbst. Diese Gemälde gleichen sich fast alle, die einzige Größe ausgenommen.

Ein böhmischer Freund hat 1788 die Güte gehabt, mir Abzeichnungen von der verfallenen königlichen Burg, oder dem jetzt sogenannten Schlosse zu Eger, wie es jetzt gegen Mitternacht aussieht, und auch wie es 1634 ausgesehen hat, zu übersenden, nebst dem Profile des Speisezimmers (aus dem Gemälde des Herrn Bürgermeisters von Limbeck) auf diesem alten Schlosse, ***) in welchem die vier Anhänger Wallensteins ermordet wurden. Rechts an der Thüre schießen zween Solda-

*) Khevenhiller XII, S. 580.

**) Es ist auch daselbst sein Bildniß 4 Schuhe lang, 3½ breit. Er ist im Harnische, mit Kollet abgemalt, ein Kniestück, auf Leinwand, ohne Unterschrift.

***) Der älteste der k. k. Hauskanonier, nebst dem Zeugwarte, der die Schlüssel zum alten Schlosse hat, versicherte Hrn. Professor Graßolt, von seinem Vorfahren, und diese wieder von ihren Vorfahren gehört zu haben, daß diese vier Officiere in dem Theile der Burg umgekommen, wo jetzt die neu angelegte Schanz ist, welche an die noch übrige alte Burgmauer stößt, wo zuvor der weitere Theil der Burg stund.

Soldaten auf den mitten im Zimmer nächst der links geschobenen Tafel rücklings fallenden Illo mit gezücktem Degen. Auf ihn stürmen mi.. Degen zehlen, und 2 Soldaten. Vorwärts rechts sinkt der vom Geraldin durch die Kehle durchstossene Kinsky. Links flieht Terzky mit einem Stiefel an einem, und einem Pantoffel am andern Beine durch die Thüre, wird aber vorne im Unterleibe, rücklings oben und unten am Rücken von 3 Soldaten gestochen. Ganz vorwärts in der Mitte stehen Buttler mit entblößtem Degen, und Gordon, bey dem der Degen noch an der Schulterkuppel hangt. Partisanen sieht man nicht. Beym Terzky sind die Hände schon außer der Thüre, daß man also nicht abnehmen kann, ob er bewaffnet gewesen. Links vorwärts sieht man eine Küche, bey deren Heerde der die Hände sich über dem Feuer wärmende Neumann rücklings von einem Soldaten durchbohrt wird. Dieses Gemälde ist ziemlich dichterisch, und weichet von der Geschichte ab, besonders weil nirgends vom Schießen gedacht wird, es auch nicht angieng, indem sonst vor der Zeit lärmen geworden wäre.

Die Gemälde von der Ermordung Wallensteins, sowohl auf dem Egerischen Rathhause, als auch bey Hrn. Bürgermeister von Limbeck sind gleichzeitig.

Wallenstein steht zwischen den 2 Fenstern, davon das rechte den untern linken Flügel offen hat, im Hemde, mit der Schlafmütze bedeckt, mit ausgestreckten Armen, das Gesicht gegen die mit Partisanen auf ihn zustürmenden Mörder gewandt. Walter d'Everoux hinter welchem man 2 Soldaten sieht, kommt von der rechten Seite herein, und stößt den Herzog mit der Partisane durch die Brust. Links ist Hauptmann Dionysius Macdaniel. *) Links an der vordern Pfoste hängt der

*) Ich glaube, der Name Macdonald sey richtiger.

der Hut, Degen, Feldbinde. Weiter vorwärts an der Seitenwand steht das Bett, unter welchem 2 Pantoffel liegen. Etliche Schritte davon gegen die Mitte zu ist ein Tisch mit einem Teppiche bedeckt, darauf ein Leuchter mit brennender Kerze, Sackuhr, Schreibzeug, Buch, Zirkel. Nahe rechts ein Sessel. Rechts gleichfalls an der Wand gegen die Fenster zu sind 2 Koffer, vorwärts ein Sessel, darauf die Beinkleider liegen, und daneben unten die Stiefel stehen. Das Zimmer hat 3 Fenster. Zwischen dem Sessel beym Tische und dem, worauf die Beinkleider, springt ein Hund auf den d'Everour.

Im Theatro Europaeo, Th. III, S. 184 ist die Zeichnung des Zimmers von Merian wahrscheinlicher. Da rennen die Mörder von der Vorsaalthüre hinein, da ist das Fenster offen. Der Page aber ist nicht an der Thürschwelle, sondern im Vorsaale niedergestochen worden.

Das Profil der Burg im Theatro Europaeo, wo man unten die Wegschleppung der Leichname erblickt, mag den vorigen Zeiten entsprechen. Jetzt ist keine Spur mehr davon übrig, ausser rechts, wo der Erker ist, läßt sich schließen, daß dieses Gebäude an die doppelte Kapelle beym Thore hinter den Erker gestoßen habe. Nun ist auch das Thor verschwunden, so wie das hintere Gebäude mit 2 kleinen Thürmen. Vielleicht stund es, wo jetzt das Thor in die Burgschanze ist. Nichts steht mehr, als die doppelte Kapelle, ohne Dach und baufällig, nebst der vordersten Mauer, *) wovon ich auch eine Abzeichnung erhalten habe.

Es

---

*) Im Merianischen Kupfer, wovon in Khevenhillers Annalen ein Nachstich ist, sieht man diese Mauer nicht. Das Kupfer hat 2 Gegenstände zugleich. Einmal, wie man

Es geht noch die Rede in Eger, daß die Leichname des Terzky, Kinsky, und Neumann *) unweit von den doppelten alten Kapellen, die nun mit Wällen, so wie der ganze Schloßplatz, **) umfangen sind, ostwärts begraben worden, wo man vor etlich und zwanzig Jahren ihre Gebeine gefunden haben will. Es ist aber bloße Sage.

man den Leichnam die Stiege herab trägt; alles übrige stellt die Burg vor, wo man die andern Leichname liegen sieht.

*) Am 26sten Februar alten Stils, oder am 16 Febr. Faschings-Sonntage, neuen Stils.

**) Die Burg, jetzt das alte Schloß genannt, an der westlichen Seite der Stadt, war zu Zeiten Friedrichs I. ein kais. Reichseigen Gut. An Böhmen kam sie 1286, dabey sie, bis jetzt, wider Willen Kaisers Albrechts I. blieb. Hier kehrten Kaiser und Könige ein. Hier wohnte der Pfleger, oder Hauptmann, oder Burggraf, der jetzt einen Verwalter und Schreiber unterhält. Die längst baufällige, und 1741 (die untern äussersten Mauern mit den Fensterlöchern ausgenommen) abgetragene Burg war, einem alten Abrisse zu trauen, ohngefähr 4 unregelmäßige Gaden hoch, derer oberste 3 abgebunden, und mit Mauern und Ziegeln ausgeflochten waren. Daran lag ostwärts die nun Dachlose, und zum Einfallen sich neigende, und entheiligte doppelte Kapelle, (eine über die andere gebaut) SS. Erhardi und Martini, wovon die obere von lauter Quatern ist. Das Gewölbe beruhet auf vier runden polirten Marmorsäulen. Jenseits des Eger-Flusses lag auf einem Felsen eine andere Burg, S. Wenzelsburg, jetzt Winselburg, längst schon verfallen, von den Sachsen aber 1632 völlig zerstört. Nun ist an der Stelle eine im letztern bayrischen Successionskriege 1778 von Erde aufgeworfene, und damals verpalisadirte Schanze. Von jener Burg zu dieser führte eine hohe hölzerne, welche Z'Dimir von Tscheblitz, Pfleger allhier, auf Befehl Kaisers Wenzels 1393 abbrechen ließ. Waldsassen mußte sie unterhalten.

Grab des Herzogs von Friedland.

Die Leichen Wallensteins, Illo, Terzky, Kinsky und Neumanns *) wurden am andern Tage Abends auf des Illo Schloß, nach Mies (Strzibro) abgeführt. Erst im Jahr 1636 erhielt die Herzoginn von Friedland **) die Erlaubniß, den Leichnam ihres Gemahls in der von ihm gestifteten Kartause zu Waltitz bey Gitschin im Bidschower Antheile des Königinngräzer Kreises beyzusetzen. Dieses ersehe ich aus einem Briefe vom o April 1787 den Hr. Dechant zu Gitschin im Bidschower Kreise an Herrn Professor Fleißner zu Königinngräz schrieb: — — Corpus Alberti Eusebii Waldstein, Ducis Fridlandiae, interim [Misae (boëmice *Strzibro*) asseruatum, et abinde anno 1636 mense Iunio in sarcophago, ruditer ex asseribus compacto, nec dum absque omni velamine conclusum, ad monasterium Cartusiae Waldicensis

---

*) Diese letztern vier wurden von den Dragonern bis aufs Hembe ausgezogen und geplündert. So gar den rothen Teppich raubten sie von des Herzogs Leichname. Khevenhiller Th. XII, S. 1164 schreibt, daß Neumann, weil er seine Hände in Oestreichischem Geblüte waschen wollen, unter dem Galgen sey begraben worden.

**) Kaiser Ferdinand II überließ ihr auch ganz eigenthümlich ihren Wittwensitz, die Herrschaft Neuschloß in Schlesien. Ihre einzige Tochter vom Herzoge, Maria Elisabet, heurathete Grafen Rudolph von Kaunitz. Da ich eben höre, daß Herr von Herchenhahn, Herzogl. Sächs. Weimarischer Agent in Wien, Nachrichten zur Geschichte Wallensteins herausgibt, so wünschte ich sehr, daß er die Harrachischen und Kaunitzischen Familien-Archive dabey benutzen könnte.

censis in curru annonario (vulgo *Rüstwagen*) sub
custodia octo sclopetariorum aduectum fuit. Simul
litterae a Locumtenentibus Regni Priori Cartusia-
norum exhibitae sunt, quibus iussus est corpus absque ullo honore Sepulchro condere. Conditum
autem est in crypta ad latus dextrum Ecclesiae,
ubi etiam reconditum est corpus primae suae con-
iugis Lucretiae de Waldstein, *) natae Nikessanac
a Landek. In lapide sepulchrali nulla est inscrip-
tio. Ossa Waldsteinii in Sarcophago stanneo, ante annos circiter 48 elaborato, conclusa, per Re-
uerendissimum Dominum Vicarium Giczinensem de
crypta leuata Commissariis Comitis de Waldstein
extradita, et Hradistium, uulgo *Münchengräz*, **)
in districtu boleslauiensi, auecta sunt. ***) An
autem in Sarcophago Epigraphe fuerit, ignoro.

Allerdings ist auf dem im Jahre 1743 gegossenen
innernen Sarge folgendes Chronostichon zu lesen:

WaLDeCensIVM reLIgIosa pIetas et grata
posterItas eXstrVI IVssIt.

Quaeris, Viator, quis hic iacet?

Albertus Eusebius Waldstein Dux Fridlandiae,
qvi 1634, die 25 Februarii aegre fatis cessit
Egrae.

---

*) S. oben, a. d. 307ten Seite.

**) Ein Flecken und Schloß, einer Linie der Grafen
von Waldstein gehörig, liegt unweit der Iser, im
Bunzlauer Kreise, zwo Meilen von Jungbunzlau
Nordostnordwärts.

***) Herr Steuereinnehmer Raubers in Eger erzählte
meinem Freunde, daß der Sarg mit vielem Gepran-
ge dorthin überbracht worden sey.

Fulgebat olim Splendore Martis, dum pro Deo,
pro Ecclesia, pro Caesare, pro Patria, for-
titer pugnavit, et triumphauit Heros inclytus.
Eum, quoniam legitime certauit, Deus ad se
uocauit caelestique Corona praemiauit. (*prae-
miatus est.*)

Cuius iam bello fessa, hic in pace quiescunt ossa.

Diese letztere Grabschrift sollte vielleicht auf den Gruftstein in der Kartäuserkirche zu Waltitz zu stehen kommen. Sie klingt aber zu unlateinisch und mönchisch. Herr Rost, ein gebohrner Gitschiner, dermalen Prediger zu Königinngrätz, ging 1787 in die seit 1781 aufgehobene Karrause, ließ sich die Kirche öffnen, und fand auf dem Grabstein keine Aufschrift.

EPITA-

EPITAPHIA WALLENSTEINIANA. *)
Germanorum.

Finem animae, quae res humanas miscuit olim,
Non morbus, non saxa dabant, non pugna,
    sed illa
Gustaui uindex, et tanti sanguinis ultrix,
Hasta.   LVCAN.

* *

Fortuna abusus esset ni sua,
Abusa Fortuna an fuit Fridlandio?

* *

Elende Feinde Wallensteins machten ihm kurz nach seinem Tode folgende einfältige Grabschrift, welche im Theatro Europ. Th. III, S. 187 steht:

Hier liegt und fault mit Haut und Bein
Der große Kriegsfürst Wallenstein,
Der große Kriegsmacht z'sammen bracht,
Doch nie geliefert recht ein Schlacht.
Groß Gut that er sehr vielen schenken,
Dargegen auch viel unschuldig henken.
Durch Sternguken und lang Tractiren,
That er viel Land und Leut verlieren.

---

*) Sie sind von Freunden und Feinden des Ermordeten. Die Unpartheylichkeit der Geschichte erfordert von beyden Theilen sie hieher zu setzen.

Gar zart war ihm sein böhmisch Hirn,
Konnt nicht leiden der Sporen Klirrn.
Hahnen, Hennen, Hund er bandisirt
Aller Orten, wo er logirt.
Doch mußt er gehn des Todes Strassen,
D' Hahn krähen, d' Hund bellen lassen.

* *

Von eben so erbärmlichem Witze ist folgendes:

Herodes.

Intrauit ut Vulpes,   Belliger ut Lepus
Superbiit ut Pauo,   Gratus ut Cuculus,
Vixit ut Tygris,   Mortuus ut Canis.
  Proditor Iudas.

* * *

Epitaphium Waldsteinii.
Auctore *Paullo Macci.*

Me gelido tulit aegra nimis fortuna sub axe,
 Aegrum meque aegri praegenuere patres.
Aeger multa tuli, per mille pericula miles,
 Aegri dum corpus sustinuere pedes.
Aegre hostes uici, dum pugnans aegre ferebam.
 Aegros dum tetigi munia prima gradus.
Caesaris arma ferens agros domusque Rebelles
 Aegros affeci supplicioque duces.
Aegre sum passus, grates quod redderet aegras,
 Aegra et pensaret fortia facta manu.
Vix ego straui Victorem uulnere Regem,
 Regalis fulmen cui prope cessit auis.
Aegrum dira manus telis me conficit aegre,
 Aegrae dum me urbis moenia clausa tenent.

         Omnia

Omnia qui dixit, qui geffit, qui tulit aegre,
　　Aegrum illi tumulum, par fuit, Aegra daret.

● ✶

D. I. R. M.　　　I. F.

Hic iacet Albertus fub opaci pondere Saxi:
Dux quondam, nunc truncus iners, quem Caefar honorum
Impleuit titulis, quem fors fuper ardua uexit
Culmina, quem toto Mauors clarauerat orbe:
Quem tremuere Gothi, quem non tulit Arcticus Hoftis:
Qui galli cantus, Libyci de more leonis,
Horruit, atque ocreas uelut exitiale ftrepentes,
Et tantum fonitus pauit calcaris acutos:
Quantum dama lupos, quantum iuga cerua moloffos,
Nunc fic ambitio, fic mens ingrata coëgit,
Deifida fic rabies, animus fic degener urfit.
Nunc repetit, quondam Caefar quos auxit, honores,
Culmine praecipitem fors trufit, claffica Mauors
Abftulit, Arctoae nunc eft quoque fabula genti,
Gallus et impunis uenientes indicat horas,
Et ftrident ocreae, et fua funt calcaribus ora.
Difcite Iuftitiam, conceffaque linquere Sceptra,
Queis Deus illa dedit, dic, qui legis ifta, Viator:
Sit tibi terra grauis, cui tu grauis ante fuifti.

● ●

Dixerat Aftrologus, quod Egrae, Fridlande, peribis,
　　Aegre fed dictum credidit ille fibi.

Nec sibi dira licet minitentur tela, ueretur,
  Nec metuit, ne quam trux daret hasta necem.
Nam quis adhuc metuat, quando sibi tarda propinat
  Fata, et tantum aegre posse perire putat?
Non male Fridlandus dictum intellexit, et idem
  Non male Fridlando dixerat Astrologus.
Pectus enim hastili postquam transfigitur, aegre
  Fridlandus periit, quando peribat Egrae.

* * *

Hispanorum.

In Madrid wurde folgendes Epitaphium *) in Kupfer gestochen:

Stupescite, Caelites, scelus intentum,
Gaudete, mortales, detectum,
Lugete, daemones, destructum.
Siste. Viator, rem disce.

Anno M. DC. XXXIV, Vrbano VIII Papa sedente, Ferdinando II Occidentis Imperatore triumphante, Philippo IV, Dominico uictore, Hispaniam gubernante, Ludouico XIII Borbonio Galliarum Sceptra tenente.

Carolo I Angliam possidente,
Ferdinando Pannoniam gubernante,
Ladislao Poloniam dominante,
Solimanno Tyranno tyrannizante,

Lutheranorum Promissionibus, Cardinalis Plessii de Richelieu Sollicitationibus, Idibus Martiis captato Lunae deliquio, ut totum caput impleret, ut totam

---

*) Th. Carve Itinerarium; P. I, pag. 114, 115.

tam ſtirpem Auſtriacam deleret, ſtimulis ambitionis actus, Dux Fridlandiae nefando mucrone extinguere uoluit,
Et Numen noluit.
Mirabitur aeternitas tantum nefas,
Stupebit Orbis tantum ſcelus,
Lugebit et mater Eccleſia
Filium ſuum primogenitum,
Cardinalem ipſum, *)
Deſtructioni ſuae patrocinantem.
Lector, tanta monſtrorum portenta,
niſi reſipiſcant,
diris deuoue,
et diſce,
Volubilem Fortunae rotam,
Dignitatum iter lubricum,
Et tot millium militum capitibus imperantem
ueneno ambitionis
nec imperare uoluiſſe, nec potuiſſe.

* * *

Italorum.
Folgendes italieniſche von Lorebano iſt gewiß ſehr artig, und im Geiſte des Alterthums abgefaſſet.

Difenſor della fede, e dell' Impero,
Un' haſta amica al fin paſſòmi il cuore.
Non sò dir, ſe tradito, ò traditore:
Perche nuoce anco a i morti il dir il vero.

* *

Nobilis Miles,
Dux
Imperator,
Caeſari ſimilis,

Hic

*) Richelieu. S. oben S. 352.

Hic iacet.
Victor uictus
Desertor desertus.
Dum sceptrum quaerit, feretrum inuenit.
Disce, uiator:
Non semper Audaces Fortuna iuuat.

* *

Hic iacet
Corpus et Fama Principis Wallenstein,
Vtrumque simul perdidit.
Reddidit, non perdidit.
Fraude commissa sors assumpsit,
Fortuna auxit,
Perfidia destruxit.
In ascensu se rexit,
In uertice praecipitauit.
Bene egerat, si bene finiisset.

* * *

Gallorum.

Vitam priuatam odit animus regius,
Magnanimus ardua molitur.
Ambitionis nec meta, nec regressus,
Aut pereundum, aut regnandum.
Nec iudicanda euentu, quae ratione acta sunt.
Actiones sunt uirtutis,
Euentus fortunae.
Iustum erat, ut Sceptrum regium quaereret,
qui Caesarem dedit.
Quod fecit, licet,
Quia fecit, ut regnaret.
Caesarem cadentem erexit Wallenstein,
Caesar erectus prosternit Wallenstein.

Qui

Qui in aduerfis focium habuit,
In profperis feruum non fuftinet.
Voluit perdere, quem non potuit remunerari.
Nimium meritum odium peperit.
Dum uictoriam alii parat,
Inuidiam fibi ftruxit.
Gloriam dedit Imperio; Imperium fibi ruinam.
Vitam, opes, amicos, pro Caefare toties expofuit,
Vitam, opes, amicos, Caefar femel abftulit.
Vita ceffat,
Fama durat.
Quis nefcit tua uirtute partum, auctum, firmatum
Imperium?
Nil aliud iniuftum fecifti,
Nifi quod ingrato nimium fideliter feruiuifti.

Schriften [*)]
zur Geschichte des Herzogs von Friedland.

Theatrum Europaeum. I Theil. Franff. am Mayn, zwote Ausgabe, 1643. II Th. -te Ausgabe, 1646. III Th. 1644. fol. mit vielen Merianischen Kupfertafeln.

Nicolai Belli de Statu Imp. Rom. perturbato Cæsareo Sueco. Das ist, Weyland Gustaui Adolphi, Königs in Schweden, wie auch Ludouici XIII, Königs in Frankreich, wider die in Gott ruhende, und jetzo regierende Kayf. Majest. Ferdinandum II & III, sodann auch andere des Reichs Catholische und Evangelische Churfürsten und Stände, vorgenommene Kriegs Expedition, und deren Ursachen, Kriegs- und Friedenshandlung. Tom. I. Franff. 1640. Tom. II. 1641. fol. Dieser zweyte Theil macht den dritten von Londorps Actis publicis aus.

Gr. Franz Christoph Khevenhillers Annalium Ferdinandeorum 9 — 12ter Theil. Leipzig, 1726. fol. mit Kupferstichen.

Philippi Arlanibaei Arma Suecica, h. e. vera et accurata descriptio belli, quod Gustavus Adolphus Sueciæ Rex, contra Ferdinandi II Imp. exercitum in Germania gessit. 1631. 4.

Armorum Suecicorum continuatio Francof. 1632. 4. Deutsch. 1632 und 1633. 4.

Bogislaff Philip von Chemnitz königlichen Schwedischen in Teutschland geführten Kriegs. Erster Th. Alten Stettin, 1648. Anderer Theil, Stockholm, 1653. fol. fig.

Memorie historiche dalla mossa d'Armi di Gustavo Adolfo Re di Suetia in Germania l'Anno 1630. *Scritte in cinque Libri dal Sig.* Conte Maiolino Bisaccioni. (1630 — 1635.) In Venetia, 1642. 4.

Historia delle Guerre di Ferdinando Secondo, e Ferdinando Terzo Imperatori contro Gostavo Adolfo Rè di Suetia, e Luigi XIII Rè di Francia. 1630 — 1649. *Del Conte* Galeazzo Gualdo Priorato. IV Parti. In Venetia, 1653. 4.

Samuelis Pufendorfi Commentariorum de Rebus Suecicis Libri XXVI. Ultraiecti, 1686. fol. (Deutsch übersetzt von J. J. M. v. S. Franff. 1688. fol.)

Altera Editio, auctior. 1705. fol. fig.

Le Soldat Suedois. Ou Histoire veritable de ce qui s'est passé depuis la venuë du Roy de Suede en Allemagne jusque à sa mort. (Par Frederic Spanheim, 1649) à Rouen, 1634. 8. P. II. à Paris, 1642. 8.

Petri Baptistae Burgi, Genuensis, de Bello Suecico Commentarii, quibus Gustavi Adolphi, Suecorum Regis, in Germaniam expeditio, usque ad ipsius mortem comprehenditur. Leodii, 1643. 12. fig.

Wurde unter dem Titel: Mars Sueco - Germanicus, zu Kölln 1644. 12. wieder aufgelegt.

Everhardi Wassenbergii, Embricensis, Commentariorum de Bello inter Ferd. II et III et eorum hostes gesto, Liber singularis. Franc. 1638. 12.

Unter dem Titel Florus Germanicus. Dantiſci, 1642. 12.

Status particularis Regiminis S. C. Maieſtatis Ferdinandi II. 1637. 16.

(*Leonhardi Pappii*, Canonici Conſtantienſis, et Auguſtani) Epitome Rerum Germanicarum, ab Anno 1617 ad 1643 geſtarum. 1644. 16.

Wilhelm Hyacinth Bougeant, (S. I.) Hiſtorie des dreyßigjährigen Krieges ꝛc. Aus dem Franzöſiſchen überſetzt. Mit Anmerkungen und einer Vorrede begleitet, von Friedrich Eberhard Rambach, Erſter Theil. Halle, 1758. gr. 8.

(Hofrath Buders) Geſchichte des dreyßigjährigen Krieges ꝛc. Frankff. und Leipz. 1748. 4. Im Jahr 1750 wurde blos ein neuer Titel dazu gedruckt.

Harte's Leben Guſtav Adolphs. Ueberſetzt von Martini. Leipzig, 1760. 4. 2 Bände.

Hiſtoire de Guſtave Adolphe dit le Grand, et de Charles - Guſtave Comte Palatin, Roys de Suede, et tout ce qui s'eſt paſſé en Allemagne pendant leur vie. Par le Sieur R. *de Prade.* à Paris, 1693. 8.

L'hiſtoire des dernieres Campagnes & Negociations de Guſtave Adolphe en Allemagne, Ouvrage traduit de l'Italien par Mr. l'Abbé de Francheville, iſt eigentlich ein Theil der obigen Geſchichte des Gualdo Priorato.

Georg Engelſüß Hiſtoria exercituum, oder von Kriegsrüſtung der Evangeliſchen Chur- und Fürſten von 1630 bis 1635. Frankff. 1648. 8.

P. *Landsberg* Guſtavi Magni Bellum Germanicum. Roterodami, 1653. 12.

Ioh. Petri Lotichii Auſtrias parva; i. e. Gloriae Auſtriacae, et belli nuper Germanici, ſub Matthia, Ferdinandis II & III Impp. geſti, compendiaria narratio. Francof, 1653. 12.

Id.

Id. de Rebus Germanicis, T. I, 1646. T. II. 1650.

Pietro Pomo *de' Saggi d' hiſtoria, overo guerre di Germania dall' invaſione del Rè di Suetia fino alla morte di Walleſtein. Venetia,* 1640. 4.

Caſparo Thuillerio *Hiſtoria della Guerra trà Ferdinando II Imperadore, e Guſtavo Adolfo, Rè di Suecia. In Venetia,* 1634.

Benigni *Iulii* Hiſtoria belli germanici ab a. 1617 ad 1638 annum. Francof. 1638. fol.

Ital. *Guerre di Germania dall' anno* 1618 *fino alla pace di Lubeca. Traſportate nella lingua italiana da* Aleſſandro de Noris. In Bologna. 1640. 4.

Vittorio Siri *Memorie recondite dall' anno* 1601 ſino al 1640 Vol. I — VIII. in Roma, Parigi, Lione, 1677 — 1679. 4 8 Bände.

Euuarti Iolyvet († 1652) Fulmen in aquilam, ſeu Guſtavi Magni Bellum Sueco - Germanicum. Carmen.

Antonii Gariſſolii († 1650) Adolphis. Iſt mir unbekannt.

Iob. Loccenii Hiſtoriæ Suecanæ Libri IX. Francof. 1676. 4.

Vlrici Huberi rerum in orbe geſtarum Tomi III. Franc. 1692. 8.

Hiſtoire du Regne de Louis XIII. Par *Michel le Vaſſor.* 3me edit. Amſt. 1701 — 1708. gr. 12. T. 1 — 8.

Insbesondere gehören zur Wallensteinischen Geschichte folgende Schriften:

Iob. Tanner Amphitheatrum gloriae, ſpectaculis Leonum Waldſteiniorum adoratum. Pragae, 1661. fol.

Dissertazione dell' origine delle nobilissime Famiglie di Waldstein e di Wartenberg. Gorizia. 1766. 4.

Wenzesl. Czerwenka de Wieznow Splendor & gloria domus Waldsteinianae. Pragae, 1673. 4.

Epitome brevissima universae Historiae Waldsteiniae. Pragae, 1717. 4.

Kronik vormals böhmischer Kronlehen, nunmehr ins allodium gezogener zweyer Städte Friedland und Reichenberg, von P. J. K. Rohn. Prag, 1763. 4.

Iob. Christophori Wagenseilii Exercitatio quinta ostendens Albertum Fridlandiae Ducem, fuisse omnino quondam Academiae Civem. In dessen Exercitationibus varii argumenti, Altd. et Norimb. 1687. 4. pag. 204 — 210.

Hrn. Prof. Wills Anekdoten von dem berühmten Herzog von Friedland, General Albrecht von Waldstein. Im histor. diplom. Magazin, I Band, 2tes Stück. Nürnb. 1780. gr. 8. S. 221 — 232.

Georg Philip Anton Neuburo Geschichte des dreyßigjährigen Krieges. Schwerin und Güstrow, 1774. 4. Eigentlich sollte der Titel heißen: Von dem Zustande der Stadt Stralsund in den Jahren 1627, 1628 und 1629. Es ist ein wichtiges Buch zur Geschichte des Herzogs von Friedland.

Kurze Erzehlung. Aller fürnembsten Händel. So zwischen der Pfaltz-Bayer-Tyllischen und Kayser Friedländischen gegen der königl. Dennemärckischen Armada im Nieder- und Ober-Sächsischen Creyse, auch in Schlesien 2c. sich begeben. Durch M. Liborium Vulturnum. 1631. 4.

Extract eines Particular-Schreiben aus Prag, oder kurzer und glaubwürdiger Bericht, was gestalt Ihre Fürstl. Gn. von Wallstein, Kays. Majest. General Feld Obrister, den 14 Februarij dieses 1633 Jahres nach Kriegs Proceß in 18 hohe und fürnehme Officirer, darunter ein Welscher Graf und ein Freyherr von

von Hoffirchen gewesen, durch den Nachrichter in der alten Stadt Prag vor dem Rathhauß auf einer Bühne enthaupten lassen, der ursachen halben, weil sie in Jüngster Schlacht vor Lützen nicht bapfer gefochten. 1633. Vier Quartseiten.

Wallsteinische Mord- und Blutpracktick, das ist, kurze Erzählung, was gestalt der Wallsteiner eine betrügliche Friedens-Tractation, zwischen den Schwedischen Chur-Sächsischen und Chur-Brandenburgischen zu Strålen anstellen wollen etc. Gedruckt im Jahr Christi 1633. 4. Ein Bogen.

Itinerarium R. D. *Thomae Carve* Tipperariensis, Sacellani maioris in fortissima iuxta et Nobilissima Legione Strenuissimi Domini Colonelli D. Walteri Deveroux, sub Sac. Cæsar. Maiestate stipendia merentis. Cum Historia facti Butleri, Gordon, Lesly et aliorum. Editio tertia auctior et correctior. Moguntiae, P. I. 1640. P. II. 1641. P. III. 1647. 12.

Ich habe aus dem ersten Theile das eilfte Kapitel oben S. 317 u. f. abdrucken lassen.

Alberti Fridlandi Perduellionis Chaos Ingrati Animi Abyssus. Cum Licentia Superiorum. Anno 1634.

Ich habe diese höchst seltene Schrift, die ich, nebst der folgenden, schon viele Jahre zu besitzen suchte, noch nicht bekommen können, ob ich gleich meinen Freunden in Böhmen und Oestreich sie gerne mit etlichen Ducaten bezahlt hätte. Sie muß schon im vorigen Jahrhunderte sich sehr selten gemacht haben, weil mir bisher nur eine einzige Abschrift davon zu Gesichte gekommen ist, nämlich in hiesiger Stadtbibliothek; *) daher ich sie nebst der folgenden abschrei-

---

*) Unter den Solgerischen Handschriften; s. meine Memorabilia Bibliothecar. publicarum Norimbergens. P. I, pag. 405.

schreiben, und den Urkunden zur Geschichte Wallensteins habe beydrucken lassen.

Alberti Fridlandi Perduellionis Chaos, &c. 44 Quartseiten.

Man sehe oben a. b. 203ten Seite den ganzen Titel. Man sieht, daß es nichts weniger, als Uebersetzung der eben gedachten lateinischen Schrift ist. Auch diese Schrift habe ich noch nirgends, als unter den Solgerischen Büchern*) auf hiesiger Stadtbibliothek angetroffen. Sie soll in Wien 1634, und im folgenden Jahre zu Prag gedruckt worden seyn. Ich halte dafür, daß der Name Albert Curtius erdichtet ist. In diesen beeden Schriften ist alles verzeichnet, was nur irgend dem Herzoge von Friedland zur Last gelegt werden konnte.

Ob folgende Schrift nur ein neuer Titel, oder eine eigene besondere Abhandlung sey, weis ich nicht:

Apologia und Verantwortungsschrift, aus was hohen, wichtigen und fürdringenden Ursachen etliche zu Eger in Böheim anwesende Ihrer kaif. kön. Majest. Kriegsofficier, an den kaif. Generalissimus Albrecht, Herzogen zu Friedland, und andere bey sich gehabte Adhärenten den 15 25) Febr 1634 gewaltthätige Hand anzulegen, und zu Verhütung höchsten Unheils, denselben vom Leben abzuhelfen, bewogen und gedrungen worden &c. Gedruckt im Jahr 1634. 4.

Relation aus Parnasso über die einkommende Advisen des Meuchelmords an kaif. Majest. Generalissimo, Herzogen von Friedland, durch Obersten Butler. 1634. 4. Man sieht sogleich, daß dieses eine im Geschmacke des Trajano Boccalini geschriebene Vertheidigung Wallensteins ist, die mir aber auch noch nie zu Handen gekommen. Es soll in Nürnberg, (allda wird sie wohl am wenigsten gedruckt worden seyn) damals eine Schrift, Vertheidigung des Wal-

---

*) Catal. Biblioth. Solger. P. II. pag. 432.

Wallensteins gedruckt worden seyn, wovon der Egerische Rathsherr Minetti, der im vorigen Jahrhunderte lebte, schreibt, daß sie dessen Gönner oder Befreunde nach seinem Tode herausgegeben; sie sey aber durch gänzlichen Auffauf, wie man dafür hielt, endlich ganz und gar verloren gegangen. Man wollte auch sagen, daß der weiland gewesene Pragische Erzbischoff von Wallenstein diesem Buche sehr nachgestrebet habe, und solches, ohngeachtet er ein großes Stück Geldes dafür bezahlen wollte, doch nicht habe bekommen können. Dieses Buch soll eigentlich die Ursache gewesen seyn, daß die vorige Schrift: Alberti Fridlandi Perduellionis Chaos, die ich oben habe abdrucken lassen, herausgegeben worden. Ich habe mir alle Mühe gegeben, diese Vertheidigung Wallensteins ausfindig zu machen; aber vergeblich, so daß ich fast an ihrer Existenz zweifle. Gedichte auf einzelnen Blättern mögen damals häufig ausgestreuet worden seyn, zum Lobe, oder doch zur Vertheidigung des ermordeten Feldherrn, da ausdrücklich, in der deutschen Schrift Perduellionis Chaos (oben S. 208 und 209) hochverbottener famoser Gedichte, und in offenem Druck spargirter Famos Schriften gedacht wird, die ohne Scheu herumgetragen werden, welche zu Ausfertigung dieses oben abgedruckten ausführlichen und gründlichen Berichts etc. die Veranlassung gegeben haben.

Es muß schon zu Lebzeiten des Herzogs von Friedland 1630 und 1631 manches zu seinem Lobe gedruckt worden seyn. Z. B. in dem lateinischen Perduell. Chaos (oben a. d 161sten Seite) heißt es ausdrücklich: (1631) Dresdae in typum ibant Fridlandi laudes, gestaque publice commendabantur. Was mögen wohl dieses für Zeitschriften gewesen seyn, die sich bereits verlohren haben?

Morte del Voleſtain. Deſcritta (1634 nel meſe di Marzo) da Giovanni Franceſco Loredano, Nobile Veneto; in deſſen Opere Venez. 1653. 16 Vol. III, p. 89 – 118; und in den Bizarrie academiche, Parte I, Venez. 1662. 12. pag. 239 - 277.

Hiſtoria della Vita d'Alberto Valſtain Duca di Fritland. Del Conte Gualdo Priorato. *Alla Maeſtà Chriſtianiſſima di Luigi Terzodecimo, Rè di Francia, di Navarra &c. Il Giuſto, il Trionfante.* A Lion, chez Jean-Ayme Candy. Avec Permiſſ. 1643. 4. mit Waldſteins Bildniſſe, nach Heinrich Hondius geſtochen.

Vita Alberti Waldſteinii, Ducis Fridlandiae, &c. Ex Italico *Galeacii Gualdi*, in latinum ſermonem translata. Labore ac ſtudio Ioſuae Arndii. Roſtochii, 1668. 8. Iſt der Rohaniſchen Trutinæ Statuum Europæ angehängt, und wurde 1725. 8. wieder aufgelegt.

Lebensgeſchichte Albrechts von Waldſtein, Herzogs zu Friedland ꝛc. Aus dem Italieniſchen des Grafen Prio..to in das Deutſche überſetzt, und mit Münzen erläutert. (Von D. Wilhelm Friedrich Link † 25 Oct. 1788) Nürnberg, 1769. 8. mit zwo Münztafeln.

La Conſpiration de Valſtein. Par Mr. Saraſin. In ſeinen Oeuvres, 1656. 8. S. 89 u. f. à Paris, 1694. 12. S. 71 — 109. Hr. Rambach hat dieſe Schrift, in welcher von der eigentlichen Verſchwörung ſehr wenig geſagt wird, deutſch überſetzt, und ohne den Verfaſſer zu nennen, in die Vorrede zu Bougeants Hiſtorie des dreyßigjährigen Krieges S. 6 — 47 eindrucken laſſen.

Leben Albrechts Wallenſteins, Herzogs von Friedland. Von Hrn. (Gottl. Benedict von Schirach). Im fünften Theile von deſſen Biographie der Deutſchen. Halle, 1773. gr. 8. Dieſe Schrift hat viele Vorzüge,

züge, und ich halte sie für die beste unter den Lebensbeschreibungen dieses Feldherrn.

Leben und Thaten des Generals Wallenstein, aus den besten Quellen zusammen gezogen. Breslau, 1783. gr. 8. Der mir unbekannte Verfasser nennt sich am Ende der Vorrede blos B.

Albrecht Wallenstein, Herzog von Friedland. Im zwenten Bande der Leben und Bildnisse grosser Deutschen. Herausgegeben von Anton Klein. Mannh. 1787. fol. mit Bildnissen. In der Octavausgabe S. 51 — 195. Das meiste ist fast wörtlich aus Schirach genommen, z. B. S. 26 (der Folio Ausgabe) S. 42, 44 verglichen mit Schirachs Leben Wallensteins S. 125, 187, 194 u. f. Von den zwey Bildnissen werde ich unten reden.

Hr. Agent von Herchenhahn in Wien ist im Begriffe, Nachrichten zur Geschichte Wallensteins herauszugeben, oder vielleicht sind sie schon gedruckt. Wie sehr würde ihm jeder Freund der Wahrheit verbunden seyn, wenn er nebst Hrn. Hofrath Michael Ignaz Schmidt uns aus den weimarischen, östreichischen und böhmischen öffentlichen und Privat-Archiven das aufklären möchte, was bisher von diesem in seiner Art einzigen Manne des vorigen Jahrhunderts, der bis zur Katastrophe seines Schicksals Kaisers Ferdinands Liebling, und vertrauter Tischgenosse *) war, verborgen lag.

---

*) Quoties cum Ferdinando II (1628) coenabat, aeque a Parentis manibus, Caesaris Filii aquam cogebantur infundere. *Hier. Drexelius* in Palaestra christ. P. II. c 3, §. 2.

Verzeichniß aller Münzen
Albrechts, Herzogs von Friedland, Sagan, und Mecklenburg.

Ducaten. *)

Friedland und Sagan.
1627.

Avers. ALBERTVS D. G. DVX FRIDLAND. Des Herzogs vorwärts sehendes Brustbild im Harnisch, mit einem steifen halbrunden Halskragen, darunter eine Sonne.

Revers. SAC. RO. IMPE. PRINCEPS. 1627. In einem mit dem Fürstenhute bedeckten runden Schilde ist der Friedländische gekrönte Adler, und auf dessen Brust das vierfeldige Wallensteinische Wappen.

Köhler, n. 2232. Hamburgl. Duc. Cab. n. 1164.

Noch ein anderer überaus rarer Ducaten.

A. ALBERTVS. DEI. GRA. DVX. FRIDLANDIAE. Wie im vorigen.

R. Das

---

*) Joh. Tob. Köhlers vollständiges Ducaten-Cabinet. II. Theil, Hannover, 1760. 8. S. 622. und 702. Auserlesenes Ducatencabinett ꝛc. Hamburg, 1784. gr. 8. S. 161 und 180.

Wallensteinische Ducaten.

R. Das Wappen. SACRI. ROMA. IMPE. PRINCEPS. 627 (1627)

Hamb. Duc. Cab. n. 1165.

Es ist auch ein Goldgulden vom Jahr 1627 heraus. Hagen Orig. Münzcab. S. 326.

1629.

A. Das vorwärts sehende geharnischte gravitätische Brustbild: ALBER. D. G. D. FRID. ET SAGA.

R. Das mit dem Fürstenhute bedeckte Wappen. SAC. RO. IMPE. PRINCEPS. 1629. Der friedländische Adler in einem mit dem Fürstenhute bedeckten Schilde. Auf der Brust des Adlers sind die Wappen von Sagan und Wallenstein in einem sechsfeldigen Schilde. Höchst rar.

Köhler Duc. Cab. n. 2233. Hamburgl. Duc. Cab. n. 1166.

Mecklenburgischer Ducate.
1631.

A. Das vorwärts sehende Brustbild, mit niedergelegtem und mit Spitzen eingefaßtem Kragen, und mit einer auf der rechten Achsel geknüpften Feldbinde. In der Umschrift ist ein halber Greif in einer runden Einfassung zu sehen. ALBERTVS D. G. DVX. MEGAPOL. FRIDL.

R. Das mit dem Fürstenhut bedeckte, und mit der Ordenskette des goldenen Vließes umgebene Wappen: ET. SAGAE. PRINC. VANDAL. 1631. Ist sehr rar.

Joh. Dav. Köhlers Münzbelustigungen, III Th. S. 17. Köhler Duc. Cab. n. 1994. Hamburg. Duc. Cab. n. 1054.

1633.

1633.

Ist vorhergehendem gleich.

R. Das Wappen, wie auf vorhergehendem: ET SAGÆ. PRINC. VANDAL. 1633.

Ein sehr rarer Doppelducate. Köhler, n. 1995.

Medaillen. *)

Eine ovale 1½ Zoll hohe, 1¼ Zoll breite Medaille, welche in Silber (1⅛ Loth) und Gold (9 Duc.) geprä‍get worden ist.

A. Das Brustbild mit ganzem, sehr ernsthaftem Ge‍sichte, etwas links sehend, mit bloßem Haupte, zu‍rück gekämmten Haaren, breitem Spitzenkragen, anhangendem Orden des goldnen Vließes, und umgeschriebenen Namen: ALBERTVS. D: (ei) G: (ratia) DVX. MEGA: (politanus) FRID: (landiae) ET. SAG: (ani)

R. Die andere Seite hat das mit dem Fürstenhute bedeckte Wappen, um welches ebenfalls die Ordens‍kette des goldnen Vließes gehet, unten daran aber ganz klein die zu beyden Seiten getheilte Jahrzahl 1631 befindlich, und herum der fernere Titel zu lesen ist: PRIN: (ceps) VAN: (dalorum) COM: (es) SVERI: (ni) DO: (minus) ROSTOCH: (i) ET. STAR: (gardae).

Madai Thalersamml. 1788. n. 3779.

Eine runde Medaille 1½ Zoll im Durchmesser.

A. Das Brustbild accurat, wie in der ovalen Me‍daille, mit der Umschrift: ALBERTVS. D: (ei) G: (ratia) DVX. MEGA: (politanus) FRID: (landiae)

*) Johann Hieronymus Lochners Sammlung merk‍würdiger Medaillen. Achtes Jahr, 1744. S. 377 — 392. 48 und 49ste Woche, oder Stück.

(landiae) ET. SAG: (ani) PRIN: (ceps) VAN: (dalorum).

R. Das Wappen ist zierlicher, als auf der ovalen Medaille, auch ist hier das mittelste Gräflich Waldsteinische Feld nicht, wie dort, in gleicher Reihe, sondern allenthalben hinaus gerucket, auch unten rund, und erscheinet als ein ordentliches aufgesetztes Herzschild. Die Jahrzahl 1631 ist auch nicht unten, sondern oben, zu beyden Seiten des Fürstenhutes, und die Umschrift ist mit dem Gräflich Waldsteinischen Titel also vermehret: COMES. DE. WALD-STEIN. ET. SVERI: (ni) DO: (minus) RO-STOCH. ET. STAR: (gardae).

Lochner (S. 378) verwechselt das Friedländische Wappen mit dem Saganischen.

Thaler. *)

Die Wallensteinischen Thaler und Ducaten sind von dreyerley Sorten.

Die ersten hat er blos als Herzog von Friedland schlagen lassen, in den Jahren 1626, 1627 und 1628, allwo auf dem Revers das Wallensteinische Wappen der Brust eines einköpfigten Adlers, als des Friedländischen Wappens, einverleibet zu sehen ist. Merkwürdig ist die Sonne auf den meisten, unter Wallensteins Bildnisse, welche der Verfasser der Hamburgischen Remarquen für das Wappen der Münzstadt ansieht, da es wohl vielmehr das Zeichen des Stempelschneiders seyn kann. **).

Die

---

*) Joh. David Köhlers histor. Münzbelustigungen, III Theil, S. 434, 435. Hamburgische Remarques über die neuesten Sachen in Europa, IV Theil, S. 241, 244 u. f.

**) Hr. Oetwerdeck in Silesia numismatica, p. 582 ist auch
dieser

Wallensteinische Thaler.

Die andere Sorte stellet ihn als Herzog von Friedland und Sagan zugleich vor, und ist von 1628 und 1629. Der Revers zeiget auf der Brust des einköpfigen Adlers nebst dem Wallensteinischen, das Saganische Wappen. Weil er auf der ersten Sorte 1628 sich noch blos einen Herzog von Friedland *) schreibt, und in eben diesem Jahr auch den Titel eines Herzogs von Sagan hinzu fügen lassen, so weis man gewiß, daß er im besagten Jahre 1628, und weder eher noch später, das Herzogthum Sagan erhalten habe. Die Sorte vom J. 1629 stellet den Friedländischen Adler, nebst seinem Brustschilde mit der Ordenskette des goldnen Vließes vor, gleichwie solche um das Wappen

der dritten Sorte, (wie auch auf den Ducaten) anzutreffen ist, worauf er sich zugleich einen Herzog in Mecklenburg schreibt. Dergleichen Thaler und Ducaten gehen von 1629 bis 1634.

Thaler vom J. 1626. **) Friedländische.

1. **Avers.** Das geharnischte Brustbild im bloßen Haupte, vor sich sehend, mit kurzen Haaren und steifem Kragen, und einer Feldbinde, darunter eine Sonne, mit der Umschrift: ALBERTVS· D· G· DVX FRIDLANDIAE·

Revers.

dieser Meinung, imgleichen, daß auf etlichen seiner Münzen ein halber Greif und ein S anzutreffen sey, welches er und Hanke von der Stadt Sagan auslegen.

*) Auf dem Kupferstiche seines Bildnisses von Peter Isselburg 1625 gestochen, in klein Folio, heißt er schon Dux Fridlandiae.

**) Diesen und folgende Thaler besitze ich meist; aber von den Ducaten und Medaillen habe ich bisher noch kein Stück bekommen können.

Revers. SAC· ROM· IMPERII· PRINCEPS· 16 27. In einem mit dem Fürstenhute bedeckten unten runden Schilde ist der friedländische gekrönte rechts sehende Adler, auf dessen Brust das Waldsteinische Wappen der vierfeldigen Löwen ist.
   Madai, n. 1593.
2. A. Mit der Umschrift: ALBERTVS· D· G· DVX FRIDLANDIAE· Das Brustbild vorwärts.
R. Das mit dem Fürstenhute bedeckte Wappenschild, mit der Umschrift: DOMINVS PROTECTOR MEVS· 1626. Sehr rar.
   Madai, n. 4088.
    1627.
3. A. Eben so, wie der erste, n. 1. DEI· GRA·
   Medai, n. 1593.
  1628 Saganische.
4. A. Das Brustbild links sehend, in Profil. ALBERTVS· D· G· DVX· FRIDLAN: ET· SAGAN: Unter der Feldbinde: 1628. Unterhalb dieser Jahrzahl eine Sonne.
R. SACRI· ROMANI· IMPERII· PRINCEPS· Wappen und Fürstenhut, wie in den vorigen.
   Madai, n. 1594.
5. A. ALBERTVS· DEI· GRA· DVX· FRIDLANDIAE· Das Brustbild vorwärts. Unten eine Sonne.
R. SACRI· ROMANI· IMPERII· PRINCEPS· 1628.
   Madai, n. 1595.
    1629.
6. A. Brustbild vorwärts. Unten die Sonne.
R. Das Wappen auf dem Adler.
   Madai, n. 4089.
    7. A.

7. A. Brustbild vorwärts.
Sechsfeldiges Wappen.
Madai, n. 4090.

Mecklenburgische.
1629.
8. A. ALBER· D· G· DVX· MEGAP· FRI· ET· SAG· PRIN· VANDAL· Brustbild vorwärts mit stehendem Kragen Unter der Feldbinde ist die Jahrzahl 1629. Unten die Sonne. Ein seltener überaus schöner Thaler.

R. COMES· SVERIN· DOMIN· ROSTOCH· ET· STARGART· Innerhalb der Ordenskette des goldnen Vließes das siebenfeldige *) Wappen, wie auf dem oben S. 379 beschriebenen Ducaten vom J. 1631.

Madai, num. 4090.

1630.
9. A. ALBERT· D· G· DVX· MEGA· FRID· ET· SAG· PR· VAN· Das Brustbild vorwärts. Unter der Feldbinde ein Greif.

R. Das Wappen wie auf dem vorigen Thaler. COM· SVE: DO: ROS: ET· STARGAR: 1630.

Madai, n. 3838.

1631.

*) Im ersten Felde ist das Mecklenburgische Wappen; im zweyten das Friedländische; im dritten das Saganische; im vierten des Fürstenthums der Wenden; im fünften das Stargardische; im sechsten das Rostockische; und im siebenten das Schwerinische Wappen. Der vierfeldige Mittelschild ist das Waldsteinische Stammwappen, in dessen erstem und viertem goldnen Quartier ein blauer, und im zweyten und dritten blauen ein goldner Löwe ist.

1631.

10. 𝔄. Ist wie der vorige. Unten ist der Löwe zwischen dem G und A von MEGA.

𝔑. Wie der vorige, mit der Jahrzahl 1631.

Madai, n. 1363.

1632.

11. 𝔄. ALBERT· D· G· DVX. MEGA· (dazwischen der Greif) FRID· ET· SAG· PR· VAN·

𝔑. Wie an den beyden vorigen Thalern, mit der Jahrzahl, 1632.

Madai, n. 1363.

1633.

12. Ein Thaler mit vorwärts gekehrtem Gesichte.

13. Ein anderer mit dem Gesichte im Profile.

Gulden.

1626.

Von diesem Jahre wird im Berenbergischen Münzcabinette (Hamburg, 1784) num. 1544 ein halber Thaler angezeigt.

1631.

𝔄. ALBERT· D· G· DVX MEGA· (poleos) FRID· (landiae) ET SAG· (ani) PR· (inceps) VAN· (daliae). Das Brustbild mit ganzem Gesichte, im bloßen Haupte, mit kurzen Haaren, Kragen, Harnisch und Gewand.

𝔑. COM· (es) SVE· (rini) DO· (minus) ROS· (tochii) ET STARGARDIAE. 1631. Das Wappen von dreyzehn Feldern mit dem Fürstenhute

stenhute bedeckt, und mit der Toisonkette behangen *).

1633.

A. Ist wie das erstere Gepräge.

R. Eben so, wie am vorigen Gulden, aber mit der Jahrzahl 1633.

Numophylacium Linckianum. Lipſ. 1764. 8. p. 121. n. 1104.

Groſchen. **)

Friedland und Saganiſche. Vom J. 1626.

Von dieſem Jahre war einer im Hageniſchen Original-Münzcabinette, (Nürnberg, 1769. 8.) S. 326.

1627.

Mit vorwärts gekehrtem Geſichte. Die Umſchriften sind wie auf den Thalern. Mit dem Friedländiſchen Adler, oben der Fürſtenhut.

Mecklenburgiſche.
1629.

A. ALBER· D· G· DVX· MEG· FRI· ET· SA· Das Geſicht vorwärts gekehrt. Unten die Zahl 3.

R. COM· SVER· DO: ROS· ET· ST. 1629 Die Mecklenburgiſchen, Friedländiſchen und Saganiſchen Wap-

---

*) Adolph Chriſtoph Weiſens vollſtändiges Gulden-Cabinet in der Ordnung des Madaiſchen Thaler-Cabinets zuſammengetragen. Nürnberg, 1780. gr. 8. S. 483. Num. 1297.

**) Das neu eröffnete Groſchen-Cabinet. Achtes Fach, Leipzig, 1752. 8. Mit Anmerkungen von Johann Gottlieb Böhmen. Leipzig, 1765. 8.

Wappenschilde, mit den Rundungen gegen einander gekehret. Zwischen dem Friedländischen und Saganischen Schilde ist ein S rund eingefaßt. Diese drey Wappen sind mit der Ordenskette des goldnen Vließes umgeben.

Ein anderer mit dem Gesichte im Profil.

1630.
Eben so, wie der vorige; mit der Jahrzahl 1630.

1631.
Eben so.

1633.
A. ALBERT· D· G· D· MEG· FRI· ET· SAG· Das Gesicht im Profil, links gekehrt. Unten der halbe Löwe oder Greif.

R. SAC· RO· IM· PRIN· 1633. Zwischen dem Mecklenburgischen, Friedländischen und Saganischen Wappen sind lilienförmige Zierrathen. Unten ist in einer Einfassung die Zahl 3.

Wallensteins Bildniſſe.

Alle dieſe Bildniſſe ſind vorwärts gekehrt. In Profil iſt mir keines bekannt.

1. Das ſchönſte, und größte Portrait des Herzogs von Friedland iſt ſonder Zweifel das Merianiſche auf eine breite Folioplatte geſtochen. Er iſt zu Pferde im Harniſch und Kollet, den Commandoſtab in der Hand haltend, nach der linken Seite des Kupfers. Zu beyden Seiten des Kopfes ſtehen die Worte: Invita invidia. Unten ſieht man eine belagerte Feſtung. Zu unterſt: Matth. Merian fecit. Die Umſchrift des großen Ovals, das an den vier Ecken mit Kriegsarmaturen gezieret iſt, zeiget an, daß dieſes Bildniß vor 1628 verfertiget worden, als er noch nicht Herzog von Sagan und Mecklenburg war: ALBERTVS DEI GRATIA DVX FRIDLANDIAE SACR· CES^{ae}· MA^{t·s}· CAPITANEVS GENERALIS· Ein höchſt ſeltenes Blatt, 14 pariſer Zoll hoch, und einen Schuh breit.

Folgende ſind faſt alle halb Figur.

2. In einem netten Ovale: ALBERTUS D· G· DUX FRIDLANDIÆ SA^{ae}· CÆS^{ae}· MA^{tis} CONSILIARI9 BELLIC9, CAMERARI9, SUPREM9 COLONELL9 PRAGñs, ET EIUSDE MILITIÆ GENERALIS· Im Bruſtharniſche mit

mit ſpaniſcher Kleidung, den Commandoſtab in der Hand, links gekehrt. Unten iſt die Jahrzahl A. D. cIↃ. IↃ. CXXV.

Petr. Iſselburg ſculpſit, et Exc.

O vtinam redeat DUCE TE PAX inclyta TERRIS; PAX in TERRA homini, laus ſuper aſtra Deo. 7 Zoll hoch, 5 Z. breit, ohne die Verſe. Dieſes ſehr gut geſtochene Bildniß iſt wohl unter allen das ähnlichſte. Der Künſtler ſtarb 1630 in Nürnberg.

3. Von der Gegenſeite. Eine ſaubere Copie davon 3¼ Zoll hoch, 2⅔ Zoll breit. Obige Umſchrift ſteht hier in kleinen Buchſtaben unter dem Bildniſſe. In einem ſeltnen Werkchen: *Elegidia et Poematia epidictica, una cum ad vivum expreſſis Perſonarum iconibus. Impreſſa* Upſaliae. 1631. 43 Octavſeiten, mit dem in Kupfer geſtochenen Titel. 31 Bildniſſe. Dem Wallenſteiniſchen ſind S. 17 dieſe Verſe beygedruckt:

Albertus Dux Fridlandiae.

Agmina diffugiunt, callem quocunque ſecamus,
    Conuerſaeque acies, praecipiteſque ruunt.
Me meritum Caeſar, Dominumque Ducemque creauit,
    Bello praefecit, militiaeque ſuae.
Imperii rerum laxas conceſſit habenas,
    Subiecit fraenis arma uiroſque meis.
Maius in Imperio nullus me exercuit unquam
    Imperium, nullus plura trophaea tulit.
Se mihi ſubmittunt Viſurgis, Rhenus et Iſter
    Tuque Albis, iuſſus non niſi paſſe meos.
Ad noſtros nutus Germania tota tremiſcit,
    Czechia deuoto me colit obſequio.

Teutoniae Danum proſtraui finibus hoſtem.
    Pannonibus leges, Sileſiisque dedi.
Maius opus moueo, nunc nunc maiora capeſſo,
    Europae toti uincula magna paro.
Multa quidem, fateor, Ferdinando debeo Regi,
    Nec mirum, debet plura ſed ille mihi.

anti - Wallenſteiniſche.

Eine gleichzeitige Hand hat in mein Exemplar folgende Zeilen darunter geſchrieben:

In Generalem Balthici maris Walſteinium.

Dum ſuperat tygrim, uulpemque lupumque ma-
        giſtros,
    Beſtia Waldſteinius, ſanguine, dente, dolo.
Reſpuit hoc monſtrum tellus, ſed ſuſcipit unda,
    Egregius rapidis fitque natator aquis.

4. **Achteckicht in Quartformate.** Alberto di Walſtein, Duca di Fridland, Generaliſſimo dell' Armi dell' Imp.ᵣₑ Ferdinando Secundo etc.

H. I. Schollenberger f.

5. **Eine kleinere Copie davon.** Mit der gedruckten Aufſchrift: Illuſtriſſimus et Excellentiſſimus Dominus ALBERTVS WALLENSTEINIVS, Dux Fridlandiae et Sagani, Caeſareae militiae ſupremus Praefectus etc. 3½ Zoll hoch, 2½ breit.

6. **Wallenſtein zu Pferde nebſt Pappenheim.** Dieſes Blatt habe ich noch nicht geſehen.

7. In einem Ovale, mit eben der Auffchrift, wie num. 2. Im Harnifche, mit der Feldbinde bar-über, und den Commandoftab in der Hand. Das Geficht ift nach der rechten Seite des Kupferftiches gekehret.

Van Dyck pinx. P. de Iode fc.

Despicio fatum, fortunam sperno siniftrum,
 Spe patiens tumidas frango utriusque minas.
Fors fera mitescet, mitescet flebile fatum:
 Excipient curas gaudia longa meas.

Wolf Kilian excud.

6¾ Zoll hoch, 2 Zoll breit.

9. Eine kleine Copie, mit dem falfchen Namen Albertus Wenceslaus *Erneftus* de Wallenftein etc.

I. C. G. Fritzfch fc.

Ift zu einer Monatfchrift geftochen worden.

3¼ Z. hoch, 2 Z. breit.

9. Eine größere Copie, (von der Gegenseite) die aber noch mit einem Helme vermehret worden ift. Die Aehnlichkeit hat völlig daben gelitten, fo fchön auch der Stich ift. Unten liefet man ALBERT. HERZOG. VON FRIEDLAND. Æ. VERHELST. FEC.

(1787) 5¾ Zoll hoch, 4¼ Zoll breit.

Es gehöret zum Leben Wallenfteins, in des Herrn Profeffors Anton Klein zweytem Bande der Leben und Bildniffe großer Deutfchen. Mannheim, 1787. fol.

Hätte man doch lieber nach einem wahren Originalgemälde, dergleichen wohl in Böhmen und Oestreich noch anzutreffen sind, gearbeitet! Noch mehr muß man erstaunen, daß das andre von Heß nach Rembrand, oder vielmehr van Vliet radirte Bildniß mit der Flattnase und dem erstaunlich aufgekraußten Haare den General Wallenstein in seiner Jugend vorstellen soll! Eher könnte man es noch, wenn die Nase nicht gar zu flatt wäre, für das jugendliche Portrait Grafen Ferdinand Ernst von Waldstein († 1655) halten, dessen Bildniß von P. de Jode gestochen, im sechsten Theile des Theatri Europæi, S. 678 zu sehen ist. Aber auch diese Muthmassung hat wenig Grund für sich.

10. Wallensteins Brustbild in einem Oval 5 Zoll lang, 4 Z. breit. In vier kleinern Ovalen A. B. C. D. ist das Soupé auf der Burg, die Ermordung der 4 Gäste, und Wallensteins, nebst Zeigung der fünf Leichname auf dem Schlosse *) sehr fleißig 1634 gestochen. **) Nur ist es falsch, daß Wallenstein im Rücken durchstoßen wird. Oben und unten ist die Erklärung zu lesen, so daß die ganze Kupfertafel zehn Zoll lang und 7 Z. breit ist. Oben steht in drey Zeilen folgendes:

Wahre Abconterfech deß weilandt Alberti von Wallenstein gewesten Khayserischen Felt Generalissimi. So wohl auch, weß gestalt er, Sambt 4 andern *Rebellen* vmb vorgehabter Maynaydiger
Con-

---

*) Nicht in Wallensteins Quartiere, wie der Kupferstecher sagt.

**) Ein etwas neueres großes Kupferblatt in Queerfolio stellt oben die Stadt Eger, und unten in vier Abtheilungen das Tractament, die Ermordung der Gäste, und Wallensteins, der auf einen Tisch zurück sinkt, nebst Abführung seines Leichnams in das Schloß vor.

Conſpiration zu Eger im Jahr 1634 den 25 *Februarj* vmbgebracht worden.

Unten:

Demnach gemelter *Generaliſſimus*, Albrecht von Walſtain vernomen, das ſein, wider ihr Röm. Kay. May. ſo wol auch dem Gantzen Hoch Löblichen Hauß von Oeſterreich vnbilliger weiß angeſpunne *Conſpiration* an tag khomen, vnd offenbar, hat er ſich entſchloßen mit einem Außſchuß der *Soldadeſcha* Fürnemen Obriſten als Adam Terstzha, Chriſtian Jloo, vnd Wilhelm Khyrſky, von pilſen auf Eger zu begeben, aldort er den verdienten Lohn einer niemal erhörten vorgenomnen Tath, wiewol nit erwart, dannoch wie weiter zu hören, eingenommen; dan inmaßen Obriſter *Cordon*, Butler vnd Leſel, das Orths *Commendanten* verſtendiget der groſſen vntbrey vnd Maynaydtthait obgeſagten *Generaliſſimj* habe ſie ſich mit Rath etlicher weniger in khaimb entſchloſſen ihme ſambt ſeinem anhang zu erwirgen, Stölten derowegen den 25 *Februarj* ein Gaſterey an, darzue die obbimelten Officier erſucht, vnd geladen, wie in *Littra A. B.* zuſehen In werenter Malzeit, auß anordnung heten etliche khiene Soldaten von ihren Herren Beuelch, ſo ſie ein Zaichen geben wurden mit dieſen Worten *Viua la* (Caſa d') *Auſtria*, Solten ſie ſtraks zur wehr ſteen, vnd die geladene Gäſt nider machen, welches alles wie man es angeſtelet, erfolget. Hernach gabe Herr Obriſter *Cordon* Seinem Haubtman einen hurtigen Beuelch, er ſolle *Generaliſſimum* von Walſtain mit ſambt wenig treuen Khnechten in ſeinem *Quartier* vberfallen vnnd wie andern, ſeinen *adhaerenten*, den garauß machen; ſo nun vnſamblich in das Zimmer, da er

im

im Podegra verhaft gelegen, eingetrungen vnd Albertum *de Walstein* der Khayserischen *Armee Generalissimum*, der sich auß dem Peth dem Fenster zue, zu *saluiern* genahet, mit einer Partesana durchstoßen wie in *Littera C. D.* zu vernemen. Nachmals sein ihre *Cörper* in das Walsteinische Quartier getragen dem Fürsten Franntz Albrecht von Sachsen, so zurecht dem Walstain zu hilff auf Eger mit *Succurs* angelanget, gewisen worden, darauf er alsbald in die Khayserliche verhaft genomen. Gott verleihe vnserm Kayser, sambt dem Hochlöblichen Hauß Oesterreich Glückh vnd Sig wider ihre feindt, daß winsch ich Daniel Mannaßer Burger vnd Kupferstecher von Augspurg Jetziger Zeit zue Grätz.

11. Albertus. Walstaim. Dux. Fridlandiæ. Sacræ. Cesræ Maiestatis. Militiæ. Supremus. Generalis. 4. In des *Gualdo Priorato* Vita di Valstain.

12. Albert Duc de Fritlande, Comte de Waldstein. *H. Hondius sc. B. Moncornet excudit.* In dem Hintergrunde ist die Ermordung zu sehen. Oval. 8 Zoll hoch.

13. Eine Copie davon, in nämlicher Größe, mit lateinischer Unterschrift.

14. Noch eine Copie. In einem Oval. ALBERT WALSTEIN DUC DE FRITLAND. *I. de Leeuw sculp.* 5 Z. hoch. 3¼ Zoll breit.

Gehört zu Mich. le Vassor *Histoire du Regne de Louis XIII*, Amsterd. 1703. gr. 12. Tome V, pag. 612.

Wallensteinische Bildniſſe. 395

Von Wallensteins Feinden leſlen, Buttler und Gordon iſt nur der erſte in Kupfer geſtochen worden. Gautier Comte de Leslie. *Leonardo Henrico Veneto ſc.*

Gualterus S. R. I. Comes de Leslie Caeſareus ad Portam Ottomanicam Orator. *F. V. ſ. S. C. M.* Dieſes leßtere iſt der oben S. 347 angeführten Taffernerifchen Schrift vorgeſeßt. Er ſtehet in türkiſcher Kleidung an einem Tiſche. An einem Pfeiler lieſet man dieſes Chronoſtichon: CaeſarI In hIs oMnI hora fIDeLIs ſerVIVI (1668).

Anhang
Zu S. 346. Anmerk. **)

Von diesem Walther Deveroux liest man dieses Zeugniß, das er seinem Regimentspater Thomas Carve ertheilet hat. *)

„Ich Walther Deueroux, Römischer Kayser„licher Manestät Cammerer, vnd vber ein Regiment
„Dragoner bestellter Obrister, Thu hiemit kundt
„für jedermänniglich, daß der Ehrwürdige vnd
„Wollgelehrte Herr Pater Thomas Carue in die
„vier Jahr bey mir vnd meinem Regiment sei„nen Gottesdienst verrichtet, hätt auch für meine
„Person ihn gern länger bey mir sehen vnd dulden
„wöllen: Weiln er aber wegen erweglicher Vrsach
„halben von mir dimission begehrt, vnd sich an andere
„orth zu begeben willens, als habe ich ihm wegen
„seines Ehrlichen Wollhaltens, wie einem frommen
„vnd andächtigen Priester gehöret vnd zustehet, sol„che litteras Commendatitias nicht abschlagen wol„len noch sollen. Ist derowegen an alle vnd jede
„hohe vnnd niederstandts Officierer oder Caualier,
„oder was Dignitäten die seyn mögen, mein Re„spectiue dienstlich Ersuchen, man wolle gegenwär„tigen Herrn Pater Thomas Carue wegen seines
„Ehrliebenden vnnd Gott wollgefälligen Wandel, so
„er allzeit vor jedermenniglichen diese vier Jahr sine
„ulla

---

*) Th. Carue Itinerar. P. II, pag. 354, 355.

„ulla mala fufpicione exhibiret, alle gebührende
„Ehr, gute Beförderung, vnnd allen geneigten Wil-
„len erzeigen. Solches so viel mir möglichen, bin
„ich vmb ein jedwedern gebührender occafion nach
„zu verdienen erbittig. Zu mehrer atteftation hab
„ich mich mit eygener Handt vnterschrieben und mein
„Adelich Petschafft drauff druckt, so geben vnnd ge-
„schehen Saffenberg in der Graffschafft Walbeck den
„6 Augufti Anno 1638.

(Locus Sigilli)

Walther *Deveroux*.

Als er im October 1639 in Prag starb, wurde
er von diesem Carve noch im Tode gelobt, und ver-
theidiget, wegen einer lächerlichen Erdichtung der
Capuziner. Th. Carue Itinerarii P. II, pag. 99.
Circa eadem tempora immortali memoria vitaque
longiore digniffimus, miles ftrenuiffimus, Imperatori fuo fideliffimus, Wallenfteinii domitor et
interfector imperterritus, magnanimus Colonellus Deveroux Pragæ pientiffime extremum clausit
diem, primumque in meliori vita aufpicatus eft.
Cuius mortem grauiter fane tulit Sereniffima domus Auftriaca, ipfeque Imperator mox a morte
eius a Patribus Societatis Iefu varia facra dici,
ipfique ritu Catholico parentari pie voluit. A
morte viri integerrimi confinxerunt non nulli Religiofi, parum in manes eius religiofi, qua nefcio inuidia ducti, cum tamen ipfis benefeciffet
femper, quod fub exitum animæ eius in eorum
oratorio feu Sacello, nefcio quos equorum un-
gulis ferratis tumultuantium ftrepitus, auditi fint,
catelli quoque atro colore horrentes hac illac

per sepulchrum eius discurrere visi sint, et nescio quæ alia somniantium deliria et pudenda mendacia. Quae cum non nullis viderentur altioris scrutinii, vocarunt loci præsidem, et auctoritate, qua fungebantur, sub conscientia testimonium super visis postularunt, hic diserte asseruit, sibi ea de re nil quidquam constare, merasque esse calumnias, tanto duci a dicaculis non nullis falso impositas. Vah pudeat virum bonum, ne dicam Religiosum, de mortuis, quæ ipse commentus est, asseuerare, et in publicum disseminare: Si enim de absentibus nil nisi bona pronuncianda sunt, quanto magis de mortuis? quanto amplius de beneficis? quanto potius de eo, qui de tuo ordine neminem unquam stipem rogantem vacuum dimisit, qui et in vita et post vitam de ordine tuo præclare semper est meritus? Obmutesce igitur posthac, et non nisi vera assere.

Zu S. 359.

In der Geschichte des dreyßigjährigen Krieges, die man dem sel. Hofrathe Buder zuschreibt, wird S. 109 erwähnet, General Banner habe, als er im J. 1639 nach Gitschin gekommen, Wallensteins Gruft in der Kartause zu Walditz eröffnen, sein Haupt und rechten Arm daraus nehmen lassen, und nach Schweden geschickt. Auf welchem Zeugnisse mag wohl dieses Vorgeben beruhen?

Folgende Druckfehler beliebe man also zu verbessern.

S. 127 Zeile 3 l. vom 20 Jan.

S. 144 letzte Zeile l. Acatholicæ.

S. 175 Z. 10 l. Colloredum.

S. 198 Z. 6 l. loca.

S. 312 Z. 4 l. 1628.

S. 316 Z. 22 l. Lib. VII.

S. 357. Z. 23. l. deren drey oberst°

www.ingramcontent.com/pod-product-compliance
Lightning Source LLC
Chambersburg PA
CBHW050850300426
44111CB00010B/1203